Daphne Caruana Galizia

**Sag die Wahrheit,
auch wenn deine
Stimme zittert**

Daphne Caruana Galizia

Sag die Wahrheit, auch wenn deine Stimme zittert

Die Aufzeichnungen der ermordeten
maltesischen Journalistin

Aus dem Englischen von Hans Freundl
Aus dem Italienischen von Walter Kögler

orell füssli
verlag

Die italienische Originalausgabe erschien 2019 unter dem Titel »Di' la verità anche se la tua voce trema« bei Giunti Editore/Bompiani, Firenze-Milano.

© 2019 Giunti Editore S.p.A./Bompiani, Firenze-Milano
www.giunti.it
www.bompiani.it

© The Daphne Caruana Galizia Foundation, www.daphne.foundation

Alle Einnahmen der Daphne Caruana Galizia Stiftung werden eingesetzt im Kampf, Gerechtigkeit für Daphne zu erlangen, wie auch um ihre Nachforschungen zu unterstützen.

Vorwort © 2019 by Roberto Saviano

Orell Füssli Verlag, www.ofv.ch
© 2020 Orell Füssli AG, Zürich
Alle Rechte vorbehalten

Umschlaggestaltung: Hauptmann & Kompanie Werbeagentur, Zürich
Druck und Bindung: CPI books GmbH, Leck

ISBN 978-3-280-05729-2

Die Deutsche Nationalbibliothek verzeichnet diese Publikation in der Deutschen Nationalbibliografie; detaillierte bibliografische Daten sind im Internet unter www.dnb.de abrufbar.

Inhalt

#REL1=ON

von Roberto Saviano

Das Buch, das du in deinen Händen hältst, liebe Leserin, lieber Leser, ist heilig. Heilig wird, was man mit dem Leben bezahlt. Heilig wie die Entscheidungen, die von der Kraft der Unwiderruflichkeit geprägt sind, von der Intensität der Besessenheit, der Fürsorge der Liebe, vom Fieber der Unruhe, der Hoffnung der Poesie. Daphne Caruana Galizia hatte begonnen, dieses Buch zusammenzustellen, um ihrer Arbeit ein organisches, in sich geschlossenes Erscheinungsbild zu geben. Wenn man gezwungen ist, im täglichen, von der Chronik der Ereignisse getakteten Engagement mit Worten umzugehen, läuft man oft Gefahr, den Weg nur bruchstückhaft zu betrachten: Um den Blick zu weiten, müssen die Mosaiksteine eingesammelt und in einem Buch zusammengefügt werden. Genau dieses Projekt hatte Daphne im Sinn, aber sie wurde umgebracht, bevor sie es vollenden konnte.

Die Worte, die du gleich lesen wirst, wurden durch eine SMS gestoppt. Es musste nur von einem Boot in Küstennähe aus eine SMS an eine SIM-Karte geschickt werden, um die damit verbundene Bombe, die in Daphnes Auto platziert war, zu zünden und hochgehen zu lassen. Eine Textnachricht mit dieser Zeichenfolge: #REL1=ON.

Im Englischen bedeutet to rely on »sich auf etwas verlassen«. Ein Geheimcode, der in dem Kürzel vielleicht eine unheimliche Gewissheit enthielt: Man verließ sich hier auf das TNT. Und das TNT hat sich als zuverlässig erwiesen. Es hat Daphne gestoppt. Es hat sie zerfetzt.

Wie fühlt es sich an, bei einer Explosion zu sterben? Spürt man die Knochen aus dem Fleisch heraustreten? Kann man wahrnehmen, wie der Körper in Stücke gerissen wird? Wie stark sind die Schmerzen? Was fühlt man in diesem Augenblick, dem Moment der Explosion? 300 bis 400 Gramm TNT wurden in Daphnes Auto unter dem Beifahrersitz platziert, eine Sprengkraft, die man zum Aufbrechen von Geldtransportern oder gepanzerten Türen einsetzt. Hier wurde hingegen das dünne Blech eines Peugeot 108 mit einer Frau am Steuer in die Luft gejagt. Das Gehirn hat auf alle Fälle seinen Fluchtweg: Wenn die Schmerzimpulse zu stark sind, werden sie nicht mehr übertragen, und die mitfühlende Antwort der Ärzte auf die Fragen der Angehörigen entspricht der Wahrheit: Sie ist gestorben, ohne es zu merken.

Aber Daphne Caruana Galizia hatte alles gemerkt. Daphne hatte gemerkt, dass sie bald sterben würde, hatte Augenblick für Augenblick gespürt, wie sie in ihrem Leben bedrängt, eingekreist, angegriffen und verschlissen wurde. Sie erkannte, dass es ans Sterben ging, als die konzentrischen Kreise der Zielscheibe sich immer enger um ihren Körper legten. Als sie zur Zielscheibe wurde, an der sich der Hass einer ganzen Nation entladen konnte, zu einem Körper, auf den die ganze Wut niederprasseln konnte, die aus dem erzwungenen Schweigen und Stillhalten entsteht: Gibt es doch immer jemand anderen, der aus dem Verschweigen von Verbrechen seinen Gewinn zieht. Dadurch, dass sie das Schweigen brach, offenbarte Daphne die Feigheit der Vielen, die große Anzahl der Stummen, die sich vor ihren Enthüllungen hinter dem bequemen Vorwand des Nichtwissens verbergen konnten, einer naiven Ausrede für die Unfähigkeit, zu verstehen und den Dingen auf den Grund zu gehen, um Entscheidungen treffen zu können. Daphne enthüllte, und jeder ihrer Artikel verlangte dem Leser eine Entscheidung ab: Dies geschieht, wenn Worte ein Licht auf eine Wahrheit werfen, die schon immer sichtbar war, die man aber aus Feigheit oder Dummheit vorsichtshalber im Dunkeln gelassen hat. Daphne hatte verstanden, dass ihr Land sich gerade in ein Zentrum der internationalen Geldwäsche verwandelte, und sie sagte es, sie schrie es heraus, sie lieferte die Belege. Um die Geldströme aufzuspüren, musste man tief graben und Bruchstücke zusammenfügen, die scheinbar nichts miteinander zu tun hatten. Daphne hatte an der Universität Archäologie studiert, daher war ihr das archäologische Handwerk des Grabens nach Fundstücken vertraut. Sie versuchte sich die Geschichte zu jedem einzelnen Fundstück vorzustellen, zunächst als Vermutung, die sich dann Schritt für Schritt der Wahrheit annäherte, bis eine tiefere Grabung den Beweis ans Licht brachte.

Jeder einzelne Artikel von Daphne wurde beurteilt, ohne dass er gelesen wurde. Ihre auf Englisch verfassten Artikel lasen viele Malteser nicht einmal, sie wussten aber nur zu gut, wie sie dagegen angehen konnten. Kritisieren ist eine Klage des Lebens, nicht des Todes; und in der Tat ging es nicht darum, an Daphnes Recherchen Kritik zu üben: Wer von ihren Recherchen betroffen war, wollte sie vernichten, ihr jede Glaubwürdigkeit absprechen. Daphne sollte als Person verschwinden, ihr Gesicht hinter der Maske der Feindin der Nation, der Nestbeschmutzerin gegen den Wohlstand aller unkenntlich werden.

Einmal nahm sie in einem Dorf am Fest des Schutzheiligen teil und traf zufällig auf einen jener Menschen, über die sie recherchierte: Dieser scharte eine Gruppe von Anhängern um sich, und eine kleine Menschenmenge begann, sie unter Rufen wie: »Da ist sie, da ist die Hexe! Hau ab, du Hexe!« durch die Straßen des Dorfes zu hetzen. Sie sah sich gezwungen, an der Tür eines Klosters zu läuten, um sich in Sicherheit zu bringen.

Daphne wusste, dass sie bald sterben würde, als ein maltesischer Minister, der eine Verleumdungsklage gegen sie angestrengt hatte, die Sperrung ihrer Bankkonten erwirkte: Sie konnte nicht mehr auf ihr Geld zugreifen. Die Klatschpresse und enthüllungsjournalistische Webseiten fanden in ihr eine dankbare Zielscheibe: Auf Anregung ihrer Feinde (vielleicht halfen aber auch üppige Prämien nach) unterstellten sie, sie sei von persönlichem Groll getrieben, ihr Mann habe mehrere Geliebte, und sie arbeite als Anwältin im Dienste irgendwelcher Feinde der Regierung. Selbst als sie starb, hörten die Verleumdungen nicht auf, sie reichten bis hin zu der irrwitzigen Unterstellung, ihr Mann habe eine außereheliche Affäre und dies sei an sich schon ein plausibles Motiv für den Mord. Noch heute hält man an der lächerlichen Behauptung fest, der Mord sei die kriminelle Tat dreier Ganoven, die jetzt im Gefängnis sitzen. Die Vollstrecker des Mordes an Daphne haben keinen der Hintermänner genannt, da sie sich in der Gewissheit wiegen, ihr Schweigen werde ihnen sehr, sehr viel Geld einbringen. Und die Richterin, die anfangs mit den Nachforschung über Daphnes Tod betraut werden sollte, war in der Vergangenheit selbst von einem Artikel Daphnes aufs Korn genommen worden und hatte ein Gerichtsverfahren gegen sie eingeleitet. Erst der von Daphnes Familie aufgedeckte Interessenkonflikt veranlasste die Richterin, sich aus dem Fall zurückzuziehen.

Ich wünsche mir, alle Frauen würden dieses Buch in die Hände bekommen. Warum? Weil Daphne voll und ganz Frau war, zumindest habe ich diesen Eindruck jedes Mal, wenn ich mich mit ihrem Leben befasse. Ständig hat sie die schwierige Balance zwischen dem Beschützen ihrer Kinder einerseits und dem Mut zum Wagnis andererseits zu halten gesucht. Sie musste erleben, wie ihr familiäres Gleichgewicht auseinanderbröckelte, oft gewann sie es in der Sphäre des Emotionalen, die der Kitt der Beziehungen ist, zurück: in der Zuneigung, die sie weiterhin mit ihren Söhnen Matthew, Andrew, Paul und mit ihrem Mann Peter verband. Sie musste sich den Vorurteilen entgegenstellen, die sie zur Verfasserin harmloser Klatschartikel machen wollten. Sie verteidigte sogar ihre Leidenschaft für Gärten, Blüten und Knollen, Dünger und Hecken, über die sie schrieb und die ihr die geistigen und materiellen Ressourcen verliehen, um ihre Recherchen fortzusetzen. In diesem Buch ist Daphnes Leidenschaft für all das enthalten, was ihr eine Anregung war: Seiten über Ernährung, Rezepte, die Faszination für die Farben des Mittelmeers. Die ganze Energie, die Daphne für die journalistische Recherche einsetzte, entsprang einer kulturellen Vielseitigkeit, die es ihr erlaubte, mit großer Sachkenntnis auch über Design und Architektur zu schreiben. Und wenn du, Leserin oder Leser, einen Augenblick lang der Auffassung sein solltest, diese

Zeilen stellten eine Hagiographie dar, dann irrst du dich: Sie sind eine Apologie, die Verteidigung einer einsamen Frau, die es verdient, dass für jede Beleidigung, die sie erleiden musste, nun eine Kerze der Wahrheit und Anerkennung angezündet wird. Ich fürchte den akademischen Dünkel nicht, der Wahrhaftigkeit nur dem Berechenbaren zugesteht, das den Fehler, den Widerspruch, die mangelnde Kohärenz, den Schmutz und schließlich – falls im Sieb davon noch etwas übrig bleibt – das Talent zu beziffern weiß. Daphnes Talente möchte ich herausschreien, sie an die große Glocke hängen, die große Trommel rühren, um die ihr gebührende Ehre zu verkünden.

Vielleicht kann nur eine Frau diesen Spielraum erfassen, der sie zu derjenigen macht, die sie ist, zu einer Person, die bewusst Risiken eingehen kann, ohne sich schuldig zu fühlen, ihre Kinder und das eigene Leben zu gefährden. Warum sage ich das? Weil viele Frauen in der Lage sind, die ihnen gewöhnlich entgegengebrachten Vorurteile und das Misstrauen nicht als eine Niederlage zu erleben oder in Ressentiments umzusetzen, sondern in die Anregung, Dinge zu verändern.

Daphne liebte und wurde geliebt, umsorgte, machte Fehler, litt. Aber warum wende ich mich nur an Frauen? Mein Fehler, denn Daphnes Botschaft wendet sich an alle. Ich habe sie aus Empathie an die Frauen gerichtet, weil diese engagierten, anklagenden Enthüllungsartikel uns zeigen, wie Frauen wirklich sind, fernab aller Stereotypen, die aus ihnen Leserinnen von Liebesgeschichten, von Unterhaltung, von reiner Emotion machen wollen. Hier hingegen wagt eine Frau ganz allein mit ihrer Feder, über die bis ins Mark verdorbene Wirtschaft zu sprechen, allein beugt sie sich über den Abgrund, der tiefer ist als der Ozean und in den das schmutzige, dreckige und besudelte Geld aus aller Welt hineinfließt. Mit der Kraft der Adjektive, der Zugkraft der Substantive, der Harmonie der Wendungen, das gesamte Arsenal des Alphabets nutzend.

Malta ist ein Felsen, nur ein Viertel so groß wie Rom, einer der kleinsten Staaten Europas, aber es hat über fünfzigtausend registrierte Gesellschaften, von denen 23 405 – also fast die Hälfte – in der Hand von Ausländern sind (mit mindestens einem ausländischen Teilhaber). Warum lassen sich so viele ausländisch kontrollierte Gesellschaften hier nieder? Das Netzwerk für investigativen Journalismus EIC (European Investigative Collaborations) hat diesen Umstand in seinen »Malta Papers«, einer wichtigen Untersuchung über Malta als Steueroase, gut erklärt. Nehmen wir an, dass ein in Malta registriertes Unternehmen eine Million Euro verdient. Malta erhebt eine Körperschaftssteuer von 35 Prozent, d. h. 350 000 Euro. Aber wenn der Eigentümer nicht in Malta wohnt und keine Geschäfte in Malta tätigt, kann er eine Steuerrückzahlung von sechs Siebentel der gezahlten Steuern verlangen, in diesem Fall also eine Rückerstattung von 300 000 Euro. Am Ende wird die Offshore-Gesellschaft in Malta 5 Prozent Steuern zahlen. Nichts, wenn man bedenkt, dass in Italien und Frankreich die Steuerlast mehr als 60 Prozent beträgt. Der Untersuchung zufolge entzieht Malta den anderen europäischen Ländern jährlich bis zu zwei Milliarden Euro an Steuereinnahmen, aber da es europäische Unternehmen sind, die von diesem Mechanismus profitieren, ist es ein Betrug, von dem alle profitieren. Und ein Betrug, der Vorteile bringt und noch lange Zeit bringen könnte, ist ein Betrug, den viele möglichst lange aufrechterhalten möchten.

Das englische Wort *offshore* bedeutet wörtlich übersetzt »küstenfern«. Während der Prohibition in den Vereinigten Staaten der 1920er-Jahre bezog es sich auf die Schiffe, auf denen die Passagiere außerhalb der Hoheitsgewässer legal Glücksspielen nachgehen und Alkohol trinken konnten; auf einen Weg, das Gesetz zu umschiffen; auf etwas Illegales, das durch einen Trick legal wurde. Von da an bezog sich der Begriff auf all jene Banken und Gesellschaften, die zur Vermeidung von Steuern an einem anderen Ort ansässig sind als dem, an dem sie ihre Geschäfte betreiben. Die großen multinationalen Konzerne haben ihren Sitz im Ausland, darunter Amazon, Facebook, Google: Sie machen auch in Italien Geschäfte, zahlen aber dort Steuern, wo die Steuerlast sehr niedrig ist, etwa in Irland, Holland oder Luxemburg (abgesehen von einzelnen Steuerabkommen mit manchen Staaten ... beina-

he ein Trinkgeld). Auch Fiat – oder besser gesagt Exor, die Holding, die Fiat kontrolliert – hat ihren Sitz nach Holland verlegt. Fiat, das italienische Unternehmen par excellence. All dies ist nicht illegal, sondern Teil der Erfolgsstrategie eines Unternehmens. Daphne hat mit ihrer Arbeit einen Widerspruch offengelegt: Wenn die größten Unternehmen der Welt ohne Imageschaden und ohne Wertverlust ihrer Aktien an der Börse ihren Sitz in ein Offshore-Land verlegen, warum sollte es dann für alle anderen nicht ebenso recht und billig sein, die Vorteile des Offshore-Systems zu nutzen? Es entsteht eine Art Autoimmun-Mechanismus, der zu der kranken Vorstellung führt, dass nur Deppen Steuern zahlen oder diejenigen, die nicht genug Geld haben, um sich die Steuervermeidung leisten zu können. Der Zorn der Arbeitnehmer, der Firmen, die über keine unbegrenzte Wirtschaftskraft verfügen, entsteht aus dem Bewusstsein heraus, dass nur diejenigen Steuern zahlen, die auf keine Tricks zugreifen können.

Laut einer Studie des US Pirg Education Fund & ITEP (Institute On Taxation And Economic Policy) hatten von den 500 umsatzstärksten US-Unternehmen im Jahr 2016 (die auf der berühmten *Fortune 500*-Liste stehen) 366 ihren Sitz offshore. Dazu gehörten große Bank- und Finanzkonzerne (wie Citigroup, Goldman Sachs oder American Express), führende Pharmaunternehmen (wie Pfizer), Unternehmen der Bekleidungsindustrie (wie Nike) oder der Lebensmittelindustrie (wie Coca-Cola und Pepsi). Die Rede ist von den reichsten und mächtigsten Unternehmen der Welt. Aber das ist noch nicht alles. Die anderen 134 hatten zwar nicht angegeben, Offshore-Niederlassungen zu haben, doch das ist damit nicht ausgeschlossen. Ein neuerer ITEP-Bericht von 2019 enthüllte, dass sechzig der größten amerikanischen Unternehmen auf der *Fortune 500*-Liste (Amazon, Netflix, Delta Air Lines, Whirlpool und General Motors, um nur einige zu nennen) für 2018 nicht einmal einen Dollar Einkommenssteuer an die Steuerbehörden ihres Landes gezahlt haben; nicht nur das, sie erhielten sogar eine Steuergutschrift!

Was ergibt sich daraus? Dass ein Gemüsehändler am Stadtrand von Rom letztlich eine unendlich höhere Steuerbelastung schultert als Giganten wie Google oder Apple. Wenn einerseits Firmen die Verantwortung dafür tragen, dass sie ihren Sitz ins Ausland verlegen, um sich steuerliche Vorteile zu verschaffen, liegt es andererseits in der Verantwortung des Staates, dass er für die Unternehmen und die eigene Volkswirtschaft kein günstiges Steuersystem anbietet. Wenn ein Staat Unternehmen vertreibt, zeigt er, dass er nicht mehr in der Lage ist, das eigene Wachstum zu verteidigen, und da ihm die Steuereinnahmen der multinationalen Unternehmen entgehen, konzentriert er sich nur auf diejenigen, die es sich nicht leisten können, ihren Sitz ins Ausland zu verlegen. Wenn ein gesundes Unternehmen sich für Offshore entscheidet, muss es wissen, dass es ein System unterstützt, das auch von kriminellem Kapital genutzt wird. Der legale Kapitalismus hat vom kriminellen Kapitalismus gelernt, wie man in der Geschäftswelt überleben und gewinnen kann: durch Umgehung der Regeln. Hinter der Anonymität einer Offshore-Gesellschaft kann sich alles Mögliche verstecken: von einem Unternehmer, der versucht, bei der Besteuerung seiner legitimen Einkünfte zu sparen, über einen korrupten Politiker, der die Erträge von Schmiergeldern versteckt, bis hin zu einem Mafioso, der die Erlöse aus illegalen Aktivitäten reinwaschen will.

Während der Arbeit an den »Panama Papers« ent-

deckte Daphne die Existenz einer Offshore-Gesellschaft, die sich der Ehefrau des maltesischen Premierministers Joseph Muscat zuschreiben ließ. An diese Firma war eine Gutschrift über eine Million Dollar geflossen, sie stammte von der Familie Ilham Alijews, des Staatsoberhaupts – des Diktators, verdammt: des Diktators – von Aserbaidschan, mit dem die maltesische Regierung in den letzten Jahren Energieabkommen geschlossen hatte. Hinter diesem Geld steckte laut Daphne möglicherweise ein Fall von Korruption. Die Überweisung kam von einem Konto bei der Pilatus Bank, einer Privatbank auf Malta, gegründet von dem iranischen Bankier Ali Sadr Hasheminejad. Die Bank hatte dieses Geld angenommen, obwohl andere Kreditinstitute Alijew zuvor wegen der Geldwäschebestimmungen die Eröffnung von Konten verweigert hatten. Daphne hatte all dies entdeckt und darüber in ihrem Blog geschrieben. Die maltesischen Behörden griffen ihre Warnung nicht auf, und die einzige Folge war, dass die Pilatus Bank sie wegen Verleumdung auf Schadenersatz verklagte. Im März 2018, fünf Monate nach Daphnes Tod, wurde der Besitzer der Bank allerdings in den Vereinigten Staaten wegen Geldwäsche verhaftet: Er ist nun auf Kaution frei, bis der Prozess in New York beginnt, und ihm drohen bis zu 125 Jahre Gefängnis.[1] Inzwischen wurde der Pilatus Bank die Lizenz für den Betrieb auf Malta entzogen. Aber das ist noch nicht alles: Daphne hegte den Verdacht, dass der von der Regierung Muscat betriebene Handel mit der maltesischen Staatsbürgerschaft dieses Muster internationaler Geldwäsche fördern könne. Denn seit 2014 haben Tausende von Ausländern (einschließlich Putin nahestehender russischer Magnaten) dank eines von der Labour-Regierung eingeführten Programms die maltesische Staatsbürgerschaft erhalten, die man für etwa eine Million Euro bekommt. Ein System, das in der Tat die Türen für kriminelles Kapital öffnet, das nach Europa fließen soll.

Daphnes Artikel waren so wirkungsvoll, dass der maltesische Premierminister, obwohl er die Vorwürfe stets zurückwies, zum Rücktritt gezwungen wurde. Im Juni 2017 gab es vorgezogene Neuwahlen, die Muscat erneut gewann. Im Jahr 2018 stellte die maltesische Staatsanwaltschaft die Er-

---

1 Im März 2020 wurde Hasheminejad von einem US-Gericht in fünf Punkten schuldig gesprochen: Verschwörung zum Betrug an den Vereinigten Staaten, Verschwörung zur Verletzung der IEEPA-Sanktionen gegen den Iran, Bankbetrug, Verschwörung zum Bankbetrug und Geldwäsche. In einem Punkt, der Verschwörung zur Geldwäsche, wurde er für nicht schuldig befunden. Bis zur Verkündung des Strafmaßes wurde er unter Hausarrest gestellt. Im Juni 2020 jedoch ließ die US-Justiz die Anklage gegen Hasheminejad wegen eines Formfehlers fallen; daraufhin forderte die Daphne Caruana Galizia Foundation seine Auslieferung nach Malta. (Die Anmerkungen stammen, sofern nicht anders vermerkt, vom Übersetzer)

mittlungen gegen Muscat, seine Frau und seine Gefolgschaft wegen der Vorwürfe der Korruption und Geldwäsche ein, da sie keine Beweise für das mutmaßliche kriminelle Verhalten finden konnte; aber Muscat hat die Akten dieser Ermittlung nie öffentlich gemacht, wie er es versprochen hatte.[2] Unterdessen geht der Verkauf von Pässen ungestört weiter. Europas Grenzen stehen jedem offen, der sich einen maltesischen Pass leisten kann. Daphne durchlebte auch die Monate, in denen Malta zu einem rettenden Raum für die Boote der Migranten wurde. Sie widmete diesem Thema Artikel von einer Aktualität, dass es auffällt, wie deutlich sie die dramatische Dynamik, die das Mittelmeer zu einem Friedhof gemacht hat, bereits erkannt hatte: offene Arme für das große Geld, geschlossene Häfen für die Schiffbrüchigen.

Stell dir eine Frau vor, allein vor ihrem Computerbildschirm sitzend, mit ihren vollgeschriebenen Notizbüchern: ihr Schützengraben. Sie schreibt ihre Artikel und wird dafür stigmatisiert, dass sie nicht für Maltas Schönheit eintritt, sondern ein verzerrtes Bild von dem Land entwirft und dem Tourismus schadet. Das Paradoxon, das jeden erfasst, der den Finger in die Wunde legt, macht auch vor Daphne nicht halt: Derjenige liebt Malta, der es zu einem Loch gemacht hat, in dem sich das ganze schmutzige Geld der Welt verstecken lässt, und nicht jener, der es im Namen seiner Schönheit aus Stein, Sonne und Salz vor dem Krebsgeschwür der Geldwäsche zu retten versucht. Daphne ist schuldig, weil sie das Schweigen bricht, sie arbeitet daran, den Schleier zu zerreißen, der es Kriminellen erlaubt, ihre Machenschaf-

---

2 Joseph Muscat trat im Januar 2020 infolge eines Korruptionsskandals und der Verstrickungen in den Mord an Daphne Caruana Galizia von seinem Amt als Premierminister zurück.

ten nachzugehen, ohne dass der Schmerz und die Schuld sich im Land bemerkbar machen. Daphne erhält Morddrohungen, die Tür zu ihrem Haus wird in Brand gesteckt, ihren Hunden werden die Halsschlagadern zerrissen, dann kommen sie mit einem Haufen Klagen, um ihr Zeit und Geld zu stehlen, sie einzuschüchtern: Gegen Daphne waren 47 Zivil- und Strafverfahren anhängig. Mit den Klagen nimmt man ihr das Geld weg, unterstellt ihr, dass ihre Artikel nur dazu dienten, sich zu bereichern, friert ihre Bankkonten ein, um sie am Weitermachen zu hindern.

Das gelingt ihren Gegnern nicht. Daphnes Besessenheit lässt sie weitermachen, ihre Stimme prangert Klientelismus, Korruption, Straflosigkeit und die immense Masse an Kapital an, die sich unerbittlich über die Insel ergießt. Am 16. Oktober 2017 schreibt sie in ihrem Blog einen Artikel, der so endet:»Schurken, wohin man schaut. Es ist zum Verzweifeln.« Kurz nachdem sie diesen Artikel hochgeladen hat, verlässt Daphne das Haus, um sich in der Bank über die gesperrten Konten zu informieren. Sie kehrt noch einmal um, weil sie das Scheckbuch ihres Mannes vergessen hat, das einzige, mit dem sie angesichts ihrer Banksituation an Geld kommt. Sie geht wieder hinaus, steigt ins Auto, startet den Wagen und fährt los, entschlossen wie immer. Nach wenigen Metern die Explosion. Daphne war 53 Jahre alt.

Daphnes ältester Sohn, Matthew, hört den Knall, läuft auf die Rauchwolke zu und hofft, dass es nicht das Auto seiner Mutter ist, dasselbe, mit dem er am Tag zuvor zum Strand gefahren war. Der Peugeot war dunkelgrau, aber vor seinen Augen brennt ein weißer Wagen. Jedoch hat die Hitze der Flammen den Lack gelöst. Dann erkennt er die Buchstaben auf dem Nummernschild. Und schließlich wird ihm klar: Man hat sie getötet.

Seit dem Tag, an dem Daphne Caruana Galizia ermordet wurde, legen viele Malteser Blumen, Kerzen und Fotos an der Gedenkstätte ab, die spontan am Fuße des Great Siege Monument in La Valletta entstanden ist. Aber nicht ganz Malta schützt den Ort, an dem an jedem 16. des Monats die Zeremonie zum Gedenken an Daphnes Mut abgehalten wird. Das Memorial wurde mehrmals auf Anordnung der maltesischen Behörden entfernt, die eine ganze Reihe von Begründungen vorbrachten: von der Notwendigkeit, an diesem Ort nationale Jahrestage zu feiern, über die Restaurierung des Monuments, das durch das Wachs der Kerzen gelitten habe, bis hin zur Eröffnung einer Baustelle, um den ganzen Platz neu zu pflastern. Die Gedenkstätte wurde jedes Mal von Freunden und Aktivisten, die die Erinnerung an Daphne wachhalten wollen, neu aufgebaut.

Wenn du dieses Buch in den Händen hältst, hat es mit der Verlässlichkeit des TNT doch nicht ganz geklappt. Die SMS #REL1=ON ist gerade zu #REL1=OFF geworden: Das TNT war nicht so zuverlässig, wie die Mörder es erwartet hatten, denn indem es Daphnes Körper zerriss, befreite es ihren Geist. In dem Atemzug, den du beim Lesen dieser Seiten machst, einen Atemzug, den du deutlich spüren kannst, ist Daphnes Sieg enthalten: Ihre Worte nehmen deinen Sauerstoff auf, entkommen den Flammen und bewegen sich wieder frei.

Einleitung

von Paul Caruana Galizia

Es war ein heißer Sommertag im Jahr 1990, als unsere Mutter ihre erste Zeitungskolumne verfasste. Sie hatte gerade ihren Job als Sekretärin in einer Firma aufgegeben. Dort hatte sie die alte elektrische Schreibmaschine bekommen, an der sie nun zu Hause arbeitete, während wir Kinder, damals ein, zwei und vier Jahre alt, durch die Wohnung tollten und unsere Spielzeuge umherwarfen. Wir waren ihr wohl keine große Hilfe.

Die Zeitungen, die es bei uns gab, waren nach Ansicht unserer Mutter viel zu sehr von Männern geprägt, hatten keinen Bezug zur normalen Welt und erschienen ihr wenig interessant. »Ich war 25 Jahre alt und Mutter von drei Kindern, und die Zeitungen, die ich jeden Tag las, hätten genauso gut vom Mars stammen können«, schrieb sie später über diesen Tag. Wo waren die Kolumnisten, fragte sie, die den alltäglichen Erfahrungen und Gefühlen der Menschen Ausdruck verliehen? Wo waren die Autoren, die ihre Leser ärgern wollten, »denn geärgert zu werden, ist ein wichtiger intellektueller und emotionaler Anstoß«. Die Zeitungen waren »staubtrocken« und brachten nichts über die Hoffnungen, die Ängste und die Sichtweisen ihrer Landsleute.

Die Herrschaft der Labour-Partei, die sich 1971, wenige Jahre nach der Entkolonialisierung des Landes 1964, etabliert hatte und unter der sich Malta zunehmend isoliert und zu einem von Gewalt geprägten und gespaltenen Land entwickelt hatte, war erst drei Jahre vorher zu Ende gegangen. Die Möglichkeiten der freien Meinungsäußerung waren damals noch stärker eingeschränkt als heute. Häufig wurden die Häuser von Personen, die als Staatsfeinde galten, von der Polizei durchsucht. Proteste wurden von den Streitkräften und der Polizei gewaltsam niedergeschlagen. Schlägertrupps der Regierungspartei verwüsteten die Büros der *Times* und der *Sunday Times of Malta* und brannten sie nieder. Die Menschen hatten Angst, ihre Meinung in privaten Gesprächen frei zu äußern, ganz zu schweigen in den Medien.

Die Kolumnen in der *Times* waren nicht namentlich gezeichnet, und die Reporter verwendeten die Formulierung »von einem Mitarbeiter« anstelle ihrer Namenszeile. Es gab nur einen einzigen Fernseh- und einen einzigen Hörfunksender, und die befanden sich in staatlichem Besitz und waren Instrumente der Regierung. Daneben existierten vier maltesischsprachige Zeitungen, herausgegeben von politischen Parteien oder von Gewerkschaften, die mit politischen Parteien in Verbindung standen.

Auch drei Jahre nach dem Ende dieser Periode herrschte noch starke Verunsicherung in der Gesellschaft. Die Medien, noch immer von Angst gelähmt, stolperten in die Demokratisierungsphase nach 1987[1]

---

1 Bei den Parlamentswahlen 1987 verlor die Labour Party ihre Mehrheit an die Nationalist Party (Partit Nazzjonalista; PN).

mit weiterhin anonymisierten Kolumnen, Artikeln ohne namentliche Nennung der Reporter und mit der bewährten Vorsicht und Zurückhaltung.

An diesem heißen Tag im Sommer 1990 holt also unsere Mutter die alte elektrische Schreibmaschine hervor, schlägt eine Taste nach der anderen an und verfasst einen Text, der das Land wie ein Blitz treffen wird. Sie besitzt weder ein Faxgerät noch einen E-Mail-Anschluss, sondern packt uns in ihren alten beigen Citroën und fährt zur Redaktion der *Times* in Valletta. Dort hinterlässt sie ihren ersten, mit zahlreichen Tipp-Ex-Stellen übersäten Text für Anthony Montanaro, den Redakteur der Sonntagsausgabe. Nervös fährt sie mit uns zum Büro unseres Vaters, wo wir uns eine Weile aufhalten, bevor wir nach Hause zurückkehren. Unsere Mutter widmet sich erneut ihren Zeitungen, und wir Kinder beschäftigen uns wieder mit unseren Spielzeugen. Wer

weiß, sagt sie sich. Wer nicht wagt, der nicht gewinnt.

»Als ich am nächsten Tag noch nichts gehört hatte«, schrieb sie,»rief ich Mr. Montanaro an, mit klopfendem Herzen und einem flauen Gefühl im Magen, und machte mich schon auf eine klare Ablehnung gefasst.«

Montanaro meldet sich. *Natürlich* werde er den Text verwenden, erklärte er.»Das ist genau das, wonach ich suche.« Noch im selben Telefonat gelang es der angehenden Journalistin, von dem bekannten Journalisten den Auftrag zu einer regelmäßigen Kolumne und einer Interviewserie unter dem Titel *The Good, the Bad and the Ugly* (»Das Gute, das Böse und das Hässliche«) zu erhalten. Unter ihrem echten Namen. Und mit ihrem Foto.

»Ich war so aufgeregt, dass ich am liebsten wie die Kinder alle möglichen Dinge durch die Luft geworfen hätte.«

In einer Zeit, in der Frauen noch nichts zählten, als

Journalisten nicht namentlich genannt wurden, war eine 25-jährige Mutter von drei Kindern die erste Mitarbeiterin einer Zeitung, die unter ihrem vollen Namen schreiben durfte. Viele Jahre lang wurde sie immer wieder gefragt, ob ihr Vater oder unser Vater ihre Kolumnen schreiben und ihren Namen benutzen würden, weil sie es nicht wagten, ihren eigenen zu verwenden. Für die meisten Malteser ist diese Kultur der Angst noch immer gegenwärtig. Warum soll man sich zu weit aus dem Fenster lehnen? Was kann man dadurch gewinnen? Bleib immer schön in Deckung. Es ist ein kleines Land. Die Gewalt der 1980er-Jahre wird allzu oft durch Floskeln verniedlicht (es war eben eine andere Zeit) oder umgedeutet (das goldene Zeitalter der Labour-Partei).

Unsere Mutter wurde in dieser Phase politisiert. Sie wurde 1984, mit 19 Jahren, eingesperrt, nachdem sie gegen die erzwungene Schließung unabhängiger Schulen protestiert hatte. Der Mann, der für ihre Verhaftung verantwortlich war, ist heute der Sprecher des Parlaments.[2] Er ließ sie in eine Zelle stecken, deren Wände mit Fäkalien beschmiert waren, und sie durfte 24 Stunden keinen Besuch empfangen, dann zwang er sie, eine falsche Aussage zu unterschreiben.

Die Versöhnungspolitik nach 1987 war ihrer Meinung nach ein Schwindel, obgleich sie eine Weile hoffte, dass uns die Demokratisierung helfen würde, diese Periode zu überwinden. Doch die Schwäche der Institutionen und die gesellschaftlichen Fehlentwicklungen, die damals einsetzten, begleiten uns noch heute. Die Verbrecher sind weiter an der Macht, und die Schläger laufen frei herum.

---

2 Der frühere Polizeibeamte und Politiker der Labour Party Angelo »Anġlu« Farrugia ist seit 2013 Parlamentssprecher.

Ihre Artikel sollten dazu beitragen, dass sie nicht ungestraft davonkamen. Sie nannte ihre Namen, prangerte sie an und erinnerte uns daran, dass diese Periode auch nach dreißig Jahren nicht richtig aufgearbeitet ist. Wir zahlen bis heute dafür: Die korrupten Politiker sind noch immer unter uns und bringen ihre Stellvertreter und Nachfolger in Ämter und Würden, die Institutionen sind noch immer schwach, und hochkarätige Morde sind noch immer unaufgeklärt.

Doch ein tief verwurzeltes Gerechtigkeitsgefühl und die Fähigkeit, Empörung und Wut zu empfinden, veranlassten sie, weiterzumachen. Gewalt gegen Asylbewerber und Frauen, Korruption in den höheren Rängen der Politik, die Umweltzerstörung und der »Triumph jener, die es nicht verdienen«.

»Ich ertrage den Gedanken an Ungerechtigkeit nicht, und noch weniger ihre Realität«, schrieb sie einmal. »Es stimmt, das Leben ist ungerecht und man kann nicht viel dagegen ausrichten, aber wo immer ich dazu beitragen kann, Ungerechtigkeit zu vermeiden oder zu beheben, werde ich das tun.«

Mit dieser Motivation schrieb sie ihre Kolumnen, zweimal in der Woche, zuerst in der *Times,* dann im *Independent,* einer neuen Tageszeitung, die sie mitgründete, nachdem sie die *Times* verlassen hatte, deren Verlagsleitung einen ihrer Artikel abgelehnt hatte. In dem Artikel ging es um einen ranghohen Minister, der seine Tochter begünstigte. Der Minister saß zufällig in der Unternehmensleitung. Später veröffentlichte der *Independent* diese Kolumne. Die Tochter des Ministers klagte, und dies war eine der rund siebzig Verleumdungsklagen, die gegen unsere Mutter aufgrund ihrer beruflichen Tätigkeit angestrengt wurden.

Im Laufe der Jahre schrieb sie satirische Texte, investigative Artikel und Meinungskommentare. Und alles fand Eingang in ihren Blog. Sie hatte ihren Blog 2008 gegründet, am Vorabend der Parlamentswahlen in jenem Jahr, denn sie wollte mehr Platz haben, um freier und öfter schreiben zu können. Ihr erster Beitrag trug die Überschrift »Null Toleranz gegenüber Korruption«.

In einem Land mit 450 000 Einwohnern hatte ihr Blog, den sie *Running Commentary* nannte, 400 000 Besucher am Tag und während der Wahlkämpfe mehr als eine Million; die Zahl der Nutzer überstieg die Leserschaft sämtlicher Tageszeitungen auf Malta. Dennoch weigerte sie sich weiterhin, in den Medien aufzutreten, und mochte es nicht, dass man sich mehr für ihr Leben als für ihre Arbeit interessierte. Sie sagte einmal, die Verhältnisse auf Malta seien derart deprimierend und verkommen, dass sie dort gewissermaßen eine lokale Berühmtheit geworden sei.

Ihr Interesse, journalistisch tätig zu werden, wurde ursprünglich durch die »tiefen und einschneidenden« Veränderungen geweckt, die sich in Malta Ende der 1980er-, Anfang der 1990er-Jahre vollzogen, und ihr Blog entstand zu einer Zeit, als ein weiterer Veränderungsschub das Land erfasste.

Malta hatte sich zu einem Offshore-Finanzzentrum entwickelt. Niedrige effektive Steuersätze für ausländische Unternehmen, keine Überprüfung von Geldzuflüssen, billige und qualifizierte Arbeitskräfte. Obwohl der Bereich der Finanzdienstleistungen zunehmend eine beherrschende Stellung in der Wirtschaft erlangte, war unsere Mutter die einzige unabhängige Journalistin, die sich mit Finanzthemen befasste. Sie wusste Bescheid; sie wusste, wie Geld verschoben, versteckt und gewaschen wird.

Das Gesamtbild, das durch die Berichte auf ihrem

Blog entstand, zeigte ein Land, das dem illegalen Geld verfallen war. Die Einnahmen aus Bestechungszahlungen bei undurchsichtigen Privatisierungsgeschäften, der Ausverkauf von Pässen an Oligarchen, der Einsatz von Zwangsarbeitern in unseren Fabriken und die Tätigkeit institutioneller Geldwäscher – Privatbanken, wie sie sich nannten –, all dies lag offen zutage.

Das Verbrechen in Malta ist organisiert, enthüllte sie, die entscheidende Rolle dabei spielen aber weniger Familien oder Banden, sondern Politiker und auch, mittels der Unterstützung, die sie gewähren, die Malteser selbst. So konnten einmal sechs Glücksspielunternehmen in Malta nur deshalb geschlossen werden, weil die italienische Polizei einen zwei Milliarden Dollar schweren internationalen Geldwäschering der 'Ndrangheta aushob, mit dem die Unternehmen in Verbindung gestanden hatten. Abgesehen von einigen Zeitungsberichten gab es keinen Protest, keine offizielle Reaktion und auch keine besorgten Stimmen. Warum sollen wir wissen, woher dieses Geld kommt, solange es zu uns kommt?

Bei uns gibt es eine alte Redewendung: *Malta qatt ma rrifjutat qamħ* (»Malta weist niemals Weizen zurück«).

Unsere Mutter wollte, dass Malta höheren Ansprüchen gerecht wird. Dass wir mehr erwarten von unseren Politikern, unserem Land, von uns allen. Diese Einstellung zog sich durch ihre Artikel über unsere Bewerbung um die Aufnahme in die Europäische Union – hier gehe es darum, einer Gemeinschaft gut regierter Staaten beizutreten, schrieb sie, nicht darum, zu mehr Wohlstand zu gelangen – wie durch ihre sämtlichen Texte seit diesem Sommertag im Jahr 1990.

Dafür wurde sie immer und immer wieder verklagt, drangsaliert und heftigst beschimpft, wurde Opfer von Brandstiftung und Gewalt, womit wir heute noch immer zu tun haben, und all dies wurde allzu oft durch jene Menschen verübt, die mit ihrem Schutz beauftragt waren.

Dafür wurde sie ermordet. »An der Stätte, wo man Urteil spricht, geschieht Unrecht«, das war ihr Lieblingstext aus der Bibel. »An der Stätte, wo man gerechtes Urteil sprechen sollte, geschieht Unrecht. Es gibt kein Glück, es sei denn, der Mensch kann durch sein Tun Freude gewinnen. Das ist sein Anteil. Wer könnte es ihm ermöglichen, etwas zu genießen, das erst nach ihm sein wird?«[3]

Vor vielen Jahren erklärte uns unsere Mutter einmal, dass sie eines Tages eine Sammlung ihrer Lieblingsartikel in einem Buch veröffentlichen wolle. »Ich werde es ›Daphnes greatest Hits‹ nennen«, setzte sie hinzu und lächelte schelmisch, leicht verlegen über ihren eigenen Erfolg. »Ist das nicht eine schöne Idee?«

Wir können nicht sagen, welche Texte unserer Mutter die stärksten sind, aber wir wissen, welchen man folgen sollte. Würde sie heute andere Vorstellungen haben? Ja. Aber inzwischen sind dreißig Jahre vergangen, es ist abermals ein heißer Sommertag im selben Haus, und sie ist nicht mehr da. Es fliegen keine Spielsachen mehr umher, sondern ihre Zeitungsausschnitte. Texte, die einen Zeitraum von drei Jahrzehnten umfassen.

Texte aus Malta, die von unserem Heimatland, von tropischen Zufluchtsorten und postsowjetischen Republiken handeln; die Szenen mit Politikern, ihren Gangstern und Kumpanen beschreiben, einen Sumpf, der so tief ist, dass man sich fragt, wie er eigentlich entstehen konnte. Die Texte mögen einen Eindruck davon vermitteln,

---

3 *Das Buch Kohelet,* 3,16 und 22.

was Schreiben sein kann und wie es bewerkstelligt werden kann von einer Frau mit einem Laptop, wie unsere Mutter auch genannt wurde.

Verpasse Daphnes Kolumne nicht, sagte man damals oft. Sie schlägt noch immer ein wie ein Blitz.

Finanzjournalismus

Die »Panama Papers«

Im April 2016 fegte ein Sturm von Medienberichten über die Welt, der geheime Netzwerke von Offshore-Gesellschaften enthüllte, die zu Zwecken der Steuerumgehung, des Betrugs und der Geldwäsche geschaffen worden waren. Das war die Veröffentlichung der sogenannten »Panama Papers«, die auf einem der größten Datenlecks in der Geschichte des Journalismus beruhten: 11,5 Millionen Dokumente, die von der panamaischen Kanzlei Mossack Fonseca stammten und anonym Investigativjournalisten der *Süddeutschen Zeitung* zugespielt wurden.

Da die Zeitung die riesigen Datenmengen nicht alleine auswerten konnte, ging sie eine Kooperation mit dem International Consortium of Investigative Journalists (ICIJ) ein, einer kleinen gemeinnützigen Organisation in Washington, die über ein globales Netzwerk aus Hunderten von Investigativreportern in allen Teilen der Welt verfügt. Dies war der Beginn des bis dahin größten journalistischen

Gemeinschaftsprojekts weltweit, dessen Ergebnisse in einer Weise in unser Leben hineinwirken sollten, wie es sich wohl niemand hätte vorstellen können.

Von seiner Wohnung in Berlin aus arbeitete Matthew, der als Software-Ingenieur für ICIJ tätig war, zusammen mit Kollegen aus Costa Rica und Washington daran, die Rohdaten in ein handhabbares Format zu übertragen. Während sich Journalisten überall auf der Welt durch den Wust an Dokumenten wühlten und dabei Ströme von schmutzigem Geld entdeckten, die im Untergrund zwischen Wirtschafts-Tycoons, Regierungsvertretern, Politikern und Kriminellen hin und her flossen, arbeitete unsere Mutter in unserem Haus in Bidnija auf Malta, ohne es zu wissen, an einer Recherche, die damit in Verbindung stand.

Schon seit Jahren hatte sie das Netzwerk aus Einfluss und Interessen untersucht, das 2013 John Muscat an die Macht gebracht hatte, und schon lange vermutete sie, dass Muscats engste Mitarbeiter – sein Kabinettschef Keith Schembri und sein Star-Minister Konrad Mizzi – in ungesetzliche Handlungen verwickelt waren. Unerwartet bestätigte dies Mizzi selbst durch eine unbedachte Reaktion im Gerichtssaal am Ende einer Verhandlung in einem Verleumdungsprozess, den er gegen unsere Mutter angestrengt hatte. Um ihr das Recht, ihre Zeugen zu schützen, absprechen zu lassen, beantragte er beim Gericht, ihr den Status einer Journalistin abzuerkennen. Auf ihrem Blog schilderte unsere Mutter, wie sehr sie dieses Manöver erboste:

Man kann sich vorstellen, wie ich mich fühlte, als ich auf der Anklagebank saß und seine Anwälte immer und immer wieder behaupteten, dass ich nicht als

Journalistin tätig sei, wenn ich für diesen Blog schreibe, und dass man deswegen meinen Informanten ihren gesetzlichen Schutz entziehen solle, während mir völlig klar war, was ihr famoser Mandant vorhatte und was er verbergen wollte.

Am Ende eines Verhandlungstags bestätigte Mizzis Reaktion auf eine Frage meiner Mutter ihr, was sie schon lange vermutete – dass Mizzi etwas im Schilde führte und irgendwo illegale Einnahmen versteckte. Später berichtete sie auf ihrem Blog:

Ich wandte mich im Gericht an den Minister für Gesundheit und Energie ... und sagte ruhig zu ihm: »Ihre Anwälte legen sich ja mächtig ins Zeug für Sie. Haben Sie ihnen erzählt, wo Sie das Geld verstecken?« Er zuckte erschrocken zusammen, griff nach dem Arm seines Anwalts Pawlu Lia und rief: »Sie droht mir!«
Er schaute mich nicht an. Er sagte nicht: »Was zum Teufel wollen Sie damit sagen?«, und er korrigierte mich auch nicht. Er rief nur: »Sie droht mir!«
Ich erklärte dem Gericht, dass ich ihm keineswegs drohen würde, und fragte, warum der Minister nicht einfach wiederholt habe, was ich zu ihm gesagt hatte und dem Gericht zur Kenntnis brachte, was gesagt worden war. Er weigerte sich, dies zu tun, und hielt auch seinen Anwalt davon ab, mich aufzufordern, es selbst zu wiederholen.

In einem anderen Eintrag schrieb sie:

Mir war jedoch völlig klar, dass Mizzis Anwälte nicht wussten, was er plante, und dass er andere belog, auch seine Anwälte. Und seine instinktive, unbedachte Reaktion auf meine Frage – dass er mich beschuldigte, ich würde ihm drohen – war ein sehr verräterisches Zeichen, gewissermaßen ein knallrotes Spruchband, auf dem in Großbuchstaben stand:

»JENSEITS DER UNSCHULD«.

Im Februar 2016 begann sie über die Verbindungen zwischen dem seinerzeitigen Energieminister Konrad Mizzi, dessen Ehefrau Sai Mizzi, der damaligen offiziellen Handelsbotschafterin Maltas in Asien, die sich dort jedoch nur selten sehen ließ, und Panama zu schreiben. Als im April dieses Jahres die »Panama Papers« veröffentlicht wurden, kam heraus, dass Mizzi eine panamaische Firma namens Hearnville Inc. besaß, die von Mossack Fonseca kurz nach Mizzis erster Berufung zum Minister eingetragen worden war und die zu einem in Neuseeland ansässigen Trust gehörte. Mizzi war der einzige amtierende Minister eines Landes in der Europäischen Union, der in den »Panama Papers« namentlich erwähnt wurde.

Auch Keith Schembri, der Kabinettschef von Premierminister Joseph Muscat und seit Langem sein engster Mitarbeiter, kam in den geleakten Dokumenten vor. Er hatte mit Hilfe desselben Finanzdienstleisters, der Vertretung von Mossack Fonseca auf Malta, eine Offshore-Gesellschaft namens Tillgate Inc. gegründet und wie die Mizzis einen Trust in Neuseeland. Unsere Mutter war überzeugt, dass diese Enthüllungen zum Rücktritt beider Politiker führen würden. Doch trotz ihrer ausführlichen Berichterstattung trat keiner der beiden zurück, und anstatt sie zu entlassen, stellte sich Premierminister Joseph Muscat schützend vor sie. Bis heute sind beide Männer in ihren Ämtern.[1]

Neben den Firmen von Mizzi und Schembri wurde noch eine dritte panamaische Firma namens Egrant Inc. gegründet. Der Inhaber dieser Gesellschaft wurde nicht in den »Panama Papers« genannt, doch eine an Mossack Fonseca gerichtete E-Mail des maltesischen Repräsentanten dieser Firma, Nexia BT, enthielt einen Hinweis auf die Identität dieser Person, hieß es darin doch, der Name sei so bedeutend und brisant, dass man ihn nicht in einem Skype-Telefonat nennen könne.

Unsere Mutter schrieb später, dass Michelle Muscat, die Ehefrau des Premierministers, die wirtschaftliche Eigentümerin von Egrant Inc. gewesen sei, und stützte sich dabei auf ein Dokument, das sich im Safe der mittlerweile erloschenen Pilatus Bank befand. Sowohl Michelle Muscat als auch Joseph Muscat bestritten die Behauptungen und verklagten unsere Mutter wegen Verleumdung. Auch nachdem unsere Mutter umgebracht worden war, zogen sie ihre Verleumdungsklagen nicht zurück und forderten nun von uns, ihren Söhnen und Erben, sowie von unserem Vater Schadensersatz.

Richterliche Ermittlungen, ausgelöst durch eine Anzeige, die Pawlu Lia, der Anwalt des Ehepaares Muscat, eingereicht hatte, als unsere Mutter ihre Berichte über die Firma Egrant Inc. veröffentlichte, wurden neun Monate nach der Ermordung unserer Mutter eingestellt. In seinem Abschlussbericht stellte der Untersuchungsrichter fest, dass er keine Anhaltspunkte für eine Verbindung zwischen dem Ehepaar Muscat und der panamaischen Firma gefunden habe. In einer von ihm ein-

---

1 Beide Politiker traten im Zusammenhang mit den Ermittlungen zum Mord an Daphne Caruana Galizia im November 2019 von ihren Ämtern zurück.

berufenen Pressekonferenz gab der Premierminister die Ermittlungsergebnisse bekannt, ließ keine Fragen zu, versprach jedoch, dass der Untersuchungsbericht veröffentlicht werden würde. Auch mehr als ein Jahr später steht die Einlösung dieses Versprechens noch aus. Der Inhaber der dritten Firma – die Person, deren Name so wichtig war, dass man ihn in der E-Mail des Agenten von Mossack Fonseca nicht nennen konnte – ist nach wie vor nicht identifiziert.

EILMELDUNG/ Konrad Mizzis Firma wurde in Panama eingetragen, kurz nachdem er Energieminister geworden war

RUNNING COMMENTARY, 24. FEBRUAR 2016, 17.39 UHR

Konrad Mizzis sogenannte »Mantelgesellschaft« wurde in Panama eingetragen, einem Land, das von der EU-Kommission als Steueroase auf eine schwarze Liste gesetzt worden ist, kurz nachdem die Labour-Partei die Regierung übernommen hatte und er ins Kabinett berufen wurde. Diesen Sachverhalt hat er dem Parlament niemals in seiner Vermögenserklärung dargelegt: nicht im Jahr 2013, nicht 2014 und nicht 2015.

Das ist fast drei Jahre her. Dennoch behauptet er, dass diese Firma nichts besitze und keinerlei Anteile halte. Deshalb sagte er auch nicht, wann und wo die Gesellschaft registriert wurde, und er versuchte den Eindruck zu erwecken, sie sei erst vergangenes Jahr eingetragen worden, ebenso wie der Trust in Neuseeland.

Wenn er mitteilen würde, dass die Firma schon vor drei Jahren registriert wurde – was ich hier bekanntmache –, würde wohl kaum jemand glauben, dass sie seither völlig untätig geblieben sei und auch keinerlei Vermögenswerte halte. Und wenn er sagen würde, dass er sie in Panama registrieren ließ – was ich schon heute früh mitgeteilt habe –, würde den vielen Hundert Menschen, die in Malta im Finanzdienstleistungssektor arbeiten, und der gesamten politischen Klasse vollkommen klar sein, warum er das getan hat.

Doch dazu später mehr.

Heute möchte ich Ihnen zunächst mitteilen, dass Konrad Mizzi, Mitglied der Regierung eines EU-Staates, seine geheime Offshore-Firma in einem Land, das von der EU auf eine schwarze Liste gesetzt worden ist, zu einem Zeitpunkt registrieren ließ, als er eng in die Verhandlungen über das Energieversorgungsunternehmen Enemalta eingebunden war. Er entschied über die

Vergabe eines Kraftwerksprojekts, während sein Vorgesetzter mit Henley & Partners über diesen Deal verhandelte.

Durch »Panamagate« haben wir erfahren, warum Muscat Mizzi zum Gesundheitsminister berufen hat, bevor die Privatisierung der Krankenhäuser begann

RUNNING COMMENTARY, 29. FEBRUAR 2016, 13.44 UHR

Sie erinnern sich wahrscheinlich noch an diese bizarren und unerklärlichen Szenen im Girgenti-Palast, als der Premierminister seinen Gesundheitsminister Godfrey Farrugia einbestellte und ihm eröffnete, dass er seines Postens enthoben worden sei, ohne Zeremonie und ohne Vorwarnung, ohne Rechtfertigung oder Begründung, und dass Konrad Mizzi, der bereits das arbeitsintensive Energieministerium führte, zu seinem Nachfolger ernannt worden sei.

Sie wollten die Krankenhäuser privatisieren – und wie ich auf dieser Internetseite schon vor einem Jahr berichtet habe, ging es bei diesem heiklen Projekt nicht mit rechten Dingen zu, denn die Vereinbarung mit Oxley war bereits im Vorhinein unter Dach und Fach.

NEUESTER SKANDAL/ Der korrupte Steuerberater des Energieministers richtete geheime BVI-Gesellschaft für chinesischen Beamten ein, der an Einfädelung des Enemalta/Kraftwerk-Deals beteiligt war

RUNNING COMMENTARY, 19. MAI 2016, 13.22 UHR

Brian Tonna, der korrupte Steuerberater im Epizentrum der durch die »Panama Papers« aufgedeckten Skandale in Malta, in die der Kabinettschef des Premierministers, der Energieminister und der (frühere) Chef der Verlagsgruppe *Times of Malta / The Sunday Times* verwickelt waren, ließ auf den British Virgin Islands (BVI) eine Briefkastenfirma für einen chinesischen Regierungsvertreter eintragen, der maßgeblich an den Verhandlungen über den Verkauf des Delimara-Kraftwerks und eines 33-Prozent-Anteils von Enemalta an Shanghai Electric Power beteiligt war.

Die Firma ist eine Mantelgesellschaft mit dem Namen Torbridge Services Inc., und sie wurde 2013 gegründet. Zur selben Zeit ließ Tonna auf den British Virgin Islands eine Briefkastenfirma für sich selbst (Willerby Trade Inc.) und zwei weitere Firmen in Panama für den Energieminister und den Kabinettschef des Premierministers eintragen; ebenso ließ er die Geheimhaltungsstufe der BVI-Briefkastenfirmen – Lester, Colson und Selson – verstärken, die Adrian Hillman *(Allied Newspapers /Progress Press)*, Keith Schembri (der Kabinettschef des Premierministers) und Malcolm Scerri (Schembris Geschäftspartner) zwei Jahre vorher für sich selbst eingerichtet hatten.

Wie in den Fällen Willerby, Lester, Colson und Selson werden auch bei Torbridge die Besitzverhältnisse durch Mossack Fonsecas Treuhandgesellschaft ATC Nominees verschleiert, die Anteile hält und zwei »leitende« Gesellschafter, Jaqueline Alexander und Giselle Ocampo, stellt. Der wirtschaftliche Eigentümer ist jedoch Cheng Chen, der einen chinesischen Pass mit der Nummer G32458221 besitzt.

Anstatt ihre Handlungsvollmacht an die korrupten Steuerberater Karl Cini und Brian Tonna zu übertragen, wie sie es im Fall der Gesellschaften Willerby, Lester, Colson und Selson taten, übertrugen Ocampo und Alexander die Prokura hier direkt an Cheng Chen, was am 26. Februar vergangenen Jahres erfolgte.

Das wirtschaftliche Eigentum an Torbridge wurde Chen von Tonna übertragen, der die Firma bis dahin (bis 2014) als Mantelgesellschaft gehalten hatte.

Am 11. März 2014 unterschrieb Shanghai Electric Power, vertreten durch die im Besitz der chinesischen Regierung befindliche China Power Investment Corporation, den Kaufvertrag mit Konrad Mizzi, der als Energieminister die maltesische Regierung repräsentierte, und erwarb das Delimara-Kraftwerk auf Malta für 220 Millionen Euro sowie einen Anteil von 33 Prozent am nationalen maltesischen Energieversorger Enemalta für 100 Millionen Euro.

Cheng Chen führte die Due Diligence durch und leitete das Verhandlungsteam von Accenture, dem Consulting-Unternehmen, das von der chinesischen Regierung engagiert wurde, um Shanghai Electric Power bei seiner Expansion auf den europäischen Energiemarkt zu unterstützen. In einer Pressemitteilung des Unternehmens vom Juli 2015 hieß es, dass dazu auch »Investitionen in den Markt der Energieerzeugung auf Malta« gehörten und dass »Accenture in seiner strategischen Consulting-Funktion Shanghai Electric Power auf Malta bei der Post-Merger-Integration behilflich sein« werde.

Durch Gewährsleute habe ich erfahren, dass Cheng Chen während der Due-Diligence-Prüfung auf Malta sehr eng mit Energieminister Konrad Mizzi kooperierte und auch stets bei ranghohen Meetings mit dem Vorstandschef von Enemalta und Mizzi anwesend war.

Anscheinend ist Mister Konrad tatsächlich Mister Zwei-Prozent: 6,4 Mio. Euro sind genau 2 Prozent des 320 Mio. Euro schweren Deals mit Shanghai Electric Power

RUNNING COMMENTARY, 19. MAI 2016, 23.15 UHR

Die *Times of Malta* berichtete heute Morgen – unter Berufung auf Dokumente aus den »Panama Papers« –, »Mr. Konrads« Finanzberater habe gegenüber Bentley's in Neuseeland erklärt, dass

dieser aus seinen »persönlichen Geschäften« Einnahmen von
5 Mio. Britischen Pfund erwirtschaftet habe, umgerechnet also
6,4 Mio. Euro. Mister Konrad gab daraufhin eine Erklärung ab,
in der es sinngemäß hieß, dass die Journalisten, die diese Story
herausgebracht haben, nicht lesen könnten und böswillig seien.
Im Laufe des Tages veröffentlichte ich einen Artikel[2] über
Cheng Chen und eine weitere Briefkastenfirma, der meiner Ansicht nach eindeutig belegt, dass ihre illegalen Gelder zum aller-
größten Teil aus dem Geschäft mit dem staatlichen chinesischen Energieversorger im März 2014 stammen. Durch diesen
Vertrag wurden das Kraftwerk Delimara für 220 Mio. Euro und
ein 33-prozentiger Anteil an Enemalta für 100 Mio. Euro verkauft. Das ergibt 320 Mio. Euro.

Als ich diese Zahlen vor mir sah, kam ich auf die Idee, meinen Taschenrechner zur Hand zu nehmen und ein paar kleine
Prozentrechnungen anzustellen. Ich begann vorsichtig mit
1 Prozent. Aber 1 Prozent von 320 Mio. Euro ergibt eine Zahl, die
nichts bedeutet. Vielleicht 2 Prozent? BINGO. 2 Prozent von
320 Mio. Euro sind GENAU 6,4 Mio. Euro.

Die 6,4 Mio. Euro von Mister Konrad, die nach einem sicheren Offshore-Hafen suchen, machen genau 2 Prozent der 320 Mio.
Euro aus dem Geschäft mit der Shanghai Electric Power aus, das
er für die maltesische Regierung verhandelt hat. Na, klingelt es
da bei dem einen oder anderen?

Und 2 Prozent sind natürlich ein Fünftel von 10 Prozent

RUNNING COMMENTARY, 20. MAI 2016, 11.44 UHR

Die Provision für einen Vertrag beläuft sich üblicherweise auf
10 Prozent (und hier muss ich die Bedeutung der Worte »Provision« und »üblicherweise« etwas relativieren). Shanghai Elect-

---

2 Siehe den vorhergehenden Artikel.

ric Power hat 320 Mio. Euro ausgegeben für den Kauf des Kraftwerks Delimara und eines Anteils von 33 Prozent an Enemalta. Die 6,4 Mio. Euro von Mister Konrad – jene 5 Mio. Britische Pfund in seiner Erklärung über die Mittelherkunft, die er gegenüber Bentley's in Neuseeland angegeben hat – machen exakt 2 Prozent von 320 Mio. Euro aus.

Doch Mister Konrad hätte dies alles nicht alleine bewerkstelligen können. Er brauchte Cheng Chen, um die Sache bei Shanghai Electric Power durchzubringen. Er brauchte Brian Tonna, um das zwielichtige und verborgene Netz aus Offshore-Firmen einzurichten. Und offenkundig brauchte er auch den Premierminister und dessen Kabinettschef, ohne deren Rückendeckung es unmöglich gewesen wäre, eine solche Sache durchzuziehen, da wir es hier höchstwahrscheinlich nicht mit einem Szenario zu tun haben wie seinerzeit in der Korruptionsaffäre um Eddie Fenech Adami und John Dalli.[3]

Und so kommen wir auf die 10 Prozent, denn es gibt fünf Beteiligte: 6,4 Mio. Euro × 5 = 32 Mio. Euro.

Sie alle richten sich kurz nach der Parlamentswahl von 2013 Offshore-Firmen ein – mit Hilfe von Brian Tonna (der auch eine für sich selbst eintragen lässt). Egrant Inc. in Panama ist die einzige von Tonna eingerichtete Firma, deren wirtschaftlicher Eigentümer von den Journalisten nicht ermittelt werden konnte, während der Premierminister der einzige in dieser Gruppe von fünf Männern ist, der nicht mit einer Offshore-Gesellschaft in Verbindung gebracht werden kann.

Jetzt wird die Geschichte ziemlich hässlich, und die Opposition täte gut daran, ihre Anwälte zu konsultieren und den Delimara/Enemalta-Deal im Interesse des maltesischen Volkes gerichtlich überprüfen zu lassen, weil er durch Betrug und Korruption zustande gekommen ist.

---

3 Zu der Korruptionsaffäre um ein Bauprojekt in den 1990er-Jahren, in der Dalli Finanzminister unter Premierminister Fenech Adami war, s. unten das Kapitel *Betrug und Korruption durch John Dalli, den ehemaligen EU-Kommissar.*

Es ist unübersehbar, dass der intellektuell überforderte Handlanger von Muscat, der zum stellvertretenden Polizeipräfekten bestellt wurde, weder über die geistigen Voraussetzungen noch über den Willen zum Handeln verfügt und wahrscheinlich schon damit beschäftigt ist, die »Wellensittiche«[4] in seiner Inter-Mailand-Sammlung zu sortieren.

Exklusiv/ Konrad Mizzi und Keith Schembri eröffneten Bankkonten auf den Bahamas, als vergangenen Februar die Panama-Story herauskam

RUNNING COMMENTARY, 20. FEBRUAR 2017, 11.08 UHR

Der Kabinettschef des maltesischen Premierministers, Keith Schembri, und Konrad Mizzi, damals Minister für Energie und Gesundheit in Malta, waren im Februar vergangenen Jahres schon gut vorangekommen mit ihren Bemühungen, bei der Winterbotham Merchant Bank auf den Bahamas Konten zu eröffnen. Doch wurde der Vorgang anscheinend unterbrochen, als dieser Blog unerwartet mit der Story herauskam, dass beide Herren Firmen in Panama und Trusts in Neuseeland besitzen, die nur wenige Tage nach den Parlamentswahlen im März 2013 gegründet worden waren.

Aus den in den »Panama Papers« enthaltenen Dokumenten geht hervor, dass Konrad Mizzi und Keith Schembri von mehreren Banken Absagen erhielten, selbst in fragwürdigen Ländern wie Dubai, Panama oder auf karibischen Inseln, weil es sich bei ihnen um politisch exponierte Personen (PEP) handelt. Doch die Dokumente in den »Panama Papers« erstrecken sich nur auf den Zeitraum bis Ende Dezember 2015 und enthalten daher keine Informationen über weitere Versuche der beiden Männer, eine Empfangs- und Transferbasis für ihre Gelder aufzubauen.

---

4 Engl.: »budgies«. Verballhornung von »badges« (hier: Vereinsabzeichen), wohl ironische Anspielung auf die englische Aussprache des stellvertretenden Polizeipräfekten Lawrence Cutajar.

Die Verhandlungen über die Einrichtung solcher Konten für den Kabinettschef des Premierministers und für ranghohe Kabinettsmitglieder auf den Bahamas wurden von Brian Tonna und Karl Cini von Nexia BT geführt, sie reichten – im Namen ihrer ranghohen Klienten – jene Dokumente und Papiere ein, die von der Winterbotham Merchant Bank verlangt wurden. Diese Dokumente und Papiere enthielten keine Hinweise darauf, dass die beiden Herren als Mitglieder der Regierung eines EU-Mitgliedslands politisch höchst exponierte Personen waren.

Aus einer hochrangigen Quelle innerhalb der maltesischen Polizei hat dieser Blog davon Kenntnis erlangt, dass detaillierte Informationen über die Verhandlungen des Kabinettschefs des Premierministers, die die Einrichtung von Konten bei der Winterbotham Merchant Bank auf den Bahamas betreffen, in jenem Bericht enthalten sind, den der damalige Leiter der Finanzermittlungsbehörde Financial Information Analysis Unit (FIAU), Manfred Galdes, dem damaligen Polizeitpräfekten, Michael Cassar, mit einem formellen Ermittlungsersuchen übersandte.

Mr. Cassar trat einige Tage später einen ausgedehnten Urlaub an, aus dem er nicht mehr zurückkehrte, und bat schließlich »aus gesundheitlichen Gründen« um seine Versetzung in den Ruhestand. Dr. Galdes trat zwei oder drei Monate später zurück, nachdem Lawrence Cutajar, der, wie es heißt, dem Premierminister sehr nahestehen und seinen parteipolitischen Überzeugungen Vorrang vor seinen Dienstpflichten als Polizeibeamter einräumen soll, zum Nachfolger von Mr. Cassar ernannt worden war. Mr. Cutajar ist seither untätig geblieben in Bezug auf das Drängen der FIAU, gegen Keith Schembri und Konrad Mizzi zu ermitteln.

Dieser Blog hat heute Morgen zu Mr. Schembri und Dr. Mizzi Kontakt aufzunehmen versucht, jedoch ohne Erfolg. Auch der Sprecher der Regierung, Kurt Farrugia, war telefonisch nicht erreichbar. Eine an Mr. Farrugia gesandte Nachricht wurde bislang nicht beantwortet. Die Nachricht lautete: »Keith Schembri und Konrad Mizzi waren im Februar vergangenen Jahres im Begriff, Konten bei der Winterbotham Merchant Bank einzurichten. Dieser Vorgang wurde anscheinend unterbrochen, als ich Ende jenes Monats bekanntmachte, dass beide Herren Gesellschaften in Panama und Trusts in Neuseeland besitzen. Wie ist die Haltung des Premierministers in dieser Angelegenheit?«

Die Winterbotham Merchant Bank ist im Besitz der Winterbotham Trust Company Limited, die Niederlassungen in Hongkong, auf den Bahamas, in Uruguay und auf den Cayman-Inseln unterhält. Auf ihrer Internetseite heißt es, sie offeriere »Lösungen für Banking, Treuhanddienstleistungen und Fondsverwaltung« sowie »Cash-Management-Dienstleistungen für Unternehmen unterschiedlicher Art einschließlich grenzüberschreitender Finanztransaktionen, Handel und Investment«. Nach Angaben der Bank können ihre Kunden »einfach und bequem international Gelder empfangen und überweisen und Überschussliquidität über Nacht optimal platzieren«.

Zum Angebot der Winterbotham Merchant Bank gehören ferner »Cash-Management-Dienstleistungen, die sich auf Ein- und Ausgänge von Zahlungen beziehen, sowie Treuhandanlagen für Unternehmen, Trusts, Investmentfonds und andere Strukturen, die wir für unsere Kunden verwalten«.

Im Hinblick auf die KYC-Prinzipien *(Know Your Customers)* – Regelungen zur Verhinderung von Geldwäsche – erklärt die Winterbotham Merchant Bank, dass entsprechend ihrer Geschäftspolitik »Compliance-Verfahren erforderlich« seien und dass sie »gemäß strengen KYC-Prinzipien« arbeite, »die sowohl intern als auch von unseren Regulierungsbehörden vorgeschrieben werden«.

»Wir legen diese Vorschriften stets im strengen Sinne aus und bemühen uns, unsere Auftraggeber schon vor der Aufnahme einer Kundenbeziehung kennenzulernen, um etwas über ihren Hintergrund und ihre geschäftlichen Tätigkeiten zu erfahren und unsere Dienstleistungen besser auf sie abstimmen und an ihre Bedürfnisse anpassen zu können.«

Keith Schembri: der Albatros um den Hals Maltas[5]

THE MALTA INDEPENDENT, 18. MAI 2017

Keith Schembri, der Kabinettschef des Premierministers, ist nicht nur für die Regierung und die Labour-Partei ein Problem. Er ist ein massives Problem für das ganze Land und, was noch schlimmer ist, ein Problem, für das keine Lösung in Sicht ist, falls Muscat wiedergewählt wird. Und zwar deshalb, weil Muscat nicht die Absicht hat, sich von ihm zu trennen. Die beiden stehen sich nicht nur sehr nahe, Schembri spielt auch eine zentrale Rolle in Muscats mittlerweile berüchtigtem, auf fünfzehn Jahre angelegten Strategieplan, der jetzt auf vierzehn Jahre reduziert wurde (fünf in der Opposition und neun in der Regierung).

Manche meinen, Schembri stelle auch für Muscat ein Problem dar, aber da bin ich anderer Ansicht. Probleme sind Sachverhalte, die uns belasten, obwohl wir alles unternehmen, um sie zu vermeiden, und die wir auszuschalten oder abzumildern versuchen. Probleme sind keine Situationen, Menschen oder Dinge, auf die wir uns bereitwillig einlassen. Ein problematisches Kind ist das eine – unsere Söhne und Töchter bleiben immer unsere Kinder, ganz gleich, wie schwierig sie sein mögen, und Leute, die glauben, dass eine Ehe ein Leben halten müsse, denken wahrscheinlich ähnlich über ihre möglicherweise problematischen Ehepartner. Aber ein problematischer Freund ist etwas anderes. Wir können uns von ihm trennen. Und ein problematischer Kabinettschef ist jemand, den man feuert, das ist kein Mensch, an dem man festhält und den man verteidigt.

Ich glaube, dass Keith Schembri ein wesentlich größeres Problem für das Land darstellt als Joseph Muscat. Die beiden Männer sind Komplizen, das stimmt, aber es kann meiner Meinung nach

---

5 Anspielung auf die *Ballade vom alten Seemann* des britischen Dichters Samuel Taylor Coleridge (1798). Der Seefahrer erlegt einen Albatros, der das Schiff in der Antarktis aus der Eiswüste herausführte, mit der Armbrust. Die Matrosen sind wütend über diese Tat und beschließen, dass der Seefahrer zur Strafe den toten Albatros um den Hals tragen muss.

kein Zweifel darüber bestehen, wer wen kontrolliert. Es ist Schembri, der Muscat in der Hand hat und anleitet, und nicht andersherum. Die beiden bilden ein Gespann von Ränkeschmieden, das ausgezeichnet zusammenarbeitet. Doch während Schembri schon mehr als hinreichend unter Beweis gestellt hat, dass er sich auch ganz gut allein in der Welt der zwielichtigen Geschäfte außerhalb der Politik zu bewegen versteht, und seinen politischen Einfluss gezielt dazu einsetzt, noch besser Zugang zu Menschen und zu Situationen zu finden, die ihm neue Gelegenheiten eröffnen, im Verborgenen Geld zu verdienen, hat Muscat nicht die Möglichkeit, Geldgeschäfte außerhalb der Politik zu betreiben; er braucht seine Position als Premierminister, um sich diese Art von Macht zu verschaffen, ähnlich wie er auch früher seinen Einfluss als Premierminister im Wartestand genutzt hat.

Wir haben es hier mit einem gewieften politischen Strippenzieher zu tun, der im Verbund mit einem ebenso gewieften Fachmann für dunkle und illegale Geschäfte agiert. Beide brauchen einander, um die Mechanismen und die Verbindungen der Regierung für ihre eigenen sinisteren Zwecke zu nutzen. Doch wenn irgendwann alles auffliegt, hat Schembri größere Chancen, in der Welt außerhalb der Politik zu überleben als Muscat, für den es ziemlich düster aussieht. Wenn Muscat abgewählt wird und die Polizei ihre Pflicht zu tun beginnt, dann werden sich sowohl er als auch Schembri auf umfangreiche Ermittlungen wegen Korruption, Geldwäsche, missbräuchlicher Einflussnahme und Steuerhinterziehung einzustellen haben. Muscat erklärt immer wieder, dass es keine Beweise gegen ihn gebe. Doch dies ist lediglich eine »glaubhafte Bestreitbarkeit«, wie man auch sagt. Er hat sich die Dinge so zurechtgebogen, dass er sagen kann, dass dies alles nichts mit ihm zu tun habe. Aber bleiben wir einfach bei den Fakten: Muscat weiß genau, welche Absichten und Ziele Schembri verfolgt, dennoch verteidigt und schützt er ihn. Das kann nur eines bedeuten, und das ist alles andere als angenehm oder beruhigend.

Auch jene, die lauthals nach BEWEISEN rufen, wie sie es nennen, wissen ganz genau, wenn sie ehrlich zu sich selbst sind, dass sie, wenn es überwältigende Hinweise dafür gäbe, dass ihr Geschäftspartner, ihr Angestellter, ihr Vertrauter oder ihr Manager, dem sie ihr Geschäft anvertraut haben, sie betrügt und hintergeht, die betreffende Person sofort feuern und die Polizei einschalten würden. Wenn sie die Sache nicht an die große Glocke hängen wollten, würden sie auf die Polizei verzichten, gleichwohl aber versuchen, intern zu bestimmten Arrangements zu kommen. In beiden Fällen aber würde der Betreffende sofort seinen Hut nehmen müssen, die Freundschaft oder die Beziehung würde beendet werden und an ihre Stelle würden Misstrauen und Zorn treten.

Worum es in unserem Fall auch konkret gehen mag, die beiden sind gemeinsam in die Sache verwickelt. Sie arbeiten gegen die Interessen des Landes und der Bürger, aber sie brauchen unsere Wählerstimmen, um sich an der Macht zu halten und ihr Treiben fortzusetzen: uns zu betrügen, hinter unserem Rücken anrüchige Geschäfte auszuhandeln, unsere Abkommen mit dem Ausland in ein schlechtes Licht zu tauchen und die maltesischen Krankenhäuser unbekannten Personen zuzuschanzen, die sich hinter Strohmännern auf den British Virgin Islands verstecken. Ich glaube, wenn es uns jemals gelingen sollte, herauszufinden, wer die eigentlichen wirtschaftlichen Eigentümer von Vitals Global Healthcare Ltd. sind, denen Konrad Mizzi, Keith Schembri und Joseph Muscat so viele unserer staatlichen Krankenhäuser übereignet haben, werden wir eine böse Überraschung erleben. Vielleicht aber wird es auch gar keine Überraschung sein, sondern einfach nur eine Bestätigung der Vermutungen, die so viele schon lange hegen.

Electrogas

Wir waren noch kleine Kinder, als sich die alte Universität von Malta allmählich von der langjährigen, drei Wahlperioden umfassenden Herrschaft der Labour-Partei zu erholen begann, während der sie gezwungen worden war, sämtliche Fachbereiche zu schließen, in denen noch allgemeine Bildung und nicht nur eine praktische Berufsausbildung vermittelt wurde. In diese Phase fiel die Jugend unserer Mutter, sodass sie keine richtige Universität besuchen konnte, als eigentlich die richtige Zeit dafür gewesen wäre. Sie schrieb sich einige Jahre später ein, nachdem die Fachbereiche für Archäologie und Anthropologie wieder eröffnet worden waren. Sie war damals 29 Jahre alt, wir drei gingen alle noch zur Schule und waren tagsüber nicht zu Hause.

In den Schulferien begleiteten wir unsere Mutter bei Ausgrabungsarbeiten der Universität, förderten in staubigen Tälern punische Keramik zutage und legten auf den flachen Hügeln Maltas Steinzeitsiedlungen frei. Daheim wurden kistenweise Bücher angeliefert; unser Vater schleppte sie in Stapeln aus dem kleinen Kofferraum des verhassten Citroën AX unserer Mutter ins Haus: Monographien über antike griechische Herrscher und die Hochzeitsbräuche der Nubier, illustrierte Werke über Karthago und Magna Graecia und ein englisch-lateinisches Wörterbuch.

Politiker und deren Anhänger, die ihre Jugendzeit damit vergeudeten, die gerade wählbaren Fächer zu studieren, die sie später nie beruflich praktizieren würden, fragten später, warum unsere Mutter als Investigativjournalistin auftrete, während sie doch in Archäologie »ausgebildet« sei. Nach den »Panama Papers« stellte niemand mehr solche Fragen.

Aus denselben Einsichten, aus denen unsere Mutter uns gelangweilte Kinder damit beauftragte, auf den leicht zu verteidigenden Höhenrücken über den fruchtbaren Tälern nach Spuren menschlicher Siedlungen zu suchen, erkannte sie auch, dass es Spuren von Korruption gab, die man ans Licht bringen musste, als sie erlebte, wie sich die glatten jungen Politiker Maltas für die Privatisierung der Stromversorgung der Insel einsetzten. Ihre Alterskollegen in den Medien dagegen räumten der politischen Klasse der Insel mangels Beweisen einen Vertrauensvorschuss ein.

Heute, zwei Jahre später, zeigt sich immer klarer, dass unsere Mutter nicht umgebracht wurde, weil sie enthüllte, dass der Kabinettschef des Premierministers und der Energieminister geheime Briefkastenfirmen in Panama besaßen, sondern weil sie aufdeckte, zu welchem Zweck diese Gesellschaften eingerichtet wurden.

Nach ihrem Sieg in den Parlamentswahlen von 2013 begannen die Schlüsselfiguren der neuen Regierung von Premierminister Muscat zwei Zielsetzungen zu verfolgen: Zum einen ging es ihnen darum, jene Geldwäschestrukturen in Panama aufzubauen, die unsere Mutter später aufdeckte. Das zweite Ziel bestand darin, einen großen Teil des nationalen maltesischen Stromversorgers an ein chinesisches Staatsunternehmen zu verkaufen und die Elektrizitätsversorgung des Landes an ein privates Konsortium zu übertragen. Beide Prozesse wurden gleichzeitig vorangetrieben, und die Bemühungen, Bankkonten für die panamaischen Briefkastenfirmen des Kabinettschefs des Premierministers und des Energieministers zu eröffnen, beschleunigten sich zunehmend, als der Abschluss der Privatisierungsverträge näher rückte.

Unsere Mutter hatte erkannt, dass der Zeitplan eine wichtige Rolle spielte. Da keine Begründungen für die Notwendigkeit einer Privatisierung der nationalen Elektrizitätsversorgung vorgelegt wurden und eine Schein-Ausschreibung durchgeführt wurde, um den Auftrag einem hastig zusammengestellten Konsortium namens Electrogas zuzuschanzen, war unsere Mutter überzeugt, dass sie Beweise würde finden können, die eine Verbindung zwischen den Energiegeschäften und den Firmen in Panama herstellten, deren Existenz sie enthüllt hatte.

Ihre Recherchen untergruben die Glaubwürdigkeit von Electrogas, deshalb sah sich das Konsortium, das aus der staatlichen Ölgesellschaft von Aserbaidschan und zwei Malteser Geschäftsleuten ohne jegliche Erfahrung im Energiesektor bestand, gezwungen, irreguläre Staatshilfe in Anspruch zu nehmen, als die geplante Finanzierung ihres Gaskraftwerks über den internationalen Kapitalmarkt nicht zustande kam. Nachdem der ur-

sprüngliche Zeitplan bereits um zwei Jahre überzogen worden war, obwohl es für die erforderlichen Genehmigungen eine Ausnahmeregelung gegeben hatte, öffentliche Grundstücke zur Verfügung gestellt und Hunderte Millionen Euro an Staatsgarantien bewilligt worden waren, musste Electrogas sein Kraftwerk in dem Moment eröffnen, als Premierminister Muscat im Juni 2017 vorgezogene Neuwahlen ankündigte. Unsere Mutter berichtete, dass die Beschäftigten von Electrogas seit Monaten kein Geld mehr bekommen hätten. Die Firmenchefs bezeichneten sie daraufhin als Lügnerin. Sie wussten allerdings nicht, dass unsere Mutter bereits einen Datensatz von 680 000 Dokumenten von ihren Servern erhalten hatte.

Drei Monate vor der Wahl 2017 lud unsere Mutter einen Blogpost hoch mit der Überschrift »17 Black – so heißt die Firma, die in Dubai eingetragen ist«. Der einzige Inhalt dieses Posts bestand aus einer Reihe von Porträtaufnahmen von Premierminister Muscat, seinem Kabinettschef Keith Schembri, seinem Energieminister Konrad Mizzi und dem zurückgetretenen ehemaligen EU-Kommissar John Dalli. Der Post enthielt keine Erläuterungen, wurde aber dennoch in den sozialen Medien mehr als 12 000 mal geteilt. Da es keinerlei polizeiliche Ermittlungen in der Angelegenheit der »Panama Papers« gab, hofften ihre Leser, dass die überhandnehmenden Korruptionsskandale Maltas durch den Blog unserer Mutter aufgeklärt werden würden. Drei Monate lang tat sich nichts.

Am 27. Mai heiratete Andrew. Muscat verkündete eine Woche später Neuwahlen unter Verweis auf die »Instabilität«, die durch die Berichte unserer Mutter entstanden sei. Am Tag vor Andrews Hochzeit, als unsere Mutter auf der Insel unterwegs war, Blumen kaufte und sich darum kümmerte, dass wir alle anständige Schuhe und einen schönen Haarschnitt hatten, brachte die Zeitung, für die sie schrieb, eine große Story, in der enthüllt wurde, dass 17 Black jener Kanal war, über den Bestechungsgelder von Electrogas an Konrad Mizzi und Keith Schembri zu deren Firmen in Panama geleitet wurden. Alle Leute, die wir kannten, schäumten vor Wut.

Drei Wochen später wurde der Wachhund unserer Eltern vergiftet, wovon er sich nie wieder völlig erholte. Der zweite Hund, eine Dogge der Rasse Mastino Napoletano, war vor ein paar Monaten gestorben. Damit war der einzige echte Schutz weg, den das Haus besaß. Ein Nachbar schenkte meinen Eltern einen neuen Mastino Napoletano, den sie Hanno nannten, aber es war zu spät: Der Plan, unsere Mutter umzubringen, war schon angelaufen. Bevor Hanno lernen konnte, Alarm zu schlagen, kroch jemand unter das Auto unserer Mutter und deponierte eine Bombe unter dem Fahrersitz.

Ein Jahr nach der Beerdigung unserer Mutter wurde durch Recherchen von Reuters, die Bestandteil des Daphne-Projekts waren und in die wir die Electrogas-Dateien eingebracht hatten, die Identität des Eigentümers von 17 Black aufgedeckt: Es war Yorgen Fenech, der Geschäftsführer und Miteigentümer von Electrogas. Die Untersuchungen, die unsere Mutter angestoßen hatte, kehrten wieder zum Ausgangspunkt zurück.

Ein Kraftwerkanteilseigner, der 30 Prozent besitzt, ist praktisch pleite

RUNNING COMMENTARY, 24. JULI 2015, 10.51 UHR

Konrad Mizzi hat nichts über Gasol gesagt. Gasol, dessen hundertprozentige Tochtergesellschaft Gasol (Malta) Ltd. 30 Prozent von Electrogas Malta Ltd. besitzt, jener Gesellschaft, die von der Regierung ausgesucht wurde, um ein mit Flüssigerdgas betriebenes Kraftwerk in Delimara zu errichten, steht auf der Kippe.

Die veröffentlichten Geschäftsberichte wiesen bereits für 2013 desaströse Ergebnisse aus, als Gasol PLC, das damals im Nebensegment AIM der London Stock Exchange gelistet war, diesen Auftrag erhielt. Mittlerweile ist die Börsennotierung der Firma eingestellt.

Sie ist jetzt technisch bankrott und musste laut Medienberichten bei der im Besitz des aserbaidschanischen Staates befindlichen Socar Trading South Africa (die ebenfalls einen Anteil an Electrogas Malta Ltd. besitzt) ein Darlehen in Höhe von 1 Million US-Dollar aufnehmen, um ihre dringlichsten Rechnungen bezahlen zu können.

In ihrem jüngsten Jahresbericht werden ein negatives Eigenkapital von 12,8 Millionen Euro und Bilanzverluste in Höhe von 96 Millionen Euro genannt. Nach Angaben ihrer unabhängigen Wirtschaftsprüfer »verfügt die Gruppe gegenwärtig nicht mehr über ausreichend Bargeld oder liquide Mittel, um ihren Zahlungsverpflichtungen nachzukommen, die in den nächsten zwölf Monaten fällig werden« – aus diesem Grund wurde der Kredit in Aserbaidschan aufgenommen.

Nach Angabe von gasworld.com erfolgt die Rettungsaktion in Form einer ungesicherten Wandelanleihe in Pfund Sterling mit einer Laufzeit von zwei Jahren und einem jährlichen Zinssatz von 4 Prozent. Ferner wird berichtet, dass der Kredit nach Unterzeichnung in voller Höhe in Anspruch genommen wurde und für die Bereitstellung von Betriebskapital genutzt wird.

Übersetzung: Gasol befindet sich in einem finanziellen Engpass. Die Firma braucht dringend Geld, kann ihre Rechnungen nicht mehr bezahlen, erhält keinen Bankkredit mehr, Kontoüberziehungen sind ebenfalls nicht mehr möglich, und deshalb musste sie sich in Aserbaidschan Hilfe suchen.

Aserbaidschan ließ sich diese Chance nicht entgehen. Gemäß den Bedingungen der Wandelanleihe kann Socar Trading South Africa das Darlehen nach dem Ende des ersten Jahres und bis zu sieben Tage vor dem Ende der zweijährigen Laufzeit in direkte Unternehmensanteile umwandeln, sofern Gasol den Kredit zuzüglich der Zinsen nicht bis dahin zurückzahlt.

Das bedeutet, Gasol bleibt genau ein Jahr Zeit, weniger Zeit als erforderlich ist, um eine internationale Zahlung abzuwickeln und 1 Million US-Dollar aus Einnahmen bereitzustellen, die es gegenwärtig nicht hat. Wenn Gasol die Frist nicht einhalten kann, wird Socar Trading South Africa – das heißt der aserbaidschanische Staat – die Firma übernehmen. Socar Trading South Africa besitzt bereits 20 Prozent von Electrogas Malta Ltd.

Erst vergangene Woche erklärte der maltesische Wirtschaftsminister Chris Cardona, er mache sich keine Sorgen wegen der »Liquiditätsprobleme« von Gasol. Er zeigte sich zuversichtlich, dass das Kraftwerk ungeachtet dessen gebaut werden wird. Dann begab er sich zusammen mit seinem Büroleiter in den Pub The Stable, um einen dringend benötigten Drink zu nehmen. Der Energieminister ließ unterdessen gar nichts von sich hören.

Ob das Kraftwerk gebaut werden wird oder nicht, darum geht es nicht. Der springende Punkt ist vielmehr, dass eine in Malta registrierte Firma von der Bank of Valletta einen Kredit über 101 Millionen Euro erhalten hat, obwohl einer ihrer Gesellschafter, der einen Anteil von 30 Prozent besitzt, technisch zahlungsunfähig ist, 96 Millionen Euro Verluste angehäuft hat und sich von einem Mitgesellschafter Geld leihen muss, um weiter seine Rechnungen bezahlen zu können. Und die Regierung von Malta hat sich für eine Kreditsumme von bis zu 88 Millionen Euro als Bürge zur Verfügung gestellt, weigert sich jedoch, die Vertragsklauseln zu veröffentlichen, mit dem Hinweis darauf, dass dies zu wirtschaftlichen Turbulenzen (Panik) führen und »es uns unmöglich machen könnte, die Wirtschaft weiter im Griff zu behalten«.

Das ist aber noch nicht alles. Falls (wenn) es Gasol nicht gelingt, die 1 Million US-Dollar fristgerecht an Socar Trading South Africa zurückzuzahlen, wird Socar die Anteile von Gasol vollständig oder zu einem bedeutenden Teil übernehmen, was der Diktatur in Baku einen wesentlich größeren Anteil am Kraftwerk Delimara verschaffen wird. Dies wird es Ilham Alijew ermöglichen, im Verbund mit China, das bereits das andere große Kraftwerk besitzt und über einen beherrschenden Anteil an Enemalta verfügt, einen weiteren Stützpfeiler des maltesischen Staates herauszubrechen.

Wenn Joseph Muscat und Konrad Mizzi noch immer glauben, dies alles sei zu rechtfertigen, damit wir »niedrigere Wasser- und Stromrechnungen« bekommen, dann sind sie nicht nur hochgradig unwissend, sondern handeln auch in höchstem Maß unverantwortlich.

Muscat läuft mit stolzgeschwellter Brust umher und meint anscheinend schon, er würde in der Liga der Götter spielen. Was machen sich Aserbaidschan und China aus Malta? Für sie ist Malta lediglich eine Zwischenstation bei der Umsetzung ihrer ehrgeizigen und selbstsüchtigen Ziele, und Muscat ist nur ein Werkzeug in den Händen dieser Diktatoren.

Nur, dass die Energieversorgung von Malta in die Hände von zwei totalitären Staaten gelegt wird, ist für uns Anlass zur Sorge. Beunruhigend ist auch, dass der Kredit der Bank of Valletta, für den sich die maltesische Regierung verbürgt hat, Steuergelder in Höhe von 88 Millionen Euro verschlingen und öffentliche Güter kosten wird, falls Electrogas Malta Ltd. nicht imstande sein sollte, seine Schulden an die Bank zurückzuzahlen.

EILMELDUNG/ Dem Kraftwerk von Electrogas droht Ungemach

RUNNING COMMENTARY, 25. MAI 2017, 9.35 UHR

Verschiedene Quellen, denen Electrogas Malta Ltd. größere Summen schuldet, die Inhaber und Betreiber des Kraftwerks, das nach Absprachen zwischen Joseph Muscat, Keith Schembri, Konrad Mizzi und der staatlichen Ölgesellschaft von Aserbaidschan (die Gesellschafter ist) gebaut wurde, haben gegenüber diesem Blog erklärt, dass die Gesellschaft weder ihren Zahlungsverpflichtungen gegenüber ihren Gläubigern nachkommt noch die Gehälter ihrer Angestellten bezahlt, und dass »der letzte Zahllauf am 28. März war«.

Auf Nachfragen erklärten die Quellen des Weiteren: »Trotz des großen öffentlichen Wirbels bei der offiziellen Eröffnung vergangenen Monat produzieren sie noch keine Energie. Sie befinden sich noch in der Testphase und schöpfen die Kapazität bestenfalls zu 10 Prozent aus. Die Testphase soll bis Ende September dauern – falls es ihnen gelingt, Geldmittel aufzutreiben, die ihr Überleben sicherstellen.«

Die Informanten ergänzten, dass Enemalta nun, da das Electrogas-Kraftwerk offiziell seinen Betrieb aufgenommen hat, wenngleich es faktisch nicht produziert, Electrogas ein »wöchentliches Lieferkontingent zugewiesen hat, das sie aber aufgrund technischer Probleme nicht erfüllen können«. Dies habe zu einem ernsten Liquiditätsproblem bei Electrogas geführt: Wenn die Lieferung an Enemalta nicht erfolgt, werden Strafzahlungen fällig.

Obwohl die Regierung durch das Drängen auf eine verfrühte Inbetriebnahme diese Probleme verursacht hat, bekommt sie

jetzt das Folgeproblem nicht in den Griff, das dadurch hervor-
gerufen wird, dass die Enemalta Corporation auf einem wöchent-
lichen Lieferkontingent besteht.

Enemalta wird von Shanghai Power Electric kontrolliert,
nachdem die maltesische Regierung einen großen Anteil an den
chinesischen Staat verkauft hat. Dies geschah durch einen
Geheimvertrag, der von Konrad Mizzi und Cheng Chen ausgehandelt wurde. Beide besitzen, wie vergangenes Jahr aufgedeckt wurde – nachdem der Vertrag unterzeichnet worden
war –, Offshore-Gesellschaften, die für sie von Strohmännern in
Panama und den British Virgin Islands eingerichtet wurden.

»Dass die Regierung auf eine frühzeitige Inbetriebnahme
vor der Ausrufung von Neuwahlen drängte, hat sich als ganz
und gar nicht hilfreich erwiesen«, erklärten die Informanten
gegenüber dieser Internetseite.

Eine Regierung wird gestürzt und eine politische Partei wird mit Millionen unterstützt, damit nun Privatleute die Stromversorgung von Malta übernehmen können

RUNNING COMMENTARY, 11. APRIL 2013, 11.11 UHR

Es erforderte keine aufwendigen Recherchen, um herauszufinden, dass die treibende finanzielle Kraft hinter der Labour-
Partei eine Gruppe von Personen ist, die die Absicht oder den
Plan verfolgen, ein faktisches Monopol bei der Stromversorgung
von Malta zu erlangen.

Dass die Labour-Partei Ausnahmeregelungen bezüglich der
EU-Vergaberichtlinien zu nutzen beabsichtigte, um das Ausschreibungsverfahren zu umgehen, war ebenfalls von Anfang
an klar (und solche Ausnahmeregelungen gibt es).

Im Wahlkampf wurde dies als notwendig dargestellt, um
das Kraftwerk möglichst schnell in Betrieb nehmen zu können.

Der wahre Grund besteht jedoch darin, dass sie, wenn ein öffentliches Überprüfungsverfahren vermieden und das Department of Contracts nicht eingeschaltet wird, den Auftrag zuschanzen können, wem sie wollen, und das haben sie dann auch unverzüglich getan.

Die Dummköpfe, die um dieses Projekt zu konkurrieren versuchten, haben ihre Zeit und ihr Geld vergeudet.

Man erklärt uns, dass die private Firma, die nun den Strom für Malta produzieren soll und die ein faktisches Monopol besitzen wird, bis Interconnector ans Netz geht, diesen Strom an Enemalta verkaufen wird, die ihn dann den Verbrauchern zur Verfügung stellen.

Und dadurch soll der Strom billiger werden. Noch schlimmer, auf dem Gebiet der Stromerzeugung wird ein faktisches Monopol in den Händen eines Privatunternehmens entstehen, und es wird keine Vorkehrungen gegen Preiserhöhungen geben, wenn der von der Labour-Regierung auf zehn Jahre geschlossene Vertrag ausläuft. Nach ihnen die Sintflut.

Man kann getrost davon ausgehen, dass das Interconnector-Projekt einer Gaspipeline zwischen Malta und Sizilien nun allen möglichen Sabotageversuchen ausgesetzt sein wird, die darauf zielen, es zu verzögern oder zum Scheitern zu bringen.

Das ist wahrscheinlich das eklatanteste Beispiel dafür, wie schwach die Demokratie auf Malta ist. Jenen, die die Kontrolle angestrebt haben - und die Macht über die Stromversorgung einer Inselnation ist vielleicht die größtmögliche Macht, gleichsam eine Lizenz zum Gelddrucken -, jenen ist es also gelungen, eine Regierung systematisch zu destabilisieren, sie schließlich zu Fall zu bringen und sie durch eine andere Regierung zu ersetzen, die als Gegenleistung die Wünsche jener erfüllt, die sie an die Macht gebracht haben.

Das ist der Stoff, aus dem Bananenrepubliken gemacht sind, in denen die Demokratie schwach ist oder es gar keine gibt. Ich möchte die Vermutung wagen, dass die Investoren, die hinter diesem Projekt stehen - die nicht aus Malta stammenden Partner -, bei ihren Geschäften in Malta dieselben Methoden angewendet haben, die sie auch im Umgang mit afrikanischen oder bestimmten südamerikanischen Ländern anwenden.

Erschreckend ist auch, wie leicht es für sie war, die parlamentarische Demokratie in Malta zu nutzen, um ihre Ziele zu erreichen, da doch die parlamentarische Demokratie gerade ein Schutz gegen solche Machenschaften sein soll.

Dennoch muss ich einräumen, dass sich ihre Einschätzung der Schwäche der demokratischen Strukturen in Malta mit meiner Auffassung deckt, allerdings mit dem Unterschied, dass sie dieses Wissen zu negativen Zwecken nutzen. Es ist ihnen gelungen, eine an Venezuela erinnernde Massenhysterie[1] zu erzeugen, die als moderne, europäische »Bewegung« aufgezogen wurde, was nicht möglich wäre, wenn die Menschen besser informiert wären und ein gefestigteres demokratisches Bewusstsein hätten.

Dementsprechend haben sie die vorherige Regierung systematisch von innen untergraben und schließlich zu Fall gebracht. Die Investition hat sich ausgezahlt.

Die bittere Ironie besteht darin, dass gerade jene, die am lautesten gegen die alte Regierung gewettert und sich am eifrigsten für die neue ausgesprochen haben, als diese noch die Opposition war, sich nun brüsten, dass sie voll auf der Höhe der Zeit seien. Stattdessen müsste sie eigentlich der blanke Horror packen bei dem Gedanken, dass die »großen multinationalen Konzerne«, die sie angeblich so sehr verachten, sie missbraucht haben, um die Kontrolle über die Elektrizitätsversorgung Maltas zu erlangen.

Da wird es eine Menge zu verdrängen und zu verleugnen geben. An ihrer Stelle würde ich mir wie ein kompletter Trottel

---

1 Gemeint sind offenbar die Massenszenen anlässlich der Beerdigung des als Volksheld verehrten Präsidenten von Venezuela Hugo Chávez im März 2013.

vorkommen. Ich zeige mein Gesicht auf Plakaten und trete bei Massenkundgebungen auf, damit sich dann eine Gruppe von Leuten, die in keiner Weise demokratisch legitimiert sind, mittels der Stromversorgung die Herrschaft über Malta verschaffen und sich dabei eine goldene Nase verdienen kann? Nein, danke. Ich bin so froh, dass ich damit nichts zu tun habe. Diejenigen, die meinten, sie würden Malta aus den Händen des Bösen befreien, haben stattdessen eine Situation geschaffen wie in vielen afrikanischen Ländern: Wer die Stromversorgung des Landes beherrscht, beherrscht das Land. Die Regierung ist dann schließlich diesen Leuten verpflichtet, nicht umgekehrt.

Knüller und Exklusivmeldungen

Die Aufdeckung der Verschwörung zwischen Henley & Partners und dem Premierminister von Malta, seinem Kabinettschef und dem Justizminister

Henley & Partners war ursprünglich eine Immobilienfirma, die irgendwann auf die Idee kam, mit jeder Immobilie, die sie verkaufte oder vermietete, einen Bonus-Pass auszugeben. Auf ihrer Internetseite und in bezahlten Zeitschriftenbeiträgen erklärt die Firma, dass sie Regierungen dabei unterstütze, »Kapitalanlagemodelle« zu planen und umzusetzen. Aus ihrer Tätigkeitsbilanz geht hervor, dass diese Modelle letztlich darin bestehen, Pässe gegen Geldzahlungen zu verkaufen.

Als der maltesische Premierminister Joseph Muscat mit Christian Kälin, dem Chef von Henley & Partners, einen Vertrag über den käuflichen Erwerb der maltesischen Staatsbürgerschaft abschloss, war er dazu nicht berechtigt, denn die Schaffung eines solchen Modells stand nicht in seinem Wahlprogramm. Muscat versuchte sein Modell klammheimlich einzuführen und eine parlamentarische Debatte sowie das damit zwangsläufig verbundene Medieninteresse und die öffentliche Kritik zu vermeiden. Als unsere Mutter seine Pläne aufdeckte, wie es jeder tüchtige Journalist getan hätte, lüftete sie damit ein Stück weit den Schleier, unter dem sich die intensive PR-Arbeit von Henley & Partners verbarg. Was sie dabei entdeckte, war eine zwielichtige Welt der Geldwäsche und des Betrugs.

Ein Freund von Christian Kälin, ein Iraner namens Ali Sadr Hasheminejad, erwarb von Henley & Partners mindestens einen Pass des karibischen Inselstaates St. Kitts und Nevis und besitzt noch drei weitere Pässe, von denen mindestens einer ein anderes Geburtsdatum enthält. Einen dieser gekauften Pässe verwendete Hasheminejad bei der Einrichtung der Pilatus Bank in Malta, die unsere Mutter später als eine Geldwäschemaschine für Regierungsvertreter von Aserbaidschan, Malta und anderen Ländern enttarnte.

Gemäß dem maltesischen Passprogramm können wohlhabende Personen die maltesische Staatsbürgerschaft für sich selbst und ihre Angehörigen erwerben, wodurch sie unmittelbar Bürger der Europäischen Union werden, visumfrei im gesamten Schengen-Raum und in mehreren anderen Ländern reisen können und unbegrenzten Zugang zu den europäischen Finanzplätzen haben. Im Oktober 2013, ein halbes Jahr nach dem Amtsantritt von Muscat, veröffentlichte unsere Mutter einen Artikel über die geheimen Pläne des Premierministers, Pässe zu verkaufen. Diese Nachricht sorgte auf Malta für große Aufregung, und die Story, dass ein Mitgliedstaat der Europäischen Union die EU-Staatsbürgerschaft käuflich zu machen beabsichtigte, verbreitete sich rasch weltweit. Laut dem Vertrag mit Henley & Partners muss ein ranghoher Vertreter der maltesischen Regierung bei den Besprechungen anwesend sein, bei denen über Einbürgerungsanträge entschieden wird. Joseph Muscat hat zusammen mit seinem Kabinettschef Keith Schembri seit 2013 an mindestens elf solcher Besprechungen teilgenommen. Eine Woche nach der Ermordung unserer Mutter reiste er nach Dubai, um auf einem »Global Citizenship Seminar« von Henley & Partners das Passprogramm Maltas vorzustellen.

Während er im Verborgenen den Verkauf von EU-Pässen an Superreiche vorbereitete, erklärte Muscat, dass Boote mit Migranten nicht die Erlaubnis erhalten würden, in Malta anzulegen. Nachdem ein Boot mit Migranten aus Libyen angekommen war, die in Gewahrsam genommen worden waren, verkündete er

zusammen mit seinem damaligen Innenminister Emmanuel Mallia, dass die »körperlich leistungsfähigen Männer« aus dieser Gruppe wieder in ihr Herkunftsland zurückgebracht werden würden. Menschenrechtsorganisationen protestierten gegen dieses Vorhaben, auch unsere Mutter war empört und berichtete ausführlich über diese Angelegenheit, und unser Vater schloss sich einer Gruppe von Rechtsanwälten an, die eine gerichtliche Anordnung gegen Muscats Anweisung zu erwirken versuchten.

Der Handel mit Pässen und die davon stark unterschiedliche Behandlung von Migranten, die über das Meer nach Malta kamen, machte unsere Mutter wütend. Sie veröffentlichte zahlreiche Texte über diese Thematik und bezeichnete es als obszön, dass Muscat erklärt hatte, es gebe »keinen Platz mehr« für Migranten auf Malta, während er zugleich Pässe an Leute verkaufte, die »mit einer Schubkarre voller Geld« bei ihm erschienen.

Anfang 2017, als Malta turnusgemäß den Vorsitz im Europäischen Rat übernahm und bevor Muscat vorzeitige Neuwahlen ansetzte, bat Kälin unsere Mutter um ein Treffen. Er wollte, dass sie einige Texte aus ihrem Blog entfernte, die sie schon drei Jahre zuvor veröffentlicht hatte.»Warum jetzt?«, wollte sie von ihm wissen. Kälin antwortete:»Weil Wahlen kommen.« Diese Antwort machte unsere Mutter stutzig, denn die reguläre Wahlperiode endete erst im folgenden Jahr. Später wurde ihr klar, dass vorzeitige Neuwahlen schon lange geplant waren und Kälin darüber informiert war, bevor es der Allgemeinheit mitgeteilt wurde.

Wir begriffen, wie gefährlich die Situation geworden war, als unsere Mutter durch ihre Recherchen Belege über die Zusammenarbeit von Kälin und Premierminister Joseph Muscat, dessen Kabinettschef Keith Schembri und dessen Justizminister Owen Bonnici zutage förderte.

Kurz vor der Parlamentswahl 2017, in der Muscat im Amt bestätigt wurde, berichtete unsere Mutter, dass Muscat, Schembri und Bonnici für die Kommunikation mit Kälin private E-Mail-Adressen der Domain @josephmuscat.com verwendeten, die auf einem gemieteten Server in den USA gehostet wurde. Der registrierte Administrator dieser Domain, Jonathan Cardona, der Leiter jener Behörde, die das maltesische Passprogramm durchführte, war ebenfalls in diese Korrespondenz einbezogen und verwendete eine private E-Mail-Adresse derselben Domain.

Durch die Verwendung der privaten Mailadressen unter @josephmuscat.com für die Kommunikation mit dem Leiter eines Privatunternehmens, der sie in seinen E-Mails mit ihren Vornamen ansprach, verstießen Muscat und seine engen Mitarbeiter gegen die geltenden Regeln zur öffentlichen Rechenschaftslegung. Denn sie umgingen die offiziellen

Regierungsserver, die sämtliche Kommunikationsvorgänge aufzeichnen und einen Prüfpfad erstellen. Ihre E-Mail-Korrespondenz enthält Hinweise darauf, dass die Vertreter von Henley & Partners nicht auf eigene Faust handelten, als sie Drohungen gegen unsere Mutter aussprachen oder den Entschluss fassten, sie vor britischen Gerichten zu verklagen. Sie taten dies »auf Anweisung und in Zusammenarbeit mit Premierminister Joseph Muscat, seinem Kabinettschef Keith Schembri und Justizminister Owen Bonnici«, wie unsere Mutter schrieb.

Beunruhigend an dieser verdeckten Zusammenarbeit war vor allem, wie bereitwillig Muscat auf jegliche Distinktion als Regierungschef verzichtete und sich auf eine Stufe mit seinem Kabinettschef stellte, der in der Regierungshierarchie eigentlich unter ihm rangiert. In seinen Mails spricht Christian Kälin Muscat und Schembri als »Keith« und »Joseph« an, in dieser Reihenfolge.

Da das enge Verhältnis zwischen Muscat und Schembri aufgrund der Recherchen unserer Mutter allgemein bekannt ist, wird es für Muscat zunehmend schwieriger, sich von Ermittlungen gegen seinen Kabinettschef im Zusammenhang mit Bestechung und Geldwäsche abzusetzen. Trotz sich häufender Beweise gegen ihn genießt Schembri nach wie vor Immunität und übt weiterhin sein Amt als Kabinettschef des Premierministers aus.[1] Ungeachtet wiederholter internationaler Aufforderungen, den Passhandel einzustellen, soll dieser sogar noch ausgeweitet werden, wenn die Obergrenze für die Zahl der Bewerbungen aufgehoben wird.

---

1 Am 26. November 2019 trat Schembri zurück und wurde verhaftet, aber zwei Tage später wieder aus der Untersuchungshaft entlassen.

Christian Kälin von Henley & Partners wusste schon im März, dass es Neuwahlen geben würde

RUNNING COMMENTARY, 12. MAI 2017, 15.19 UHR

Christian Kälin, Präsident und CEO von Henley & Partners, hat auf meine E-Mail geantwortet, die ich ihm vor einiger Zeit geschickt hatte.

Daphne,

wir sind sehr verärgert darüber, dass Sie auf Ihrem Blog ständig falsche und diffamierende Beiträge veröffentlichen. Ich bin sicher, sehr viele Menschen auf Malta sind darüber ebenso verärgert, weil dies das Image Ihres wunderbaren Landes im Ausland negativ beeinflusst, denn diese Posts werden überall auf der Welt gelesen. Haben Sie jemals darüber nachgedacht, was die Leute außerhalb von Malta denken könnten?

Es ist schon sehr erstaunlich, dass Sie sogar eine persönliche Korrespondenz wie diese veröffentlichen.

Wie wir bereits erklärt haben, und das möchte ich hier wiederholen, haben wir niemals irgendwelche Zahlungen an Politiker getätigt, und wenn Sie diese Unterstellung weiter aufrechterhalten sollten, kann dies in mehreren Ländern, in denen Ihr Blog gelesen wird, als strafrechtliches Vergehen gewertet werden. Es wäre wirklich besser, wenn Sie Äußerungen unterlassen würden, die falsch und in hohem Maße diffamierend sind.

Wie ich schon früher dargelegt habe, hat natürlich jedermann das Recht, sich eine eigene Meinung zu bilden über das Malta Individual Investor Programme (IIP) oder über das Konzept des Citizenship-by-Investment und dessen Vorzüge, doch wir sind, wie Sie wissen, ein Dienstleistungsunternehmen, das sich auf dieses Geschäftsfeld ausgerichtet hat, und wir bemühen uns, den Interessen der Länder zu dienen, für die wir arbeiten. Im vorliegenden Fall also den Interessen von Malta, wo wir unser Bestes tun, um gemäß unseren vertraglichen Vereinbarungen das IIP möglichst erfolgreich zu machen, und dies werden wir auch weiterhin tun.

Ich möchte Sie abermals höflich ersuchen, jegliche diffamierenden oder unzutreffenden Behauptungen über uns aus Ihrem Blog zu entfernen, wie es bereits ausführlich von unseren Anwälten dargelegt wurde, um es Ihnen zu erleichtern, jene Artikel aufzufinden, die rechtlich relevant sind.

Kurz gesagt, wir verlangen von Ihnen einfach nur, dass Sie sich an die Grundsätze guter journalistischer Arbeit halten.

Vielen Dank
Chris

Ich habe ihm folgende Antwort geschickt:

Christian,
ich nehme keine Belehrungen über journalistische Arbeit von jemandem entgegen, dessen Geschäft darin besteht, Pässe an Leute zu verkaufen, die aus Gründen, die man am besten nicht näher untersuchen sollte, mit dem Pass nicht auskommen, auf den sie durch ihre Herkunft Anspruch haben. Auch akzeptiere ich keine Belehrungen von Personen, die ihre Geschäfte in nicht-demokratischen Ländern betreiben.

Wie ich gegenüber Ihren Londoner Anwälten bereits erklärt habe, ist es nicht ausreichend, von mir zu verlangen, irgendwelche Aussagen zu streichen mit der Behauptung, dass sie diffamierend seien. Es muss auch dargelegt werden, warum sie diffamierend sind, unter Verweis auf die jeweilige konkrete Aussage, anstatt eine allgemeine Forderung zu erheben, und anschließend muss auch ich zu der Auffassung gelangen, dass die betreffende Aussage tatsächlich ehrenrührig ist.

Ihren Anwälten ist durchaus bewusst, dass falsche Informationen und diffamierende Behauptungen zwei völlig verschiedene Dinge sind und dass ein Sachverhaltsirrtum nicht notwendigerweise eine Verleumdung darstellt. Bei einem Tatsachenirrtum verlangt man gewöhnlich eine Richtigstellung und droht nicht mit einer Verleumdungsklage, für die es keine rechtliche Grundlage gibt.

Es ist Ihnen vielleicht nicht bekannt, aber laut dem maltesischen Gesetz muss eine Verleumdungsklage binnen eines Jahres nach der Veröffentlichung eingereicht werden, auf die sie sich bezieht. Die Angelegenheit ist also verjährt und Sie können nicht mehr klagen.

Ich war durchaus bereit, Ihnen entgegenzukommen und Leserkommentare aus den vergangenen drei Jahren zu entfernen, sollten Sie sie als beleidigend empfinden für Ihre Firma, die Sie als ein respektables Unternehmen betrachten, das seinen guten Ruf zu verteidigen habe (eine Sicht, die ich allerdings nicht teile). Ich hätte mich auch weigern und Ihre Forderung rundheraus ignorieren können, weil sie aufgrund der Verjährung unberechtigt ist, aber das habe ich nicht getan.

Sie können nun Ihre Anwälte auf mich ansetzen, um mich zu zwingen, Leserkommentare zu entfernen, die zwei bis drei Jahre alt sind. Ich bin nicht verpflichtet, diesem Verlangen in irgendeiner Form Folge zu leisten, denn Sie haben die gesetzliche Frist versäumt, die Sie berechtigt, solche Forderungen zu stellen, beziehungsweise Verleumdungsklage einzureichen, falls sie nicht erfüllt werden.

Wenn Sie sich komplett zum Narren machen wollen und weiter darauf bestehen, dass die Anwaltskanzlei Mishcon de Reya in London mich - eine Journalistin, die in Malta tätig ist – wegen Kommentaren verklagt, die von Dritten in der Kommentarspalte ihrer Internetseite hinterlassen wurden, dann tun Sie das, und ich wünsche Ihnen dabei viel Glück.

Bei unserem Treffen am 2. April habe ich die Bedeutung Ihrer Bemerkung, dass »Wahlen kommen« würden, nicht richtig verstanden, denn die Parlamentswahl sollte erst in mehreren Monaten stattfinden, und mir war auch nicht ersichtlich, warum Sie jetzt plötzlich aktiv geworden waren. Im Rückblick und vor dem Hintergrund der jüngsten Ereignisse wird mir klar, dass Sie, als ich um den 20. März die erste Nachricht von Henley & Partners erhielt, bereits darüber informiert waren, dass es bald Parlamentswahlen geben würde – und daher Ihre Bemerkung am 2. April, dass Sie jetzt handeln würden, »weil Wahlen kommen«.

Sie finanzieren vielleicht nicht die Partei von Joseph Muscat, aber Sie unterhalten eine sehr enge Geschäftsbeziehung – der Verkauf von Pässen ist ein Geschäft –, sodass Muscat es wohl für notwendig erachtete, Sie davon in Kenntnis zu setzen, dass er für Mai oder Juni Neuwahlen plante.

Wir Malteser können es kaum erwarten, Henley & Partners loszuwerden, welchen Eindruck auch immer Sie durch die Eilfertigkeit gewisser Unternehmensdienstleister gewonnen haben mögen, die sich an Ihre Seite stellten und Ihnen dabei behilflich waren, die maltesische Staatsbürgerschaft an asiatische Potentaten zu verhökern, unter anderem an einen chinesischen Aluminium-Milliardär, der auf der Forbes-Liste steht und als Käufer einer winzigen Wohnung in einer Nebenstraße im Dorf Naxxar eingetragen worden ist.

Daphne Caruana Galizia

Meine jüngste E-Mail an Christian Kälin von Henley & Partners

RUNNING COMMENTARY, 12. MAI 2017, 12.56 UHR

Ich habe gerade folgende E-Mail verschickt als Antwort auf eine Mail von Christian Kälin von Henley & Partners, die unten angehängt ist.

Christian,

ich bin zutiefst empört über die selbstherrliche Haltung Ihrer Anwälte, und noch mehr empört mich die Tatsache, dass eine Firma sich ermächtigt fühlt, mit dem heimlichen Einverständnis einer Regierung, die dafür keinen Wählerauftrag hat, die Staatsbürgerschaft eines Landes gegen den Willen der Bürger dieses Landes zu verkaufen, und dann die Unverfrorenheit besitzt, gegen Journalisten und Bürger dieses Landes vorzugehen, die gegen jene Praktiken protestieren.

Wenn diese Regierung abgewählt wird, werden Sie keine maltesischen Pässe mehr verkaufen können, und die große Mehrheit der Bürger dieses Landes hofft, dass es dazu kommt. Bei unserem Treffen hatte ich die Gelegenheit, Ihnen zu erklären, dass Malta nicht St. Kitts und Nevis ist. In St. Kitts und Nevis können Sie sich wie ein Kolonialist aufführen, gegen die Presse vorgehen und legitime Kritik unterdrücken, aber hier geht das nicht.

Ich finde es unverschämt, dass Sie mir drohen, gegen mich in London Klage zu erheben. Sie tun das nicht, weil Ihre »geschäftlichen Aktivitäten zum größten Teil dort stattfinden« würden. Der Großteil Ihrer geschäftlichen Aktivitäten wird mit zwielichtigen Figuren aus Russland oder dem Nahen Osten abgewickelt, und gelegentlich mischt auch ein vietnamesischer Politiker mit.

Sie wollen mich in London verklagen, weil Sie mich für jemanden halten, der vom Arsch der Welt kommt und dem die Worte »London«, »britische Gerichte« und »hohe Kosten« Angst machen.

Ich freue mich schon auf die schlechte Presse, die ein solches Gerichtsverfahren Ihrem zwielichtigen Laden verschaffen wird, wenn Sie eine Bloggerin aus einem EU-Mitgliedsland verfolgen, während Sie die Staatsbürgerschaft Maltas gegen den Willen der Menschen, die von Geburt an die maltesische Staatsbürgerschaft besitzen, in missbräuchlicher Weise verkaufen – dass Sie eine Vereinbarung mit einer korrupten Regierung haben, ändert nichts an Ihrem missbräuchlichen Verhalten.

Henley & Partners dürfte zur Zeit die unbeliebteste Firma auf Malta sein gleich nach der Pilatus Bank – einer Firma, die jemandem gehört, der sich von Ihnen einen Pass von St. Kitts und Nevis gekauft hat – und nach jenem Unternehmen, geführt von Joseph Muscat und Keith Schembri, mit dem Sie eine Vereinbarung geschlossen haben, die schon ausgehandelt war, bevor die beiden an die Macht gekommen sind.

Ich bin sicher, Sie können einigermaßen nachvollziehen, wie gering Ihr Ansehen bei den echten Bürgern von Malta ist, und ich erwarte von Ihnen die Zusicherung, dass Sie im bevorstehenden Wahlkampf nicht Muscats Unternehmung finanzieren werden, um dafür zu sorgen, dass er im Amt bestätigt wird und Sie weiterhin Pässe meines Landes verscherbeln können.

Daphne Caruana Galizia

Diese E-Mail war die prompte Antwort auf die folgende, die ich heute Morgen erhielt.

Hi Daphne,

ich bin gerade auf folgenden Post aufmerksam geworden. Haben Sie ein neues Schreiben erhalten, das Sie verärgert hat, oder worum geht es hier? Unsere Korrespondenz und die letzte Nachricht von Mishcon (die allerdings schon eine Weile zurückliegt) habe ich dahingehend interpretiert, dass Sie bereit sind, die diffamierenden und unrichtigen Stellen zu entfernen. Darum möchte ich Sie freundlich bitten. Natürlich müssen Sie nicht alles entfernen, sondern nur jene Aussagen, die eindeutig verleumderisch und unzutreffend sind. Sollte dies nicht geschehen, bleibt uns keine andere Wahl, als den Empfehlungen unserer Anwälte zu folgen und in London ein gerichtliches Verfahren in die Wege zu leiten, denn dort haben diese Internetmeldungen die größten Auswirkungen auf unsere geschäftlichen Aktivitäten.

Ich hoffe, wir können dies vermeiden und weiterhin einen vernünftigen Dialog führen, was ich stets für besser halte als alle anderen Möglichkeiten. Wir möchten uns heraushalten aus den politischen Auseinandersetzungen auf Malta und einfach nur unserem Geschäft nachgehen - in Malta und anderswo. Ich hoffe auf Ihr Verständnis ...

Beste Grüße
Chris

Dr. Christian H. Kälin TEP IMCM
Group Chairman und CEO

EILMELDUNG/ Premierminister und Kabinettschef verwenden Mailadressen unter @josephmuscat.com für Geheimverhandlungen mit dem Chef von Henley & Partners, der sie als »Keith« und »Joseph« anspricht (in dieser Reihenfolge)

RUNNING COMMENTARY, 31. MAI 2017, 15.02 UHR

Anstatt die Geschichte aufzuschreiben, habe ich mich entschlossen, eine E-Mail wiederzugeben, die ich vor ein paar Minuten an den Premierminister (Joseph Muscat), seinen Kabinettschef (Keith Schembri), den Justizminister (Owen Bonnici), den Leiter des Programms zum Verkauf maltesischer Staatsbürgerschaften (Jonathan Cardona) - jeweils an ihre Mailadresse unter @josephmuscat.com - geschickt habe sowie an den Chairman von Henley & Partners (Christian Kälin).

Kopien der E-Mail sind den beiden Anwälten der Londoner Kanzlei Mishcon de Reya, Emma Woollcott und Harry Eccles-Williams, zugegangen, die mich auf Verlangen von Henley & Partners, die ihrerseits vom Premierminister und dessen Kabinettschef dazu veranlasst wurden, mit Briefen und Forderungen schikanieren. Kopien gingen ebenso an den Führer der Opposition und an die Herausgeber der Zeitungen *The Malta Independent, Times of Malta, Malta Today* und *Lovin Malta.*

Nachfolgend die Mail im Wortlaut.

Diese Nachricht ist adressiert an den Premierminister, seinen Kabinettschef und den Justizminister von Malta sowie an Jonathan Cardona, den Leiter des Programms zum Verkauf maltesischer Staatsbürgerschaften und an Christian Kälin, den Chairman von Henley & Partners. Kopien gehen an den Führer der Opposition, an die Herausgeber der Zeitungen The Malta Independent, Times of Malta, Malta To-

day und Lovin Malta ſowie an Emma Woollcott und Harry Eccleſ-Williamſ bei der Kanzlei Miſhcon de Reya.

Meine Herren,

ich verfüge über Beweise in Form von E-Mail-Korrespondenzen zwischen den Empfängern dieser Nachricht, die belegen, dass die Drohung/Entscheidung von Henley & Partners, mich vor britischen Gerichten zu verklagen, auf Anweisung und in Zusammenarbeit mit Ihnen, dem Premierminister Joseph Muscat, Ihrem Kabinettschef Keith Schembri und dem Justizminister Owen Bonnici erfolgte.

Nach einer Besprechung zu diesem Thema mit dem Justizminister entwickelte Christian Kälin, der Chairman von Henley & Partners, einen Plan, der vorsah, an mich, den Oppositionsabgeordneten Jason Azzopardi sowie an »drei Medienhäuser« Briefe zu verschicken, in denen uns mit finanziell ruinösen und sehr aufwendigen Gerichtsverfahren vor »britischen Gerichten« gedroht werden sollte, um uns davon abzuhalten, weitere Recherchen über die undurchsichtigen und für Malta schädlichen Aktivitäten von Henley & Partners durchzuführen.

Dieser Plan wurde dann Ihnen, Herr Justizminister, und Ihnen, Herr Jonathan Cardona, zur Billigung vorgelegt. Er wurde auch Ihnen, Herr Premierminister, und Ihnen, Herr Keith Schembri, zugeleitet, und der Chairman von Henley & Partners sprach Sie darin vertraulich mit Ihren Vornamen »Keith« und »Joseph« an, in dieser Reihenfolge.

Sie, Herr Premierminister, haben darauf geantwortet: »Ich habe nichts dagegen«, und Sie, Herr Keith Schembri, haben geschrieben: »Danke, Chris. Sieht gut aus. Schöne Grüße«.

Zu einem bestimmten Zeitpunkt haben Sie die Absicht fallengelassen, auch die »drei Medienhäuser« und den Oppositionsabgeordneten Jason Azzopardi einzuschüchtern, und sich stattdessen entschlossen, sich allein auf mich zu konzentrieren und mich mit einer Flut von E-Mails und Briefen von Mishcon de Reya einzudecken, einer angesehenen Anwaltskanzlei, die einen Ruf zu wahren hat. Ihr war vielleicht gar nicht bewusst, dass sie als Werkzeug benutzt wurde, um die verwerflichen Pläne des Premierministers eines Mitgliedstaates der Europäischen Union gegen eine Journalistin in die Tat umzusetzen, die der Minister zu seiner persönlichen Feindin erklärt hat und die er in den finanziellen Ruin treiben möchte, was er auf andere Weise nicht bewerkstelligen kann.

Sie werden bemerken, dass ich nicht Ihre offiziellen E-Mail-Adressen unter @gov.mt verwendet habe, sondern Ihre inoffiziellen Adressen unter @josephmuscat.com, da Sie diese Adressen anscheinend für Ihre illegalen und in hohem Maße unmoralischen Verhandlungen und Korrespondenzen mit Henley & Partners und anderen verwenden. Mit Erschrecken musste ich dies anhand einer Reihe von E-Mails feststellen, die belegen, wie weit der maltesische Premierminister und seine engsten Vertrauten schon auf dem Weg der Korruption und des Machtmissbrauchs fortgeschritten sind. Es ist schlicht unglaublich, dass der Regierungschef eines Mitgliedslands der Europäischen Union – und das ist etwas anderes als St. Kitts und Nevis, das angestammte Revier von Henley & Partners – sich öffentlich in einer derart vertraulichen Art ansprechen lässt vom Chef einer Firma, die nach Malta gekommen ist, um hier, gestützt auf eine sehr praktische Vereinbarung mit Ihnen, zum Nachteil der übrigen EU-Mitglieder und mit schädlichen Folgen für Malta, mit Pässen eines Landes in der Schengen-Zone der Europäischen Union Handel zu betreiben. Unglaublich ist es auch, dass er sich von diesem Unternehmer in einem Atemzug mit dem ihm scheinbar untergebenen Kabinettschef nennen lässt und dieser Kabinettschef dabei sogar noch an erster Stelle aufgeführt wird: als »Keith« und »Joseph«.

Ebenso empörend ist es, dass Sie, der Premierminister meines Landes, sich derart tief beugen und Geheimabsprachen mit dem Chef einer Privatfirma tätigen, was daraus ersichtlich wird, dass Sie mit Absicht und Arglist eine Adresse unter @josephmuscat.com für »offizielle« Angelegenheiten verwenden, anstatt Ihre offizielle Adresse unter @gov.mt, und dass Sie Ihren Justizminister und den Leiter des Programms zum Verkauf maltesischer Staatsbürgerschaften (Ihren früheren »Sherpa«) in diese Absprachen ebenso einbeziehen wie Ihren Kabinettschef Schembri, den Sie eindeutig als gleichberechtigten Geschäftspartner behandeln, wenn nicht gar als eine Art Vorgesetzten.

Mit anderen Worten, Sie, der Regierungschef von Malta, empfinden keinerlei Skrupel, gegenüber dem Leiter eines Wirtschaftsunternehmens zu demonstrieren, dass Sie mit voller Absicht und arglistig nach Mitteln und Wegen suchen, um die Öffentlichkeit zu täuschen, der Sie gemäß Ihrem Wählerauftrag dienen sollen, und der Verwaltung wichtige Informationen vorzuenthalten. Sie verstoßen in eklatanter Weise gegen die Würde des Amtes, das Sie innehaben, indem Sie einen Firmenchef mittels mehrerer unterschiedlicher Pässe in dieses Komplott einbinden, um Ihre eigene Regierung und die Bevölkerung hinters Licht zu führen.

Ich weiß, dass diese E-Mail-Nachricht ignoriert werden wird von Ihnen, Herr Premierminister, von Ihnen, Herr Kabinettschef (Sie haben ja bereits meine Telefonnummer sperren lassen), von Ihnen, Herr Justizminister, und auch von Ihnen, dem Leiter des Programms zum Verkauf maltesischer Staatsbürgerschaften (der sich unverschämter- und schändlicherweise der E-Mail-Adresse jonathan@josephmuscat.com bedient). Aber dennoch frage ich, warum Sie für Ihre Zusammenarbeit mit Henley & Partners Mailadressen unter @josephmuscat.com verwenden, statt Ihre offiziellen E-Mail-Adressen unter @gov.mt, die auf den Servern der maltesischen Regierung eingerichtet sind. Folgende Frage richtet sich speziell an Christian Kälin, den Chairman von Henley & Partners: Warum haben Sie sich, da Sie hier in einem Mitgliedsland der Europäischen Union agieren und nicht auf der Karibikinsel St. Kitts und Nevis, dazu bereitgefunden, mit dem Premierminister, dessen Kabinettschef, einem weiteren ranghohen Regierungsmitglied und dem Leiter des Programms zum Verkauf maltesischer Staatsbürgerschaften unter Verwendung von Mailadressen auf @josephmuscat.com zusammenzuarbeiten, obwohl Sie doch wissen – weil Sie ausgiebig in korrumpierten und undemokratischen Ländern tätig sind –, dass der Zweck eines solchen Verhaltens allein darin besteht, Korrespondenzen aus den amtlichen Regierungsaufzeichnungen herauszuhalten, wohin sie gehören?

Bei unserem Treffen vor einigen Wochen habe ich Ihnen ja schon gesagt, Mr. Kälin: »Dass Sie mit zwielichtigen Mitgliedern der maltesischen Regierung in Verbindung stehen und vielleicht an kriminellen Geschäften auf Regierungsebene hier in Malta beteiligt sind, ändert nichts an der Tatsache, dass Malta Mitglied der Europäischen Union ist und keine bitterarme, heruntergewirtschaftete Karibikinsel, auf der es keine Rechtsstaatlichkeit gibt und keine Institutionen, die sie schützen.«

Ich möchte noch hinzufügen, dass ich heute Morgen im Gericht den zuständigen Ermittlungsrichter im Fall Egrant Inc./Pilatus Bank davon in Kenntnis gesetzt habe, dass der Premierminister, sein Kabinettschef, der Justizminister, der Leiter des Programms zum Verkauf maltesischer Staatsbürgerschaften sowie weitere politische Schlüsselfiguren für ihre illegitime Korrespondenz mit Henley & Partners E-Mail-Adressen unter @josephmuscat.com verwenden, was den Schluss nahelegt, dass sie dies auch bei ihren sonstigen (schändlichen) Aktivitäten tun.

Des Weiteren habe ich ihn aufgefordert, unverzüglich tätig zu werden und zu Ermittlungszwecken in die Server Einblick zu nehmen, auf denen die Mail-Adressen von josephmuscat.com gehostet werden, weil er hier wahrscheinlich Antworten auf viele Fragen finden wird, die ihn beschäftigen. Schließlich noch ein kleiner Tipp für die Empfänger dieser E-Mail-Nachrichten: Wenn Sie sich schon die Mühe machen, Adressen unter @josephmuscat.com zu verwenden, um Ihre Geschäfte gegenüber der Öffentlichkeit und den staatlichen Behörden zu tarnen, wäre es geschickt, wenn Sie nicht versehentlich die offizielle @gov.mt-Adresse Ihres Korrespondenzpartners eingeben, wenn Sie seinen Namen eintippen, denn dann landet die gesamte E-Mail-Kette auf dem maltesischen Regierungsserver.

Daphne Caruana Galizia

+356 9949 3545 (Nummer gesperrt auf Anweisung des Kabinettschefs des Premierministers)

Warum der Kabinettschef des Premierministers im November Henley & Partners dazu veranlasste, mir durch eine Klage vor einem Gericht in London den finanziellen Ruin anzudrohen

RUNNING COMMENTARY, 31. MAI 2017, 17.05 UHR

Die Einzelteile dieses widerwärtigen Puzzles fügen sich weiter zusammen. Ende März habe ich den ersten einer Reihe von Drohbriefen von der Kanzlei Mishcon de Reya in London erhalten, die im Auftrag ihres Klienten Henley & Partners tätig wurde.

Es irritierte sie anscheinend, dass ich mich nicht im Geringsten einschüchtern ließ und dass ich sogar wütend zu sein schien auf sie (was auch tatsächlich der Fall war). Ich erklärte mich bereit, mich in der ersten Aprilwoche mit Christian Kälin zu treffen – jenem Mann, der unseren Premierminister und dessen Kabinettschef, wie wir mittlerweile wissen, mit »Keith« und »Joseph« anspricht und mit ihnen über die E-Mail-Adressen keith@josephmuscat.com bzw. joseph@josephmuscat.com kommuniziert. Die erste Frage, die ich ihm stellte, lautete: »Warum jetzt? Einige der Kommentare und Posts, die ich den Schreiben Ihrer Anwälte zufolge entfernen soll, sind zwei oder drei Jahre alt. Nach maltesischem Recht beträgt die Verjährungsfrist ein Jahr. Warum kommt das jetzt aus heiterem Himmel?«

»Weil Wahlen kommen«, antwortete er. Ich nahm Kälins Aussage zur Kenntnis, hatte aber keine Ahnung, dass der Regierungschef bereits entschlossen war, für den letzten Samstag im Mai oder Anfang Juni eine Neuwahl des Parlaments anzusetzen.

Jetzt aber, nach der Auswertung der geleakten E-Mails zwischen Kälin und den Mitgliedern seiner »Keith und Joseph«-Clique, die sie über ihre Adressen auf @josephmuscat.com und (versehentlich) auf @gov.mt ausgetauscht haben, muss ich überrascht feststellen, dass Keith Schembri und Joseph Muscat schon *im vergangenen November* Henley & Partners angewiesen haben, mich vor britischen Gerichten zu verklagen, um mich einzuschüchtern und finanziell zu strangulieren. Die Verzögerung von November bis März kam dadurch zustande, dass es Kälin nicht gelang, die Unterstützung weiterer wichtiger Personen in seiner Firma für seinen Feldzug gegen mich zu erlangen. Sie fürchteten, die Sache könnte schiefgehen (was dann auch tatsächlich geschah). Aber Kälin machte trotz aller Einwände einfach weiter, weil er Anweisungen von »Keith« und »Joseph« hatte. Mehr dazu in weiteren Posts, die heute im Verlauf des Tages folgen werden.

Im November, warum im November? Diese Frage beschäftigt mich schon den ganzen Tag, denn meine Erfahrung hat mich gelehrt, dass es in solchen Fällen stets einen Auslöser gibt, einen Grund. Was ist im November passiert? Oh, mein Gott, das ist es – und wenn nicht der Premierminister in seiner Pressekonferenz gestern Morgen scheinheilig erklärt hätte, dass sein Kabinettschef seinen Rücktritt angeboten habe, »als Berichte über seine Erkrankung in den Medien erschienen«, dann hätte ich mich wahrscheinlich gar nicht daran erinnert.

Im November berichtete ich, dass sich Keith Schembri momentan nicht auf Malta aufhalte, sondern zusammen mit Franco Mercieca (einem Augenarzt, der auch Abgeordneter der Labour-Partei ist) nach London gereist sei, um Untersuchungen wegen eines unheilbaren Tumors an seinem Sehnerv durchführen zu lassen, und dass die beiden anschließend in die USA weitergereist seien, wo weitere Untersuchungen stattfinden sollten. Ich berichtete ferner, dass Schembri seit einiger Zeit nicht mehr in seinem Büro gewesen sei und dass der Premierminister seine Erkrankung und seine Abwesenheit verheimlicht habe.

Muscat, Schembri und Mercieca drehten förmlich durch, nachdem ich diese Story gebracht hatte. Mercieca schimpfte und keifte im Parlament wie ein Fischweib und beleidigte mich auf das Gröbste. Muscat schaltete in den hasserfüllten »Ich-krieg-dich«-Modus. Und Schembri, den es maßlos ärgerte, dass er mich nicht verklagen konnte, weil die Nachricht zutreffend war (und in keiner Weise verleumderisch), veranlasste seine Anwälte, sich an den Datenschutzbeauftragten zu wenden, der mich anweisen sollte, den Artikel zurückzuziehen, weil dadurch Schembris Privatsphäre verletzt würde.

Mein Artikel erschien in der ersten Novemberwoche. Einige Tage später traf sich der Justizminister mit Christian Kälin und veranlasste ihn im Auftrag des Premierministers und seines Kabinettschefs (die später über die Einzelheiten informiert wurden und per E-Mail ihr Einverständnis erklärten) dazu, mir durch eine Klage vor einem Londoner Gericht den finanziellen Ruin anzudrohen.

So kam diese ganze widerliche Geschichte im vergangenen November ins Laufen, als die Posts und Kommentare, auf die sie sich bezogen, schon zwei bis drei Jahre alt waren. Das war Keith Schembris Rache dafür, dass ich über seine Erkrankung berichtet hatte, die er gegenüber der Presse und der Öffentlichkeit geheim zu halten versucht hatte. Er konnte mich nicht selbst verklagen, daher setzte er Henley & Partners wegen einer ganz anderen Sache auf mich an und bedrohte mich mit finanzieller Vernichtung.

Nordkoreanische Zwangsarbeiter in Malta

Gegen Ende 2014 begann unsere Mutter über eine andere Art von Menschenrechtsverletzungen in Malta zu berichten: über Zwangsarbeit. Dabei ging es um eine Textilfabrik namens Leisure Clothing, die Herstellungsdienstleistungen für verschiedene bekannte Konzerne erbrachte. Diese Fabrik wurde von einer Gesellschaft betrieben, die auf Malta registriert war, jedoch über ihren Agenten und formellen Fabrikinhaber, die Chongqing International Economic & Technical Cooperative Company, vollständig von der chinesischen Regierung kontrolliert wurde. Jahrzehntelang agierte diese Firma praktisch unbemerkt von der Öffentlichkeit, beutete ihre Beschäftigten unter unerträglichen Arbeitsbedingungen aus und brachte sie in heruntergekommenen Häusern unter.

Unsere Mutter wurde auf die scheinbar völlig legale Firma aufmerksam, als drei der Fabrikarbeiterinnen, alle aus Vietnam, inhaftiert wurden, weil sie unter Verwendung falscher Dokumente versucht hatten, Malta zu verlassen. Sie hätten ihre eigenen Papiere nicht verwenden können, erklärten sie, weil der Manager der Fabrik ihnen ihre Pässe abgenommen habe und sie schon längere Zeit keinen Lohn mehr erhalten hätten.

Bei den Recherchen zu diesem Thema stieß unsere Mutter auch auf einen Augenzeugenbericht über eine staatliche Inspektion der Betriebsstätte von Leisure Clothing im Jahr 2009, in dem die unmenschlichen Arbeitsverhältnisse in der Fabrik ausführlich dokumentiert wurden. Es handele sich bei dieser Firma gewissermaßen um einen »Staat im Staat«, berichtete unsere Mutter, denn das Unternehmen gehört der chinesischen Regierung, wird aber in Malta betrieben und steht im Verdacht, Menschenhandel zu betreiben. Eine bestimmte Einzelheit, die sich aus den Recherchen ergab, war besonders auffällig, sodass unsere Mutter diesem Aspekt im Dezember 2014 einen eigenen Artikel widmete. In einem offenkundigen Versuch der Schadensbegrenzung erlaubte das chinesische Staatsunternehmen einem Fernsehteam, sich auf seinem Gelände umzusehen und mit Arbeitern zu sprechen. Eine der Frauen, die von den Fernsehleuten interviewt wurde, erklärte, sie stamme aus Nordkorea. Da es nicht möglich ist, aus freiem Entschluss und unbehindert aus diesem abgeschotteten asiatischen Staat auszureisen, konnte die Anwesenheit der Nordkoreanerin nur eines bedeuten: China beutete in Malta nordkoreanische Zwangsarbeiter aus, und die maltesischen Behörden sahen dies nicht oder drückten ein Auge zu. Unsere Mutter schrieb, diese Situation sei »mehr als skandalös«.

Im Jahr 2016 erschien Malta auf einer Liste des US-Außenministeriums, auf der jene Länder aufgeführt wurden, in denen es nordkoreanische Zwangsarbeiter gibt. Unsere Mutter bezeichnete dies in einem ausführlichen Artikel als »ein weiteres Ehrenzeichen für das Malta von Muscat«. Ein Jahr vorher hatte sie berichtet, dass nordkoreanische Zwangsarbeiter, die in der Bauwirtschaft und in der chinesischen Staatsfirma Leisure Clothing arbeiteten, erstmals 2013, kurz nach der Wahl von Muscat zum Premierminister, Arbeitsvisa für Malta erhalten hatten.

Da durch die ausführliche Berichterstattung unserer Mutter die öffentliche Aufmerksamkeit auf die ausbeuterische Firma gelenkt wurde, konnte sie ihre Tätigkeit nicht mehr fortführen. Im Januar 2017 wurde Leisure Clothing schließlich dauerhaft stillgelegt, ein Triumph der unabhängigen Medien, der jedoch mit einem Wermutstropfen versehen war. Die Firma wurde stillschweigend geschlossen und die Arbeiter verschwanden sang- und klanglos, ohne dass es Informationen darüber gab, was aus ihnen geworden war. Als sie über die Schließung der Firma berichtete, schrieb unsere Mutter: »Niemand weiß, was aus den Arbeitern geworden ist, ob sie ihre Pässe zurückerhalten haben oder ob sie in einen anderen Teil Europas gebracht wurden, um dann dort unter sklavenähnlichen Bedingungen zu arbeiten.«

Ein Augenzeugenbericht über eine ETC-Inspektion bei Leisure Clothing im Jahr 2009

RUNNING COMMENTARY, 4. NOVEMBER 2014, 23.17 UHR

Der nachfolgende Bericht wurde nicht anonym verfasst, doch zum Zweck der Veröffentlichung muss der Name weggelassen werden.

Im Jahr 2009 wurde bei Leisure Clothing eine Inspektion durch die Employment & Training Corporation (ETC)[1] durchgeführt. Unsere Ankunft rief in der Fabrik eine sehr beunruhigende Reaktion hervor. Sofort setzte hektische Betriebsamkeit ein. Unverzüglich wurde die Herausgabe von Computerdateien verlangt, bevor diese manipuliert werden konnten. Auch der Betriebsleiter Brian Han wurde umgehend herbeigerufen. Die Atmosphäre wurde bald sehr angespannt, während das Fabrikmanagement das Untersuchungsteam davon zu überzeugen versuchte, dass alles in Ordnung sei. Dies alles erschien zunehmend verdächtig. Es waren nicht viele Beschäftigte zu sehen, doch man hatte das komische Gefühl, dass irgendetwas nicht stimmte, aber man konnte sich keinen Reim darauf machen. Die anwesenden chinesischen Arbeiter hatten einen eigenartigen Ausdruck in den Augen, als wollten sie etwas loswerden. Unterdessen wurden hinter dem Fabrikgebäude zwei Chinesen festgenommen, die in einem Lieferwagen zu entkommen versuchten. Es stellte sich heraus, dass sie keine Arbeitserlaubnis besaßen, worauf die beiden sofort der Polizei übergeben wurden, die das Inspektionsteam begleitete.

---

1 Maltas staatliche Arbeitsvermittlung.

Während der Inspektion beschimpfte eine Frau, die sich als Vertreterin der Gewerkschaft GWU[2] ausgab, unablässig die Inspektoren und die sie begleitenden Polizeibeamten. Die Frau bemühte sich nach Kräften, die Inspektion zu behindern, und rief, die Inspektoren sollten sich die wirklichen Verbrecher vorknöpfen und hart arbeitende und ehrliche Menschen wie sie in Ruhe lassen. Nach einigen Telefonaten von Bin Han wurde die Inspektion schließlich durch die Leitung der ETC abgebrochen. Im Nachhinein fällt mir ein, dass John Dalli damals der für die ETC zuständige Minister war.

Chinesische Zwangsarbeiter in Malta

THE MALTA INDEPENDENT, 30. OKTOBER 2014

Ich verstehe nicht, warum es erst einer Titelgeschichte in der Sonntagszeitung der Nationalistischen Partei *(Il-Mument)* bedurfte, eines Leserkommentars, den ich auf meine Internetseite stellte, und einer Erklärung des maltesischen Arbeitgeberverbands, bis die Polizei und die Behörden gegen den Leiter (oder die Leiter?) der Textilfirma Leisure Clothing tätig wurden.

Die Zustände sind wirklich schockierend, und es fällt mir sehr schwer zu verstehen, warum diese Fabrik überhaupt in einer solchen Art betrieben werden darf. Wieso konnten jene Zustände drei Jahrzehnte lang fortbestehen, ohne dass die Regierung oder die Opposition sich dazu äußerten? Hier geht es nicht nur um all die Schikanen, die diese Menschen zu erdulden haben, und nur der Himmel weiß, wie viele schon vor ihnen davon betroffen waren. Es geht auch um die Tatsache, dass sie hier, in dieser Fabrik arbeiten. Es ist ein Textilbetrieb, eine Fabrik mit Nähma-

---

2 General Workers' Union; große Gewerkschaft, die der Labour-Partei nahesteht.

schinen, in der Kleider hergestellt werden, es handelt sich also nicht um eine hochspezialisierte Tätigkeit, für die man keine maltesischen Arbeitskräfte ausbilden könnte. Zur selben Zeit arbeiten Hunderte Malteser in Textilfabriken und verrichten genau die gleiche Arbeit wie diese chinesischen Arbeiter, allerdings unter dem Schutz ihrer Gewerkschaften und der Arbeitsgesetze von Malta. Hier dagegen werden chinesische Zwangsarbeiter eingesetzt, damit die Unternehmer keine maltesischen Kräfte zu maltesischen Löhnen und zu maltesischen Arbeitsbedingungen beschäftigen müssen. Natürlich sind sie gesetzlich verpflichtet, allen ihren Beschäftigten, ob Maltesern oder Chinesen oder anderen, dieselben Bedingungen zu bieten, doch der Unterschied besteht darin, dass diese chinesischen Arbeiter nicht wissen, welche Rechte ihnen nach unseren Gesetzen zustehen, dass sie aus vermutlich höchst ärmlichen Verhältnissen in ihren Heimatländern herausgeholt wurden und Angst haben, allein auf sich gestellt zu sein oder wieder nach Hause geschickt zu werden, wenn sie aufbegehren oder Rechte einzufordern versuchen sollten, auf die sie Anspruch haben.

In den vergangenen Jahren wurde auf Malta eine Textilfabrik nach der anderen geschlossen – bei einer davon, Denim Ltd., wurden Hunderte Menschen arbeitslos –, während Leisure Clothing zur selben Zeit importierte chinesische Arbeitskräfte einsetzte. Wieso wurde das geduldet? Warum wurde Leisure Clothing erlaubt, ausländische Arbeitskräfte ins Land zu holen, um Tätigkeiten zu verrichten, die auch von einheimischen maltesischen Arbeitskräften hätten übernommen werden können, die dringend einen Job brauchten? Hier stinkt etwas ganz gewaltig. Während maltesische Textilarbeiter entlassen wurden und sich neue Jobs suchen mussten, wurden chinesische Textilarbeiter nach Malta geholt, als gälte für sie dieselbe Freizügigkeit wie für EU-Bürger. Während sich unsere Regierungen bei der Erteilung von Arbeitserlaubnissen in der Vergangenheit immer ziemlich restriktiv verhielten und von den Arbeitgebern vorher unzählige Belege verlangten, dass bestimmte Tätigkeiten nicht auch von maltesischen Arbeitskräften verrichtet werden könnten, wurden hier chinesische Arbeiter von weither geholt, um Kleider zu nähen, die auch viele maltesische Frauen gerne genäht hätten.

Warum betone ich das so stark? Ich bin überhaupt nicht protektionistisch eingestellt. Ich betone es, weil es von großer Bedeutung ist. Wenn Arbeitskräfte von weither aus China geholt werden, aus einem Land außerhalb der Europäischen Union, um Jobs zu verrichten, um die sich auch maltesische Bürger bemühen, dann kann das nicht daran liegen, dass der chinesische Firmeneigentümer hier niemanden findet, der die Arbeit tun kann. Dafür kann es nur einen Grund geben: Die Chinesen werden geholt, weil es, trotz der Flugkosten, billiger ist, sie unterzubringen und zu versorgen, als maltesischen Bürgern den Mindestlohn zu bezahlen. Und das bedeutet, dass diese chinesischen Arbeitskräfte unter ausbeuterischen Bedingungen schuften müssen und wie Haussklaven gehalten und verpflegt werden, das ist für die Firmenbetreiber billiger, als EU-Bürgern den Mindestlohn zu zahlen.

Um dies zu bewerkstelligen und die ausländischen Arbeitskräfte nach Malta holen zu können, müssen die Eigentümer des Unternehmens die Unterstützung – oder zumindest die stillschweigende Billigung – der Regierung und der damals in Opposition stehenden Labour-Partei genossen haben. Jimmy Magro, ehemaliger Generalsekretär der Labour Party und heute leitender Beamter von Malta Enterprise – der mit der Überwachung der Fabriken beauftragten Organisation –, war mit Leisure Clothing über Jahre hinweg verbunden.

Es sieht so aus, als hätten wir in all den Jahren eine jener chinesischen Ausbeutungsfirmen in unserer Mitte gehabt, die wir so hastig verurteilen, wenn uns die Nachricht aus Südostasien erreicht. Es ist so offensichtlich, was hier passiert ist. Diese chinesische Firma möchte das wertvolle »Made in EU«-

Label nutzen, zugleich aber ihre Fabrik zu chinesischen Bedingungen betreiben. Wir haben es hier mit einer chinesischen Firma zu tun, die in der Europäischen Union Güter unter dem Etikett »Made in EU« verkauft, während ihre Beschäftigten unter den grauenhaften chinesischen Arbeitsbedingungen schuften müssen ... und dies alles innerhalb der Europäischen Union.

Die Frau, die auf meinem Blog einen Kommentar hinterließ, den ich als separaten Post herausstellte, berichtete, dass schon vor zwanzig Jahren, als sie selbst bei Leisure Clothing arbeitete, die Arbeitsbedingungen für die chinesischen Beschäftigten sehr schlecht waren. »Sie blieben noch im Betrieb, als wir nach Hause gingen«, schrieb sie, »sie verbrachten anscheinend ihre gesamte Zeit in der Fabrik. Ein Lieferwagen brachte ihnen Essen und Wasser, aber dieses Essen war schlecht und voller Würmer.«

Das ist nichts anderes als Sklaverei mitten in unserem Land, aber die meisten Menschen bekamen davon nichts mit, andere konnten eins und eins nicht zusammenzählen, und der Staat – die Regierung und die Opposition – unternahm nichts dagegen. Es ist ausgeschlossen, dass die Behörden diesen Strom von chinesischen Arbeitern nicht bemerkten, die ins Land kamen, um Kleider zu nähen. Sie hätten entsprechende Arbeitsgenehmigungen erteilen müssen. Es wurde auch die Vermutung geäußert, die Chinesen seien heimlich ins Land geschleust worden. Doch dann hätten die Behörden beide Augen zudrücken müssen. Chinesen können sich nicht unsichtbar machen. Diese Art von Missbrauch – der Missbrauch von Menschen, die ihre Rechte nicht kennen, völlig schutzlos sind und sich nicht zu wehren wissen –, das ist das Schlimmste.

Blicken wir den Tatsachen ins Auge: Das ist organisierte Kriminalität in großem Stil, und die Polizei, die Behörden und die Politiker sind entweder gekauft oder selbst darin verwickelt

RUNNING COMMENTARY, 4. NOVEMBER 2014, 10.27 UHR[3]

Hier geht es nicht darum, dass vielleicht ein paar Polizisten oder Beamte durch Geschenke oder »kleine Aufmerksamkeiten« bestochen wurden, um chinesische Fabrikarbeiter nach Malta hereinzulassen, die dann in einer Art Knechtschaftsverhältnis gehalten wurden. Es geht weit darüber hinaus.

Es ist an der Zeit, dass wir den Tatsachen ins Auge blicken.

Leisure Clothing gehört der chinesischen Regierung, deshalb handelt es sich hier um eine diplomatische Angelegenheit

RUNNING COMMENTARY, 19. NOVEMBER 2014, 18.39 UHR

Wir müssen uns der Tatsache bewusst sein, dass die maltesische Regierung und die chinesische Regierung gemeinschaftlich den Versuch unternehmen, die Verhaftung und Anklage von zwei leitenden Managern der Firma Leisure Clothing als strafrechtliche Verfolgung von zwei Firmenleitern darzustellen, die wegen irgendwelcher illegaler Handlungen belangt werden sollen.

In Wirklichkeit ist das, womit wir es hier zu tun haben, von wesentlich größerer Tragweite.

Diese beiden chinesischen Manager, die in Untersuchungshaft sitzen, sind die Sündenböcke.

Es ist völlig ausgeschlossen, dass sie Menschenhandel betreiben und diese Arbeiter in einer Firma, die sich im Besitz des

---

3 Dieser Beitrag bezieht sich auf einen Artikel in der Zeitung *Malta Independent* mit der Überschrift »Bombe in Zürich: Polizei untersucht möglichen Zusammenhang mit Ermittlungen gegen Leisure Clothing«.

chinesischen Staates befindet, skrupellos hätten ausbeuten können, wenn nicht die chinesische Regierung davon Kenntnis gehabt, sie unterstützt und ihr Verhalten gebilligt hätte.

Das ist jetzt eine Angelegenheit zwischen zwei Staaten. Eine Fabrik, die einem ausländischen Staat gehört, steht im Verdacht, Menschen auf das Territorium eines anderen Staates gebracht und auf dem Gebiet dieses anderen Staates ausgebeutet zu haben.

Es handelt sich um einen diplomatischen Zwischenfall, der aber streng genommen kein eigentlicher Zwischenfall ist, weil sich die Ereignisse über einen längeren Zeitraum erstreckten, was für Malta umso ärgerlicher ist.

Chinas Verhalten in dieser Angelegenheit ist in hohem Maße empörend. China eröffnet eine Fabrik auf Malta und schleust anschließend Menschen in unser Land, um sie hier auszubeuten. Wir haben es mit einem ausländischen Staat zu tun, der offensichtlich durch kriminelle Handlungen gegen maltesische Gesetze verstößt, wovor die Behörden jahrelang die Augen verschlossen, bis die Geschichte in der Presse hochkam.

Das geht weit über die offiziellen Anklagen gegen diese beiden chinesischen Firmendirektoren hinaus. Es ist eine Angelegenheit, die sich auf die diplomatischen Beziehungen auswirkt. Der Premierminister muss dazu Stellung nehmen, und die Journalisten sollten sich zum Eingang der chinesischen Botschaft aufmachen.

Eine der Frauen bei Leisure Clothing erklärt, dass sie aus Nordkorea stamme

RUNNING COMMENTARY, 31. DEZEMBER 2014, 12.59 UHR

Aus Nordkorea? Es ist unmöglich, dieses Land zu verlassen, sofern es einem nicht gelingt, über die Grenze nach Südkorea zu flüchten, und in diesem Fall würde man dann nicht an Nähmaschinen in Malta arbeiten, fast am anderen Ende der Welt.

Aus einer im Parlament erteilten Auskunft, zu der es unverständlicherweise überhaupt keine Nachfragen gab, wissen wir, dass die maltesische Botschaft in Peking seit März vergangenen Jahres an 55 Nordkoreaner Visa für Malta (ein Land in der Schengen-Zone) ausgestellt hat.

Um sich für solche Visa bewerben zu können, hätten die betreffenden Nordkoreaner aber Mitglieder oder Funktionsträger dieses grauenhaften Regimes sein müssen. Und das bedeutet, sie wären dann ebenfalls nicht an maltesischen Nähmaschinen gelandet.

Diese Situation ist mehr als skandalös. Die Annahme, dass sich hier »nur die Vietnamesen« über ihre schlechten Arbeitsbedingungen beklagen würden, ist völlig abwegig.

Diese Vietnamesinnen versuchten unter Verwendung von FALSCHEN PAPIEREN ZU FLÜCHTEN. Das mussten sie tun, weil Leisure Clothing ihnen ihre Pässe abgenommen hatte. Ich verstehe nicht, dass manche Leute nicht begreifen, wie ungeheuerlich es ist, dass Leisure Clothing ihren nicht-maltesischen Beschäftigten die Pässe abnimmt und ihnen auch ihren Lohn vorenthält. Der einzige mögliche Grund besteht darin, dass man diese Arbeiter als Geiseln halten will.

Jemandem den Pass wegzunehmen, ist ein strafbares Vergehen in Malta, aber auch wenn das nicht der Fall wäre, müsste man sich die Frage stellen, warum ein Arbeitgeber seinen ausländischen Beschäftigten die Pässe abnimmt. Dafür gibt es nur einen Grund: Die ausländischen Beschäftigten sollen daran gehindert werden, das Land zu verlassen.

Es gibt überhaupt keinen Unterschied zwischen dem Umgang mit diesen asiatischen Arbeitskräften, die nach Malta geholt werden und hier für Leisure Clothing arbeiten, und der Behandlung jener Frauen aus ehemaligen Sowjetrepubliken, die nach Malta gebracht und in Bordelle gesteckt werden.

Sie werden in ihren Heimatländern von Vermittlern angeworben, die sie mit falschen Angaben über ihre künftigen Arbeitsbedingungen ködern. Dann kommen sie nach Malta, und als Erstes werden ihnen die Ausweispapiere abgenommen. Sie werden in überwachten Unterkünften untergebracht, die sie nicht verlassen dürfen.

Sie müssen unter Bedingungen arbeiten, die den maltesischen Arbeitsgesetzen widersprechen. Ihre Löhne werden zurückgehalten, und sie bekommen lediglich ein Taschengeld, sodass sie in finanzieller Hinsicht keine Handlungsmöglichkeiten haben.

Dass einige dieser Menschen, die unter miserablen Bedingungen arbeiten, ihre Rechte oder die in der EU geltenden Regelungen nicht kennen und grobe Verletzungen ihrer Menschenrechte als eine unabänderliche Tatsache des Lebens akzeptieren, weil sie es aus ihrer Heimat nicht anders kennen und sich deshalb nicht beschweren, bedeutet keineswegs, dass die Presse und die Behörden hier auf Malta zulassen dürfen, dass diese fürchterlichen Zustände weiter andauern.

Ein Neujahrswunsch für die Polizei

THE MALTA INDEPENDENT, 1. JANUAR 2015

Wenn man dem neuen Polizeipräfekten glauben soll, dass er entschlossen sei, keinerlei Rechtsverstöße durch wen auch immer zu tolerieren, dann muss er als Erstes eine echte, umfassende

Überprüfung des zwielichtigen Unternehmens Leisure Clothing in die Wege leiten.

Die gegenwärtig laufenden Ermittlungen – die nur zufällig eingeleitet wurden, weil einige Beschäftigte dieser Firma dabei erwischt wurden, wie sie mit Hilfe gefälschter Papiere aus Malta ausreisen wollten, nachdem ihnen von der Firma die Pässe abgenommen worden waren – sind nicht ausreichend.

Hier gehen zweifellos Dinge vonstatten, die nur schwer zu erfassen sind, Dinge, die man absurderweise als selbstverständlich ansieht und damit entschuldigt, dass »Chinesen sich eben so verhalten, dass sie daran gewöhnt sind und man sich deshalb auch gar nicht darüber aufregen muss«. Das heißt, dass man es für völlig normal halten müsse, wenn ein Arbeitgeber seinen Beschäftigten die Pässe wegnimmt und ihnen ihren Lohn vorenthält. Abgesehen von der Tatsache, dass das Abnehmen des Passes, unabhängig ob mit Einverständnis der betreffenden Person oder nicht, eine strafbare Handlung ist (die Firma kann ihre Beschäftigten dann immer dazu zwingen zu sagen, sie hätten dem Arbeitgeber die Zurückbehaltung der Löhne erlaubt), gibt es keinen einigermaßen vertretbaren Grund, warum ein Arbeitgeber zu einem solchen Verhalten berechtigt sein könnte. Es stellt sich die naheliegende Frage: Warum nimmt Leisure Clothing ihren nicht-maltesischen Beschäftigten die Pässe ab und hält ihren Lohn zurück, wenn es nicht darum geht, sie daran zu hindern, das Land zu verlassen?

Der für den Fall zuständige Untersuchungsrichter lehnte es ab, wegen Menschenhandels zu ermitteln, weil dafür »keine Belege vorliegen«. Ich möchte ihm zugutehalten, dass er vielleicht falsch wiedergegeben wurde, aber wenn Arbeitsmigranten mit falschen Versprechungen in ein anderes Land gelockt werden, ihnen sofort nach der Ankunft die Pässe abgenommen werden, sodass sie nicht mehr ausreisen können, ihnen ihr Lohn vorenthalten wird und sie lediglich mit einem Taschengeld abgespeist werden, wenn alle ihre Schritte zwischen der Fabrik und den

Schlafbaracken überwacht werden und ihnen unmenschlich lange Arbeitszeiten aufgezwungen werden – dann haben wir es mit Menschenhandel zu tun. Der einzige Unterschied zwischen dieser Form des Menschenhandels und jenem, bei dem Frauen nach Malta geholt und dann ins Sexgeschäft gezwungen werden, besteht darin, dass die einen in einer legalen Fabrik arbeiten und die anderen in illegalen Bordellen. Doch dass eine Textilfabrik nach den Vorgaben des Gesetzes agiert und ein Bordell nicht, ändert nichts an der Tatsache des Menschenhandels oder an der Illegalität der Arbeitsbedingungen dieser Frauen und der groben Verletzung ihrer Menschenrechte.

Ich bin froh, dass die Vietnamesinnen, die im laufenden Verfahren aussagen, von den Menschenrechtsanwälten Katrine Camilleri und Michael Camilleri vertreten werden. Die beiden haben schon öfter Fälle übernommen, in denen es um Immigranten in Malta geht, die in ihren Rechten eingeschränkt oder ausgebeutet wurden. Wenigstens befinden sie sich also in guten Händen und werden nicht manipuliert oder schikaniert. Es ist schlimm genug, dass die Vertreter von Leisure Clothing im Gerichtssaal in einer herausfordernden und einschüchternden Art auftreten, auch mit Zwischenrufen und Missfallensbekundungen, wenn ihre ehemaligen Beschäftigten aussagen. Der Richter sollte dies unterbinden.

Die Aussage der vom Gericht bestellten Wirtschaftsprüferin Marisa Ciappara vor einigen Wochen bietet Stoff für eine eigene Geschichte und sollte nicht im Rahmen der allgemeinen Berichterstattung über den Prozess untergehen. Sie beschrieb das heillose Durcheinander in der Buchhaltung von Leisure Clothing, berichtete von unerfassten und willkürlichen Zahlungsbelegen und von dem groben Missverhältnis zwischen dem Betrag, den Leisure Clothing für die Bezahlung seiner Beschäftigten eigentlich vorhalten sollte, und seinen tatsächlichen Finanzbeständen. Ciappara sagte vor der Kammer aus, dass Leisure Clothing nicht einmal so viel Geld hat, um den Beschäftigten die Löhne zu zahlen, die es ihnen nach eigener Aussage schuldet, und dass Leisure Clothing, wenn es den Beschäftigten den gesamten ihnen zustehenden Lohn zahlen müsste (sie dürfen nicht unterhalb des gesetzlichen Mindestlohns bezahlt werden) nicht mehr imstande wäre, seinen Geschäftsbetrieb aufrechtzuerhalten.

Es war eine vernichtende Aussage, die jedoch bislang noch nicht von den Medien aufgegriffen wurde. Man sollte in sämtlichen Nachrichtenmeldungen über Leisure Clothing auf diesen Aspekt hinweisen. All dies ist aber eigentlich keine Überraschung. Bortex hat seine Niederlassung in Malta geschlossen und seine maltesischen Näherinnen entlassen, weil das Geschäft nicht mehr rentabel war. Über Nacht zog Leisure Clothing mit asiatischen Arbeitskräften in die Fabrik ein, die gerade von Bortex und ihren maltesischen Mitarbeiterinnen verlassen worden war, und machte dort weiter, wo Bortex aufgehört hatte, vergab sogar Aufträge, die Bortex bis dahin direkt ausgeführt hatte, an Unterauftragnehmer.

Wenn Bortex seine maltesische Filiale mit maltesischen Arbeitskräften nicht mehr weiterführen konnte, die gemäß den gesetzlichen Vorschriften bezahlt wurden, wie schaffte dies dann Leisure Clothing, und wie konnte es darüber hinaus genügend preislichen Spielraum erwirtschaften, sodass auch Unterauftragnehmer zusätzlich zu der an Leisure Clothing zu entrichtenden Provision eine eigene Provision verlangen konnten? Das war nur möglich durch krasse Ausbeutung, nämlich indem man die Beschäftigten in Vierzehn-Stunden-Schichten arbeiten ließ, jeden Tag in der Woche, auch am Sonntag, und ihnen gesetzeswidrige Hungerlöhne zahlte. Ich glaube, Frau Ciappara hätte ihre Feststellung, dass Leisure Clothing nicht mehr fortbestehen könnte, wenn es sich an die Gesetze halten würde, nicht klarer formulieren können. Daraus folgt, dass Leisure Clothing nur deshalb noch im Geschäft ist, weil es gewohnheitsmäßig das Recht bricht.

Dass die chinesische Regierung Eigentümer der Firma ist – und dass damit die chinesische Regierung auf maltesischem Gebiet Menschenrechte verletzt und Gesetze bricht –, sollte dabei ebenfalls nicht unbeachtet bleiben. Wenn ein Staat solche Gesetzesverstöße auf dem Territorium eines anderen Staates begeht, hat dies eine erheblich größere Tragweite, als wenn es sich um Einzelpersonen oder Privatunternehmen handelt. Dass China diese Gesetzesverstöße auf maltesischem Boden begeht, lässt vermuten, dass die maltesische Regierung eher wenig Interesse daran haben dürfte, diese Rechtsverstöße zu unterbinden oder gegen die Fabrikbetreiber vorzugehen. Deshalb muss uns der Polizeipräfekt erst noch beweisen, dass er entschlossen ist, diese Missstände völlig unparteiisch zu bekämpfen. Sonst haben wir hier eine ganz ähnliche Situation wie seinerzeit mit John Dalli und den Brüdern Farrugia.[4]

Grober Missbrauch von schutzlosen Menschen ist eine schreckliche Sache. Es ist kein Ruhmesblatt für uns, dass wir nicht noch wütender und noch vernehmlicher danach verlangen, dass die Aktivitäten von Leisure Clothing einer ernsthaften Überprüfung unterzogen werden.

Eine weitere Auszeichnung für Muscats Malta: Auf der Liste jener Länder, die nordkoreanische Zwangsarbeiter ausbeuten

RUNNING COMMENTARY, 4. SEPTEMBER 2016, 10.59 UHR

Im Strategiebericht des US-Außenministeriums an den Senat und das Repräsentantenhaus der USA wird Malta auf der Liste jener Länder aufgeführt, in denen Zwangsarbeiter aus Nordkorea eingesetzt werden.

---

4 Diese Angelegenheit wird im folgenden Kapitel behandelt.

Auf der Liste der Staaten, die ein Abkommen mit der nordkoreanischen Diktatur über die Nutzung von Arbeitskräften aus diesem Land geschlossen haben, stehen Länder, die man durchaus auch darauf erwarten würde: Angola, Burma, China, die Demokratische Republik Kongo, Äthiopien, Indonesien, Kuwait, Laos, Polen, Malaysia, Malta, Mongolei, Mosambik, Namibia, Nepal, Nigeria, Katar, Russland, Senegal, Singapur, Thailand und die Vereinigten Arabischen Emirate.

Aber warum auch Polen? Nun, der Kandidat, den Polen für den Europäischen Rechnungshof vorgeschlagen hat und der in der Anhörung direkt vor unserem Kandidaten Toni Abela befragt wurde, war in der kommunistischen Zeit Mitglied der politisch beeinflussten Scheingerichte in diesem Land. Immerhin, er schaffte es auch nicht. Und was die übrigen Länder auf der Liste betrifft ... nun ja.

Malta begann 2013 mit der Vergabe von Visa für nordkoreanische Zwangsarbeiter, kurz nachdem Muscat Regierungschef geworden war. Die Nordkoreaner arbeiten in der Bauwirtschaft sowie in der in chinesischem Staatsbesitz befindlichen Textilfabrik Leisure Clothing. Diese Tatsache kam ans Licht, als vor knapp zwei Jahren der Skandal über die Vertragsarbeiter von Leisure Clothing publik wurde und dem *Malta Independent* von Leisure Clothing gestattet wurde, mit Arbeitern der Fabrik zu sprechen, was vom Management der Firma wohl als Public-Relations-Maßnahme gedacht war. Doch weil das Interview von dem vollkommen ahnungslosen Adrian Grech Cumbo[5] arrangiert wurde, der wahrscheinlich überhaupt nicht weiß, was es mit Nordkorea auf sich hat, gab eine der für das Gespräch ausgesuchten Arbeiterinnen, eine junge Frau, auf die Frage, woher sie komme, unverblümt die Antwort: »Aus Nordkorea«.

---

5 Der Mitarbeiter von Leisure Clothing war seit 2014 Direktoriumsmitglied des Institute of Tourism Studies (ITS) in Malta.

Von da an kamen die Dinge ins Rollen – außer natürlich bei der Polizei. Der Skandal wurde von der maltesischen Presse aufgegriffen, auch die internationalen Medien berichteten darüber, er wurde im maltesischen Parlament zur Sprache gebracht, im Februar dieses Jahres auch im EU-Parlament diskutiert und war Gegenstand eines viel diskutierten Dokumentarfilms im deutschen Fernsehen vor einigen Monaten.

Nordkorea ist vom Welthandel abgeschnitten, hat aber eine sehr kreative und schmutzige Möglichkeit gefunden, sich ausländische Valuta zu beschaffen: Es exportiert Menschen als Zwangsarbeiter in korrupte Staaten und eignet sich deren Einkommen an.

Zwangsarbeiter-Fabrik Leisure Clothing wurde geschlossen

RUNNING COMMENTARY, 5. JANUAR 2017, 20.35 UHR

Die Zwangsarbeiter-Fabrik Leisure Clothing, die zu 100 Prozent dem chinesischen Staat gehört und in den 1980er-Jahren in Malta eingerichtet wurde, hat still und heimlich ihre Tore geschlossen. Der *Malta Independent* schaute sich heute dort um, nachdem er einen Hinweis erhalten hatte, und fand eine stillgelegte Fabrik vor, in der nur noch eine einzige Arbeiterin anzutreffen war, die erklärte, die Firma werde sich künftig »dem Baugeschäft widmen«.

Ich denke, dass man dieser Sache noch weiter nachgehen muss, denn darin steckt eine größere Geschichte: Die chinesische Regierung will auf Malta in der Bauwirtschaft tätig werden und dort chinesische und andere Zwangs- oder Vertragsarbeiter einsetzen.

Der *Malta Independent* besuchte auch die Baracken, in denen die Zwangs- oder Vertragsarbeiter ihre freie Zeit verbrachten, und fand auch diese verlassen vor.

Es ist nicht herauszufinden, was mit den Beschäftigten geschehen ist, ob sie ihre Pässe zurückerhalten haben - die ihnen vom Arbeitgeber abgenommen worden waren - und ob sie nach Hause zurückkehren durften, ob sie ihren ausstehenden Lohn bekommen haben oder ob sie in einen anderen Teil Europas verschickt wurden, um dann dort als Zwangsarbeiter ausgebeutet zu werden. Oder ob sie sich nach wie vor in Malta befinden und in »Massagesalons« arbeiten.

Leisure Clothing war vor zwei Jahren in einen großen Skandal verwickelt, als einige vietnamesische Arbeiterinnen gefasst wurden, nachdem sie versucht hatten, Malta mit gefälschten Papieren zu verlassen.

Sie erklärten der Polizei, dass sie unbedingt nach Hause müssten und dass sie falsche Pässe verwenden mussten, weil ihnen ihre Chefs bei Leisure Clothing ihre echten Papiere abgenommen hätten und sie praktisch als Geiseln hielten. Sie sagten auch, dass sie den ihnen zustehenden Lohn nicht erhalten hätten.

Der anschließende Wirbel hatte zur Folge, dass gegen den Leiter von Leisure Clothing, Han Bin, wegen Verstoßes gegen Arbeitsgesetze ermittelt wurde. Für den Fall war zunächst Richter Carol Peralta zuständig, der ihn dann jedoch mit der Begründung abgab, er wolle vorzeitig in den Ruhestand gehen (der tatsächliche Grund bestand aber wohl darin, dass bei der Justizverwaltungskommission mehrere Verfahren gegen ihn anhängig waren).

Danach hörte man nichts mehr über den Fall Leisure Clothing oder über eine Strafverfolgung von Han Bin.

Betrug und Korruption durch John Dalli, den ehemaligen EU-Kommissar

An Heiligabend blieb unsere Mutter immer die halbe Nacht auf und wickelte Hunderte kleiner Geschenke in Papier ein – exotische Schokoladen, die sie in Modica gekauft hatte, und gesalzene Mandeln von Fortnum & Mason –, sie stopfte sie dann in drei Weihnachtssocken, die über dem Kamin aufgehängt wurden. Auch als wir erwachsen wurden und ins Ausland gingen, begleiteten uns weiter diese Weihnachtssocken; sie vermehrten sich, um auch skeptische Freundinnen und schließlich eine Schwiegertochter damit zu erfreuen.

Jedes Jahr, bevor wir zu Weihnachten nach Hause flogen in dem Wissen, dass unsere Mutter im abgelaufenen Jahr all jene Dinge für unsere Weihnachtssocken gesammelt hatte, die sie selbst als Heranwachsende auf Malta nicht hatte bekommen können, suchten wir nach einem passenden Weihnachtsgeschenk für sie. Einmal war es eine lebensgroße Holzskulptur eines Warans, die wir aus Liverpool mitgebracht hatten. In einem anderen Jahr war es ein in Berlin erstandener Pflanzen-Übertopf aus Skarabäus-Panzern.

Allmählich erst begriffen wir, dass sich unsere Mutter weniger für diese Geschenke selbst interessierte, sondern mehr dafür, was wir uns untereinander schenkten und welche Mitteilungen wir auf den Glückwunschkarten austauschten; manche wurden rasch hingekritzelt und waren eher banal, andere dagegen nachdenklich und bewegend, sodass wir die Karten jahrelang aufbewahrten. Unsere Mutter betrachtete die Zusammenkunft und den Austausch am Morgen des ersten Weihnachtsfeiertages gewissermaßen als einen Test für unseren Zusammenhalt untereinander. Im Rückblick erscheint es fast, als wollte sie uns dadurch auf jene Zeit vorbereiten, in der sie nicht mehr da sein würde, um uns davon abzuhalten, uns voneinander zu entfernen, wie es häufig bei Geschwistern der Fall ist. Und so lernten wir, unserer Mutter zu beweisen, dass sie sich keine Sorgen zu machen brauche: Unsere gegenseitigen Geschenke wuchsen zu sorgfältig verwalteten Stapeln von Büchern, die mit begleitenden Notizen versehen waren, in denen erläutert wurde, warum und wann man das jeweilige Buch lesen solle.

Irgendwann wurden die Bücher düsterer. Die zeitgleich mit Andrews Geburt im Jahr 1987 einsetzende Aufwärtstendenz der politischen Kultur in Malta hatte sich umgekehrt und war in einen steilen Verfall übergegangen, der in der Ermor-

dung unserer Mutter in jenem Jahr gipfelte, in dem Andrew dreißig Jahre alt wurde. Eine nach wie vor unreformierte und halsstarrige, aber mit einem neuen Image versehene Labour-Partei schickte sich an, die Parlamentswahlen von 2013 zu gewinnen, und wir mussten nach neuen Begriffen suchen, um zu verstehen und zu benennen, was in diesem Land geschah, das sich von den autoritären Exzessen der Labour-Herrschaft befreit hatte, nur um dann hilflos zuzuschauen, wie diese alten Kräfte scheinbar mühelos erneut an die Macht gelangten.

Eines der Bücher, das uns zu begreifen half, welche Zukunft der Insel bevorstand, war *Tage in Burma*, der erste Roman von George Orwell. Andrew las den Roman während einer langweiligen Zugfahrt durch Flandern und steckte ihn in den Weihnachtssack von Paul, der wiederum schenkte im folgenden Jahr Matthew ein neues Exemplar zu Weihnachten, das er trocken als Teil einer »internationalen Sammlung moderner Klassiker« bezeichnete.

Eine Figur in diesem Roman rief in uns ein schleichendes Gefühl der Angst hervor, das sich im Laufe der Zeit verstärkte, nämlich der Distriktrichter U Po Kyin, der mithilfe informeller Netzwerke und hinterlistiger Taktiken auch jene Menschen manipuliert, die ihm formell übergeordnet sind, was den Helden des Buches in den Selbstmord treibt.

Die maltesische Version von U Po Kyin, John Dalli, saß zu dieser Zeit im europäischen Machtzentrum, hatte ein Büro im Berlaymont-Gebäude in Brüssel und war EU-Kommissar für Gesundheit. Er hatte einen Wust von Skandalen in Malta zurückgelassen, die von unserer Mutter in kriminalistischer Ausführlichkeit dokumentiert wurden. Als Finanzminister hatte er eine große, im Staatsbesitz befindliche Bank verkauft, während sich der Premierminister von einer Operation erholte, und er hatte es seinem Bruder Bastjan Dalli, dem Kontaktmann der Camorra in Malta, ermöglicht, Beton minderer Qualität für ein prestigeträchtiges staatliches Bauprojekt zu liefern, bei dem mittlerweile strukturelle statische Probleme sichtbar geworden sind. (Dallis zweiter Bruder ist Priester und liest jedes Mal eine Messe, wenn es sein in der Politik tätiger Bruder wieder einmal geschafft hat, einer Strafverfolgung zu entgehen.)

Als Dalli zum Außenminister ernannt wurde, vermutlich um ihn von öffentlichen Auftragsvergaben fernzuhalten, wickelte er seine sämtlichen Dienstreisen über ein Reisebüro ab, das von seiner Tochter geleitet wurde. Zudem benutzte er seine Tochter und einen Mitarbeiter als Strohleute zur Gründung eines Netzes von Strohfirmen, um der nationalen iranischen Reederei dabei behilflich zu sein, US-amerikanische Sanktionen zu umgehen.

Unsere Mutter hatte klar erkannt, wie die Feigheit der Bessergestellten und ihre Unfähigkeit, den Charakter eines Menschen zu beurteilen, den politischen Aufstieg Dallis ermöglicht hatten. Seine Geldgier fand sie widerwärtig, und sein unerschütterlicher Glaube an seine Fähigkeiten als Politiker und Administrator waren häufig Zielscheibe ihres Spotts. Doch ihre Wut blieb jenen Männern vorbehalten – und es waren ausschließlich Männer –, die es nicht schafften, Dallis kriminellen Machenschaften ein Ende zu setzen.

An jenem Tag, an dem John Dalli als EU-Kommissar nominiert wurde, bebte unsere Mutter vor Zorn. Im Unterschied zu vielen ihrer Kollegen konnte sie Feigheit nicht ertragen und verkraftete es auch nicht, wenn Leute, die es nicht verdienten, einen Sieg davontrugen. Da der Premierminister das Problem lieber nach Brüssel verschob, als eine direkte Konfrontation mit Dalli zu suchen, beförderte er Dalli in

eine Machtposition, von der dieser vorher wohl nicht zu träumen gewagt hatte – und die er dann weidlich zu seinem Vorteil ausnutzte.

Als Dalli von EU-Kommissionspräsident José Manuel Barroso wegen eines Bestechungsskandals gezwungen wurde, von seinem Amt zurückzutreten, rief er unverzüglich Joseph Muscat an, den kommenden Premierminister Maltas. Ohne dass die Regierung es wusste, hatte Dalli mittlerweile die politischen Seiten gewechselt. Er war einer der ersten Skalps, den die oppositionelle Labour-Partei einsammelte bei ihrem erfolgreichen Versuch, mächtige informelle Netzwerke aufzubauen, um die Regierung von innen zu destabilisieren, bis diese schließlich kampflos aufgab.

Niemand weiß, was Dalli und Muscat besprachen, aber sobald klar war, dass die Labour-Partei einen Erdrutschsieg erringen würde, erholte sich Dalli auf mysteriöse Weise von einer »psychosozialen Erkrankung«, die ihn daran gehindert hatte, zu einer Vernehmung durch die Ermittlungsbehörden nach Malta zu reisen. Die neue Regierung löste dann sehr schnell den Polizeipräfekten ab, der entschlossen war, wegen der Bestechungsvorwürfe Anklage gegen Dalli zu erheben. Dalli war unterdessen zu Premierminister Muscats »Gesundheitsberater« bestellt worden. Abgesichert durch seine neu erlangte Immunität, begann Dalli nun die Regierung beim Verkauf von drei in öffentlichem Besitz befindlichen Krankenhäusern an eine Strohfirma auf den British Virgin Islands zu beraten. Das war eine der größten Enthüllungsstorys unserer Mutter, wofür Dalli sie als »Terroristin« bezeichnete. Er konnte es nie akzeptieren, dass unsere Mutter seine Hinterzimmermauscheleien mit legitimer journalistischer Sorgfalt durchleuchtete. In der Weltsicht von Menschen, die unsere Mutter als »gefährlich instabile Männer« bezeichnete, »die

keine Prinzipien und keine Skrupel kennen und das öffentliche Leben Maltas auf negative Weise beeinflussen«, gab es keinen Platz für legitime journalistische Sorgfalt. Wenn alle damit beschäftigt sind, ihr eigenes Nest komfortabel auszustatten, dann ist jemand, der sich ihnen in den Weg stellt, ein Heuchler, der rein persönliche Ziele verfolgt. Das Wertesystem unserer Mutter, »zu dem keine Maseratis gehören«, war jemandem wie John Dalli vollkommen fremd, er war auch noch nach ihrem Tod davon überzeugt, dass sie in Zusammenarbeit mit EU-Kommissionspräsident Barroso und Giovanni Kessler, dem Chef-Korruptionsbekämpfer der EU, eine gegen ihn gerichtete geheime Agenda verfolgte.

Wenige Tage nach der Bombenexplosion, die dem Leben und der Karriere unserer Mutter ein Ende bereitete, schrieb Dalli an einen entsetzten Journalisten: »Widerstandskraft bezwingt den vergifteten Schreibstift«, und das war auch der Titel, unter dem er einige Tage später eine triumphierende Stellungnahme veröffentlichte. Doch die Arbeit unserer Mutter bestimmt weiterhin sein Vermächtnis. Kurz nach seinem Rücktritt als EU-Kommissar tauchten Informationen über mehrere geheime Reisen auf, die Dalli nach Dubai und auf die Bahamas unternommen hatte.

In einem ihrer aufsehenerregendsten Rechercheprojekte enthüllte unsere Mutter in einer Serie von Blog-Posts zwischen 2013 und 2015 den Zweck dieser mysteriösen Flüge: Dalli war über seine Töchter in ein Betrugsgeschäft verwickelt, bei dem amerikanischen Rentnern vorgegaukelt wurde, sie würden ihre Ersparnisse, die sie niemals wiedersahen, in »Impact Investments« in Afrika anlegen.

Einige Monate nach dem Tod unserer Mutter, als sich Malta intensivem internationalen Druck ausgesetzt sah, ihre Mörder zur Rechenschaft zu ziehen, erhoben die maltesischen Behörden schließlich gegen Dallis Töchter Anklage wegen Betrugs und Geldwäsche, ein Jahr, nachdem die Beschuldigungen gegen sie publik geworden waren. Es ist unklar, ob sie, geschweige ihr Vater, jemals eine Verurteilung durch eine Strafjustiz zu erwarten haben, die unsere Mutter, als sie noch lebte, so schändlich im Stich gelassen hat. Aber dennoch ist dies mehr, als sie sich jemals erhoffen konnte.

Claire Gauci Borda mietete auf den Bahamas für ein Jahr eine Villa für eine Goldhandelsfirma namens Tyre Ltd., für die sie und ihre Schwester Louisa Dalli als Direktoren und juristische Vertreter tätig waren

RUNNING COMMENTARY, 5. JULI 2013, 10.57 UHR

Am 14. Juli 2012, einige Tage nach der Reise ihres Vaters von Zypern nach Nassau und zurück (7. bis 9. Juli), unterschrieb Claire Gauci Borda einen einjährigen Mietvertrag für die Villa auf den Bahamas.

Sie unterzeichnete im Namen von Tyre Ltd., einer Firma, die seit Februar 2011 auf Malta registriert ist und unter der Wohn- und Büroadresse ihres Vaters (1400 Block 14, Portomaso, St. Julians) eingetragen ist.

In der Beschreibung des Geschäftszwecks und den Statuten von Tyre Ltd. wird angegeben, das Unternehmen wolle sich hauptsächlich als »Vermittler bei Kauf- und Verkaufstransaktionen von Flugzeugen, Schwermaschinen und anderen Geräten« betätigen.

Im Jahresbericht vom 31. Dezember 2011 (der ersten vollen Geschäftsperiode), der im Januar 2012 vorgelegt wurde, heißt es jedoch unter der Überschrift »Hauptaktivitäten«, dass Tyre Ltd. »in erster Linie im Handel von Edelmetallen wie Gold und Kupfer tätig war«.

Das autorisierte Grundkapital von Tyre Ltd. beläuft sich auf 100 000 US-Dollar in 100 000 Stammaktien zu je 1 US-Dollar.

Das ausgegebene Aktienkapital beträgt 10 000 US-Dollar in 10 000 Stammaktien zu je 1 US-Dollar, davon 20 Prozent eingezahlt, die zum Zeitpunkt der Registrierung der Firma vollständig von Derrick Germaine gehalten wurden, gemeldet unter der Anschrift 754 Martins Chapel Road, Lawrenceville, Georgia, USA – US-Pass Nummer 401040530.

Germaine betreibt in Georgia eine kleine Firma namens Dake Publishing, die religiöse Texte herausbringt. Zu einem unbekannten Zeitpunkt überwies er eine Summe von mehr als einer halben Million Euro an Tyre Ltd., die in den Geschäftsberichten des Unternehmens als »Kreditaufnahme - Gesellschafterdarlehen« auftaucht.

In den Finanzberichten oder anderen Dokumenten, die beim maltesischen Handelsregisteramt hinterlegt sind, finden sich keinerlei Hinweise auf karitative Tätigkeiten oder Spenden an karitative Organisationen. Es wird jedoch auf die Auswirkungen der Entwicklung des Goldpreises auf die künftigen Aktivitäten der Firma verwiesen, während die Erlöse im ersten Jahr der Handelstätigkeit vollständig aus dem Handel mit Kupfer stammten.

Die ersten Direktoren der Firma waren Derrick Germaine sowie folgende drei Personen:

Daniel Alberto Kan
1 Latitia Close, Green Point
NSW2251, Australia - Inhaber eines argentinischen Passes

Thamnoon Kunajak
20/17 Evergreen Village
Bangna - Trad-Soi 56, Bagna - Trad Road
A. Bangkaew, Samutprakarn
B. 10540, Thailand - Inhaber eines thailändischen Passes

Chutthrathipya Monthonkan
1, Soi Soonvijal 1
New Petchburi Road
Huaykwang, Bangkok
10310 Thailand - Inhaber eines thailändischen Passes

Company Secretary, also Leiterin der Allgemeinen Verwaltung der Gesellschaft, war Claire Gauci Borda, die diese Funktion bis heute innehat.

Zur außergerichtlichen und prozessualen Vertretung der Gesellschaft sind sämtliche Mitglieder des Vorstands befugt.

Erster Jahresbericht und Finanzbericht

Der erste Jahresbericht von Tyre Ltd. und der Finanzbericht für das Jahr 2011 wurden im Januar 2013 vorgelegt. In dieser ersten Handelsperiode erzielte Tyre Ltd. einen Umsatz von 186 000 US-Dollar, der zur Gänze aus dem Handel mit dem Rohstoff Kupfer stammte, wobei ein Bruttogewinn von 31 621 US-Dollar erzielt wurde. Die Verwaltungsausgaben beliefen sich auf 190 388 US-Dollar. Nach Steuern verblieb für diese Periode ein Verlust von 103 199 US-Dollar.

Der Wirtschaftsprüfer John Abela von der Firma Horwarth Malta stellte fest:

> Ohne eine Beurteilung vornehmen zu wollen, möchten wir auf Punkt 2 des Finanzberichts hinweisen, aus dem hervorgeht, dass die Gesellschaft in dem Jahr, das am 31. Dezember 2011 endete, einen Nettoverlust von 103 199 US-Dollar erwirtschaftete und dass zu diesem Zeitpunkt die Gesamtverbindlichkeiten der Gesellschaft ihre Gesamtvermögenswerte um 101 119 US-Dollar überstiegen. Diese Umstände weisen auf das Bestehen einer wesentlichen Unsicherheit hin, die erhebliche Zweifel an der Fortführungsfähigkeit der Gesellschaft aufwirft.

Zu diesem Zeitpunkt verfügte die Gesellschaft über liquide Mittel in Höhe von 316 354 US-Dollar (Cash und Bankguthaben) und saß auf Krediten in Höhe von 535 480 US-Dollar, die als Darlehen ihres Gesellschafters deklariert wurden (der einzige Gesellschafter zu diesem Zeitpunkt war Derrick Germaine).

Doch trotz der prekären finanziellen Lage der Firma mietete sie ein halbes Jahr nach dem Erstellungsdatum dieser Berichte eine Villa auf den Bahamas, die 8000 US-Dollar Miete im Monat kostete, für ein ganzes Jahr (96 000 US-Dollar), wozu noch die Betriebskosten und sonstige Aufwendungen kamen.

Als die Mitarbeiter von Tyre Ltd. schon zwei Monate nach der Anmietung des Hauses plötzlich wieder auszogen, verließen sie die Bahamas in einem Privatflugzeug, das von dritter Seite gechartert worden war und um ein Uhr nachts in Nassau abflog. Zu den Passagieren gehörte auch John Dalli. Die Maschine flog nach Halifax, wo sie aufgetankt wurde, dann ging es weiter nach Island, dann nach Brüssel und schließlich nach Malta. Dieser Flug kostete schätzungsweise rund 80 000 US-Dollar.

Ich habe keine Informationen darüber, wo John Dalli, der zu dieser Zeit noch EU-Kommissar war (und fünf Wochen später zurücktreten musste), das Flugzeug verließ.

John Dallis Töchter werden Direktoren von Tyre Ltd.

Claire Gauci Borda und Louisa Dalli wurden am 15. März 2012 zu Direktoren von Tyre Ltd. ernannt und mit der Befugnis zur außergerichtlichen und prozessualen Vertretung ausgestattet. Das bedeutet, als Gauci Borda vier Monate später den Mietvertrag für die Villa unterschrieb, tat sie dies als Geschäftsführerin mit voller rechtlicher Autorität.

Da keiner der übrigen Direktoren zurücktrat, um für die beiden Platz zu machen, wurde die Zahl der Direktoren auf sechs erhöht.

Am 1. September 2012 erklärten drei Direktoren – Derrick Germaine (der einzige Gesellschafter), Thamnoon Kunajak und Alberto Khan – ihren Rücktritt, sodass nur noch Chutthrathipya Monthonkan, Claire Gauci Borda und Louisa Dalli als Direktoren von Tyre Ltd. verblieben. Derrick Germaine war weiterhin der einzige Gesellschafter.

John Dalli kam am 4. oder 5. September mit einem Privatjet auf den Bahamas an. Er verließ die Inseln am 7. oder 8. September wieder mit demselben Privatflugzeug, dessen Crew (Pilot, Ko-Pilot und Stewardess) während Dallis Aufenthalt in der Villa im Sheraton-Hotel in Nassau untergebracht war. Das Flugzeug gehörte anscheinend keinem Parteimitglied, war aber eigens für diese Reise gechartert worden.

Claire Gauci Borda und Louisa Dalli treten als Direktoren zurück
Im Jahresbericht, der am 1. Februar 2013 erstellt und am 14. Mai vorgelegt wurde, wird Derrick Germaine nach wie vor als einziger Gesellschafter aufgeführt, während Claire Gauci Borda, Louisa Dalli und Chutthrathipya Monthonkan zu diesem Zeitpunkt die einzigen Direktoren sind. Claire Gauci Borda ist zudem Company Secretary.

Am 30. Mai jedoch wurde im Handelsregister eine Änderung eingetragen, die besagte, dass Claire Gauci Borda und Louisa Dalli als Direktoren von Tyre Ltd. zurückgetreten und auch nicht mehr mit der Vollmacht zur außergerichtlichen und prozessualen Vertretung der Gesellschaft ausgestattet waren. Diese Änderung war bereits am 25. Dezember 2012 in Kraft getreten (und war damit rückwirkend gültig, obwohl die beiden im Jahresbericht vom 1. Februar 2013 noch als Direktoren aufgeführt wurden).

In derselben Mitteilung vom 30. Mai wurde der aus Großbritannien stammende Martin Zuch, der einen britischen Pass besitzt und in England lebt, als Direktor von Tyre Ltd. eingetragen und mit außergerichtlicher und prozessualer Vollmacht ausgestattet, ebenfalls rückwirkend zum 25. Dezember 2012.

Zu diesem Zeitpunkt waren also Martin Zuch und Chutthrathipya Monthonkan die beiden alleinigen Direktoren von Tyre Ltd.

Gemäß einer separaten Mitteilung über eine Änderung der Gesellschafterstruktur, die am selben Tag (dem 30. Mai) eingetragen wurde, übertrug Derrick Germaine seine Gesellschaftsanteile an Martin Zuch, was zum 25. Dezember 2012 wirksam wurde. Claire Gauci Borda blieb Company Secretary.

Gegenwärtig liegen sämtliche Gesellschaftsanteile bei Martin Zuch persönlich. Zuch und Monthonkan sind die beiden einzigen Direktoren. Claire Gauci Borda ist Company Secretary. Registriert ist die Gesellschaft nach wie vor unter John Dallis Wohnadresse in Portomaso.

Martin Zuch ist ein evangelikaler Christ und gehört zum Leitungskreis einer Wohltätigkeitsorganisation namens Give

Hope International, die anscheinend eine legale Unternehmung ist und auf deren Internetseite Zuch folgendermaßen beschrieben wird:

> Martin arbeitete in der Finanzbranche, bis er 2005 den Entschluss fasste, sich als Investor in Afrika zu engagieren und durch die Förderung von Bildungseinrichtungen, Beschäftigungsmöglichkeiten und nachhaltig wirtschaftenden Unternehmen einen Beitrag zur Bekämpfung der Armut zu leisten. Nachdem er das Ausmaß der Armut kennengelernt und gesehen hatte, dass auch Grundbedürfnisse, wie etwa Schulbildung, nicht befriedigt werden können, gründete er Give Hope, um den sozialen Gemeinschaften durch den Aufbau von Bildungseinrichtungen und durch andere Formen wirtschaftlicher und gesellschaftlicher Unterstützung zur Seite zu stehen. Um dieser Aufgabe besser gewachsen zu sein, erwarb Martin einen Master of Science in Community Wellbeing in Disaster and Development an der Northumbria University in Newcastle in Großbritannien. Er lebt in Northumberland zusammen mit seiner Ehefrau und drei Kindern und reist regelmäßig nach Sambia.

Zuch war weder Direktor noch Gesellschafter von Tyre Ltd., als die Villa auf den Bahamas gemietet wurde. Er trat im Mai als Mitakteur der Gesellschaft in Erscheinung, was rückwirkend zum 25. Dezember 2012 erfolgte. Mehrere Versuche, Zuch zu seiner Beteiligung an Tyre Ltd. zu befragen, blieben bislang erfolglos.

Warum ermittelt die maltesische Polizei nicht gegen John Dalli wegen seiner Beteiligung an diesem Schneeballsystem?

RUNNING COMMENTARY, 10. APRIL 2015, 10.26 UHR

Eine Menge amerikanischer Rentnerinnen, allesamt Angehörige einer christlichen Religionsgemeinschaft, wurden dadurch um ihre Ersparnisse gebracht, ihr Geld wurde auf ein Mandantenkonto transferiert, das John Dallis Firma Corporate Group Ltd. bei der HSBC-Bank in St. Julians unterhält. Und das sind nur die Fälle, die uns bekannt sind.

Es handelt sich um ein großangelegtes Schneeballsystem mit einem Volumen von Hunderten Millionen Dollar - wahrscheinlich jene Hunderte Millionen, von denen Dalli sprach, als seine Reise vor drei Jahren von der *New York Times* publik gemacht wurde -, derentwegen er auf die Bahamas flog.

Seine betrügerische Klientin Mary Swan, bekannt als Lady Bird oder LB, die zur damaligen Zeit von ihrer Wohnung in der High Street in Sliema (in der Nähe der Kirche Stella Maris) aus agierte, versuchte die Betrugsmasche auch in Malta durchzuziehen und wäre damit vielleicht auch erfolgreich gewesen.

Als ich ihren Aufenthaltsort herausfand - ich konnte auch ihre beiden Mobiltelefonnummern in Erfahrung bringen, aber sie brach sofort ab, als ich mich vorstellte -, rief ich sofort ihren Vermieter an, einen prominenten Arzt, der mir persönlich bekannt ist, und warnte ihn, dass seine Mieterin eine berüchtigte Kriminelle und Betrügerin ist, die unter falschen Namen und unter Verwendung unterschiedlicher Pässe in der Welt umherreist.

Er erklärte mir, hier müsse eine Verwechslung vorliegen, denn bei den Mieterinnen seiner Wohnung handele es sich um zwei ältere christliche Amerikanerinnen, sehr nette Menschen, die sich stark für karitative Zwecke in Afrika und Indien engagieren, Gelder von Wohltätigkeitsorganisationen in Goldminen investieren und mit den Gewinnen daraus Schulen bauen und dergleichen.

»Sie haben mir Fotos gezeigt von den Minen und von Säcken voller Goldnuggets«, erklärte er. »Sie legten mir auch Flugblätter und Beschreibungen vor.«

Natürlich, entgegnete ich, genau auf diese Weise versuchen sie Menschen ihr Geld abzuluchsen. Mittlerweile frage ich mich, ob auch er selbst Geld verloren hat. Ich hoffe wirklich, dass das nicht der Fall war.

Es ist wirklich erstaunlich, dass auch viele sonst hochintelligente Menschen glauben, ein Betrüger würde uns offen als solcher entgegentreten. Die erfolgreiche List ist das Kennzeichen erfolgreichen Betrügens.

Aber das gilt nicht für Mary Swan/Lady Bird. Seien wir ehrlich: Wer hätte gedacht, dass ein EU-Kommissar dabei mithilft, ein Schneeballsystem aufzuziehen?

TOP STORY/ Büro von John Dalli beschaffte Papiere für eine amerikanische Schneeballsystem-Betrügerin, die einen falschen paraguayischen Pass unter dem Namen Eloisa Chihan benutzte

RUNNING COMMENTARY, 14. MAI 2015, 22.46 UHR

John Dallis Geschäftspartnerin, die Betrügerin Mary Swan/ Lady Bird, die durch ein Schneeballsystem bekannt wurde, das sie mit Unterstützung von John Dallis Töchtern Claire Gauci Borda und Louisa Dalli sowie deren Firmen Corporate Group Ltd. und Tyre Ltd. betrieb, reiste in Malta mit einem paraguayischen Pass ein, in dem sie den Namen Eloisa Maria Chihan trägt. Darüber hinaus besitzt sie einen paraguayischen Personalausweis mit der Nummer 939615.

Das ist ein weiterer falscher Pass. Mary Swan ist von Geburt US-Staatsbürgerin, und ihr echter Name lautet Eloise Corbin, aber sie verwendet keinen amerikanischen Pass. Es wird angenommen, dass sie im vergangenen Januar Malta verlassen hat,

117

nachdem die Gültigkeit ihrer paraguayischen Personalpapiere abgelaufen war. Ich habe keine Informationen darüber, welche Dokumente sie bei der Ausreise vorlegte.

Einzelheiten über Mary Swans paraguayischen Pass wurden zufällig durch ein Antragsschreiben bekannt, mit dem sich Claire Gauci Borda in ihrer Funktion als Company Secretary von Tyre Ltd. um eine Arbeitserlaubnis auf Malta für Nisshangey Chandrakasan bemühte.

Chandrakasan besitzt einen Pass von Sri Lanka (Nummer N2631428). In dem Antrag auf Arbeitserlaubnis heißt es:»Frau Chandrakasan soll Frau Eloisa Chihan zur Seite stehen, die häusliche Pflege benötigt, wie in dem der ETC vorliegenden ärztlichen Attest bestätigt wird.«

Mary Swan lernte Chandrakasan im Gefängnis in Thailand kennen. Ich weiß nicht, weswegen Chandrakasan im Gefängnis saß, aber Mary Swan war in Haft genommen worden, weil sie mittels eines anderen gefälschten Passes (von den Philippinen), in dem sich ihr Foto befand und der Name Suzara Maling angegeben war, einzureisen versucht hatte. Auf meiner Internetseite habe ich einen Scan dieses Passes veröffentlicht.

Swan lebte in einer Wohnung in Sliema (58 High Street), von der aus sie auch ihr»Gold Pool«-Schneeballsystem betrieb. Vermieter der Wohnung war Dr. Karl German, dem sie erzählte, sie sei eine evangelikale Christin, die mit Gold handele und mit den Gewinnen aus diesem Geschäft Waisenhäuser in Pakistan und Russland unterstütze.

Sie fragen sich vielleicht, wer der Mann ist, der auf den Scans des philippinischen Passes und des paraguayischen Personalausweises zu sehen ist, die ich auf meiner Seite hochgeladen habe. Es ist eindeutig derselbe Mann. Jedoch mit unterschiedlichen Namen und Nationalitäten.

Der philippinische Pass ist gefälscht, ebenso der Pass von Mary Swan. Auch der paraguayische Personalausweis ist gefälscht, genau wie Mary Swans paraguayischer Pass und ihr paraguayischer Personalausweis.

Bei dem Mann handelt es sich um Charles Ray Jackson, der bis vor einigen Monaten ebenfalls in einer Wohnung in der 58 High Street in Sliema lebte. Er ist US-Bürger und besitzt, soweit ich bisher herausfinden konnte, einen echten US-amerikanischen Pass. Darüber hinaus verfügt er über einen maltesischen Personalausweis (nicht-ansässiger Ausländer), den ihm Claire Gauci Borda über Tyre Ltd. beschaffte.

Jackson reiste mit einem paraguayischen Pass (der ebenso gefälscht ist wie sein paraguayischer Personalausweis) unter dem Namen Carlos Chihan in Malta ein und gab sich als Bruder von Mary Swan aus, die als Eloisa Chihan nach Malta einreiste, ebenfalls mit einem falschen paraguayischen Pass.

Charles Ray Jackson und Mary Swan waren beide in Thailand inhaftiert – und zwar beide aus demselben Grund: Sie hatten versucht, mit einem gefälschten philippinischen Pass in das Land einzureisen (auch davon sind hier Scans hochgeladen).

Charles Ray Jackson und Eloise Corbin (alias Mary Swan) betreiben seit vielen Jahren gemeinsam Betrugsgeschäfte. Claire Gauci Borda beschaffte über Tyre Ltd. die Personaldokumente für »Eloisa Chihan« und »Carlos Chihan« und leistete weiterhin Hilfsdienste, als der Paraguyaner Carlos Chihan zum US-Bürger Charles Ray Jackson wurde.

EILMELDUNG/ Abteilung zur Bekämpfung der Wirtschaftskriminalität durchsucht in Sliema gerade die Wohnung von Mary Swan, der Geschäftspartnerin von John Dalli

RUNNING COMMENTARY, 26. MAI 2015, 19.14 UHR

Beamte der Abteilung zur Bekämpfung der Wirtschaftskriminalität unter Leitung ihres Chefs Jonathan Ferris – dessen Auto zusammen mit zwei weiteren Polizeifahrzeugen vor dem Haus geparkt ist – durchsuchen gerade in Sliema die Wohnung in 58 High Street, von wo aus John Dallis Geschäftspartnerin, die unter den Aliasnamen Mary Swan und Lady Bird auftritt, ihr Betrugssystem »Gold Pool« betrieb.

Die Durchsuchung der Wohnung begann am frühen Nachmittag und dauert noch an.

Gerade war ein Polizeibeamter auf dem Balkon zu sehen; er trug die großen blauen Handschuhe, die bei Durchsuchungsaktionen verwendet werden.

Vor einigen Wochen haben mehrere Personen, die in South Carolina in den USA leben, vor der maltesischen Polizei und dem FBI ausgesagt, dass sie größere Summen Geldes auf ein Konto bei der HSBC-Bank in St. Julians überwiesen haben, das John Dallis Firma Corporate Group Ltd. gehört, nachdem man ihnen versichert habe, dass dieses Geld in einem »Gold Pool«-Programm der Firma Tyre Ltd. angelegt werden würde.

Die Leute haben ihr Geld nie wiedergesehen, nach ein paar »Zinsschecks« hatten sie keinerlei Zahlungen mehr erhalten und ihre Rückzahlungsaufforderungen waren mit immer neuen Ausflüchten abgewehrt worden.

Diese Internetseite hat zum ersten Mal vor zwei Jahren über die Geschichte berichtet. Geben Sie »Tyre Ltd.« und »Mary Swan« in die Suchmaske rechts oben ein, um die älteren Artikel aufzurufen.

Joseph Muscat weiß, dass der minderwertige Beton von John Dallis Bruder geliefert wurde, der Drogengeschäfte betreibt und mit der Camorra in Verbindung steht

RUNNING COMMENTARY, 22. MAI 2015, 18.07 UHR

Die politische Verantwortung für den minderwertigen Beton beim Bau des Krankenhauses Mater Dei muss der Premierminister übernehmen. Denn schon in der frühen Bauphase, als noch Alfred Sant Oppositionsführer war und Joseph Muscat so fest an seinen Rockschößen hing, dass er sogar Sants persönliche Assistentin Michelle Tanti umgarnte, um seinen Fuß noch weiter in die Tür zu bekommen, hatten Sant und die Labour-Partei im Zusammenhang mit diesen Betonlieferungen gerade mächtig Dreck aufgerührt.

Der Fehler, den Sant aufgrund seiner *»hbieb tal-hbieb«*[1]-Fixierung beging – wenn er auch in diesem Fall völlig richtig lag –, bestand darin, dass er sich nur damit beschäftigte, wer den Beton lieferte, während das eigentliche Problem – aufgrund der Natur der Person, die ihn lieferte – die Qualität des Betons war.

Bei dieser Person handelte es sich um Bastjan Dalli – einen Kriminellen, Drogenhändler und Kontaktmann für die neapolitanische Camorra –, dessen ähnlich schlimmer Bruder ist der mittlerweile in Acht und Bann geratene ehemalige Minister und EU-Kommissar John Dalli, zuletzt auch Berater von Premierminister Joseph Muscat.

Ich erinnere mich nicht mehr, in welchem Jahr es war, ich weiß aber noch, dass John Dalli damals Finanzminister war und gerade das Krankenhaus gebaut wurde, als Oppositionsführer Sant erklärte, dass die Firma Mixer Ltd. den Beton für das Bauprojekt liefere.

---

1 »Freunde von Freunden«.

Die Firma Mixer Ltd. gehört Bastjan Dalli, denn als sie ins Unternehmensregister eingetragen wurde, waren John Dallis Töchter Louisa und Claire, die heute bei allen seinen Firmen und Aktivitäten als Frontleute agieren, noch zu jung, um diese Funktion wahrnehmen zu können.

Es muss darauf hingewiesen werden, dass Mixer Ltd. nicht der offizielle Lieferant war. Wie man es bei John Dalli gewohnt ist, erhielt die Firma den Auftrag durch die Hintertür und wurde dabei durch irgendjemanden oder irgendetwas abgeschirmt, sodass diese Nachricht für die Regierung eine Überraschung war, hatte sie doch das schwedische Unternehmen Skanska und die maltesischen Baufirmen Blokrete und Devlands beauftragt.

Alfred Sant erklärte damals, dass Mixer Ltd. den Beton an Blokrete und Devlands liefere und der Beton dann mit den Transportfahrzeugen dieser beiden Firmen zur Baustelle gebracht werde, sodass Mixer Ltd. nirgendwo auftauchte.

Sant hielt damals eine Pressekonferenz ab, auf der er den Journalisten ein Video vorführte. Es zeigte einen mit versteckter Kamera gefilmten Lastwagen mit dem Firmenlogo von Devlands, der auf dem Gelände von Mixer Ltd. mit Beton beladen wurde und diesen anschließend zur Krankenhaus-Baustelle transportierte.

Bastjan Dalli hatte diese offenkundige Tatsache damals abgestritten, aber da er ein Drogenhändler und Kontaktmann der Camorra (und John Dallis Bruder) ist, glaubte ihm niemand.

Wie es scheint, war der Beton für das Krankenhaus eine weitere heimliche Gaunerei von Dalli, für die nun andere Menschen den Preis bezahlen müssen, während einer der Dalli-Brüder oder auch beide sich mit dem Geld aus dem Staub machten.

Die Firma Mixer Ltd. liefert minderwertigen Beton. Bastjan Dalli wurde in einem Telefongespräch zwischen Mitgliedern der neapolitanischen Camorra, das von der italienischen Polizei im Rahmen richterlicher Ermittlungen aufgezeichnet wurde, namentlich als einer der Kontaktleute der Camorra in Malta erwähnt. Die Lieferung von minderwertigem Beton für öffentliche Projekte in Italien und Sizilien gehört zu jenen Betätigungsfeldern, auf denen sich die Mafia und die Camorra besonders hervortun.

Im Jahr 2002 machte das maltesische Bauministerium einen Auftrag in Höhe von 2,5 Millionen Euro an die Mixer Ltd. für den Bau von Sozialwohnungen wieder rückgängig, nachdem der gelieferte Beton von Fachleuten untersucht worden war. Sie waren zu dem Ergebnis gelangt, dass er von unterdurchschnittlicher Qualität und für den Bau von Gebäuden zu unsicher sei.

Wie Joseph Muscat und Konrad Mizzi einen weiteren Dalli-Skandal wieder aufrühren

RUNNING COMMENTARY, 23. MAI 2015, 14.32 UHR

Auf ihrer Suche nach einem weiteren Ansatzpunkt für ihre mittlerweile zum Standard gewordene Taktik, die Menschen von den zunehmenden Skandalen der Regierung abzulenken, indem sie einen neuen »*skandlu PN*«[2] aus dem Hut zaubern, haben Konrad Mizzi und Joseph Muscat unbeabsichtigt dazu beigetragen, dass sich John Dallis Probleme weiter verschärfen. Sie haben einen alten Korruptionsskandal wieder in Erinnerung gerufen und neu aufgerührt – einen Skandal, an den sich die Leute, wenn es nach Dalli ginge, besser nicht mehr erinnern sollen oder über den sie in den Nachrichten nichts erfahren sollen.

Durch die Veröffentlichung eines Horrorberichts darüber, welches Vermögen es kosten wird, die Probleme zu beheben, die durch die Verwendung eines minderwertigen Betons beim Bau des staatlichen Krankenhauses verursacht wurden, haben sie nur die Presse dazu veranlasst, die Öffentlichkeit wieder daran zu erinnern, dass dieser Beton von dem Drogenhändler und

---

2 Ein Skandal der National Party.

Camorra-Kontaktmann Bastjan Dalli geliefert wurde. Und dies in Komplizenschaft mit seinem mittlerweile in Ungnade gefallenen Bruder John, der damals Finanzminister war.

John Dalli hat in den vergangenen Jahren in enger Zusammenarbeit mit Joseph Muscat höchst fragwürdige Aktivitäten in die Wege geleitet und scheute sich in seiner Zeit als EU-Kommissar auch nicht – unter Verstoß gegen die Regeln der Europäischen Kommission –, seine häufigen Auftritte im Fernsehsender der Labour-Partei dazu zu nutzen, um für die Kraftwerke zu werben, die von einem Klienten seiner Firma John Dalli & Associates gebaut wurden. Dieser Klient war Sargas.[3]

Die 1990er-Jahre liegen schon eine Weile zurück, damals verfügten die Zeitungen noch nicht über Nachrichtenportale im Internet – und daher blieben Internetrecherchen häufig ergebnislos. Damit die Journalisten nicht die Print-Archive bei ihrer Zeitung oder in der Nationalbibliothek durchwühlen müssen, gibt es ein sehr hilfreiches Buch – das *L-Iskandli tal-PN* [Die Skandale der Nationalistischen Partei] –, 1998 herausgegeben von der Informationsabteilung der maltesischen Labour-Partei als Propagandamaterial für den Wahlkampf zur Parlamentswahl im folgenden Jahr, die Labour verlor.

(Die Zahl der Skandale von Dalli reichte anscheinend nicht aus, um die Wähler dazu zu bewegen, Alfred Sant und seiner verkommenen Regierung eine weitere Amtszeit von fünf Jahren zu bewilligen.)

L-Iskandli tal-PN beruht auf einem Bericht, der vom früheren Justizminister Edgar Mizzi im Auftrag von Premierminister Sant erstellt worden war.

Ich habe Fotos der relevanten Seiten dieses Buches hochgeladen, die man zum Lesen vergrößern kann, doch für Leser, die kein Maltesisch verstehen oder sich einen schnellen Über-

---

3 Norwegischer Kraftwerksbetreiber. Dalli war vor seiner Zeit als EU-Kommissar (2010–2012) als Berater des Unternehmens tätig.

blick verschaffen möchten, habe ich die wichtigsten Punkte nachfolgend zusammengefasst.

1. Im Jahr 1994 veröffentlichte die von der Nationalistischen Partei geführte Regierung eine Ausschreibung für den Bau des neuen staatlichen Krankenhauses, das bis dahin noch San Raffaele hieß.

2. Es wurden mehrere Angebote eingereicht, darunter auch zwei mit unterschiedlichen Preisen vom Konsortium Skanska/ Devlands/Blokrete.

3. John Dalli, der damals Finanzminister war und dessen Ministerium für die Ausschreibung zuständig war, engagierte sich stark dafür, dass das Angebot des Konsortiums Skanska/Devlands/Blokrete den Zuschlag erhielt. Das Entscheidungskomitee gab jedoch dem Angebot von CMC den Vorzug. Daraufhin setzte John Dalli einen speziellen Ausschreibungs-Überprüfungsausschuss ein, der die Entscheidung des Komitees rückgängig machte, obwohl er dazu rechtlich nicht befugt war.

4. Das vom Entscheidungskomitee bevorzugte Konsortium erhob Klage gegen die Regierung und erreichte eine einstweilige Verfügung, die der Regierung untersagte, das Ausschreibungsverfahren fortzusetzen, bevor der Fall vor Gericht verhandelt worden war.

5. Es folgte eine Reihe von juristischen Verfahren, in deren Verlauf das klagende Konsortium einige gesetzlich vorgeschriebene Fristen für die Abgabe von Erwiderungen versäumte. Die Klage wurde schließlich abgewiesen, und das Finanzministerium vergab den Auftrag an das vom Finanzminister (John Dalli) favorisierte Konsortium.

6. Unterdessen war der Bruder des Finanzministers, Sebastian Dalli, auch bekannt als Bastjan - ein Drogenhändler, Whisky-Schmuggler und Kontaktmann der neapolitanischen Camorra-Familien in Malta, der John Dallis geschäftliche Interessen in Libyen vertrat, als Dallis Töchter noch zu jung

waren, um diese Aufgabe zu übernehmen –, darum bemüht, eine Betonmischanlage zu erwerben.

7. *(Folgende Information sind nicht im Buch enthalten, aber ich weiß davon aus anderen Quellen.)* Die Betonmischanlage gehörte einer Firma namens Planka Ltd. Sebastian Dalli kaufte sie von Joe Gaffarena, der sie seit mehreren Jahren auf einem Gelände betrieb, für das es keine Bebauungsgenehmigung gab. Aufgrund dieser fehlenden Genehmigung für die rund 23 500 Quadratmeter große Fläche konnte Sebastian Dalli die Anlage preisgünstig erwerben. Wegen der komplizierten rechtlichen Situation und auch aufgrund finanzieller Probleme war sie seit Jahren nicht mehr im Betrieb. Ohne dass Joe Gaffarena es erfuhr, wurde einen Tag vor dem Vertragsabschluss zwischen ihm und Sebastian Dalli die Bebauungsgenehmigung (wundersamerweise) erteilt. Gaffarena verklagte Dalli auf eine sehr hohe Schadensersatzsumme. Ich habe keine Informationen darüber, wie dieser Fall ausgegangen ist.

8. Sebastian Dalli änderte den Namen der Firma in Mixer Ltd. Mixer Ltd. gehörte nicht zu dem Konsortium, das die Krankenhausausschreibung gewonnen hatte, doch gleich nach Baubeginn begann es mit den Betonlieferungen. Dies erfolgte zunächst verdeckt, und Mixer Ltd. schickte keine eigenen Fahrzeuge zur Baustelle. Die Betonmischer von Devlands fuhren zur Mischanlage von Mixer Ltd., luden den Beton auf und transportierten ihn zur Baustelle. Doch im Laufe der Zeit wurde Sebastian Dalli (und sein Bruder, der Finanzminister) zunehmend dreister und setzte die eigenen Fahrzeuge für die Betonlieferungen ein.

9. *Anmerkung von mir:* Devlands befand sich zu dieser Zeit im Besitz der Brüder des verstorbenen Labour-Ministers Freddie Micallef, der auch den Kabinetten von Dom Mintoff und

Karmenu Mifsud Bonnici angehörte. Jason Micallefs[4] Vater war auch einer dieser Brüder.

10. Sebastian Dalli veröffentlichte im selben Jahr eine Erklärung, in der es hieß, er habe die Betonmischanlage gekauft, weil er mit Sicherheit davon ausgehen konnte, dass er den Auftrag zur Lieferung von Beton für den Krankenhausbau erhalten würde. Er erklärte, dass er sich während der Ausschreibungsphase mit Devlands darauf verständigt habe, doch er hatte auch eine Absprache mit der Firma G. V. Xuereb, die zum rivalisierenden Konsortium gehörte, das den Fall schließlich vor Gericht brachte. (Somit hatten er und sein Bruder, der Finanzminister, alle Möglichkeiten abgedeckt.) Als George Xuereb in der Verhandlung gefragt wurde, ob dies zutreffe, antwortete er kryptisch, dass »die Wohltätigkeit daheim beginnt«.

11. Weder das Konsortium Skanska/Devlands/Blokrete noch das Konsortium G. V. Xuereb/CMC benötigten in Bezug auf die Betonlieferung die Dienste eines Dritten. Skanska besaß eine eigene Betonmischanlage in Malta. Blokrete - wie der Name impliziert - produzierte seit rund dreißig Jahren Beton, belieferte damit die maltesische Bauwirtschaft und erwarb sogar noch eine weitere Betonmischanlage, um dieses Projekt bewältigen zu können. CMC, das andere Konsortium, hatte die Mischanlage Five Star gekauft.

12. *(Folgendes findet sich nicht im Buch, sondern ist eine Anmerkung von mir.)* John Dalli verheimlichte dem Premierminister (damals Eddie Fenech Adami) und den übrigen Kabinettsmitgliedern, dass sein Bruder Sebastian eine Betonmischanlage gekauft hatte, um damit den Beton für den Krankenhausbau zu produzieren. Insbesondere verschwieg

---

4 Der ehemalige Labour-Generalsekretär und Vorstandsvorsitzende der privaten Rundfunk- und TV-Gesellschaft ONE Productions Ltd. Jason Micallef leitete seit 2013 die Valletta 2018 Foundation, die Valletta auf ihrem Weg zur Europäischen Kulturhauptstadt hauptverantwortlich begleitete.

er die Tatsache, dass sein Bruder diese Anlage erworben hatte, weil er vorher - noch vor Beginn des Ausschreibungsverfahrens - die Zusage erhalten hatte, dass der Beton von ihm bezogen werden würde. In den ersten Monaten des Jahres 1996 erfolgten die Betonlieferungen heimlich. Als die Firma Mixer Ltd. sie öffentlich durchzuführen begann, stand Malta vor der Parlamentswahl. Im Oktober 1996 gab es einen Regierungswechsel und Alfred Sant wurde Premierminister. Ab dem Oktober 1996 lieferte Mixer Ltd. den Beton für den Krankenhausbau unter einer Labour-Regierung.

13. Die Ermittlungen gegen Edgar Mizzi - die unter der neuen Regierung Sant eingeleitet wurden - förderten keine Beweise dafür zutage, dass es irgendwelche Verstöße gegeben habe, »ob man John Dalli Glauben schenkt oder nicht«, und daher bestand auch kein Grund, eine formelle Untersuchung einzuleiten, denn es gab nichts aufzuklären. Sebastian Dalli lieferte weiterhin den Beton für den Krankenhausbau.

14. In dem veränderten kulturellen Klima, das heute herrscht, wissen wir natürlich, dass es hier nicht um Kriminalität ging oder darum, zu beweisen, dass John Dalli auf diese oder jene Person Druck ausübte, damit »sein Bruder« den Auftrag erhielt, es ging vielmehr um Unmoral in der Politik und um einen Mangel an Transparenz. Wie es aussieht, wäre die wohlbegründete Vermutung, dass der Bruder des Finanzministers, mit oder ohne Beteiligung des Finanzministers, einen Weg gefunden hatte, aus dem Bau des Krankenhauses Profit zu schlagen, Grund genug gewesen, diesem Treiben ein Ende zu setzen.

TOP STORY/ Wie John Dalli die Betonmischanlage seines Bruders Bastjan kaufte

RUNNING COMMENTARY, 26. MAI 2015, 15.42 UHR

HINTERGRUND: Im Jahr 1995, während sein Bruder John Dalli Finanzminister war und das Finanzministerium eine öffentliche Ausschreibung zum Bau des neuen staatlichen Krankenhauses vorbereitete, erwarb Bastjan Dalli - ein Drogenhändler, Whisky-Schmuggler und Kontaktmann der neapolitanischen Camorra in Malta - eine Betonmischanlage von Joe Gaffarena. Bastjan Dalli hatte vorher noch nichts mit der Bauwirtschaft zu tun gehabt.

Die Firma hieß ursprünglich Planka Ltd., doch er benannte sie in Mixer Ltd. um. Unterdessen setzte sich sein Bruder dafür ein, dass der Bauauftrag an das Konsortium Skanska/Devlands/Blokrete vergeben wurde. Die Mitglieder dieses Konsortiums besaßen jeweils eigene Betonmischanlagen, hatten sich aber in einer Geheimvereinbarung darauf verständigt, den Beton vom Bruder des Finanzministers zu beziehen. Weder John Dallis Kabinettskollegen noch das Entscheidungskomitee, das die Angebote prüfte, wusste darüber Bescheid.

Der Bau begann im Januar 1996, und in den ersten dreieinhalb Monaten dieses Jahres war Bastjan Dalli der einzige Betonlieferant. Konrad Mizzi und Chris Fearne[5] erklärten auf einer Pressekonferenz, die gestern stattfand, dass der gesamte minderwertige Beton, um den sich die gegenwärtige Auseinandersetzung dreht, im ersten Halbjahr 1996 geliefert wurde.

Betontransporter, die das Firmenlogo von Devlands trugen, fuhren zu Dallis Betonmischanlage und wurden dort beladen, sodass die Mixer Ltd. keine eigenen Fahrzeuge für die Anlieferung des Betons an der Baustelle einsetzen musste. Diese Vor-

---

5 Fearn war zu dieser Zeit Staatssekretär für Gesundheit unter dem Minister für Energie und Gesundheit Konrad Mizzi.

gänge wurden heimlich gefilmt und dann publik gemacht. Devlands Ltd. gehört den Onkeln von Jason Micallef, den Brüdern des verstorbenen Labour-Ministers Freddie Micallef.

Wie John Dalli die Betonmischanlage seines Bruders kaufte und das Grundstück, auf dem sie liegt

Die Firma Mixer Ltd. (im Besitz von Bastjan Dalli) hatte einen Kredit bei der Bank of Valletta und war mit den Zahlungen in Verzug. Die Bank versuchte das Geld gerichtlich einzutreiben und erreichte 2006 einen Gerichtsbeschluss über die Zwangsversteigerung von Vermögenswerten der Mixer Ltd.: Es ging um eine Betonmischanlage sowie das rund 23 500 Quadratmeter große Grundstück in der Region Ta' San Martin an der Straße von Haz-Zebbug nach Rabat, auf dem sie lag.

Die Zwangsversteigerung fand 2007 statt. Meistbietender war ein gewisser Neville Spiteri, den bislang niemand kannte, er bot 1,45 Millionen Maltesische Lira (3,38 Millionen Euro) und erhielt den Zuschlag. Unter den übrigen Bietern war Joe Gaffarena, der frühere Eigentümer der Anlage, der unter Wert verkauft hatte und eine gerichtliche Auseinandersetzung mit Bastjan Dalli führte.

Neville Spiteri konnte den Gesamtbetrag von 1,45 MTL nicht bar beim Gericht hinterlegen, wie es das Gesetz verlangt, sondern wies eine Bankgarantie vor, die auf Antrag von John Dalli & Associates (Business Management Services) Ltd. von der FIM-Bank ausgestellt worden war. Dies war höchst unüblich, denn bei Zwangsversteigerungen muss der Gesamtbetrag bar hinterlegt werden.

Anschließend brachten Neville Spiteri und John Dalli & Associates (Business Management Services) Ltd. gemeinsam eine Beschwerde beim Gericht ein und verlangten, dass die Urkunden der Zwangsversteigerung korrigiert und der Name Neville Spiteri durch John Dalli & Associates (Business Management Services) Ltd. ersetzt werden solle. Als Grund führten sie an, dass Neville Spiteri nicht unter seinem eigenen Namen geboten habe, sondern für John Dalli & Associates.

Das Gericht wies die Beschwerde zurück mit der Begründung, dass Gebote namentlich nicht genannter Personen rechtlich unzulässig seien, und stellte fest, dass jemand, der als Vertreter für einen anderen oder für eine Gesellschaft als Bieter auftritt, er dies im Namen dieser Person oder dieser Firma tun müsse.

Warum waren John Dalli & Associates auf diese Weise vorgegangen, anstatt unter dem eigenen Firmennamen zu bieten? Die Antwort liegt auf der Hand: John Dalli wollte nicht, dass bei dieser öffentlichen Versteigerung sein Name als erfolgreicher Bieter für die Betonmischanlage seines Bruders auftauchte.

Nachdem das Gericht ihren ausgeklügelten Plan durchkreuzt hatte, unternahmen John Dalli & Associates und Neville Spiteri einen weiteren Versuch und stellten beim Zivilgericht einen Antrag auf Aufhebung dieser Gerichtsentscheidung. Darüber hinaus verlangten sie, dass die Bankgarantie der FIMBank als effektive Zahlung anerkannt werden solle, entgegen den Vorschriften, die besagen, dass nur Bargeld (Scheck oder Bankwechsel) bei Zwangsversteigerungen als Zahlungsmittel akzeptiert wird.

Neville Spiteri und John Dalli & Associates reichten ihre Klage gegen die Mixer Ltd., die Bank of Valletta und andere Kreditgeber der Mixer Ltd. ein, bei denen ein Interesse vermutet werden konnte. Die Bank of Valletta brachte gegen den Klägervortrag erhebliche Einwände vor.

Folgender Aspekt ist besonders wichtig: Der Fall wurde Richter Lino Farrugia Sacco zugeteilt, gegen den jedoch später Ermittlungen eingeleitet wurden. Er verstand es, die Empfehlung der Kommission für Rechtspflege an das Parlament, ihn wegen Amtsvergehen anzuklagen, zu umgehen, indem er gemeinsam mit Premierminister Joseph Muscat eine Reihe zeitschindender Maßnahmen ersann, bis er schließlich einige Monate später in Ruhestand ging. Die Empfehlung einer Anklage wegen Amtsvergehen bezog sich auf einen anderen Fall.

Farrugia Sacco entschied zugunsten von John Dalli & Associates und Neville Spiteri mit der Begründung, dass es Aufzeichnungen der Gesellschaft gebe, die »beweisen« würden, dass Neville Spiteri bei der Zwangsversteigerung zum Bevollmächtigten der Gesellschaft bestimmt worden sei. In Wirklichkeit bewiesen diese Aufzeichnungen nichts dergleichen, denn sie hätten ohne Weiteres auch im Nachhinein angefertigt werden können, um die Argumentation der Kläger zu stützen, da John Dalli und seine beiden Töchter zu dieser Zeit die einzigen Direktoren der Firma waren (jetzt sind es nur noch seine Töchter).

Richter Farrugia Sacco entschied darüber hinaus, dass die Bankgarantie als gültige Zahlung anzuerkennen sei, um den Zuschlag zu erhalten, doch dass John Dalli & Associates nun die erforderlichen 3,38 Millionen Euro hinterlegen müsse, um die Betonmischanlage und das Grundstück abzulösen. Das Urteil erging am 8. Juni 2011.

Und wo war Bastjan Dalli, als die Bank of Valletta das Geld einzutreiben versuchte, das er ihr schuldete, und John Dalli Machenschaften austüftelte, um seine Betonmischanlage zu erwerben?

Während John Dalli all diese Winkelzüge ersann, um die Betonmischanlage seines Bruders und das dazugehörige Grundstück zu erwerben – ich glaube, »kaufen« wäre hier ein unpassender Ausdruck –, beschäftigte sich sein Bruder mit dem Handel von Cannabis. Im Februar 2009 musste sich Bastjan Dalli vor Gericht verantworten, weil er beschuldigt wurde, im Dezember des vorhergehenden Jahres einen illegalen Cannabis-Handel aufgezogen und gegen polizeiliche Kautionsauflagen verstoßen zu haben, als er nach Libyen reiste, obwohl ihm dies untersagt war.

Er hatte sich in Libyen versteckt, nachdem seine Kompagnons von der Polizei auf ihrem Schmuggelschiff *Jolly Roger,* das von Malta nach Libyen unterwegs war, auf frischer Tat ertappt worden waren. Er benutzte mehr oder weniger dieselbe Taktik wie sein Bruder John vier Jahre vorher, in diesem Fall aber ohne ärztliche Atteste, und meldete sich einfach krank, bis er glaubte, dass die Luft wieder rein sei.

Doch die Luft war ganz und gar nicht rein, und als er nach Malta zurückkehrte, wurde er geschnappt, angeklagt und in Haft genommen, nachdem eine Freilassung auf Kaution abgelehnt worden war, weil er als nicht vertrauenswürdig galt.

Darüber hinaus musste sich Bastjan Dalli wegen wiederholten unbefugten Tragens einer Feuerwaffe verantworten. Sein Anwalt war Arthur Azzopardi von der Rechtsanwaltskanzlei Emmanuel Mallia & Associates. Vier Jahre später war es Emmanuel Mallia, der mittlerweile zum Polizeiminister aufgestiegen war, der die Polizei daran hinderte, John Dalli nach seiner Rückkehr aus Brüssel nach Malta wegen Korruption unter Anklage zu stellen, und der einige Tage später den Polizeipräfekten feuerte, der dies beabsichtigt hatte.

Azzopardi erklärte später, Dalli solle gegen Kaution auf freien Fuß gesetzt werden, denn es bestehe kein Risiko, dass er sich aus Malta absetzen könnte. »Er besitzt hier starke familiäre und geschäftliche Bindungen und er ist vertrauenswürdig«, sagte er.

Der für die Ermittlungen zuständige Polizeibeamte Norbert Ciaparra widersprach mit der Begründung, dass Dalli bereits einmal gegen Kautionsauflagen verstoßen und sich nach Libyen abgesetzt habe, um sich dort zu verstecken.

Azzopardi erwiderte darauf, dass sich Dalli nicht in Libyen versteckte und dass er zurückgekehrt sei, als man ihn dazu aufgefordert habe. Weiter meinte er: »Er hätte in den vergangenen Wochen Beweise verschwinden lassen können, aber er tat es nicht.«

Richter Anthony Vella lehnte den Antrag auf Freilassung gegen Kaution ab und ordnete an, dass Bastjan Dalli in Untersuchungshaft zu verbleiben habe. Er erklärte, dass es sich um einen besonders schwerwiegenden Fall handele und dass er nicht überzeugt sei, dass Dalli sich nicht abermals aus Malta absetzen würde.

Ich habe keine Informationen darüber, wie dieses spezielle Verfahren weitergegangen ist.

Und wo war John Dalli während all dieser Ereignisse?

Als die Betonmischanlage 2007 zwangsversteigert wurde und er Neville Spiteri als Vertreter der Gesellschaft zu der Versteigerung schickte, hatte John Dalli kein Regierungsamt inne. Er hatte 2004 als Außenminister zurücktreten müssen, nachdem bekannt geworden war, dass er öffentliche Gelder verwendet hatte, um eine Dienstreise von einem privaten Reiseunternehmen organisieren zu lassen (das von seiner Tochter Claire Gauci Borda geleitet wurde).

In den Jahren 2005 bis 2008 beschäftigte er sich ausschließlich mit privaten Unternehmungen, die er über seine Firma John Dalli & Associates abwickelte, deren Direktor und alleiniger Gesellschafter er zu dieser Zeit war. Seine Töchter Claire Gauci Borda und Louisa Dalli nahmen später seine Position ein.

Nach der Parlamentswahl im März 2008 zog er als Gesundheitsminister abermals ins Kabinett ein. Zwei Jahre später, im Februar 2010, übernahm er den Posten des maltesischen EU-Kommissars.

Als Richter Farrugia Sacco 2011 entschied, dass John Dalli & Associates als Erwerber bei der Zwangsversteigerung von Bastjan Dallis Betonmischanlage eingetragen werden solle und dass die Bankgarantie der FIM-Bank, die von John Dalli & Associates vorgelegt wurde, als gültige Zahlung anzuerkennen sei, war John Dalli EU-Kommissar. Ein Jahr später musste er zurücktreten, und ein weiteres Jahr später deckte die *New York Times* seine heimlichen Reisen auf die Bahamas auf.

Nr: 2/ Skandal um die Krankenhausprivatisierung: John Dalli verhandelte bereits vor der Ausschreibung mit Subunternehmern in Dubai/ Keith Schembri verspricht Firmen Aufträge, die mit seinem Strohmann Ram Tumuluri zusammenarbeiten

RUNNING COMMENTARY, 31. MAI 2016, 1.24 UHR

Eine Due-Diligence-Prüfung, die dieser Internetseite zugespielt wurde, hat ergeben, dass bei dem zwischen der Regierung und der Vitalis Global Healthcare (VGH) vereinbarten Projekt der Privatisierung des Allgemeinen Krankenhauses von Gozo und des St.-Luke-Hospitals Korruption und Einflussnahme im Spiel waren. Vitalis Global ist eine Strohfirma, deren Eigentümerstruktur durch Gesellschaften, die auf den British Virgin Islands registriert sind, verschleiert wird. Wir wissen nicht, wer der tatsächliche Eigentümer ist, und auch durch die Due-Diligence-Prüfung konnten die wahren Eigentumsverhältnisse nicht aufgedeckt werden.

Als dieser Vertrag ausgehandelt wurde, war Konrad Mizzi Gesundheitsminister und damit der zuständige Minister für Projects Malta.[6] Godfrey Farrugia war unvermittelt und ohne Angabe von Gründen als Gesundheitsminister abgesetzt worden, sodass Konrad Mizzi den Posten übernehmen und den Deal umsetzen konnte.

Vordergründig erfolgte ein Aufruf zur Abgabe von Interessensbekundungen, doch diese Internetseite hatte schon Monate vorher enthüllt, dass das Geschäft bereits über einen im Verborgenen agierenden Strohmann, einen aus Kanada stammenden Inder namens Sri Ram Tumuluri, und Leute aus dem Umfeld von Oxley Capital unter Dach und Fach gebracht worden war und dass

---

6 Das von der maltesischen Regierung gegründete Unternehmen Projects Malta koordiniert und fördert Public Private Partnership-Projekte zwischen den Ministerien und der Privatwirtschaft zur Verbesserung der Infrastruktur und der Dienstleistung.

das Ausschreibungsverfahren für Projects Malta eine Farce war. (Informationen über die Verbindung zwischen Oxley und Vitalis finden sich im untenstehenden Bericht.)

Der Due-Diligence-Bericht, den Sie nachfolgend lesen können, wurde von einer renommierten Consulting-Firma für eine Gesellschaft erstellt, die Vitalis Global Healthcare für die Mitwirkung an der Umsetzung des Projekts Gozo/St. Luke gewinnen wollte. Darin wird dem Klienten empfohlen, von dem Projekt Abstand zu halten, denn der Hauptauftragnehmer sei eine »Scheinfirma«, die das Projekt nicht bewältigen könne. Zudem erwachse daraus das »Risiko einer Rufschädigung«, und Sri Ram Tumuluri biete die Fassade für »jene Clique, die durch die ›Panama Papers‹ in der Öffentlichkeit bekannt wurde«.

Es wird berichtet, dass ein »ranghoher ehemaliger Minister« – zweifellos John Dalli, der damals Sonderberater des Premierministers zu Fragen der Gesundheitspolitik war – nach Dubai flog, um schon vor der offiziellen Ausschreibung Verhandlungen mit Unterauftragnehmern zu führen und diesen zu erläutern, wie viel sie bieten müssten, um sich den Auftrag zu sichern.

Ferner wird dargestellt, wie der Kabinettschef des Premierministers und der »Botschafter Maltas in Dubai« (Generalkonsul Anthony Tabone, der zusammen mit Keith Schembri im Vorstand von Smart City[7] sitzt) diesen Subunternehmern versprachen, dass sie den Zuschlag erhalten würden, wenn sie mit Sri Ram Tumuluri zusammenarbeiteten.

Der Due-Diligence-Bericht, der nachfolgend im Wortlaut wiedergegeben wird, kommt zu folgendem vernichtenden Urteil:

Aufgrund des oben Ausgeführten lautet meine Empfehlung, dass sich unser Klient an diesem Projekt in keiner Art, in keiner Weise, keinem Umfang und in keiner Form beteiligen

---

7 Smart City Malta (SCM) ist ein 2007 gegründetes Wirtschafts- und Wissenscluster auf Malta, ein Joint-Venture aus SmartCity Dubai und der maltesischen Regierung.

sollte. Der Hauptauftragnehmer ist eine Scheinfirma und verfügt nicht über die erforderlichen Mittel, um ein Projekt dieser Größenordnung umzusetzen oder zu verwalten. Zudem ist das Risiko einer Rufschädigung sehr hoch, da es sich bei den Parteien, die hinter Mr. Tumuluri stehen, um jene Clique handelt, die durch die Panama Papers in der Öffentlichkeit bekannt wurde. Es besteht die große Gefahr, dass EU-Ermittlungen wegen Korruption bei der Vergabe von Staatsaufträgen in Malta eingeleitet werden könnten, insbesondere in Bezug auf jene Aufträge, die im Rahmen von Projects Malta vergeben wurden.

Auftragsgemäß reiste ich im April/Mai viermal nach Dubai, um von den Subauftragnehmern Informationen über die Zielgesellschaft zu erhalten.
Der Hauptauftragnehmer ist eine Gesellschaft namens Global Health Care, eine Tochtergesellschaft von Aster Healthcare. Laut ihrem Vertrag mit Vitalis Global Healthcare (VGH) soll sie Ausrüstungsgegenstände liefern und Beratungsdienstleistungen erbringen. Der Wert ihres Subauftrags liegt im Bereich um 60 Millionen USD.
Das EPC[8] übernimmt Shapoorji Pallonji, eines der größten indischen Bauunternehmen. Dessen Vorstandsvorsitzender ist gegenwärtig CEO von Tata Holdings. Beide Unternehmen sind seriös und wirtschaftlich gesund. Es gelang mir, einen guten Kontakt zu Führungskräften in beiden Firmen herzustellen, indem ich mich als Mitarbeiter eines medizinischen Projekts in Montenegro ausgab, und ich konnte nähere Informationen über ihre Verbindungen zu VGH in Erfahrung bringen.

8 EPC (Engineering, Procurement and Construction; dt.: Planung, Beschaffung und Ausführung), Form der Abwicklung von Bauprojekten durch Generalunternehmer.

Beide Gesellschaften wurden Ende 2013 von Shawkat Ali, einem pakistanischen Berater des maltesischen Premierministers, und dem aus Kanada stammenden Inder Sri Ram Tumuluri kontaktiert (siehe dazu separaten Terminkalender), die ihnen einen Entwurf des Projekts vorlegten. Global Health biss nicht gleich an, aber Mr. Tumuluri organisierte einen Besuch des Kabinettschefs des Premierministers und des maltesischen Botschafters in Dubai. Beide Herren bestätigten, dass Global Health, wenn es mit Mr. Tumuluri kooperieren würde, den Zuschlag für das Projekt erhalten würde. Anschließend reisten die Vertreter von Shapoorji und Global Health sowie Mr. Tumuluri nach Malta, wo ihnen eine VIP-Behandlung zuteilwurde. Sie wurden von Mr. Shawkat empfangen, der im Sekretariat des Premierministers tätig war, und sie trafen sich mit den Leitern von Projects Malta. Die Regierung sagte zu, das Projekt für sie zu beschleunigen.

Doch von Anfang an hegten beide Subauftragnehmer erhebliche Bedenken gegen Mr. Tumuluri und VGH, obwohl kein Zweifel daran bestand, dass Tumuluri eng mit den maltesischen Behörden zusammenwirkte. Insbesondere waren sie besorgt wegen der vollkommen undurchsichtigen Eigentümerstruktur von Mr. Tumuluris Gesellschaft und seinen ständigen Forderungen nach Gebühren, die sie an die lokalen Berater entrichten sollten.

Nach einem weiteren Besuch in Dubai durch einen ranghohen maltesischen Minister, der ihnen darlegte, mit welcher Vorgehensweise sich ihr Konsortium den Zuschlag sichern könne, sagten die Vertreter der beiden Gesellschaften zu, das Projekt in Angriff zu nehmen.

Heute, zwei Jahre nach der Unterzeichnung des Vertrags, verfluchen die beiden Unterauftragnehmer den Tag, an dem sie sich mit VGH und Mr. Tumuluri einließen. Beide sind mit erheblichen Zahlungen im Rückstand, und der von Shapoorji nach Malta entsandte Ingenieur konnte im vergangenen Jahr

*nur Daumchen drehen. VGH war außerstande, die erforder-
lichen Mittel bereitzustellen, da kein Kreditgeber bereit ist,
einer Strohfirma ohne jede Erfahrung Geld zu leihen. Beide
Subauftragnehmer haben erhebliche Beträge an Beratungs-
gebühren an Mr. Tumuluri gezahlt. Von VGH hingegen haben
sie keinen Penny erhalten. Vergangene Woche gab es in
Dubai eine heftige Auseinandersetzung zwischen Mr. Tumuluri und den Vertretern der Auftragnehmer, und Mr. Tumuluri kündigte an, er wolle sich nun um Finanzmittel der
Versicherungsgesellschaft Allianz bemühen.*

*Erwähnenswert ist ferner, dass die Times of Malta in einem
Artikel vom 22. Oktober 2015 berichtete, dass VGH nach wie
vor auf der Suche nach einer Finanzierung ist.*

*VGH gehört vermutlich der Bluestone Investments Malta
Ltd., die am 9. Dezember 2014 gegründet wurde. Ihr regist-
rierter Firmensitz befindet sich in Paola im Büro ihres No-
tars Jonathan Vella, der auch Company Secretary ist. Neben
Mr. Tumuluri gibt es einen weiteren rechtlichen Vertreter
von Bluestone Investments Malta, nämlich Mark Edward
Pawley, der in Singapur residiert. Sowohl Mr. Ram Tumuluri als auch Mark Pawley sind als Direktoren eingetragen.
VGH unterhält kein eigenes Büro in Malta. Siehe dazu den
beigefügten Auszug aus dem Unternehmensregister.*

*Nach Angabe von Mr. Tumuluri ist seine örtliche Consul-
ting-Firma in Malta iAS Design, eine Projektmanagement-
gesellschaft. Im Unternehmensregister wird Kevin Zammit
als Eigentümer genannt mit der Anschrift The Arches, Hal-
Sajd Street, Zebbug, Malta. Siehe dazu beigefügten
Registerauszug.*

*Zweifel werden auch dadurch begründet, dass die Gesell-
schaft Bluestone Special Situation 4 Ltd., die in Tortola
(British Virgin Islands) registriert ist, vermutlich Eigentümer von Bluestone Malta ist. Diese Gesellschaft gehört
vermutlich Bluestone Malaysia und wird von Oxley Capital*

in Singapur verwaltet. Bluestone Malaysia hat sich mittlerweile in Allstone umbenannt. Bluestone Malaysia war vermutlich ein strategischer Partner von Oxley Capital in Singapur. Nancy Yap, die Geschäftsführerin von Allstone, erklärte auf telefonische Anfrage, dass sie nichts wisse von Bluestone auf den British Virgin Islands und auch nichts von VGH. Erwähnenswert ist noch, dass der genannte Mark Edward Pawley auf der Internetseite von Oxley Capital als CEO der Firma aufgeführt wird.

Sachverhalte, die zu berücksichtigen sind:
Die Gesellschaft VGH hat keinerlei Erfahrung mit Gesundheitsprojekten.
Eine kurze Internetrecherche ergibt, dass VGH lediglich im Zusammenhang mit Artikeln der Times of Malta erwähnt wird, sonst aber nirgends.
VGH ist keine registrierte Gesellschaft in Malta. Bluestone Investments Malta Ltd., eine in Malta eingetragene Gesellschaft, ist vermutlich der Eigentümer von VGH. Es gibt jedoch keine Belege, die diese Annahme stützen.
Bluestone Investments Malta Ltd. befindet sich vermutlich im Besitz der Gesellschaft Bluestone Special Situations 4 Ltd., die in Tortola auf den British Virgin Islands registriert ist. Allstone Malaysia weiß nichts von Bluestone auf den British Virgin Islands oder in Malta. VGH schuldet ihren mutmaßlichen Geschäftspartnern viel Geld.
Wenn Mark Edward Pawley tatsächlich über die Referenzen und Vollmachten verfügt, die auf der Internetseite von Oxley Capital angegeben werden, warum kann er dann keinen Finanzier für dieses Projekt auftreiben?
Die beiden anderen Gesellschaften, die als Bieter für das Projekt aufgetreten waren, die BSP Investments Ltd. und Image Hospitals, waren bisher ebenfalls noch nicht im Gesundheits- oder Krankenhausbereich tätig. Laut den Unter-

lagen des britischen Handelsregisteramts wurde eine BSP Investments Ltd. am 29. Juli 2014 aufgelöst. Erwähnt wird auch eine BSP Investment Ltd. mit der Anschrift Merril Court, Triq il-Fuxa, San Gwann auf Malta. Über Image Hospitals gibt es keine Informationen.

Aufgrund des oben Ausgeführten lautet meine Empfehlung, dass unser Klient sich an diesem Projekt in keiner Art, in keiner Weise, in keinem Umfang und in keiner Form beteiligen sollte. Der Hauptauftragnehmer ist eine Scheinfirma und verfügt nicht über die erforderlichen Mittel, um ein Projekt dieser Größenordnung umzusetzen oder zu verwalten. Zudem ist das Risiko einer Rufschädigung sehr hoch, da es sich bei den Parteien, die hinter Mr. Tumuluri stehen, um jene Clique handelt, die durch die Panama Papers in der Öffentlichkeit bekannt wurde. Es besteht die große Gefahr, dass EU-Ermittlungen wegen Korruption bei der Vergabe von Staatsaufträgen in Malta eingeleitet werden könnten, insbesondere in Bezug auf jene Aufträge, die im Rahmen von Projects Malta vergeben wurden.

»Ich bestreite das alles«, erklärt John Dalli. »Daphne Caruana Galizia ist eine Terroristin.«

RUNNING COMMENTARY, 1. JUNI 2016, 12.19 UHR

Jedem vernünftigen Menschen ist klar: Das Wort eines korrupten, notorischen Lügners, der sich, um polizeilichen Ermittlungen zu entgehen, von einem Badearzt in Deutschland ein Attest ausstellen lässt, demzufolge er so stark traumatisiert ist, dass er keinen zweistündigen Flug von Brüssel nach Malta verkraften kann, der zudem die EU-Kommission im Hinblick auf seine heimlichen Flüge über den großen Teich auf die Bahamas sowie über deren Zweck belogen hat, ist einen Dreck wert. Und das ist noch höflich gesagt.

Ja, John Dalli hat tatsächlich psychologische Probleme, aber diese betreffen nicht seine Fähigkeit, einen Flug zu absolvieren, wie seine monatlichen Trips nach Dubai zeigen, die immer um den 20. des Monats stattfinden. Er leidet vielmehr unter Verfolgungswahn, Paranoia, einem Opferkomplex und einer unersättlichen Gier nach Geld; er hält stets Ausschau nach der großen Chance, und er meint wie der Pharao, er müsse sein Grabmal für das Leben im Jenseits mit Reichtümern ausstatten.

»Ich bestreite das alles. Ich habe niemals irgendwelche Subauftragnehmer getroffen. Ich habe nichts mit der Sache zu tun. Daphne Caruana Galizia ist eine Terroristin«, erklärte er gegenüber dem *Malta Independent.* Er klingt genauso wie Franco Debono und Jeffrey Pullicino Orlando im Jahr 2012.[9] An welcher psychischen Krankheit diese Leute auch leiden mögen – und ich möchte darüber öffentlich keine Mutmaßungen anstellen, obwohl ich privat durchaus zu einem Schluss gekommen bin –, sie teilen alle diese Krankheit.

Das öffentliche Leben in Malta wird von psychisch gefährlich instabilen Männern geplagt, die keine Prinzipien und keine Skrupel kennen, und sie alle zieht es magisch hin zu Joseph Muscat und zu Keith Schembri, denn diese beiden verfügen über die Möglichkeiten und die Mittel, die es ihnen erlauben, ihre Wünsche zu befriedigen.

Lassen Sie Ihren Sarkophag mit Platin ausschlagen, Dalli, und bauen Sie Ihren Bunker unter ihrem illegal errichteten *L-Ghorfa*[10] in Siggiewi zu einem Pharaonengrab um, dessen Wände mit einem Wiederholungsmuster aus Nummern Ihrer geheimen Bankkonten und Ihrer Kontostände überzogen sind und dessen Boden bedeckt ist mit Bildnissen Ihrer Lakaien, die allesamt die Gesichter Joseph Muscats und Ihrer Töchter tragen.

---

9 Zwei Parlamentsabgeordnete der National Party (NP), die 2012/13 zum Sturz der von der NP geführten Regierung unter Lawrence Gonzi beitrugen.

10 Haus.

Man weiß ja nie: Vielleicht können Sie all dies tatsächlich mitnehmen, wenn Sie gehen.

Was für ein widerwärtiger, verkommener Mensch er ist – eine unablässig schwärende Eiterbeule, die wohl erst vom Sensenmann angestochen werden wird. Selbst der frühe Tod seiner Ehefrau aus Gram hat ihn nicht davon abgehalten, immer wieder und immer neue dunkle Geschäfte auszuhecken, von einem geheimen Treffen zum nächsten zu eilen, in Begleitung einer kleinen Entourage aus Gaunern oder auch allein. Das Schlimmste sind die dreisten Lügen. Jetzt behauptet er, er wisse überhaupt nicht, wer Sri Ram Tumuluri und Shawkat Ali sind – dabei hat er Geschäfte gemacht mit Ali, der seit Jahren in Malta lebt, wie aus den Unterlagen des Handelsregisteramts hervorgeht. Doch dazu später mehr. Jetzt habe ich ein paar dringende Verpflichtungen.

Bevor ich hier Schluss mache, muss noch folgender Punkt klargestellt werden, denn durch die Story im *Malta Independent* wurde er an den Rand gedrängt: Der Gauner versucht glauben zu machen, all dies sei eine erfundene Geschichte, die meiner Fantasie entsprungen sei, um einen terroristischen Anschlag auf ihn vorzubereiten. Ich habe jedoch lediglich IN VOLLER LÄNGE UND WÖRTLICH aus einem Due-Diligence-Bericht zitiert, erstellt von einer führenden Consulting-Firma im Auftrag eines ihrer Klienten, dem von Vitalis Healthcare (die das Allgemeinkrankenhaus von Gozo und das St.-Luke-Krankenhaus übernommen hat) angeboten wurde, sich an dem Projekt zu beteiligen.

Der Verfasser dieses Due-Diligence-Berichts erhielt auch die Information, dass ein »ranghohes ehemaliges Regierungsmitglied« – wer anders könnte das zu diesem Zeitpunkt im Jahr 2013 gewesen sein als John Dalli – nach Dubai flog, um die Subauftragnehmer zu treffen und ihnen zu erklären, wie sie es anstellen müssen, um »den Zuschlag zu bekommen«. Und diese Information erhielt er VON DEN SUBAUFTRAGNEHMERN SELBST,

JENEN PERSONEN, DIE DAS »RANGHOHE EHEMALIGE REGIE-RUNGSMITGLIED« TRAF.

Unterdessen beteuert Chris Fearne, der Gesundheitsminister, mit gespielter Nonchalance (»Jemand hat mir erzählt, da stehe etwas auf einem Blog«), er habe nichts gewusst von den schwerwiegenden Anschuldigungen, die im Bericht eines Wirtschaftsprüfers in Bezug auf Angelegenheiten erhoben werden, die zu seinem Zuständigkeitsbereich gehören und für die er verantwortlich ist. Und er behauptet ferner, er habe jenen Artikel nicht gelesen, der bis jetzt schon 32 000-mal gelesen wurde (ich habe gerade die Zahlen überprüft). Dieses Verhalten ist in hohem Maße verantwortungslos; und so zu tun, als würde ihn das alles überhaupt nichts angehen, ist eine grobe Beleidigung der Öffentlichkeit. Aber von solchen korrupten, verkommenen Leuten kann man auch nichts anderes erwarten.

Geldwäsche durch die Pilatus Bank

Wie sehr wir Kinder uns auch bemühten, unsere Spuren zu verwischen oder die Streiche geheim zu halten, die wir ausheckten, unsere Mutter spürte immer, wenn wir etwas im Schilde führten, und fand auch jedes Mal heraus, was es war. Vielleicht hatte es mit der Erfahrung zu tun, die sie mit den Jahren durch die Erziehung ihrer drei Söhne sammelte, vielleicht verfügte sie auch über eine angeborene Fähigkeit, sie verstand es jedenfalls, eine Geschichte schon anhand oberflächlicher Spuren zu entdecken, die viele andere übersahen oder nicht für wichtig hielten.

In unserem Land wird nur selten über Fälle von Geldwäsche berichtet, und noch seltener werden solche Vorkommnisse verfolgt, daher verwundert es nicht, dass unsere Mutter die Korruptionsfälle, die sie ans Tageslicht brachte, als Symptome für Zustände betrachtete, in denen viel mehr im Argen lag, als es vordergründig den Anschein hatte. Das Finanzsystem und das politische System Maltas waren voller Löcher, durch die schmutziges Geld hereinströmte.

Ein Name, der die längste Zeit seiner kurzlebigen Existenz weitgehend unbemerkt blieb, war jener der Pilatus Bank, einer Privatbank, gegründet in Malta von einem Iraner namens Ali Sadr Hasheminejad. Dieser verwendete einen Pass von St. Kitts and Nevis, den er von Henley & Partners, der Firma seines Freundes Christian Kälin, erworben hatte. Der maltesische Premierminister Joseph Muscat und sein Kabinettschef Keith Schembri standen in einer engen Beziehung zu Hasheminejad. Beide waren zusammen mit ihren Ehefrauen Gäste bei seiner Hochzeit im Four

Seasons Hotel in Florenz im Jahr 2015, und Schembri gehörte zu der kleinen Zahl von Kontoinhabern bei der Pilatus Bank.

Gestützt auf Informationen von Insidern innerhalb und außerhalb der Bank, enthüllte unsere Mutter, dass der Kern der Geschäftstätigkeit dieser Bank darin bestand, für einflussreiche Persönlichkeiten Geldwäsche zu betreiben, darunter auch für den Sohn und die Tochter des aserbaidschanischen Diktators Ilham Alijew. In einem ihrer Artikel enthüllte sie, dass sich Schembri Provisionen aus Passverkäufen auf sein Konto bei dieser Bank hatte zahlen lassen. Später berichtete sie, dass sich die Inspektoren der maltesischen Finanzmarktaufsichtsbehörde, deren Direktor und leitende Mitarbeiter alle vom Regierungschef ernannt werden, weigerten, eine Überprüfung der Pilatus Bank vorzunehmen. Sie fürchteten, dass sie dazu missbraucht werden sollten, dieser Bank gewissermaßen einen »Persilschein« auszustellen. Es fanden dann auch keine Überprüfungen statt, und es wurde auch niemand verhaftet.

Das absurdeste Vorkommnis im Zusammenhang mit der Pilatus Bank ereignete sich im April 2017, als der Eigentümer und Chef der Bank Hasheminejad und seine Risikomanagerin Antoniella Gauci von einem maltesischen Reporter und einem Kameramann abgefangen wurden, als sie mitten in der Nacht mit großen Taschen in den Händen aus dem Bankgebäude kamen. Als der Reporter fragte, wer sie seien und in welcher Beziehung sie zu der Bank stünden, schwiegen sie und eilten schnellen Schrittes den Hügel hinab und über die Straße zu einem geparkten Auto, verfolgt vom Reporter und dem Kameramann.

Unsere Mutter schrieb, sie sei ziemlich sicher, dass sich in den Taschen Dokumente zu jenen drei Offshore-Gesellschaften befanden, die mit Malta verbunden waren:

zu Tillgate Inc. von Keith Schembri, Hearnville Inc. von Konrad Mizzi und Egrant Inc., dessen Inhaber noch nicht identifiziert war. Es erschien ihr unfassbar, dass man es zuließ, dass Hasheminejad und Gauci potenziell belastende Unterlagen beiseiteschafften. Während dieses Vorkommnisses saß der Polizeipräfekt mit Freunden beim Essen in einem anderen Teil Maltas und anscheinend auch in einer anderen Welt. Nur wenige Stunden, nachdem Hasheminejad und Gauci beim Verlassen der Bank beobachtet worden waren, startete ein Privatflugzeug am Malta International Airport – sein Ziel war Baku, die Hauptstadt Aserbaidschans.

Im Mai 2017, nachdem die Informationen unserer Mutter und die Quellen, auf die sie sich stützte, wochenlang als nicht existent oder als gefälscht diffamiert worden waren, gab die Pilatus Bank eine Erklärung heraus, in der sie mitteilte, sie würde gegen jedermann vorgehen, der vertrauliche Informationen aus der Bank weitergebe, wodurch sie praktisch bestätigte, dass die Informationen, die unsere Mutter veröffentlicht hatte, zumindest teilweise direkt aus der Bank stammten. Ferner wurde in dieser Erklärung mitgeteilt, dass die Pilatus Bank in den USA rechtliche Schritte eingeleitet habe, weil ihre»Reputation durch falsche und diffamierende Unterstellungen geschädigt« worden sei. Die Bank behauptete, dass sie»nach den höchsten internationalen finanziellen, rechtlichen und Compliance-Standards« arbeite und sie nicht zulassen werde, dass ihre»Integrität und ihre Reputation zu politischen Zwecken missbraucht« werde.

Ein Vierteljahr nach der Ermordung unserer Mutter fanden wir heraus, dass es sich bei diesen»rechlichen Schritten in den USA« um eine Klage auf Schadensersatz in Höhe von 40 Millionen US-Dollar handelte, die Hasheminejad in Arizona in seinem und im Namen der Pilatus Bank gegen sie eingereicht hatte. Unsere Mutter war die einzige Journalistin, die von dieser Bank mit einem Prozess überzogen wurde. Auch alle übrigen von der Regierung unabhängigen Medien und Journalisten in Malta waren mit rechtlichen Schritten bedroht worden – einige noch zwölf Stunden vor dem Anschlag auf unsere Mutter – und hatten sich schließlich bereit erklärt, ihre Veröffentlichungen entsprechend den Wünschen der Bank zu korrigieren.

Unsere Mutter hatte nie ein juristisches Schreiben von der Pilatus Bank oder von Hasheminejad erhalten, in dem verlangt worden wäre, dass sie ihre Artikel ändern oder zurückziehen solle. Die Klage der Pilatus Bank und ihres Eigentümers gegen sie wurde ihr nicht zugestellt, und sie hatte keine Ahnung, dass diese Klage eingereicht worden war. Einen Tag nach ihrer Ermordung wurde die Klage formell zurückgezogen.

Fünf Monate nach dem Tod unserer Mutter wurde Hasheminejad vom FBI bei seiner Ankunft in den USA festgenommen. Er wurde wegen mehrfacher Umgehung der Sanktionen, wegen Bankbetrugs und der Beteiligung an einer internationalen Geldwäscheoperation angeklagt und wartet gegenwärtig auf seinen Prozess vor einem US-Gericht.[1] Als maximale Strafe drohen ihm 125 Jahre Gefängnis. Der Staatsanwalt erklärte gegenüber dem Bundesgericht in Manhattan, dass der Geschäftszweck der Pilatus Bank darin bestanden habe, die Einnahmen aus kriminellen Aktivitäten weißzuwaschen.

---

1 Im März 2020 wurde Hasheminejad von einem US-Gericht schuldig gesprochen, siehe #REL1=ON von Roberto Saviano, Anm. 1 auf Seite 17. Im Juni 2020 ließ die US-Justiz die Anklage gegen Ali Sadr Hasheminejad wegen eines Formfehlers fallen; daraufhin forderte die Daphne Caruana Galizia Foundation seine Auslieferung nach Malta.

Die Verhaftung und die Anklage Hasheminejads waren eine Bestätigung für die Feststellung unserer Mutter, dass die »höchsten internationalen finanziellen, rechtlichen und Compliance-Standards«, deren sich diese Bank rühmte, und ihre »Integrität und Reputation« ein Schwindel waren. Im November 2018, eineinhalb Jahre nachdem unsere Mutter erstmals die schmutzigen Geschäfte und die zwielichtige Kundschaft dieses Finanzinstituts angeprangert hatte, wurde die Pilatus Bank offiziell geschlossen.

EILMELDUNG/ Maltesische Banken kommen in Schwierigkeiten, weil US-Banken die Zusammenarbeit mit ihnen einstellen/ Premierminister in New York zu »Krisengesprächen«

RUNNING COMMENTARY, 9. NOVEMBER 2016, 14.26 UHR

Der Premierminister ist am vergangenen Sonntag von Malta nach New York geflogen und hat dafür Termine in Malta und in London abgesagt, die schon lange vereinbart waren. Begleitet wurde er auf dieser Reise von Finanzminister Edward Scicluna, dem Leiter der Finanzmarktaufsichtsbehörde Joe Bannister und dem Vizepräsidenten der Bank of Malta Sandro Demarco.

In Treffen mit Bankenvertretern möchte die Gruppe einen letzten Versuch unternehmen, die amerikanischen Banken dazu zu bewegen, ihre Geschäftsbeziehungen mit den maltesischen Banken wieder aufzunehmen oder fortzusetzen.

Im Laufe des vergangenen Jahres haben die amerikanischen Banken systematisch ihre Korrespondenzbankgeschäfte mit Banken auf Malta eingestellt. JP Morgan und Wells Fargo haben im letzten Jahr ebenfalls ihre Beziehungen zu maltesischen Banken beendet. Zwar ist die HSBC Bank Malta in der Lage, über HSBC Global international zu agieren, doch die Bank of Valletta, die ihre internationalen Bankbeziehungen eigenständig organisieren muss, verfügt nur noch über eine einzige Korrespondenzbank in den USA.

Korrespondenzbanken in anderen Rechtsräumen sind unverzichtbar für die Abwicklung von Zahlungen. Ohne Korrespondenzbanken in den USA können die maltesischen Banken keine auf die USA bezogenen und in Dollar abgerechneten Transaktionen durchführen.

»Es ist schon sehr eigenartig, dass der Premierminister eines Landes bei US-amerikanischen Banken vorspricht, um sie darum zu bitten, ihre Beziehungen zu den Geschäftsbanken seines Landes nicht abzubrechen«, erklärte ein Experte für Finanzdienstleistungen und Banken gegenüber dieser Internetseite. »Geschäftsbanken in den USA oder anderswo lassen sich nicht davon beeinflussen, was ein Premierminister sagt. Dass Muscat diese Reise unternommen hat, ist höchst eigenartig, insbesondere da es seine Regierung war, die das Problem durch Entscheidungen verursacht hat, die Maltas Ruf erheblichen Schaden zugefügt haben.«

Die genannte Quelle sagte ferner: »Das Problem besteht schon eine ganze Weile, aber niemand wollte darüber sprechen, vor allem nicht gegenüber den Medien, denn große Berichte darüber würden die Situation nur noch verschlimmern. Was also vor ein paar Monaten noch ein Elefant im Raum war, das ist heute ein Mammut. Es ist schlicht eine Tatsache, dass Malta vor einer internationalen Krise steht, das ist die natürliche und offenkundige Folge daraus. Die US-amerikanischen Banken stellen lieber ihre Zusammenarbeit mit maltesischen Banken ein, als sich einem solchen Risiko auszusetzen. Lieber verzichten sie auf ihr Geschäft in Malta, als das Risiko einzugehen, dass ihnen zu Hause horrende Strafen auferlegt werden, weil sie sich, unabsichtlich oder auch nicht, hier an fragwürdigen Aktivitäten beteiligt haben. Die amerikanischen Korrespondenzbanken sind von entscheidender Bedeutung für die maltesischen Banken, aber die maltesischen Banken sind für die US-amerikanischen Banken ziemlich unwichtig.«

Der Ansehensverlust Maltas hätte zu keinem ungünstigeren Zeitpunkt kommen können, erklärte meine Quelle, denn gerade jetzt verschärften die Banken weltweit ihre Richtlinien und Überprüfungen im Kampf gegen Geldwäsche, illegale Gelder aus Verbrechen oder Korruption und Terrorismusfinanzierung.

»Im Jahr 2013 hat Malta angefangen, jene Art von Geschäften anzuziehen, die es bis dahin stets abgelehnt hatte«, erklärte mein Informant. »Bis dahin hatte Malta allgemein, nicht nur der Finanzsektor, ein gutes Image, ein seriöses Image. Dann kam es zu einer Reihe von Skandalen, die zeigten, dass gewisse

Entscheidungen getroffen wurden, die alles andere als korrekt oder transparent waren, und dass die sehr realistische Möglichkeit von Korruption in den höchsten Rängen der Politik besteht, die bewusst in das gesamte System hinein ausgedehnt wurde. Und dann kam der Knall durch die ›Panama Papers‹, auf den der Premierminister in einer alles andere als überzeugenden Weise reagierte – er ließ erkennen, dass er möglicherweise selbst darin verwickelt sein könnte, machte aber zugleich deutlich, dass er weiter seine schützende Hand über seinen wichtigsten Minister und seinen Kabinettschef halten würde.

Dazu kommt, dass die Regulierungseinrichtungen, die Polizei und die Verwaltungsbehörden absichtlich geschwächt und unterminiert wurden, und all dies ergibt zusammen eine perfekte Gemengelage, die zu einem gravierenden Reputationsverlust führt, der sich nun manifestiert. Die Leute in Malta, und dazu gehören auch die Mitglieder der Regierung, glauben anscheinend, dass diese Entwicklungen außerhalb Maltas von Organisationen und Unternehmen, die auf ihren internationalen Ruf bedacht sein müssen, nicht wahrgenommen werden würden. Das ist in höchstem Maße naiv.«

Die Vorschriften zur Bekämpfung von Geldwäsche verlangen, dass in sämtlichen Bereichen eines Rechtsraums, nicht nur in Teilaspekten, Risikobewertungen durchgeführt werden müssen. »Das bedeutet, dass Malta von einem niedrigen oder moderaten Risiko zu einem hohen Risiko aufgestuft wurde, sonst wäre es nicht zu diesen Reaktionen gekommen«, erklärte meine Quelle. »Wir stehen kurz davor, dass die US-amerikanischen Banken sämtliche Beziehungen zu Malta abbrechen. Das würde nicht nur erhebliche Probleme für die maltesischen Banken heraufbeschwören, sondern auch für die gesamte Wirtschaft Maltas, denn maltesische Unternehmen würden dann keinen Zahlungsverkehr mit amerikanischen Banken mehr abwickeln können.

Die Thematik der Korrespondenzbanken ist momentan das drängendste Problem. Alle anderen Probleme, all die Skandale haben dazu geführt. Es ist ein unmittelbares Problem, das sofort angepackt werden muss, doch es erscheint sehr schwierig, wenn nicht gar unmöglich, dass hier schnell eine Lösung gefunden werden kann, im schlimmsten Fall könnte sich dadurch eine Kettenreaktion entwickeln, die die gesamte Wirtschaft erfasst.«

Manchmal erhält man eine Bestätigung, die man braucht, etwas zu spät

RUNNING COMMENTARY, 6. OKTOBER 2017, 12.51 UHR

Im Journalismus wie auch in vielen Bereichen des Lebens erhält man die notwendige Bestätigung oft ein bisschen zu spät. Vergangenen November habe ich den wahren Grund für die plötzliche Reise des Premierministers nach New York in Begleitung des Finanzministers, des Vizepräsidenten der Zentralbank und des Leiters der Finanzmarktaufsichtsbehörde aufgedeckt: Sie wollten die US-amerikanischen Banken dazu bewegen, nicht ihre Korrespondenzbankbeziehungen zu den maltesischen Banken abzubrechen.

Sie hatten den Trip als eine Reise zur Anbahnung von Geschäften getarnt, aber ich war misstrauisch geworden, weil der Vizepräsident der Zentralbank und der Finanzminister Reisen zur Anbahnung von Geschäften in der Regel nicht zusammen mit dem Regierungschef unternehmen, vor allem nicht nach New York und vor allem auch nicht in Begleitung von Joe Bannister.

Ich habe mit einigen Leuten im Finanzwesen gesprochen und dazu hier eine Eilmeldung veröffentlicht.

Darauf gingen einige der Betroffenen regelrecht an die Decke und warfen mir vor, ich würde Falschmeldungen verbreiten. Aber sie wurden nur deshalb so wütend, weil alles, was ich berichtet hatte, zu hundert Prozent der Wahrheit entsprach und sie es gern geheim gehalten hätten.

Am Ende lief es auf das übliche »Ihr Wort gegen unseres« oder »Ich glaube ihr oder ich glaube ihnen« hinaus, also das bekannte Geschwätz, das in der maltesischen Gesellschaft für rationale Analyse gehalten wird.

Und dann entdeckte ich gestern diesen Artikel[2] in der Handelspresse, der zwei Tage vor meinem Text erschienen war, was ich nicht wusste.

Der Hauptverbreiter von Falschmeldungen in diesem Land ist anscheinend die Regierung selbst.

EILMELDUNG/ Malta: Sohn und Tochter des aserbaidschanischen Diktators sind Kunden der Pilatus Bank

RUNNING COMMENTARY, 23. APRIL 2017, 1.58 UHR

Quellen aus der maltesischen Finanzmarktaufsichtsbehörde haben diesen Blog informiert, dass die beiden größten Kunden der Pilatus Bank nach Kamaladdin Heydarov, dem aserbaidschanischen Minister für Katastrophenschutz, der Sohn und die Tochter von Ilham Alijew, des Herrschers dieses Landes sind, nämlich Heydar Alijew und Leyla Alijewa.

Heydar Alijew hatte zunächst bei der Bank of Valletta ein Konto zu eröffnen versucht, doch dies wurde mit der Begründung abgelehnt, dass er eine politisch stark exponierte Person aus einem der korruptesten Länder der Welt sei und dadurch ein ernsthaftes Geldwäscherisiko darstelle.

Gut informierte Quellen haben dieser Internetseite mitgeteilt, dass 60 Prozent der Einlagen der Pilatus Bank politisch exponierten Personen (PEPs) aus Aserbaidschan gehören. Die Bank hat kaum mehr als hundert Kunden.

---

2 Der Artikel *Malta PM Takes De-Risking Battle To US* von Dan Townend in *Payments Compliance* vom 7. November 2016 (im Blog verlinkt), der ebenfalls über den von Daphne Caruana Galizia geschilderten Sachverhalt berichtet.

Die Pilatus Bank erhielt im August 2015 ihre Banklizenz von der maltesischen Finanzmarktaufsichtsbehörde, die seit rund zwei Jahrzehnten von Joe Bannister geleitet wird. Der Eigentümer der Bank, Seyed Ali Sadr Hasheminejad – der Iraner ist, aber unterschiedliche Pässe von St. Kitts und Nevis verwendet –, beantragte die Banklizenz im Dezember 2013. Er war damals 33 Jahre alt und verfügte über keinerlei Bankausbildung.

Er ist jener Mann, der fotografiert wurde, als er in der Nacht vom vergangenen Donnerstag zusammen mit der Risikomanagerin der Bank, Antoniella Gauci, Dokumente aus dem Bankgebäude schaffte.

EILMELDUNG/ Kabinettschef des Premierministers erhielt Provisionen von Brian Tonna aus dem Verkauf der maltesischen Staatsbürgerschaft

RUNNING COMMENTARY, 24. APRIL 2017, 23.50 UHR

Anfang des vergangenen Jahres wickelte BT International Ltd. für eine Familie aus Russland den Erwerb der maltesischen Staatsbürgerschaft ab. Die Firma Willerby Trade Inc. stellte dafür eine Provision von 50 Prozent in Rechnung.

Sowohl BT International Ltd. als auch Willerby Trade Inc. befinden sich vollständig im Besitz von Brian Tonna, der damals jedoch noch überzeugt war, dass niemand erfahren würde, dass ihm Willerby Trade Inc. gehört, weil diese Gesellschaft auf den Britischen Jungferninseln registriert ist und die Eigentümerstruktur durch einen Strohmann von Mossack Fonseca in Panama verschleiert wird. Er konnte nicht vorhersehen, dass kurze Zeit später die »Panama Papers« veröffentlicht werden würden.

Willerby Trade Inc. erhielt das Geld auf ihr Konto bei der Pilatus Bank. Anschließend floss ein beträchtlicher Teil dieses Betrags an Keith Schembri, den Kabinettschef des Premierministers, über dessen Konten bei der Pilatus Bank und der Bank of Valletta.

155

Der Kabinettschef des Premierministers reagierte nicht auf meine Kontaktversuche, daher habe ich Brian Tonna um eine Stellungnahme gebeten. Auf frühere Mails habe ich Reaktionen von ihm erhalten, auf diese dagegen steht eine Antwort nach wie vor aus.

EILMELDUNG/ Inspektoren der maltesischen Finanzmarktaufsicht weigern sich, eine Überprüfung der Pilatus Bank durchzuführen; einer der Inspektoren quittiert den Dienst

RUNNING COMMENTARY, 22. JUNI 2017, 18.07 UHR

Inspektoren der maltesischen Finanzmarktaufsicht – der für die Regulierung und Lizenzierung von Banken zuständigen Behörde – weigern sich, auf Anweisung ihrer Vorgesetzten eine Vor-Ort-Inspektion der Pilatus Bank durchzuführen.

Diese Bank steht im Mittelpunkt eines Skandals, der sich um mutmaßliche Geldwäsche dreht, sie ist darüber hinaus Gegenstand einer Untersuchung durch den Richter Aaron Bugeja, bei der es in erster Linie um die Eigentumsverhältnisse der Firma Egrant Inc. geht, der dritten Gesellschaft, die in Panama zusammen mit den Gesellschaften von Konrad Mizzi und Keith Schembri, dem Kabinettschef des Premierministers, eingerichtet wurde.

Die Bankinspektoren – zwei leitende und fünf untergeordnete Inspektoren – erhielten am 31. Mai, drei Tage vor der Parlamentswahl in Malta, von ihren Vorgesetzten den Auftrag, in der Pilatus Bank eine Inspektion vor Ort durchzuführen. Zu diesem Zeitpunkt war die Bank nach wie vor Gegenstand von Ermittlungen durch eine Gruppe gerichtlich bestellter Fachleute unter Leitung von Richter Bugeja.

Quellen bei der maltesischen Finanzmarktaufsicht haben diese Internetseite darüber informiert, dass sich alle sieben In-

spektoren einmütig dieser Anweisung widersetzten und dadurch das Risiko eingingen, disziplinarischen Maßnahmen un-
terworfen zu werden.

Am Freitag vergangener Woche wurde allen sieben Inspektoren von einem Mitglied des Leitungsgremiums der Finanzmarktaufsichtsbehörde per E-Mail ein Ultimatum gesetzt: Sie
sollten entweder eine Inspektion der Bank vor Ort durchführen
oder in ihren Büros die Unterlagen überprüfen, die von der Pilatus Bank an die Behörde geliefert werden würden. Die Inspektoren verweigerten auch dies und wiesen darauf hin, dass die
Bank dadurch die Möglichkeit habe, die Unterlagen für die Inspektion selbst auszusuchen und daher nur »saubere« Dokumente bereitstellen würde.

In Anbetracht dieser ultimativen Forderung trat einer der
Inspektoren – Mario Felice – am Montag von seinem Posten zurück. Mr. Felice war für eine Stellungnahme nicht erreichbar.

Als Grund für ihre Weigerung, eine Vor-Ort-Inspektion der
Bank durchzuführen, nannten die Inspektoren die Tatsache,
dass sie selbst gegenwärtig Gegenstand einer richterlichen Untersuchung seien – geleitet von Richter Consuelo Herrera –, in
der es um die Frage gehe, wie ein von der Financial Intelligence
Analysis Unit (FIAU), der Zentralstelle für Finanzmarkttrans-
aktionen, erstellter Bericht über die Pilatus Bank an die Öffentlichkeit gelangen konnte.

Die Bankinspektoren hätten, so berichteten die Informanten, gegenüber ihren Vorgesetzten erklärt, dass es unangemes-
sen wäre, wenn sie eine Untersuchung der Bank durchführen
würden, auf deren Verlangen hin sie selbst Gegenstand einer
Untersuchung geworden seien.

Dieselben Quellen haben diesem Blog mitgeteilt, dass der Bericht der FIAU über die Pilatus Bank, der an die Presse weiter-
geben wurde, ungefähr fünfzig Personen in der maltesischen
Finanzmarktaufsichtsbehörde zugänglich gewesen sei, »darunter
auch sämtlichen Mitgliedern der Bankenabteilung natürlich, die

alle von Richter Herrera vorgeladen und eingehend danach befragt wurden, ob sie den Bericht gesehen, heruntergeladen oder ausgedruckt hätten, sogar eine hochschwangere Mitarbeiterin der Abteilung, die zu dieser Zeit beurlaubt war, wurde verhört.« Für die Weitergabe interner Berichte an Medien drohen den Mitarbeitern hohe Bußgelder und sogar Haftstrafen.

Der maltesischen Finanzmarktaufsichtsbehörde war der Bericht vergangenes Jahr von der FIAU zugestellt worden. Bei einer Inspektion der Pilatus Bank im März dieses Jahres hatte die FIAU Hinweise auf verdächtige Transaktionen entdeckt und umgehend die Finanzmarktaufsicht davon in Kenntnis gesetzt.

Die maltesische Finanzmarktaufsichtsbehörde, so erklärten die Quellen gegenüber dieser Internetseite, sei zunächst unschlüssig darüber gewesen, wie sie den Fall behandeln solle, habe dann jedoch die Angelegenheit fallengelassen, als Manfred Galdes seinen Rücktritt als Leiter der FIAU einreichte. Dr. Galdes quittierte den Dienst kurz nach der Vorstellung von Berichten über die Offshore-Aktivitäten ranghoher Beamter wie Polizeipräfekt Michael Cassar, der binnen 24 Stunden nach Veröffentlichung dieser Berichte aus Gesundheitsgründen um Versetzung in den Ruhestand bat. Sein Nachfolger wurde Lawrence Cutajar, der in dieser Angelegenheit untätig blieb.

Die Quellen erklärten gegenüber dieser Internetseite ferner, dass der eigentliche Grund für die Weigerung der Inspektoren der Finanzmarktaufsicht, eine Inspektion der Pilatus Bank durchzuführen, darin bestehe, dass sie befürchteten, für eine Weißwaschungs-Operation missbraucht zu werden, durch die der Bank gewissermaßen ein »Persilschein« ausgestellt werden solle, den sie dann zu ihrem eigenen Vorteil nutzen könne.

»Sie haben den Verdacht, dass es geheime Verabredungen geben könnte zwischen der Führungsetage der Finanzmarktaufsichtsbehörde und Seyed Ali Sadr Hasheminejad, dem Eigentümer der Bank. Falls eine solche verdeckte Zusammenarbeit bestehe, würde der Bank ausreichend Zeit bleiben, reinen Tisch zu machen, bevor die Inspektoren eintreffen«, erklärten die Informanten.

»Es besteht der Eindruck, dass die Bank gegenüber der Leitung der Finanzmarktaufsicht auf die Inspektion drängt und nicht umgekehrt, und es wird vermutet, dass dies damit zusammenhängen könnte, dass Mr. Hasheminejad eine Art von ›Führungszeugnis‹ für seine Bank benötigt, das er dann für seine Zwecke verwenden kann.«

Schließlich habe die Bankenabteilung der Finanzmarktaufsicht die Finanzmarktaufsichtsbehörde über die verdächtigen Aktivitäten und Abläufe bei der Pilatus Bank in Kenntnis gesetzt, berichteten die Quellen. »Keine dieser Organisationen wollte sich zunächst mit der Angelegenheit befassen, aber dann wurde entschieden, dass sich die FIAU der Sache annehmen solle, weil es nach Geldwäsche aussah, wofür die FIAU zuständig ist«, sagten die Informanten. »Das Geschäftsmodell der Bank ergibt sonst keinen Sinn.«

Sai Mizzi

Als Sai Mizzi Liang im August 2013 zur Beauftragten für Investitionsförderung in Asien ernannt wurde, war sie mit dem damaligen Energieminister Konrad Mizzi verheiratet. Die Umstände ihrer Ernennung erschienen zweifelhaft, da die Position entgegen den in Malta geltenden Bestimmungen für die Vergabe derartiger Ämter nicht öffentlich ausgeschrieben wurde. Ohne entsprechende Qualifikationen und Leistungsnachweise oder berufliche Kontakte und Netzwerke, die ihre Ernennung gerechtfertigt hätten, wurde Sai Mizzi offiziell damit beauftragt, für Malta Handelsbeziehungen in Asien anzubahnen. Sie zog nach China, zurück in ihr Heimatland, während ihr Gatte in Malta blieb.

Die Konditionen von Sai Mizzis Vertrag mit der staatlichen Behörde Malta Enterprise wurden nicht bekannt gegeben, obwohl sie mit öffentlichen Geldern bezahlt wurde. (Sie erhielt ein monatliches Gehalt von 13 000 Euro und jährlich mehrere Flugtickets für persönliche Reisen, zudem wurden ihr ein persönlicher Chauffeur und eine Wohnung gestellt, und auch der Privatschulbesuch ihrer beiden Kinder wurde von den maltesischen Steuerzahlern finanziert.) Von einem Reporter danach befragt, erklärte der Energieminister, der für Malta Enterprise zuständig ist, er wisse nichts über diese Anstellung. Ein anderer Journalist, der eine Anfrage an den Energieminister und an die offizielle E-Mail-Adresse von Sai Mizzi bei Malta Enterprise schickte, erhielt keine Antwort.

Auf Nachfrage desselben Reporters erklärte ein Mitarbeiter der maltesischen Botschaft in Peking, die Botschaft sei über die Ernennung Mizzis informiert worden, wisse aber nicht, was sie genau tue: »Uns wurde mitgeteilt, dass sie das Amt des Premierministers vertritt und dass sie von einem Büro in Shanghai aus arbeitet.« Eine Woche vorher hatte Energieminister Konrad Mizzi den Premierminister auf einer Reise nach China begleitet, wo eine Absichtserklärung mit dem staatlichen chinesischen Energieunternehmen Shanghai Electric über den Kauf eines größeren Anteils am staatlichen maltesischen Energieversorger Enemalta unterzeichnet worden war.

Im Jahr 2014 wurde Sai Mizzi vom damaligen Außenminister George Vella, der heute maltesischer Staatspräsident ist, zur Generalkonsulin Maltas in Shanghai ernannt. Wie ihre Bestellung zur Repräsentantin von Malta Enterprise erfolgte auch ihre Ernennung zur Generalkonsulin auf Anweisung von Premierminister Muscat. In ihrer dreijährigen Amtszeit war Sai Mizzi die meiste Zeit nicht erreichbar und praktisch unsicht-

bar, auch als ihr Name in den »Panama Papers« als Nutznießerin eines Trusts in Neuseeland auftauchte, der mit Konrad Mizzis panamaischer Gesellschaft in Zusammenhang stand. Ihr Vertrag sollte im August 2016 auslaufen, und Konrad Mizzi erklärte diesbezüglich auf Nachfragen, dass sie anschließend in den Privatsektor wechseln würde. Im Februar 2017, einen Monat nachdem bekannt geworden war, dass sich Sai Mizzi nach wie vor zusammen mit ihren Kindern in China aufhielt, enthüllte unsere Mutter, dass Mizzis Vertrag entgegen der früheren Ankündigung von Konrad Mizzi doch verlängert worden war.

Unsere Mutter bezweifelte das offiziell genannte Motiv für die ursprüngliche Ernennung Sai Mizzis und ihren Umzug nach China, denn sie verstand beides als ein Signal, dass Sai Mizzi ohne ihren Gatten nach China zurückkehren wollte und dass ihr offizieller Posten einfach nur eine Möglichkeit darstellte, die Finanzierung ihres Lebensunterhalts wie auch die Versorgung ihrer Kinder aus der öffentlichen Debatte herauszuhalten und gerichtliche Auseinandersetzungen darüber zu vermeiden. Als Konrad Mizzi einmal spätabends in einer Bar mit seiner Assistentin in einer verfänglichen Situation beobachtet wurde, berichtete unsere Mutter darüber, denn sie betrachtete dies als Beweis dafür, dass Sai Mizzis offizielle Bestallung lediglich als Tarnung für eine Trennung diente.

Konrad Mizzi reagierte auf die Veröffentlichung mit einer Presseerklärung durch die Informationsabteilung der Regierung, in der er behauptete, er und seine Frau führten eine »stabile Ehe«. Dann verklagte er unsere Mutter in seinem und im Namen von Sai Mizzi wegen Verleumdung. Obwohl Sai Mizzi mehrmals Malta besuchte, erschien sie kein einziges Mal vor Gericht, um in ihrem Fall auszusagen. Als unsere Mutter ermordet wurde, erbten wir, ihre Söhne und unser Vater, die Verleumdungsklage gegen sie. Zwei Jahre nach ihrem Tod prozessiert das Ehepaar Mizzi noch immer gegen uns und verlangt Wiedergutmachung für die »Rufschädigung«, die es erlitten habe.

EILMELDUNG/ Regierung hat Sai Mizzis Vertrag verlängert – Minister hat Öffentlichkeit belogen

RUNNING COMMENTARY, 7. FEBRUAR 2017, 17.34 UHR

Die Regierung von Malta hat den Vertrag von Sai Mizzi verlängert, und sie bleibt weiter in Shanghai als Repräsentantin von Malta Enterprise. Ihr Vertrag mit Malta Enterprise, der im August 2013 geschlossen wurde, ist im August vergangenen Jahres ausgelaufen. Ihr Ehemann, Energieminister Konrad Mizzi, erklärte im Februar vergangenen Jahres, nachdem er zum stellvertretenden Vorsitzenden der Labour-Partei gewählt worden war, dass sie nach Beendigung ihres Vertrages im Sommer dieses Jahres »in den Privatsektor wechseln« würde.

»Sai und ich haben darüber gesprochen, und wir glauben, dass (ihr Posten) nicht vereinbar ist mit meiner Position als stellvertretender Parteivorsitzender«, erklärte er.

Einen Monat später wurde Mizzi von Chris Cardona als Vize-Parteichef abgelöst, der gegenwärtig einen eigenen Skandal am Hals hat.

Heute früh habe ich von einer Quelle aus dem Umfeld von Malta Enterprise, die jedoch nicht dieser Behörde angehört, die Information erhalten, dass Sai Mizzi weiterhin für die Organisation tätig ist, und zwar zu unveränderten Konditionen. Heute Nachmittag habe ich William Wait angerufen, den Direktor von Malta Enterprise, und ihn um eine Bestätigung gebeten, die auch erfolgte.

»Es gab eine Bewerbungsaufforderung, und das Interesse war sehr groß. Wir haben zahlreiche Bewerbungen erhalten«, erklärte er. »Anschließend wurde ihr Vertrag erneuert.« Ich fragte ihn, ob der Vertrag zu unveränderten Bedingungen verlängert worden sei, was er bejahte. »Ich weiß nicht mehr, wann genau der Vertrag verlängert wurde«, sagte er, »aber ich glaube, es war im letzten Vierteljahr 2016.«

163

In den vergangenen Tagen hat die Tatsache, dass Sai Mizzi nach wie vor unter dem maltesischen Konsulat in Shanghai geführt wird, einige Diskussionen ausgelöst. Das Thema wurde von David Thake in seiner Sendung auf Radio 101 zur Sprache gebracht und heute Morgen auch von der *Times of Malta* aufgegriffen. Das Problem besteht darin, dass die Fragen immer an das Außenministerium gerichtet werden, obwohl bekannt ist, dass Mizzis Vertrag nicht mit diesem Ministerium, sondern mit Malta Enterprise geschlossen wurde. Der für Sai Mizzi zuständige Minister ist nicht George Vella, sondern Chris Cardona, der Wirtschaftsminister.

Ihr Vertrag mit der Regierung endete im vergangenen August, aber Mrs. Konrad Mizzi hält sich nach wie vor mit ihren Kindern in China auf

RUNNING COMMENTARY, 3. JANUAR 2017, 12.40 UHR

Als Mrs. Konrad Mizzi im Sommer 2013 ihre Koffer packte und mit ihren zwei kleinen Kindern in ihr Heimatland China zurückkehrte, nur wenige Monate nachdem ihr Ehemann das zweitwichtigste Ministeramt in der Regierung erlangt hatte, wurde erklärt, sie sei die einzige Person, die diesen neu geschaffenen Posten der maltesischen Regierung übernehmen könne: den Posten des Vertreters von Malta Enterprise in China.

Doch jedem, der ein bisschen Lebenserfahrung besitzt und Augen im Kopf hat, war klar, dass sie ihren Ehemann verlassen hatte und in jenes Land zurückkehrte, das sie als ihre Heimat betrachtet, und dass die korrupte Regierung, der ihr Mann angehört, eine praktische Möglichkeit gefunden hatte, um den Lebensunterhalt für sie und ihre Kinder in China zu bezahlen, sodass ihr Abgang kein Aufsehen erregte und zu keinen Gerichtsprozessen und Geldstreitigkeiten führte.

Obwohl Mrs. Konrad Mizzi - Sai Liang - einen Vertrag bei Malta Enterprise erhielt, erklärte der für diese Organisation zuständige Minister, er wisse nichts davon und habe auch nichts damit zu tun.

Als bekannt wurde, dass sie sich als Konsulin Maltas in Shanghai bezeichnete und dass sie einen konsularischen Status besaß, obwohl sie in ihrem Vertrag mit Malta Enterprise nur als Gesandte der Regierung bezeichnet wurde, erklärte der Außenminister, auch darüber wisse er nichts.

Drei Jahre lang verfügte die angebliche Konsulin und Gesandte von Malta Enterprise in Shanghai über keine Kontaktadresse und war damit die einzige nicht erreichbare Handelsbotschafterin der Geschichte. An sie heranzukommen, war ein schwieriges und mühsames Unterfangen.

All jene, die schon im August 2013 vermuteten, dass Mrs. Konrad Mizzi nicht eines Jobs wegen nach China gegangen war, sondern weil sie ihren Ehemann verlassen und dieser eine Möglichkeit gefunden hatte, sich das Geld für ihren Unterhalt bei den maltesischen Steuerzahlern zu holen, damit er nicht selbst dafür aufkommen musste - alle diese Leute haben Recht behalten (einmal mehr).

Der Vertrag von Sai Mizzi Liang lief im vergangenen August aus und wurde nicht erneuert - eine PR-Geste im Nachgang der durch die »Panama Papers« ausgelösten Turbulenzen, in die sie *beide* verwickelt waren. Doch heute, vier Monate später, hält sie sich noch immer zusammen mit Konrad Mizzis Kindern in China auf und hat anscheinend auch nicht die Absicht zurückzukehren. Wie ihr in Trennung lebender Ehemann bekannt gab - seine Neigung zu gestelzter Manager-Sprache weist ihn als Verfasser einer diesbezüglichen Presseerklärung des Informationsamtes aus -, ist Mrs. Mizzi »in den privaten Sektor gewechselt«. In China allerdings, nicht in Malta - was er jedoch verschwieg.

Ich bin überzeugt, bei einer näheren Untersuchung der Angelegenheit dürfte sich herausstellen, dass Sai Mizzi noch immer dem maltesischen Staat auf der Tasche liegt – und dass sie heute, anstatt Anträge chinesischer Bürger auf ein »goldenes« Visum für die EU via Malta entgegenzunehmen, wahrscheinlich auf der anderen Seite des Transaktionsgeschäfts steht, dass sie als Vermittlerin für Malta- und EU-Visa arbeitet und von beiden Seiten Provisionen einstreicht.

Freie Meinungsäußerung, Zensur und Einschüchterung

Unsere Mutter wurde 1964 geboren, in jenem Jahr, in dem Malta seine staatliche Unabhängigkeit erlangte, und ihre prägenden Jahre waren zugleich die gewaltsamste Zeit in der Geschichte unseres Landes.

Die Labour-Regierung, die 1971 in Malta an die Macht kam und bis 1987 regierte, verschaffte sich die Kontrolle über das Eigentum der Menschen, ihre wirtschaftlichen Aktivitäten und schließlich auch über ihr Privatleben: über das Essen, das sie zu sich nahmen, über die Schulen und die Universitäten, die sie besuchen konnten, und

nicht zuletzt darüber, was sie lesen und hören durften.

Sie trat an die Stelle der katholischen Kirche, die bis dahin das Denken und die Möglichkeiten der Meinungsäußerung in Malta beherrscht hatte. In den vorhergehenden Jahren hatte die Kirche in engem Zusammenwirken mit der jeweiligen Regierung bestimmt, welche Romane und Filme ins Land gelassen wurden, und sie hatte alles verboten, was sie als lasterhaft oder unziemlich betrachtete.

Frei seine Meinung zu äußern, wurde gefährlich unter der Labour-Regierung. Die Polizei, die unmittelbar dem

Premierminister unterstand – was nach wie vor ein gravierendes Problem darstellt –, durchsuchte die Wohnungen von Menschen, die als Gegner der Labour-Partei verdächtigt wurden. In Zusammenarbeit mit Schlägertrupps von Labour verprügelte die Polizei Demonstranten am helllichten Tag. Im Jahr 1979 wurden die Druckerei und das Bürogebäude der *Times of Malta* und der *Sunday Times of Malta* in Brand gesteckt, während sich die Beschäftigten darin aufhielten; sie konnten nur dank der Hilfe eines Geistlichen entkommen, der in einem Nachbarhaus wohnte.

Abweichende Meinungen mussten sich hinter anonymisierten Zeitungskolumnen verstecken. Der einzige Fernsehsender des Landes wurde vom Staat betrieben und war ein Werkzeug der Regierung. In Farbe konnte man das Programm nur empfangen, wenn man ein Freund der Regierung war, denn Farbfernsehgeräte waren streng rationiert. Auch

die einzige Radiostation gehörte dem Staatssender. Die Oppositionspartei betrieb eine Weile einen Piratensender von Italien aus. Die Zeitungen befanden sich zum größten Teil im Besitz von politischen Parteien.

Wer sollte diesen Stillstand überwinden können? Auch als die Nationalistische Partei 1987 nach einem knappen Wahlsieg an die Regierung gelangte, blieb alles mehr oder weniger beim Alten. Die vorhergehende Phase hatte verheerende Folgen: Sie hinterließ ein Erbe des Schweigens und der Angst, ein nationales Trauma. Die nationalistischen Politiker, die auf einer Einheitsliste kandidierten, wollten niemanden gegen sich aufbringen.

Als wir aufwuchsen, erlebten wir die praktischen Auswirkungen dieses Erbes. Als Kinder sahen wir, wie unsere Altersgenossen zu Hause, vor allem aber in der Öffentlichkeit, davon abgehalten wurden, sich mit politischen Fragen zu beschäftigen. Dies setzte sich fort in unserer Jugend und in unserer Zeit an der Universität, wo in den Hörsälen Diskussionen über die maltesische Politik vermieden wurden, weil man fürchtete, man könnte Ängste oder Streit schüren.

Wir mussten gleichzeitig in zwei verschiedenen Welten leben: in einer Welt, in der die Politik in sämtliche Bereiche unseres Lebens eindrang, und in einer Welt, in der wir nicht offen reden konnten, wenn wir nicht sicher waren, dass unser Gesprächspartner unsere Auffassung teilte. Diese Situation dauert bis heute an.

In diesem Umfeld, am Ende der Labour-Herrschaft 1987, begann unsere Mutter zu schreiben, und in diesem Umfeld arbeitete sie weiter als Journalistin bis zu ihrer Ermordung.

Mit jeder ihrer Kolumnen, mit jedem ihrer Artikel erinnerte sie unser Land daran, dass das Recht auf freie Meinungsäußerung unser Geburtsrecht ist und ein hohes Gut, nach dem wir stets streben sollten. In dem kleinen Land rief dies bei vielen Menschen Unbehagen hervor: Es gibt Dinge und es gibt Leute, über die man lieber nicht schreiben sollte, rieten sie ihr. Es geht weniger darum, was Sie schreiben, sondern *wie* Sie es schreiben, hieß es weiter. Doch alle diese unaufgeforderten Ratschläge, das zeigte jede Kolumne, jeder Bericht und jeder Blogeintrag, gingen am Thema vorbei.

Erbittert, aber dennoch stets hoffnungsvoll, kämpfte unsere Mutter um die Sache der freien Meinungsäußerung. Mit 26 Jahren schrieb sie in einer ihrer ersten Sonntagskolumnen:

Angst ist der größte Feind der freien Meinungsäußerung – und des Dialogs. Angst führt zu der gefährlichen Situation, dass die Menschen geknebelt werden, dass sie durch irgendeine Form der Einschüchterung gezwungen werden, Dinge zurückzunehmen, die sie gesagt haben, oder dass sie durch andere Mittel diskreditiert werden. ... Menschen sollten niemals dafür verhaftet werden, dass sie ihr legitimes Recht in Anspruch nehmen, ihre Meinung frei kundzutun. Wir können uns nur dann wahrhaft als ein demokratisches Volk bezeichnen – das einer demokratischen Regierung gegenübersteht –, wenn mehr von uns dies tun und sich nicht vor irgendwelchen Konsequenzen fürchten.

Im Jahr 2015, als sie fast doppelt so alt war, schrieb sie nach dem Überfall auf die Zeitschrift *Charlie Hebdo*:

Es ist kein Zufall, dass vor allem zwei Arten von Journalisten (und zwei Arten von Zeitungen und Magazinen, für die sie arbeiten) ins Visier genommen und umgebracht werden: investigative Journalisten und satirische Journalisten.

Da sie beiden Gruppen angehörte, kannte unsere Mutter das sehr gut. Wie sich zeigen sollte, kannte sie es besser, als wir es uns jemals vorzustellen wagten. Sie fuhr fort:

Mit anderen Worten, eine Person, die einen Mord organisiert, hat ein ureigenes Interesse daran, den betreffenden Journalisten auf unmittelbare Weise durch Mord zu stoppen, nicht zuletzt auch, um anderen eine Lektion zu erteilen. Werden satirische Blätter und Journalisten angegriffen, handelt es sich bei den Angreifern ausnahmslos um Leute, die nicht damit zurechtkommen, dass das Recht auf freie Meinungsäußerung ein unverzichtbares Menschenrecht und ein grundlegender Wert der europäischen Gesellschaft ist.

Malta ist noch nicht so weit. Hierzulande existiert die Idee nicht, dass das Recht auf freie Meinungsäußerung ein unverzichtbares Menschenrecht ist – und das war auch 1964, 1971 und 1987 nicht anders.

Als sie ermordet wurde, liefen gegen unsere Mutter 47 Verleumdungsklagen, fünf davon wegen strafbarer Verleumdung. Diese Klagen, die alle von Politikern und deren Unterstützern eingereicht worden waren, wurden von ihren Anhängern und Mitläufern bejubelt. Damit würde man es ihr zeigen, sagten sie. Ein Minister der Labour-Regierung erklärte in einem Radiointerview, dass er sich gerade anschicke, sie durch mehrere weitere Verleumdungsklagen »zu zerschmettern«, nachdem er im Zusammenhang mit einem ihrer Artikel schon fünf Klagen angestrengt hatte. Ein Geldgeber der Labour-Partei reichte neunzehn Klagen ein wegen neunzehn einzelner Sätze in einem einzigen Blogeintrag.

Es gab unzählige weitere Versuche, sie zum Schweigen zu bringen: Brandstiftung, körperliche Angriffe, Verleumdungskampagnen im Fernsehen, im Rundfunk und in Zeitungen, Attacken auf ihr Auto, ihr Haus und ihr Büro, das Vergiften unserer Hunde und all die Belästigungen und Schikanen, die jeder von uns zu ertragen hatte.

Anfang des Jahres 2018 forderten wir vor dem Europarat in Straßburg, dass man die Mörder unserer Mutter zur Rechenschaft ziehen solle. Nach unserem Vortrag fragte ein Labour-Abgeordneter aus den hinteren Reihen, der sich nicht vorstellte: »Wie können Sie behaupten, es sei keine freie Meinungsäußerung auf Malta möglich, nachdem Ihre Mutter doch schreiben durfte, was sie wollte?« – »Sie wurde umgebracht, deswegen«, erwiderte Matthew.

Mein Recht auf freie Meinungsäußerung

THE MALTA INDEPENDENT ON SUNDAY, 5. DEZEMBER 2004

Manche Menschen leiten ihren Status und ihre Stellung in der Gesellschaft aus der Tatsache ab, dass sie Rechtsanwälte sind. Das verleiht ihnen ein Gefühl besonderer Bedeutung. Es verunsichert sie aber auch. Wenn ihre Rolle als Anwalt in einem Strafprozess kritisiert wird, dann verinnerlichen sie diese Kritik und nehmen sie persönlich. Eine Kritik an ihrer Rolle und ihrer Funktion wird zu einer Kritik an ihrer Identität. Sie nehmen sich selbst so wichtig, dass sie glauben, sie stünden außerhalb und über jeder Kritik. Einige wollen es sogar noch weitertreiben und versuchen das Gericht dazu zu veranlassen, gegen Journalisten und Kommentatoren »vorzugehen«, die sie »der Lächerlichkeit preisgeben« würden. Sie erkennen anscheinend nicht, dass sie ebenso wie diese Journalisten und Kommentatoren in einer Demokratie leben, in der das Recht auf freie Meinungsäußerung verbürgt ist. Die Medien sind ein zweischneidiges Schwert. Prominente Strafverteidiger wie auch andere Personen des öffentlichen Lebens können nicht davon ausgehen, dass sie gewissermaßen ein Recht besäßen, in den Medien stets nur in einem günstigen Licht dargestellt zu werden. Wenn man die Öffentlichkeit sucht, sollte man reif und erfahren genug sein, um zu wissen, dass sich öffentliche Bekanntheit in zweierlei Weise auswirken kann: manchmal als Schmeichelei, oft aber auch nicht, denn die Aufgabe der Medien besteht nicht darin, bekannten Persönlichkeiten zu schmeicheln und sie zu umgarnen, sondern sie aufmerksam und kritisch zu begleiten und ihr Handeln einer Überprüfung zu unterziehen. Sogar Posh Spice[1] weiß das.

###

---

1 Victoria Beckham.

Ich habe Kartons voll mit kritischen Artikeln über mich, mit Karikaturen, hässlichen Bemerkungen, unfreundlichen Briefen, und was es sonst noch alles gibt. Ich nehme diese Kritik zur Kenntnis und reagiere nur in Extremfällen, etwa wenn Joseph Muscat [Mitglied des EU-Parlaments] mich in einem Buch über Korruption und die Geheimloge P2 erwähnt, wofür er und die Labour-Partei mir nun tausend Maltesische Lira zuzüglich Kostenerstattung und Zinsen schulden, nachdem ihre Berufung abgewiesen worden ist. Mich lässt diese Kritik kalt, weil das dazugehört, wenn man in der Öffentlichkeit steht. Wenn manche Leute mich nicht mögen, dann ist das gut – ich bin erwachsen und ich kann nicht erwarten, dass mich alle mögen, und das will ich eigentlich auch gar nicht. Ich erwarte ganz sicher nicht, dass nur noch Geschichten im Stil von »Daphne entspannt sich in ihrem hübschen Heim« über mich erscheinen und es keinerlei Kritik gibt. Mir wären Artikel darüber, »wie sich Daphne in ihrem hübschen Heim entspannt«, sogar zuwider, denn das würde mich mehr in Verlegenheit bringen, als es jeder gemeine oder bösartige Artikel jemals könnte. Ich mag es nicht, wenn man in meine Privatsphäre eindringt. Man muss die Leute darauf aufmerksam machen, dass Versuche, öffentliche Kritik zum Verstummen zu bringen, nur dazu führen, dass die Kritik im privaten Bereich umso lauter wird. Nun redet alle Welt darüber, wie die Anwälte vergangene Woche versucht haben, die Presse zum Schweigen zu bringen, was genau jene Art von Publicity darstellt, die sie nicht brauchen und die sie auch nicht wollen können. Aber vielleicht meinen sie ja auch, es gäbe keine Kritik im privaten Bereich und dass ich die Einzige wäre, die das glaubt. In dieser Frage, und auch in anderen Dingen, liegen sie falsch.

Es ist interessant, dass sie anscheinend glauben, ich wäre in der Lage, eine ganze Nation mit einem einzigen Artikel in eine bestimmte Richtung zu lenken. Es schmeichelt mir, dass sie mich für so mächtig halten, andere zu beeinflussen. Aber ich mache keine Meinungen, ich reflektiere nur Meinungen. Dass sie es nicht schaffen, eine Verbindung herzustellen zwischen dem, was sie tun und sagen, und dem, was die Leute über sie denken, ist erstaunlich. Wenn die Leute sie nicht mögen, hat das nichts damit zu tun, was ich irgendwann geschrieben habe, sondern damit, dass die Leute imstande sind, selbst zu denken. Durch diesen Artikel habe ich mich eingemischt in die Art, wie sie ihren Job ausüben. Mittlerweile haben sie anscheinend auch keine Skrupel mehr, sich darin einzumischen, wie ich den meinen ausübe, indem sie sämtliche Register ziehen, um mich mundtot zu machen. In all den Jahren hätten sie eigentlich begreifen können, dass nichts, was sie tun, sie diesem Ziel näherbringen wird. Rechtsanwälte machen mir keine Angst.

Nicht nur mich möchten sie zum Schweigen bringen, sondern auch alle anderen. Sie haben verlangt, dass in den Zeitungsartikeln und Sendungen sämtliche Hinweise auf den Fall Marsascala getilgt werden, und sie haben es durchgesetzt. Es erschien ihnen nicht unpassend, dass einer dieser »Verteidiger«, die die Richterin aufforderten, jegliche Hinweise auf den Fall zu untersagen und gegen die böse Daphne strafrechtlich vorzugehen, ein Bruder der Richterin ist. Wenn ich Richterin wäre und eine meiner Schwestern würde einen Klienten vertreten in einem Fall, über den ich zu entscheiden habe, würde ich zu ihr sagen: »Hör mal, du bringst mich in große Verlegenheit. Man wird mich für befangen halten. Gib den Fall ab und überlasse ihn jemand anderem.« Anscheinend aber betrachten wir so etwas nicht alle unter dem gleichen Blickwinkel.

Ich bin gegen ein solches Verbot, denn dadurch werden Dinge vor der Öffentlichkeit verborgen, die der Einsichtnahme offenstehen sollten. Was ich schon in früheren Artikeln geschrieben habe, gilt auch hier: Nicht die Opfer werden geschützt, sondern die mutmaßlichen Täter. Wenn Journalisten nicht mehr nachforschen dürfen, was konkret geschehen ist, und dann diese Informationen ihren Lesern und dem Publikum nicht mehr mitteilen dürfen, kann alles Mögliche geschehen, ohne dass wir davon etwas erfahren. Damit wird die Tür zu Missbrauch weit aufgestoßen. Wir wissen mittlerweile alle, dass der Gerechtigkeit nicht nur zur Geltung verholfen werden muss, sondern dass dies auch allgemein sichtbar sein muss. Zum Beispiel wissen wir in Bezug auf die Priester, die des sexuellen Missbrauchs an Jungen im St. Joseph Home bezichtigt werden, nicht, was genau geschehen ist, weil eine schützende Decke über die Sache gelegt worden ist.

Durch ihren Antrag an das Gericht, mich strafrechtlich zu belangen wegen etwas, das ich geschrieben habe, haben die Anwälte einen schweren Fehler begangen. Vielleicht haben sie vergessen, dass ich vor einigen Jahren vor dem Verfassungsgericht schon einen vergleichbaren Fall ausgefochten und gewonnen habe - genauer gesagt, Giovanni Bonello hat ihn ausgefochten und für mich gewonnen -, bei dem es um eine ähnliche Forderung ging, der sich ein Richter gebeugt hat. Das vom Gericht verlangte »Vorgehen« wurde vom Verfassungsgericht als Verletzung meiner Rechte in mehreren Fällen eingestuft, einschließlich meines Rechts auf angemessenes Gehör. Vielleicht sollte die Richterin, an die nun ein ähnliches Ansinnen herangetragen wird, sich dieses Urteil anschauen, bevor sie weitere Schritte unternimmt. So wie ich 1996 sämtliche Versuche, mich mundtot zu machen und mir von einem Pseudogericht eine Strafe auferlegen zu lassen, vor das Verfassungsgericht gebracht habe, werde ich das jetzt mit Vergnügen abermals tun, und dieses Mal gestützt auf ein Vorgängerurteil. Wir leben in einem demokratischen Staat, nicht in einer faschistischen Diktatur. Mein

Recht, zu sagen, was ich geschrieben habe, ist in der Verfassung verankert, und keine Bande von Anwälten wird das ändern.

Selbstherrlichkeit und das damit einhergehende Bestreben, alle kritischen Äußerungen zu unterdrücken, sind nichts Neues. Napoleon Bonaparte, der mächtigste Herrscher seiner Zeit, fürchtete Satire und Kritik mehr als feindliche Heere. Als er 1799 an die Macht kam, befahl er die Schließung sämtlicher satirischen Blätter in Paris und erklärte seinem Polizeichef Joseph Fouché, dass er keinerlei Versuche dulden werde, sich über ihn lustig zu machen. Doch seine Macht, die freie Meinungsäußerung zu unterbinden, reichte nicht bis nach England, wo der berühmte Karikaturist James Gillray 1805 ein Bild zeichnete mit dem Titel »Der Große Krönungszug von Napoleon, des ersten Kaisers von Frankreich«. Es zeigte einen protzigen, aufgeschwemmten Kaiser, der an der Spitze einer Gruppe von Hofschranzen, Schmeichlern und Sträflingen einherschreitet, die in Reih und Glied gehalten werden von Polizeichef Fouché, der das »Schwert der Gerechtigkeit« trägt, wie in der Bildunterschrift erklärt wurde. Napoleon war wütend. Er befahl Fouché, jedermann ohne Prozess einzusperren, der Kopien dieses Bildes nach Frankreich brachte. Den Engländern ließ er durch den französischen Botschafter eine formelle Beschwerde über Gillray zukommen. Er gelobte sich, wenn er irgendwann England erobern würde, dann würde er Gillray suchen lassen. Die Engländer waren nicht überrascht, weil sie mit Napoleons Reaktion auf Kritik schon Erfahrung hatten. Drei Jahre vorher hatte er in den Verhandlungen über den Vertrag von Amiens versucht, im Vertrag eine Klausel unterzubringen, wonach alle Karikaturisten, die ihn zeichneten, wie Mörder oder Falschmünzer behandelt und nach Frankreich ausgeliefert werden sollten, um sich dort vor Gericht zu verantworten. Die Engländer, die schon lange an eine satirische und kritische Presse gewöhnt waren, die damals sogar noch freier war als heute, lehnten dieses Ansinnen ab. Fünfundzwanzig Jahre später sah es diesbezüglich noch immer nicht besser aus in Frankreich. Ein junger Grafiker und Journalist namens Charles Philipon brachte damals eine Satirezeitschrift heraus, in der König Louis-Philippe als korrupt und hochgradig unfähig dargestellt wurde. In der Karikatur wurde der Kopf des Königs als Birne gezeichnet, wobei das französische Wort *poire* (Birne) auch »Dummkopf« oder »Trottel« bedeutet. Der König war außer sich. Er ließ den Druck des Blattes stoppen und sämtliche ausgelieferten Exemplare beschlagnahmen und vernichten. Dann reichte er Klage gegen Philipon ein wegen »Beleidigung der Person des Königs«. Im vollbesetzten Gerichtssaal bedankte sich Philipon in seiner Stellungnahme beim Staatsanwalt dafür, dass er einen Mann wie ihn, der eine so große Gefahr für die Gesellschaft darstelle, habe verhaften lassen, wies aber auch darauf hin, dass dies nicht genüge. Man solle am besten alles verhaften, was der Form einer Birne gleiche, und auch die Birnen selbst sollten eingesperrt werden. Es gebe unzählige davon auf den Bäumen in Frankreich, und jede sei eine Verbrecherin, die in den Kerker geworfen gehöre, belustigte er sich. Das Gericht war weniger amüsiert und verurteilte den Zeichner zu sechs Monaten Gefängnis.[2]

Das Recht auf freie Meinungsäußerung ist keine Schachtel Pralinen

THE MALTA INDEPENDENT ON SUNDAY, 12. FEBRUAR 2006

Im Oktober 1979 zogen Anhänger der Labour-Partei zum Redaktionsgebäude der *Times* in Valletta, plünderten es und steckten es in Brand mit der Begründung, dass die Zeitung Artikel ver-

2 Alain de Botton: StatusAngst, Frankfurt am Main 2004 (A. i. Orig.).

öffentlicht habe, die beleidigend für die Labour-Partei seien. Diese Demonstranten und die Politiker, die sie anstachelten und anschließend verteidigten, argumentierten genauso und verhielten sich auch genauso wie die Muslime, die gegenwärtig Häuser anzünden und verlangen, dass die Journalisten bestraft werden, die jene berüchtigten Karikaturen veröffentlicht haben.[3] Ich vergleiche diese Vorfälle, weil jedermann diese Parallelen versteht und weil das sehr anschaulich zeigt, dass bei derartigen Gewaltausbrüchen nicht die Religion oder die Politik der gemeinsame Nenner ist, sondern ein primitives Verständnis von Demokratie und Menschenrechten.

All jene, die jetzt zu relativieren versuchen und erklären, dass es falsch gewesen sei, dass die muslimischen Demonstranten zur Gewalt gegriffen haben, dass aber auch die Veröffentlichung der Karikaturen ein Fehler gewesen und eine unnötige Provokation sei, sollten sich die Frage stellen: »War es falsch, dass sich die *Times* kritisch und in satirischer Form über die Labour-Partei geäußert hat, da man bei der Zeitung doch wusste, dass die Labour-Partei undemokratisch ist und keine Kritik verträgt und man daher mit hoher Wahrscheinlichkeit annehmen musste, dass das Gebäude angegriffen werden würde?« Wenn Sie darauf antworten: »Nein, es war kein Fehler der *Times;* es war eindeutig ihr Recht, das sie in Anspruch genommen hat. Die gewalttätigen Demonstranten der Labour-Partei, die das Haus angezündet haben, waren im Unrecht«, dann müssen Sie diese Argumentationslinie auch bei der Einschätzung der gegenwärtigen Situation zur Geltung kommen lassen. In einer Demokratie haben die Religionen keinen höheren Rang als die politischen Parteien – oder sollten zumindest keinen höheren Rang haben –, der es ihnen erlaubt, die Veröffentlichung von Ansichten oder Karikaturen zu unterdrücken, die ihnen nicht

---

3 Als Folge des Abdrucks von Mohammed-Karikaturen in der dänischen Tageszeitung *Jyllands-Posten* am 30. September 2005 sowie des Nachdrucks der Karikaturen in Zeitungen zahlreicher anderer Länder.

gefallen. Wo kommen wir hin, wenn wir uns auf diesen Weg begeben?

Die *Times* war nicht die einzige Organisation, die von den Labour-Anhängern, die sich beleidigt fühlten, angegriffen wurde. Attackiert und verwüstet wurden auch die Zentrale der Nationalistischen Partei, das Haus des Oppositionsführers, zahlreiche Parteibüros der Nationalistischen Partei (in einem wurde ein Mann erschossen), der Justizpalast und der Sitz des Erzbischofs. Darüber hinaus fühlten sich die Parteigänger von Labour auch durch Massenversammlungen von Menschen bedroht, die nicht ihrer Meinung waren, und griffen diese ebenfalls an. Nicht alle Labour-Anhänger verhielten sich gewalttätig, nur ein Teil von ihnen, doch ihr Verhalten gereicht der gesamten Partei zur Schande. Gleiches gilt für die muslimischen Demonstranten, auch für jene, die friedlich demonstrieren und nicht zur Ermordung des Karikaturisten aufrufen oder Gebäude niederbrennen. Ihr Fehler besteht darin, dass sie nicht begreifen, dass sie kein Recht haben, den Europäern, die sich in den vergangenen 500 Jahren Demokratie und Meinungsfreiheit in harten politischen und ideologischen Auseinandersetzungen blutig erkämpft haben, vorzuschreiben, wie sie leben oder ihre Länder regieren sollen. Wenn die Proteste von Muslimen kommen, die schon länger in Europa leben und arbeiten, sind sie umso erschütternder. Sie zeigen einen erschreckenden Mangel an Wissen über die Grundsätze der Demokratie in Europa: dass alle vor dem Gesetz gleich sind und dass niemand aus religiösen oder politischen Gründen einen Sonderstatus beanspruchen kann. Die Gesetze eines europäischen Staates, die sich auf die freie Meinungsäußerung beziehen, gelten für alle Menschen, die innerhalb seiner Grenzen leben und arbeiten. Es kann keine besonderen Gesetze für Muslime oder besondere Gesetze für Christen geben, ohne all jene Errungenschaften zunichtezumachen, die seit der Renaissance in einem schmerzhaften und langwierigen Prozess erreicht wurden.

Angesichts der Geschichte der Labour-Partei in Malta überraschte es mich nicht, dass es ein Labour-Politiker war, der in einem Zeitungsartikel forderte, die Karikaturen zu verbieten, weil sie provozierend und beleidigend gegenüber den Muslimen seien. Gavin Gulia zeigte in seiner Stellungnahme im *Malta Independent,* dass er keine Ahnung hat vom Christentum und von der Bedeutung der Demokratie im Christentum, und er behauptete, Mohammed sei für die Muslime ebenso heilig wie »Jesus Christus und die Jungfrau Maria für die Christen«. Vielleicht sollte ihm jemand erklären, dass die »Jungfrau Maria«, wie er sie liebevoll nennt, nur von den Katholiken verehrt wird, nicht aber auch von den übrigen christlichen Konfessionen. Wenn er sich dann vielleicht etwas eingehender mit dem Thema beschäftigt, wird er entdecken, dass Christentum und Toleranz durchaus miteinander vereinbar sind und sich keineswegs gegenseitig ausschließen, sofern man nicht in einem Dorf auf Gozo oder im amerikanischen »Bibelgürtel« lebt. Sagen Sie, was Sie wollen, Mr. Gulia, ich jedenfalls habe nicht die Absicht, die Häuser von Leuten niederzubrennen, die sich über Jesus Christus lustig machen, und ich rege mich auch überhaupt nicht auf über solche Parodien. Ich kann aber nicht erwarten, dass auch der Rest der Welt meine Ansichten teilt oder seine eigenen aufgibt.

Ferner hat Dr. Gulia geschrieben: »Dass es bei uns im Westen in den vergangenen Jahren üblich geworden ist, unsere grundlegenden Rechte und Freiheiten bis an die Grenzen des Akzeptablen und des rechtlich Zulässigen auszutesten, gibt uns nicht die Berechtigung, gegenüber anderen, die nicht unsere Werte teilen, Zwang auszuüben. Die Annahme, dass es ein ›Recht‹ gebe, unsere Vorstellungen von Freiheit anderen Kulturen und Mentalitäten aufzuzwingen, ist fehlgeleitetes Denken.« Ich fürchte, fehlgeleitetes Denken liegt hier eher bei Mr. Gulia vor. Er sieht anscheinend keinen Widerspruch darin, dass die christlichen Europäer nicht das »Recht« besitzen sollten, »anderen Kulturen und Mentalitäten« ihre Vorstellungen aufzuzwingen, während manche dieser anderen Kulturen und Mentalitäten durchaus das Recht in Anspruch nehmen, ihre Vorstellungen uns aufzuzwingen, in unserem eigenen Land, unter unseren eigenen Gesetzen. Hätte sich Dr. Gulia über kulturellen Kolonialismus geäußert, etwa in der Form, dass westliche Christdemokraten in den Nahen Osten fahren, um dort regimekritische Propaganda zu betreiben und den Menschen, die dort leben, zu sagen, wie falsch sie denken und wie dumm sie sind, dann würde ich ihm wahrscheinlich beipflichten. Aber er schreibt über nichtmuslimische Europäer in ihren eigenen Ländern, wo nur die von ihnen erlassenen Gesetze gelten. Wenn Muslime in Dänemark leben wollen, müssen sie die dänischen Gesetze respektieren. Wenn Muslime in Großbritannien leben wollen, müssen sie die britischen Gesetze respektieren. Diese Gesetze gewährleisten das Recht auf freie Meinungsäußerung für jedermann, weshalb auch niemand diese Muslime daran gehindert hat, durch die Straßen zu ziehen, Beschimpfungen auszustoßen, auf Plakaten die Attentäter des 11. September als große Helden zu feiern und die Vernichtung der westlichen Zivilisation zu fordern, in der sie heute leben und deren Freiheiten sie genießen können, nachdem sie der Unterdrückung und der Armut in ihren muslimischen Heimatländern entronnen sind.

Christopher Hitchins, ein britischer Schriftsteller und Kommentator, hat es sehr schön zusammengefasst: »Hier darf man keinen Millimeter nachgeben, hier gibt es nichts zu verhandeln und hier sind keine Zugeständnisse möglich. Wir, die wir an die Aufklärung und an die freie Rede glauben, haben auch Grundsätze, die nicht zur Disposition stehen. Ständig müssen wir uns anhören, wie Mullahs, die wie Piraten aussehen, unsere jüdischen Freunde Schweine nennen und das Verbot der *Satanischen Verse* verlangen, und all dies empfinden wir als grob verletzend, aber wir verhalten uns nicht wie kleine Kinder. Sie dagegen machen ein kindisches Spektakel daraus. Wir sollten zu ihnen sagen: Wie könnt ihr es wagen, euch so aufzuführen? Meinetwegen können diese Leute für sich selbst Gesetze erlassen und Tabus verhängen, aber das hat nichts mit mir oder mit sonst irgendjemandem zu tun. Diese Leute sind vollkommen gestört. Der entscheidende Fehler, den viele Menschen begehen – Muslime, aber auch christliche Europäer –, besteht darin, dass sie anscheinend glauben, man müsse Muslimen gestatten, nach muslimischen Gesetzen zu leben, anstatt sich an die Gesetze jenes Landes halten zu müssen, in dem sie leben.«

Der Aga Khan, der religiöse Führer der ismailitischen Muslime, gab vor einigen Monaten im *Sunday Telegraph* ein Interview, in dem er eine Einschätzung äußerte, die als eine exakte Widerspiegelung der Reaktionen auf die Karikaturen gelten kann. Er erklärte:»Ich sehe das eher als einen Zusammenstoß der Unwissenheit denn als einen Kampf der Kulturen. Es gibt ein beträchtliches Ausmaß an Unwissenheit zwischen den Kulturen – ich bitte den Plural zu beachten – der islamischen Welt und der nicht-islamischen Welt. Wir Muslime als Teil der Geschichte der Menschheit haben erstaunlicherweise keinen Beitrag geleistet zur Definition dessen, was man in der jüdisch-christlichen Gesellschaft unter einem gebildeten Menschen versteht. ... Ein gebildeter Mensch muss im 21. Jahrhundert in Bezug auf das Grundwissen über die menschliche Gesellschaft auch über ein gewisses Grundwissen über die islamische Welt verfügen. Ich spreche nicht von Religion; ich spreche von der menschlichen Gesellschaft und der menschlichen Zivilisation. Das ist keine Frage der Religion.« Aber umgekehrt gilt auch, dass ein gebildeter Mensch in der islamischen Welt über ein gutes Verständnis der jüdisch-christlichen Welt verfügen sollte. Der Schlüssel ist nicht die Religion, sondern Wissen und Bildung, insbesondere das Wissen darüber – und hier brauchen anscheinend auch einige Malteser noch Nachhilfe –, dass man nicht jene Elemente der Demokratie annehmen kann, die einem zusagen, und die anderen nicht. Das Recht auf freie Meinungsäußerung ist keine Schachtel Pralinen, in die man hineingreifen und aus der man sich herausnehmen kann, was einem besonders gefällt.

Manche Kommentatoren, auch maltesische Politiker, tun sich anscheinend schwer damit, den Unterschied zu erkennen zwischen dem Recht, die Karikaturen zu veröffentlichen, und der Frage, ob es richtig war, es zu tun. Ersteres ist eine Rechtsfrage, Letzteres eine Frage des guten Geschmacks. Dazwischen besteht eine Kluft, denn das Recht erstreckt sich nicht auf den guten Geschmack, es spielt jedoch eine Rolle, wenn es um die freie Meinungsäußerung geht. Um es anhand einer banalen Analogie zu erläutern: Ich habe das Recht, im Bikini auf einer Hochzeit zu erscheinen, und dieses Recht ist mir gesetzlich garantiert, aber es wäre falsch, wenn ich es täte, denn es wäre eine sehr dumme Idee und würde von einem ausgesprochen schlechten Geschmack zeugen. Über die Frage, ob es vernünftig oder angemessen war, diese Karikaturen zu veröffentlichen, lässt sich trefflich streiten, doch dass die Zeitung dazu ein Recht besaß, steht außer Frage. Gott möge verhüten, dass irgendeine Regierung die Errungenschaften unserer europäischen Vorväter durch Gesetze zunichtemacht, die den Bürgern Religionskritik nur nach einer Seite erlauben und andere Religionen oder die Religion überhaupt jeglicher Kritik entziehen.

Die Dänin Sandi Toksvig, die als Schriftstellerin und als Radio- und Fernsehmoderatorin in Großbritannien lebt und arbeitet, hat über diesen Vorfall geschrieben: »Mohammed bildlich darzustellen widerspricht dem islamischen Gesetz, jedoch nicht den Landesgesetzen von Dänemark. ... Der Ministerpräsident hat es deshalb abgelehnt, *Jyllands-Posten* [die Zeitung, die als erste die Mohammed-Karikaturen veröffentlichte] zu zensieren, denn die dänische Regierung besitzt nicht das Recht, ihren Bürgern vorzuschreiben, was sie drucken dürfen und was nicht.

Nun befinden wir uns in der eigenartigen Situation, dass dänische Unternehmen auf der ganzen Welt von wütenden Mobs bedroht werden, aber nur wenige Nachrichtenmedien wagen es, die Karikaturen zu zeigen, mit denen alles begann, weil sie fürchten, dadurch selbst Anstoß zu erregen. Das ist Zensur.«

Sie hat Recht. Wenn europäische Journalisten und Politiker sagen, dass es keine gute Idee gewesen sei, die Karikaturen zu veröffentlichen, und dass es unklug wäre, sie in den eigenen Zeitungen und Ländern nachzudrucken, weil sie »unnötig provozierend« seien, hört man heraus, was sie eigentlich meinen, aber nicht zu sagen wagen: dass die Karikaturen nicht veröffentlicht werden sollten wegen der erschreckenden Reaktionen, die sie bei den Muslimen in ihren Ländern hervorrufen, und weil diese Journalisten und Kommentatoren nicht unter der Todesdrohung durch radikale Muslime leben wollen. Einer der Journalisten, der die Karikaturen nachdruckte, erlebte Vergeltungsmaßnahmen anderer und noch wesentlich hässlicherer Art. Serge Faubert, der Chefredakteur der Zeitung *France-Soir,* veröffentlichte die Karikaturen zusammen mit einem Leitartikel, in dem er schrieb: »Es reicht. Wir müssen uns keine Lektionen erteilen lassen von diesen reaktionären Heuchlern. Nur weil der Koran Abbildungen von Mohammed verbietet, heißt das nicht, dass auch Nicht-Muslime sich diesen Einschränkungen unterwerfen müssen.« Daraufhin feuerte ihn der Eigentümer von *France-Soir,* ein Unternehmer, der auch im Nahen Osten geschäftlich tätig ist. Der Verleger erklärte, er wolle mit der Kündigung »ein starkes Zeichen des Respekts« setzen »für den Glauben und die persönlichen Überzeugungen jedes einzelnen Menschen«, Kritiker dagegen mutmaßten, er habe dadurch nur seine geschäftlichen Interessen in den muslimischen Ländern schützen wollen. Nicolas Sarkozy, der französische Innenminister, verteidigte die Entscheidung von *France-Soir,* die Karikaturen abzudrucken, und zeigte sich empört über den Rausschmiss des Chefredakteurs. Er erklärte:»Wir müssen die Freiheit der Meinungsäußerung verteidigen, und wenn ich zu wählen hätte, würde ich ein Übermaß an Karikaturen gegenüber einem Übermaß an Zensur bevorzugen. Es gibt keinen Grund, eine Religion anders zu behandeln als alle übrigen.«

So weit ist es also gekommen mit der Meinungsfreiheit in Europa: Presse und Medien üben Selbstzensur aus Angst vor gewaltsamen Reaktionen fanatischer Muslime. Stattdessen sollten sie sich zusammentun und diese Leute daran erinnern, dass sie jetzt in einem demokratischen Staat leben und sich an dessen Regeln zu halten haben. Die deutsche Zeitung *Die Welt* druckte die Karikaturen und erklärte dazu: »Im Westen gibt es kein Recht, von Satire abgeschirmt zu werden.« Zwei italienische Zeitungen brachten die Karikaturen auf der Titelseite und verteidigten in ihren Leitartikeln das Recht auf freie Meinungsäußerung. »Hier geht es darum, ob man das Prinzip akzeptiert oder ablehnt, dass es zulässig ist, sich über eine Mentalität, eine Religion oder eine Art des Zugangs zur Spiritualität satirisch oder auch kritisch zu äußern«, schrieb Vittorio Feltri, der Herausgeber der Zeitung *Libero.* »Das Veröffentlichen der Karikaturen ist keine Kampfansage. Es ist keine Provokation. Es ist schlicht die Wahrnehmung unseres Rechts, es zu tun«, schrieb Gianluigi Paragone in *La Padania.*

Ayaan Hirsi Ali, eine aus Somalia stammende niederländische Politikerin, die Todesdrohungen erhielt, weil sie das Skript zu einem islamkritischen Film geschrieben hatte, der den Filmemacher Theo van Gogh das Leben kostete, verlangte, dass noch viel mehr Medien die Karikaturen veröffentlichen sollten. »Das hier ist Europa, und wir haben die Möglichkeit, unsere Gedanken zum Ausdruck zu bringen«, erklärte sie in einer Sendung der *BBC.* Jemand aus Somalia muss uns also daran erinnern, wie kostbar und wie hart erkämpft die Freiheit ist.

Und jetzt möchten einige schlecht beratene oder auch feige europäische Politiker zulassen, dass das Recht auf freie Meinungsäußerung von fanatischen Muslimen in Geiselhaft genommen wird, die nicht einmal für ihre Religionsgemeinschaft repräsentativ sind. Asghar Bukhari, der Vorsitzende des Muslim Public Affairs Committee in Großbritannien, erklärte in *BBC News,* dass die Polizei die Demonstrationen hätte auflösen sollen, weil die Demonstranten zur Gewalt aufriefen. »Die Plakate und die Parolen waren skandalös und widerwärtig«, sagte er. »Ich verurteile sie uneingeschränkt. Diese Leute sind genauso wenig repräsentativ für die Muslime wie die British National Party [eine rechtsextremistische Organisation] für das britische Volk.« Die Polizei stoppte die Demonstrationen nicht, weil das Recht auf freie Meinungsäußerung in Großbritannien einen hohen Rang besitzt. Ohne sich der Ironie bewusst zu sein, benutzten die Demonstranten dieses Recht, um die Forderung zu erheben, andere zum Schweigen zu bringen.

###

Auch der Vatikan beklagte die Gewalt – natürlich, wieso sollte er nicht? –, stellte jedoch fest, dass bestimmte Formen der Kritik eine »unakzeptable Provokation« seien. Er erklärte: »Die Gedankenfreiheit und das Recht der freien Meinungsäußerung können nicht auch das Recht beinhalten, die religiösen Empfindungen von Gläubigen zu verletzen.« Die Meinung des Vatikans in dieser Frage müssen wir jedoch nicht allzu ernst nehmen in Anbetracht seiner langen Geschichte religiöser Zensur, seiner fortgesetzten Versuche, jegliche Veröffentlichungen zu unterdrücken, die dem Katholizismus als anstößig erschienen, und seinem umfangreichen Index verbotener Bücher. Gerade weil Malta noch bis vor Kurzem unter der unerbittlichen Strenge der religiösen Zensur zu leiden hatte und die Regierung gewissermaßen als Helfershelferin des Vatikans auftrat, können viele Malteser nicht verstehen, dass in der freien Welt keine Regierung und keine Kirche das Recht besitzen sollte, den Menschen vorzuschreiben, was sie drucken oder lesen dürfen und welche

Filme sie sehen dürfen, sofern dies den relativ engen Rahmen
der Gesetze gegen Verleumdung nicht überschreitet. Noch vor
25 Jahren meinte die katholische Kirche, sie habe das Recht,
uns zu verbieten, den Roman *Die Dornenvögel* zu lesen oder die
darauf beruhende Fernsehserie anzuschauen, denn darin ging
es um einen Kardinal, der eine Affäre hatte - eine Affäre mit
einer Frau, muss ich hinzufügen, nicht mit einem Mann oder
einem zehnjährigen Jungen. Heute würde sie es nicht mehr
wagen, dergleichen zu verlangen, weil sie begriffen hat, dass
man sie auslachen würde. Wir sollten nicht überrascht sein darüber, dass sich die Muslime freiwillig religiöser Unterdrückung
unterwerfen oder sie sogar freudig begrüßen, weil wir das früher auch getan haben. Die vom Staat garantierte Freiheit der
Meinungsäußerung schützt den Einzelnen vor den Übergriffen
der Religionen, die ihre Macht durchsetzen und ihre Herrschaft
über die Gesellschaft aufrechterhalten wollen. Nicht zuletzt deshalb haben wir schließlich in Malta die Unterdrückung durch
die katholische Kirche abgeschüttelt, die sich in sämtliche Bereiche unseres Lebens einzumischen versuchte, und nicht zuletzt deshalb haben wir auch das Joch einer politischen Partei
abgeworfen, die der Meinung war, die beste Art des Umgangs
mit Andersdenkenden bestünde darin, ihre Gebäude niederzubrennen und sie zur Unterwerfung zu zwingen.

[Ohne Titel]

THE MALTA INDEPENDENT ONLINE, 26. NOVEMBER 2006

Die Leute von Wladimir Putin sagen, es sei »verrückt« anzunehmen, dass der russische Präsident mit dem Giftmord an Alexander Litwinenko etwas zu tun haben könnte. Verrückt? Dass
Putin und seine Agenten verdächtigt werden, bei diesem Mord
ihre Hände im Spiel gehabt zu haben, ist schon beunruhigend
genug. Wenn die Leute glauben, dass man etwas angestellt haben

könnte, dann müssen sie dem Betreffenden auch zutrauen, dass er dazu imstande wäre.

Gegenwärtig ist Putin Gast beim großen Treffen der EU-Staatslenker, und dadurch ist jetzt eine missliche Situation entstanden. Man kann ihn nicht wieder ausladen, denn die Verdächtigungen sind genau das - Verdächtigungen eben -, und durch seine Sprecher hat Putin jegliche Beteiligung an dem Verbrechen dementieren lassen. Zugleich aber sind diese Verdächtigungen in der Welt, und in den Medien wurde darüber spekuliert, ob Putin sich, wenn er sich mit den europäischen Staatsführern trifft, vielleicht »peinlichen Fragen« wegen des Todes von Litwinenko werde stellen müssen. Aber kümmert ihn das? Ich glaube, die Europäer machen einen kleinen Fehler, wenn sie meinen, Putin würde sich in irgendeiner Weise darum scheren. Der Mann kommt schließlich aus Russland, nicht aus Stockholm. Er wird ohne Skrupel und ohne einen Anflug von Scham zu dem Treffen erscheinen. Dann werden die übrigen Konferenzteilnehmer nervös herumzappeln, an ihren Krawatten nesteln und einen besorgten Gesichtsausdruck zur Schau stellen, etwa in der Art »Sind Sie sicher, dass Sie nichts mit dieser schlimmen Sache zu tun haben?«, wie die Mitglieder irgendeines steifen Clubs, die vor dem verwirrenden Problem stehen, wie sie mit einem Gast umgehen sollen, der gerade den Kellner angespuckt hat, weil das Essen kalt war.

Wir stecken weltweit in einer Diskussion darüber, ob der Präsident einer der reichsten und mächtigsten Nationen den Auftrag erteilt hat, einen seiner zahlreichen Feinde zu ermorden, und Putin macht ungerührt weiter wie gehabt. Das zeigt deutlicher als alles andere, was sich seit dem Fall der Berliner Mauer verändert hat, dass Russland ein andersartiges, geheimnisumwittertes Land ist, in dem die Normen des Rechts und der Demokratie wenig zählen, ein Wilder Osten, der in mancherlei Hinsicht dem Wilden Westen in den frühen Tagen der Pionierzeit in Amerika ähnelt. Die ehemaligen sowjetischen Satellitenstaaten haben sich dem Rest des demokratischen Europas angenähert und sind mittlerweile als Mitglieder der Europäischen Union in diese Normalität fest eingebunden. Doch Russland, das kein europäisches Land ist, sondern sich über zwei Kontinente erstreckt und ungefähr hundert verschiedene Kulturen umfasst, ist eine Welt für sich. Es ist eine eigenartig geschlossene Welt, in der der Präsident gewissermaßen als geistiger Erbe von Lukrezia Borgia erscheint, und das wird von den Menschen, über die er herrscht, als eine unumstößliche Tatsache hingenommen: Der Präsident mag Menschen ermorden lassen, aber man kann es nicht beweisen und man kann auch nichts dagegen unternehmen, und außerdem streitet er stets immer alles ab.

Es klingt wie eine Geschichte von John Le Carré. Ein ehemaliger russischer Agent, der erst vergangenen Monat die britische Staatsbürgerschaft erworben hat, nachdem er in London Zuflucht gesucht hatte vor der Verfolgung durch den Präsidenten und die Regierung, die er erbittert bekämpfte und kritisierte, stirbt einen langsamen und qualvollen Tod durch ein mysteriöses Gift. Die besten britischen Ärzte und Giftspezialisten können nicht herausfinden, um welche tödliche Substanz es sich handelt, haben jedoch das Schwermetall Thallium und radioaktive Verstrahlung ausgeschlossen. Einer von ihnen meinte sogar, man werde das Gift vielleicht nie identifizieren können. Unterdessen beschuldigen Freunde des Todkranken, der bleich und kahlköpfig in seinem Krankenbett auf der Intensivstation liegend in den Medien gezeigt wird, »böse Mächte« in Russland, ihn aus Rache ermordet zu haben. Diese bösen Mächte erwidern darauf, es wäre vollkommen abwegig anzunehmen, dass der Kreml - jahrzehntelang der Inbegriff unaussprechlichen Übels - solche Machenschaften ins Werk gesetzt haben könnte.

Das ist das zweite Mal innerhalb weniger Wochen, dass der russische Präsident und der Kreml sich derartigen Anschuldigungen ausgesetzt sehen. Als im vergangenen Monat Anna

Politkowskaja ermordet wurde, vermutete man vielfach, dass Putins Hände die Fäden jener Hände gezogen haben könnten, die schließlich den Abzug betätigten. Politkowskaja war eine der bekanntesten Journalistinnen in Russland und eine der bekanntesten russischen Journalistinnen der Welt. Ihr Hauptthema war der »schmutzige Krieg« Russlands in Tschetschenien. Die großen Medien befassen sich schon lange nicht mehr mit diesem Thema: Tschetschenien ist zu gefährlich für ausländische Korrespondenten, die Vorgänge sind für die Leser und die Zuschauer zu schwer zu verstehen, und Tschetschenien selbst ist viel zu undurchsichtig. Politkowskaja kritisierte wiederholt die russischen Behörden wegen des Leidens und der Unmenschlichkeit in Tschetschenien und erhielt mehrere internationale Auszeichnungen für ihre Arbeit, in ihrem Heimatland dagegen erntete sie dafür nur Drohungen, Verhaftungen und Giftanschläge. Mit seiner Vorliebe für Gift als effizientem Mittel zur Beseitigung von Feinden hat Russland diese Technik ähnlich wie das Italien der Renaissance-Zeit zu einer Schwarzen Kunst entwickelt. Erinnert sei auch an das rasche Ableben des bulgarischen Dissidenten Georgi Markow, der 1978 beim Überqueren der Waterloo Bridge in London einen Stich mit der vergifteten Spitze eines Regenschirms erhielt. Auch dieser Anschlag hätte durch einen Roman von John Le Carré inspiriert worden sein können.

Politkowskaja war nicht die erste russische Journalistin, die seit Putins Machtantritt vor sechs Jahren aus politisch gefärbten Motiven ermordet wurde. Alle diese Verbrechen blieben natürlich unaufgeklärt. Welcher Polizist oder Staatsanwalt würde es wagen, Ermittlungen aufzunehmen oder anzuordnen, diese konsequent voranzutreiben, und dadurch sein eigenes Leben aufs Spiel zu setzen? Den Job und das Einkommen zu riskieren, ist die eine Sache; das eigene Leben in Gefahr zu bringen, ist etwas anderes. Einige dieser Morde wurden mit den Interessen der russischen Mafia und mit den Oligarchen in Zusammenhang gebracht, die zu Reichtum gelangten, als sie sich nach dem Untergang des Kommunismus – ganz in der Manier des Wilden Ostens – staatliche Vermögenswerte unter den Nagel rissen.

Der Unterschied im Fall Politkowskaja bestand darin, dass hier keine Anstrengungen unternommen wurden, zu vertuschen, warum und wie die Tat begangen wurde, oder sie als Überfall zu tarnen. Die Journalistin wurde im Lift zu ihrer Wohnung erschossen, am helllichten Tag, und die Tatwaffe wurde neben ihrer Leiche liegen gelassen. Das ist die übliche Praxis russischer Auftragskiller, aber hier liegt der Haken. Politkowskaja hatte nie über die Mafia, über die Oligarchen oder kriminelle Geschäftsleute aus der Provinz geschrieben. Ihre Kritik richtete sich nahezu ausschließlich gegen Wladimir Putin und seine Leute.

Nicht nur Politkowskaja starb an diesem Tag. Durch den Mord sollte nicht nur sie selbst zum Schweigen gebracht werden, er sollte auch dazu dienen, alle anderen Journalisten einzuschüchtern, die sich vielleicht mit ähnlichen Absichten trugen und in entschiedener Opposition zu Putin und seinen Freunden standen. Auch wenn Putin nichts mit dem Mord zu tun hat, genügt es schon, dass viele Menschen denken, er könnte dahinterstecken, um für vollkommene Ruhe zu sorgen. Die Kolumnistin Anne Applebaum von der *Washington Post* schrieb nach dem Mord:»Wie die russische (und die osteuropäische) Geschichte zeigt, ist es nicht immer notwendig, Millionen von Menschen umzubringen, um andere einzuschüchtern. Ein paar gezielte Anschläge, zur richtigen Zeit und am richtigen Ort, genügen in der Regel. Seit der Inhaftierung des Ölmagnaten Michail Chodorkowsky im Jahr 2003 hat kein russischer Oligarch mehr versucht, auch nur den Anschein politischen Abweichlertums oder eigener politischer Bestrebungen zu erwecken. Nach der Ermordung von Politkowskaja ist es nur schwer vorstellbar, dass viele russische Journalisten in ihre Fußstapfen treten und ihr nach Grosny folgen.«

Michail Chodorkowsky - nun, das war ein weiterer schlimmer Fall, und abermals wurde hierbei Putins Name nicht in den Dreck gezogen. Wenn man sich eines politischen Gegners entledigen will, muss man nur ein paar Anschuldigungen gegen ihn fabrizieren, einen Gerichtsprozess durchziehen und ihn zu mehrjähriger Zwangsarbeit in einem sibirischen Straflager verurteilen (ja, solche Lager gibt es nach wie vor, auch noch Jahrzehnte nach Solschenizyns Tod).

Es gibt bereits eine Internetseite, auf der Fotos von »Volksfeinden« - russische Journalisten und Menschenrechtsaktivisten - und nähere Angaben über sie zu finden sind. Über jedem Foto steht das Geburtsjahr der Person, darunter ist eine leere Stelle für die Eintragung des Sterbejahres.

###

Während der Irak und der Iran im Bewusstsein der Europäer und der Nordamerikaner einen wichtigen Platz einnehmen, rückt Russland in den Hintergrund - eine riesige, unbekannte Landmasse, unergründlich und eigentlich nicht der Beschäftigung wert. Zudem gibt es die eigenartige Auffassung, dass seit dem Ende des Kalten Kriegs und der Einbindung der Völker hinter dem ehemaligen Eisernen Vorhang in die westlich geprägte Demokratie auch Russland gewissermaßen »zu uns gehört«. Doch Russland ist anders. Es ist nicht Ungarn oder Tschechien. Es ist nicht einmal Bulgarien oder Rumänien. Es ist immer noch »anders«. Es ist ein Land, in dem ethnische Minderheiten unterdrückt und Menschen gefoltert werden und die Presse nicht durch repressive Gesetze, sondern durch wesentlich effizientere Methoden wie die Ermordung von Journalisten zum Schweigen gebracht wird; ein Land, in dem man den Präsidenten abscheulicher Verbrechen gegen die Demokratie und das menschliche Leben verdächtigt, während Europa gleichzeitig immer stärker von russischem Öl und Gas abhängig wird.

Der Kalte Krieg mag vorbei sein, aber Russland ist noch immer ein Ort wie aus einem Spionageroman der Siebzigerjahre, mit mörderischen Machenschaften und dem üblen Zusammenwirken korrupter politischer Interessen mit räuberischen, raffgierigen Oligarchen, deren Gier nur noch durch ihre absolute Unmoral übertroffen wird. Dies mag eine Karikatur oder ein Klischee sein, doch die Nachrichten, die heute aus Russland zu uns gelangen, sind nicht dazu angetan, diesen Eindruck zu widerlegen.

Der Iran und der Irak werden von den Europäern gefürchtet wegen ihrer extremen religiösen Auslegung der Moral, die in direktem Widerspruch steht zu der humanistischen Moral der europäischen Kultur. Russland andererseits wirkt beunruhigend, weil es anscheinend überhaupt keine Moral besitzt. Wir haben es mit einem amoralischen Staat zu tun – nicht mit einem unmoralischen wie China –, und wir wissen nicht, wie wir damit umgehen sollen. Im Kalten Krieg haben wir die Kommunisten für die Amoralität verantwortlich gemacht. Heute können wir die Schuld nicht mehr dem Kommunismus zuschieben.

Der wahre Test der Freiheit

THE MALTA INDEPENDENT, 16. DEZEMBER 2010

Was all die hehren Worte über freie Meinungsäußerung und bürgerliche Freiheiten wirklich wert sind, das wird offenkundig, wenn diese Ideale bis an ihre Grenzen getrieben werden. Die Vorgänge und Ereignisse um Julian Assange zeigen, dass zwischen China und den USA, wenn es hart auf hart kommt, nur ein gradueller Unterschied besteht. China beginnt bereits an Punkt A mit der Unterdrückung und Verfolgung der Bürger, während die USA damit bis Punkt Z warten.

Die Verfolgung von Assange hat alle jene von uns entsetzt und fassungslos gemacht, die noch immer glaubten, dass die Zeit der Hexenjagden im freiheitsliebenden Amerika und im noch viel liberaleren Europa endgültig vorüber wären. Ja, Europa ist wesentlich liberaler im Umgang mit bürgerlichen Rechten und dem Schutz der Privatsphäre als die USA mit ihrer Betonung des Konformismus und der beinahe faschistoiden Verschmelzung von Staat und Nation.

Einige amerikanische Politiker haben verlangt, Assange zu jagen und zu töten. Ihnen ist anscheinend nicht bewusst, dass sie damit dieselbe Gesinnung an den Tag legen wie die extremistischen islamischen Geistlichen, die sie verabscheuen und verachten.

Unter dem gleißenden Licht der internationalen Medien und vielleicht auch unter diplomatischem Druck hat Europa leider keine gute Figur abgegeben. Schweden hat unter Berufung auf konstruierte Vergewaltigungsvorwürfe, über die man auf jeder Polizeiwache lachen würde, die Auslieferung von Assange verlangt, als hätte er auf der Straße Frauen gewaltsam zu Boden geworfen und sie mit vorgehaltenem Messer vergewaltigt.

England hat ihn in Untersuchungshaft genommen und ihm dann vorübergehende Haftverschonung gewährt. Was man Assange schlimmstenfalls vorwerfen kann, ist sexueller Opportunismus. Er hat mit einer der Frauen geschlafen, die ihn beschuldigen, nachdem sie ihm auf einer Konferenz Avancen machte und ihn zum Essen in ihre Wohnung einlud. Am nächsten Tag schlief er mit einer anderen Frau, die auch an dieser Konferenz teilnahm und ihm ebenfalls Interesse signalisierte. Die beiden Frauen erhielten Kenntnis voneinander, tauschten sich aus und beschlossen, Assange bei der Polizei wegen Vergewaltigung anzuzeigen. Und mit welcher Begründung? Er habe kein Kondom verwendet und hätte sie mit einer Krankheit anstecken können. Zudem gab eine der Frauen an, er habe sie während des Geschlechtsverkehrs »mit dem Gewicht seines

Körpers nach unten gedrückt«. Vielleicht sollten Männer, die an einer Tagung teilnehmen und einem Quickie nicht abgeneigt sind, folgende Lehre beherzigen: Sorge dafür, dass die Frau oben ist.

Bei diesem Schauspiel, in dem der demokratische Westen mit allen ihm zu Gebote stehenden Mitteln einen Einzelnen verfolgt, ist das Schlimmste, dass wir dadurch unsere moralische Überlegenheit verlieren. Wir können nicht mehr mit dem Finger auf China zeigen und dessen Verhalten verurteilen, weil alles, worauf die Chinesen zu Recht verweisen, eine Frage des graduellen Unterschieds ist. Was die Vereinigten Staaten mit Unterstützung einiger europäischer Länder mit Julian Assange anstellen, ist im Kern nichts anderes als das, was China mit seinen Dissidenten macht. Assange hat Glück, dass er nicht US-amerikanischer Staatsbürger ist. Man mag sich gar nicht vorstellen, wie es ihm in diesem Fall bis jetzt ergangen wäre. Ich sage das, obwohl ich ein großer Fan der USA bin – jetzt aber ein bitter enttäuschter Fan.

All dies hätte zu keinem ungünstigeren Zeitpunkt geschehen können, da gerade der Nobelpreis für Literatur in Abwesenheit an den chinesischen Schriftsteller und Menschenrechtler Liu Xiaobo verliehen wurde, der eine elfjährige Haftstrafe wegen »Untergrabung der Staatsgewalt« verbüßt, wie die chinesischen Behörden sein Vergehen nannten. Genau dies würden auch die USA gern mit Julian Assange tun. Auch die Anschuldigung ist die gleiche. Nur die Definition ist unterschiedlich; es ist, wie gesagt, eine Frage des graduellen Unterschieds.

Wenn die Panik abgeklungen ist, werden die Vereinigten Staaten vielleicht erkennen, wie sie durch dieses Vorgehen ihre Position als bedeutendster Verfechter der individuellen Freiheit, die sie für sich reklamieren, selbst untergraben haben. Sie haben die wohlbegründete Vermutung bestätigt, dass die individuelle Freiheit dort endet, wo die Interessen der USA ins Spiel kommen. Aber ich finde auch das Verhalten von Assange nicht gut. Ich unterscheide zwischen seinen Handlungen und Entscheidungen und der Art und Weise, wie er dafür verfolgt wird. Wie man ihn behandelt, ist abscheulich und beunruhigend. Ich billige sein Verhalten nicht, weil auch er seine eigene Position untergraben hat. Es besteht ein Riesenunterschied zwischen der unerlaubten Veröffentlichung eines Dokuments, das von öffentlichem Interesse ist - eine zielgerichtete und relevante Handlung -, und dem massenhaften Hochladen von Hunderttausenden von Dokumenten ins Internet, die meisten davon belanglos und irrelevant, nur um zu zeigen, dass man das kann. Das ist eine Form von Vandalismus, eine Machtdemonstration. Es hat etwas Kindisches.

Doch wie Julian Assange nun gejagt wird, das ist nicht mehr kindisch. Es ist Angst einflößend. In dieser Verfolgung klingt ein jahrhundertealtes Echo an, das viele anscheinend gar nicht wahrnehmen: Vorwürfe sexueller Abartigkeit werden benutzt, um sich einer unbequemen Person zu entledigen. Wenn Amerika Julian Assange auf dem Scheiterhaufen verbrennen könnte, würde es das tun. Das ist das wirklich Erschütternde an dieser Situation: Wenn es darum geht, Leute auszuschalten, die uns Unannehmlichkeiten bereiten, dann sind wir uns alle selbst der Nächste. Es ist eine Frage des graduellen Unterschieds. China hat Liu Xiaobo eingekerkert, und die USA versuchen dasselbe mit Julian Assange.

Die Ermordung von James Foley

THE MALTA INDEPENDENT ON SUNDAY, 24. AUGUST 2014

Ich habe in den vergangenen Tagen oft an James Foley gedacht, zum Teil auch deswegen, weil man sich nur schwer den Debatten in den internationalen Medien darüber entziehen kann, was seine Ermordung durch IS-Terroristen (manche sprechen von »Hinrichtung«, es ist aber ein Mord) für die zivilisierte Welt bedeutet.

Man sollte aber auch darüber sprechen, was all dies für James Foley selbst bedeutete und für seine Familie (er hinterlässt seine Eltern und vier Geschwister), aber das ist nicht geschehen – vor allem weil er in den letzten Jahren als Geisel gehalten wurde und nicht mehr im Fokus der Medien stand, aber auch weil seine Familie das Rampenlicht meiden wollte. Das ist nicht ungewöhnlich.

In der Vergangenheit wurden schon viele Amerikaner und Europäer im Nahen Osten von Terroristen zur Erpressung von Lösegeld entführt, doch ihre Familien wünschten nicht, dass die Namen der Geiseln öffentlich bekanntgegeben wurden. Ob dies auf Anraten der jeweiligen Regierungen geschah oder aus persönlichen Befürchtungen, ist unklar.

Foley wurde im November vor zwei Jahren von bewaffneten Männern entführt, die in das Internetcafé stürmten, in dem er seine letzte Lieferung von Fotos an die Zeitung *Global Post* verschickte. Man sah ihn erst in einem vor einigen Tagen hochgeladenen YouTube-Video wieder, das zeigte, wie ihm mit einem Messer die Kehle durchgeschnitten wurde. Der Mord und der Kontext, in dem das Video aufgenommen und gesendet wurde, sind derart barbarisch, dass man sich mit Schaudern abwendet. Der Papst, sich wohl der Tatsache bewusst, dass dies kein gewöhnlicher Mord war, und vielleicht auch, um die Welt daran zu erinnern, dass hinter der Nachricht eine persönliche Tragödie steht, rief die Familie Foleys an. Die Nachrichtenwelt wird sich bald wieder anderen Themen zuwenden, sie aber nicht.

Ein wichtiger Aspekt, auf den auch in der Debatte hingewiesen wurde, besteht darin, dass Kriegsfürsten und Anführer rivalisierender Gruppen in der Vergangenheit Journalisten in der Regel unversehrt ließen, weil sie sie brauchten, um ihre Botschaften und ihre Sichtweisen in der Welt zu verbreiten. Heute dagegen brauchen sie die Journalisten nicht mehr. Das Internet bietet ihnen eine perfekte Plattform zur Verbreitung ihrer Botschaften, die sie nach Belieben kontrollieren können. Vor allem YouTube ist nützlich – es stellt ein Medium bereit, auf das man

Mordvideos hochladen kann. Früher waren Terroristen oder Kriegsfürsten, die Geiseln nahmen, darauf angewiesen, dass Journalisten die Geiseln dabei filmten, wie sie Forderungen oder Bitten um Hilfe vorlasen und dabei eine aktuelle Tageszeitung in die Kamera hielten, um das Datum der Aufnahme zu bestätigen. Heute braucht es dazu keine Journalisten mehr, die Journalisten werden vielmehr selbst zu wertvollen Geiseln. Journalisten sind in diesem Zusammenhang wesentlich bedeutsamer als andere Personen, und ihre Entführung und Ermordung zeigen die grundlegenden Unterschiede auf zwischen den Barbaren, die anderen ihre Herrschaft aufzwingen wollen, und den Werten des freien Westens. Die Botschaft, die durch die Ermordung von Journalisten verbreitet werden soll, lautet:»Eure Werte sind nicht unsere Werte.«

Es wurde viel darüber diskutiert, ob man Lösegeld zahlen solle für entführte Geiseln wie James Foley. Die USA und Großbritannien verfolgen die klare Linie, dass sie niemals Lösegeld zahlen. Der IS hat für Foley hundert Millionen Dollar verlangt, hat sie aber nicht bekommen. Es war klar, dass die Terroristen das Geld nicht erhalten würden, und daher lautete die große Frage, warum sie Foley so lange festhielten, bis sie ihn schließlich auf diese grausame, spektakuläre Weise umbrachten. Eine andere amerikanische Geisel, die ebenfalls kurz in dem Video zu sehen war, wurde auch lange Zeit festgehalten. Sie wissen, dass sie für den Mann kein Geld kriegen werden, also werden sie ihn wahrscheinlich ebenfalls umbringen.

Die amerikanische und britische Haltung ist vernünftig – wenn man sie rein pragmatisch betrachtet, was direkt Betroffene aber wahrscheinlich anders sehen werden. Die europäischen Regierungen haben bisher rund 125 Millionen US-Dollar für ihre Staatsbürger gezahlt, die im Nahen Osten von terroristischen Gruppen und kriegerischen Milizen, wozu auch der IS gehört, verschleppt wurden, und der entsprechende politische Druck aus den Heimatländern ist zweifellos sehr stark. Doch dadurch wird die Krise nur dramatisch verschärft. Wenn man zeigt, dass man bereit ist, für die Freilassung eigener Staatsbürger Geld zu zahlen, schafft man gewissermaßen einen Markt, in dem es zu weiteren Entführungen zum Zweck der Erpressung von Lösegeld kommt. Darüber hinaus verschafft man dem IS und anderen Kriegsfürsten wertvolle ausländische Devisen, die sie zum Kauf von Waffen verwenden können, und stärkt sie dadurch. Das ist natürlich in der einen wie der anderen Weise eine albtraumhafte Situation. Soll man dem europäischen Ansatz folgen und die Rettung der Entführten in den Vordergrund stellen, ohne die dadurch entstehenden weiteren Probleme zu berücksichtigen, oder ist der amerikanisch/britische Ansatz sinnvoller, stets das Gesamtbild im Blick zu behalten, auch wenn das bedeutet, dass Menschenleben geopfert werden?

Charlie Hebdo: Ein Anrgiff auf die Werte Europas

THE MALTA INDEPENDENT, 8. JANUAR 2015

Die beherrschende Nachricht ist im Augenblick zweifellos der mörderische Anschlag auf das Büro der Pariser Satirezeitschrift *Charlie Hebdo,* der sich gestern ereignete.

Mindestens zwölf Menschen, darunter zwei Polizisten vor dem Gebäude, wurden ermordet und weitere sieben verletzt, als zwei maskierte Männer in das Haus stürmten und mit Kalaschnikows um sich zu schießen begannen. Sie riefen: »Wir haben den Propheten gerächt«, dabei hatte die Zeitschrift schon vor mehr als drei Jahren letztmalig Karikaturen über den Begründer des Islams veröffentlicht, wonach am folgenden Tag ein Anschlag mit Brandbomben auf ihr Büro verübt wurde. Der Überfall steht wahrscheinlich eher mit dem letzten Tweet auf dem Twitter-Account von *Charlie Hebdo* in Zusammenhang, in dem eine Karikatur von Abu Bakr al-Baghdadi gezeigt wurde, des

Chefs des Islamischen Staates (IS), der Terrororganisation, die früher unter dem Namen ISIS bekannt war. Der französische Staatspräsident François Hollande bezeichnete den Anschlag zutreffend als einen Angriff auf die Freiheit. Mit voller Absicht Journalisten niederzuschießen, ist etwas anderes, als auf Lehrer oder Angestellte zu schießen. Immer sollen Menschen ermordet werden, doch im Fall der Journalisten ist der Mord nicht ein Zweck an sich, sondern ein Angriff auf einen der am höchsten geachteten Werte Europas: das Recht auf freie Meinungsäußerung.

Es ist kein Zufall, dass besonders zwei Gruppen von Journalisten (und von Zeitungen und Zeitschriften) ins Visier geraten: investigative Journalisten und satirische Journalisten. Wenn Erstere ermordet oder auf andere Weise attackiert werden, steckt hinter dem Angriff stets eine Person oder eine Gruppe, über die die betroffenen Journalisten Recherchen angestellt haben. Mit anderen Worten, die Person, die einen Mord plant und organisiert, hat stets ein starkes unmittelbares Interesse daran, den betreffenden Journalisten durch Mord zu stoppen, was letztlich auch dazu dient, andere einzuschüchtern. Wenn es satirische Journalisten oder Zeitschriften trifft, handelt es sich bei den Tätern stets um Leute, die die Freiheit der Meinungsäußerung nicht als ein unverzichtbares Menschenrecht und als einen zentralen Wert der europäischen Gesellschaft akzeptieren können. Menschen mit einer totalitären Denkweise sind vollkommen unfähig, Satire zu verstehen oder ihre grundlegende Bedeutung für die freie Meinungsäußerung und das Leben in Europa zu begreifen.

Jede Art von satirischem Spott erscheint ihnen als eine grobe Beleidigung, als eine Verletzung der Ehre und ist für sie völlig unakzeptabel. Wir müssen gar nicht weit in die Ferne schweifen – jedenfalls nicht bis nach Paris, wenn wir Mitglieder des Islamischen Staats oder andere pseudoreligiöse Fanatiker finden wollen. Malta ist voll mit solchen Menschen. Ihre Geisteshaltung ist gar nicht viel anders, und obgleich sie persönlich keine Brandbomben in Büros werfen oder Menschen ermorden würden, fordern sie, dass Journalisten »zum Schweigen gebracht« werden sollen.

Sie sagen nicht, in welcher Form diese Journalisten zum Verstummen gebracht werden sollen oder warum sie es in einem zivilisierten Europa für ein vertretbares und erstrebenswertes Ziel halten, Journalisten den Mund zu verbieten.

Bis jetzt - ich schreibe diesen Text einige Minuten nach Mitternacht - hat sich noch kein maltesischer Politiker öffentlich über die grauenhaften Morde bei *Charlie Hebdo* geäußert oder auf die möglichen Folgen dieses Verbrechens hingewiesen. Ich entsinne mich, als in Dänemark die Veröffentlichung der Karikaturen über den Propheten Mohammed heftige öffentliche Kontroversen und Aufrufe zur Gewalt (mit viel tatsächlich auftretender Gewalt) auslöste, haben mehrere maltesische Politiker ihre Einschätzungen zu dem Vorgang abgegeben, als sie danach gefragt wurden. Die Dänen, so erklärten sie, hätten diese Karikaturen nicht drucken sollen, denn das musste böses Blut geben, und jetzt sehe man ja, was passiert sei. Ich erinnere mich, dass ich fürchterlich wütend war, als ich diese Kommentare las. Sie waren unglaublich dumm.

All diese Gewalt und die Drohungen zielen darauf, die Europäer durch die Angst vor Konsequenzen dazu zu bringen, ihr Verhalten zu ändern. In der europäischen Kultur werden Satire, Kritik und Spott durch nichts beschränkt ... und auch nicht die bildliche Darstellung (sofern es dabei nicht um kriminelle Vergehen wie etwa Kinderpornografie handelt). Aber jetzt gibt es einige Europäer, die uns sagen wollen, es wäre am besten, wir verzichteten darauf, uns über bestimmte Leute oder Themen satirisch zu äußern oder sie zum Gegenstand des Spotts zu machen, weil wir sonst ermordet werden könnten oder mit Brandbomben-Anschlägen rechnen müssten.

Dann gibt es andere Europäer, die aufgrund eines katastrophalen Mangels an Vorstellungsvermögen meinen, es wäre falsch, sich über den Propheten Mohammed lustig zu machen und ihn bildlich darzustellen, weil dies der Islam nicht erlaube, oder über den Islam Witze zu machen, weil Witze über Religionen vollkommen inakzeptabel seien.

Doch die in Europa geltende Religionsfreiheit geht einher mit dem Recht und der Pflicht, Kritik zu üben, wenn wir diese für angebracht halten, und dazu gehört auch der Spott. Lange Zeit sind die Europäer davor zurückgeschreckt wegen der schlimmen Dinge, die den Juden unter der Nazi-Herrschaft widerfahren sind, aber das war kein Spott. Das waren keine Witze. Und das war auch keine Satire.

Der Wirtschaftsminister und sein »politischer Berater« haben meine Konten einfrieren lassen: meine Stellungnahme für die Medien

RUNNING COMMENTARY, 8. FEBRUAR 2017, 16.47 UHR

Der stellvertretende Vorsitzende der Labour-Partei und Wirtschaftsminister Christian Cardona und sein Politischer Koordinator für die EU-Präsidentschaft, Joseph Gerada, haben wegen verschiedener Artikel, die auf meiner Internetseite www.daphnecaruanagalizia.com erschienen waren, jeweils zwei Verleumdungsklagen gegen mich eingereicht. In diesen Artikeln wurde berichtet, dass beide Männer vergangene Woche auf einer dienstlichen Reise, die sie als Gäste der deutschen Regierung unternahmen, ein Bordell in der deutschen Stadt Velbert besuchten, wo sie in Gesellschaft einer anderen maltesischen Persönlichkeit gesehen wurden. Die Klagen wurden mir bislang nicht zugestellt, und ich weiß daher nicht, auf welcher konkreten Grundlage mich der Wirtschaftsminister und sein Politikberater verklagt haben.

Heute haben beide Männer eine außergewöhnliche Maßnahme ergriffen und einstweilige Anordnungen bezüglich meiner Kontoguthaben erwirkt, mit denen die maximal zu entrichtenden Schadensersatzzahlungen abgedeckt werden sollen, die sie erhalten würden, wenn sie in allen vier Fällen gewinnen würden: 11 865 Euro × 4 = 47 460 Euro. Daraufhin wurden meine Bankkonten bis zu diesem Betrag eingefroren, und diese Kontensperre soll auch bestehen bleiben, bis der Fall irgendwann in vielen Jahren abgeschlossen werden wird.

Darüber hinaus hat der Wirtschaftsminister in dem Fernsehsender, der jener politischen Partei gehört, deren stellvertretender Vorsitzender er ist, die Absicht verkündet, weitere Klagen gegen mich anzustrengen. Daraus lässt sich ableiten, dass er mit jeder dieser Klagen eine einstweilige Anordnung über weitere 11 865 Euro erwirken wird. Das bedeutet, wenn er weitere zehn Klagen einreicht für zehn Artikel oder Blogeinträge, kann er mein gesamtes gegenwärtiges und zukünftiges privates Vermögen einfrieren, und zwar für die Dauer des Verfahrens, was sich in Bezug auf diese zehn Texte auf den Betrag von 118 650 Euro summiert, und dies lässt sich noch weiter fortsetzen.

Der Wirtschaftsminister und sein Politischer Berater für die EU-Präsidentschaft haben noch ein zusätzliches Interesse daran, den Fall so weit wie möglich in die Länge zu ziehen: Sie lügen nicht nur (es gibt einen Augenzeugen, der sie am FKK-Strand in Acapulco gesehen hat), sondern je länger sie einen Urteilsspruch hinauszögern, umso länger sind meine Konten zu jedem beliebigen Betrag eingefroren, den sie als vorsorgliche Maßnahme für angemessen halten.

Das Erwirken von vorsorglichen Maßnahmen ist nicht ungewöhnlich in Wirtschaftsprozessen, in denen Firmen oder Einzelpersonen ausstehende Zahlungen einklagen wollen, von einem Einsatz in Verleumdungsprozessen aber hat man noch nie gehört. Das Erwirken einer einstweiligen Anordnung in einer Verleumdungsklage gegen eine Journalistin bedeutet, dass diese Journalistin faktisch eine hohe Strafe zahlen muss, bevor die Verhandlung überhaupt beginnt, und zwar Jahre vor einem Urteilsspruch.

Wenn eine vorsorgliche Maßnahme von einem Politiker gegen eine Journalistin erwirkt wird, die seine Aktivitäten kritisch unter die Lupe nimmt, dann hat dies erhebliche Auswirkungen auf die Demokratie und die Pressefreiheit. Verleumdungsklagen müssen dann kein vorgeschaltetes Prüfungsverfahren mehr durchlaufen, und Politiker können aus den belanglosesten Gründen Klage einreichen – ein Beispiel dafür lieferte der ehemalige stellvertretende Vorsitzende der Labour-Partei und jetzige Richter Toni Abela, der mich verklagte, weil ich ihn einen Clown genannt hatte. Dieses System ist in hohem Maße anfällig für Missbrauch durch Politiker, die kritische Journalisten mundtot machen wollen, damit ihre Vergehen nicht aufgedeckt werden. Auch wenn eine Journalistin sämtliche Fakten und Zeugen in ihrem Artikel aufführt, das muss in diesem Zusammenhang betont werden, hindert einen Politiker dann nichts daran, Klage einzureichen, eine einstweilige Anordnung über 11 865 Euro zu erwirken und den Fall in böswilliger Absicht jahrelang in die Länge zu ziehen.

Es dürfte jedem klar sein, dass der Wirtschaftsminister und sein Politikberater für die EU-Präsidentschaft diese einstweiligen Anordnungen bezüglich meines Privatvermögens nicht erwirkt haben, weil sie davon ausgehen, dass sie die Prozesse gewinnen (eher das Gegenteil) und die maximalen Entschädigungszahlungen erstreiten werden und dass ich nicht über die Mittel verfüge, um den Zahlungsforderungen nachzukommen. Vielmehr wollen sie mich wegen meiner Berichte über sie schikanieren, weil sie Rache üben wollen, mich bestrafen wollen und – darüber hinaus – auch andere zum Schweigen bringen wollen, die meine Story aufgegriffen haben. Es geht darum, eine »abschreckende Wirkung« zu erzielen, wie es der Europäische Gerichtshof für Menschenrechte in seinen Urteilen über Fragen der Pressefreiheit bezeichnet hat.

Das Verhalten von Christian Cardona und Joe Gerada zeigt eindeutig, dass die beiden alles andere als unschuldig sind.

Anstatt am Tag nach dem Erscheinen meiner Geschichte eine Pressekonferenz abzuhalten, auf der sie erklärt hätten, wo sie waren, und statt sich ein Alibi zu beschaffen, haben sie sich vor der Presse versteckt, Ausflüchte vorgebracht, nach Entschuldigungen gesucht und verkündet, dass sie entschlossen seien, ihre Namen vor Gericht reinzuwaschen und nicht hier in der Presse. Sie haben meine Konten einfrieren lassen, nicht weil sie überzeugt wären, dass sie vor Gericht gewinnen und die maximale Entschädigung erhalten werden, sondern weil sie wissen, dass das nicht der Fall sein wird. Stattdessen wollen sie mich viele Jahre lang den Preis bitterer finanzieller Unannehmlichkeiten zahlen lassen, bis das Gericht irgendwann zu einem Urteil gelangt, was bedeutet, dass sie versuchen werden, das Verfahren so lange wie möglich hinauszuzögern.

Die potenziellen Folgen für meine journalistischen Kollegen in der Presse und in den übrigen Medien sind gravierend. Was der stellvertretende Vorsitzende der Labour-Partei und sein Politikberater in diesem Fall getan haben, kann auch jedem anderen Journalisten oder Redakteur widerfahren, der momentan mit einer Verleumdungsklage zu tun hat oder damit rechnen muss. Die negativen Auswirkungen auf die Pressefreiheit werden beträchtlich sein, denn künftig müssen sich Journalisten nicht nur vor Verleumdungsklagen fürchten, sondern auch vor einstweiligen Anordnungen, durch die ihre Bankkonten eingefroren werden, bis der Fall gerichtlich entschieden ist. Es sollte uns daher nicht überraschen, dass sich der Journalismus in Malta in erschreckendem Maße im Niedergang befindet, dass immer weniger Leute Journalisten werden wollen, dass Journalisten sich scheuen, ihren Job gewissenhaft zu verrichten und dass korrupte und rücksichtslose Politiker die Oberhand gewinnen.

Meine an die Medien versandte Stellungnahme als Antwort auf die Erklärung der Gruppe von Silvio Debono

RUNNING COMMENTARY, 11. MÄRZ 2017, 11.24 UHR

Gestern haben Silvio Debono und seine Gruppe neunzehn Verleumdungsklagen gegen mich eingereicht, alle zum selben Thema, wobei sie sich die Tatsache zunutze machten, dass es das Gesetz erlaubt, zu jedem einzelnen Kommentar, Artikel oder Blogeintrag jeweils eine Klage einzureichen, wenn das Thema und der Autor identisch sind.

Wie seine Zusammenarbeit mit beiden politischen Parteien und verschiedenen Politikern belegt, die er für geleistete Dienste bezahlt, verfügt Silvio Debono über eine Menge Geld, das er einsetzen kann, um Kritik an seinen Entscheidungen, seinem Verhalten und der Sonderbehandlung durch die Regierung zu unterdrücken, die ihm – für eine erkleckliche Summe – ein großes Grundstück in bester Lage verschafft hat, das er nun zu spekulativen Zwecken mit Wohnblöcken bebauen will.

Weil er sich mein Schweigen nicht erkaufen kann, indem er mich für »professionelle Dienstleistungen« bezahlt, wie er es mit anderen getan hat, hat Debono eine andere Methode gewählt: Mit Hilfe dieses Geldes überzieht er mich mit einer Rekordzahl an Verleumdungsklagen. Er hat nichts, worauf er sich stützen kann, aber das ist hier nicht das Thema. Diese Verfahren werden sich lange hinschleppen, allein meine Klageerwiderungen werden mich ungefähr 8000 Euro kosten, und jeder andere würde sich dadurch einschüchtern lassen und aufgeben. Aber bei mir funktioniert das nicht.

Vom Gesetz haben Journalisten in dieser Situation keinen Schutz zu erwarten, denn man braucht keine Gründe, um eine Klage einzureichen. Man braucht nur Gründe, wenn man gewinnen will. In einem solchen Verfahren gibt es keinen Anscheinsbeweis (Prima-facie-Beweis), ob die Klage begründet ist oder nicht. Das heißt, ein Aggressor, der sich bedroht fühlt oder Journalisten und Kritiker einschüchtern möchte – etwa ein Politiker wie Christian Cardona oder ein Unternehmer wie Silvio Debono – kann eine Vielzahl von Verleumdungsklagen einreichen, die schon für sich allein eine extreme Form von Belästigung darstellen.

Sie tun dies nicht, um ihren Ruf zu schützen, denn ihr Ruf ist schon wesentlich schlimmer beschädigt durch solche massiven Aggressionsakte gegen Personen, die ihre Handlungen unter die Lupe nehmen und ihr Verhalten kritisieren. Sie tun es, um Kritik durch das Erzeugen von Angst und durch Einschüchterung zu unterdrücken. Das steht in Übereinstimmung mit der Tatsache, dass wir in Malta mittlerweile in einer Kultur der Angst leben.

Silvio Debonos Gruppe hat in einer Stellungnahme erklärt, sie habe ihre Entscheidung »nicht leichtfertig oder übereilt« getroffen, und sie hätte es vorgezogen, nicht in dieser Weise aktiv werden zu müssen. Ich glaube im Gegenteil, sie würden am liebsten noch viel mehr tun, als nur Verleumdungsklagen einzureichen; und ihr Problem besteht nicht in einem moralischen Dilemma, ob sie neunzehn Verleumdungsklagen einreichen sollen oder nicht, sondern darin, einen Anwalt zu finden, der ihre krankhaften Anweisungen ausführt.

In dieser Stellungnahme heißt es auch, ich hätte »wochenlang« über sie »Lügen verbreitet«, sie »angegriffen und verleumdet«. Das ist offenkundig unwahr. Die Angelegenheit hat erst vor einer Woche öffentliche Aufmerksamkeit gefunden, und erst meine Blogeinträge der vergangenen Woche haben für Beunruhigung gesorgt, weil sie dem Kern der Sache näher gekommen sind. Debono tut schon selbst alles dafür, im Vorfeld der Anleiheemission, von der sein Projekt abhängig ist, seine Reputation zu schädigen, dazu braucht er nicht meine Hilfe. Darüber hinaus werden Debono und seine Leute feststellen, wenn die Angelegenheit vor Gericht verhandelt wird, dass Meinungen, die auf Fakten beruhen, keine Lügen sind und auch keine Verleumdungen.

»Sie schreibt, als würden die Gesetze, die in einer europäischen Demokratie die Bürger vor derartigen Abscheulichkeiten schützen, für sie nicht gelten. Sie ist anscheinend der Auffassung, dass wir diese Gesetze nicht in Anspruch nehmen dürften, die uns und unsere Rechte schützen«, hieß es in Debonos Erklärung.

Ich erwidere darauf, dass es Silvio Debono in jeder anderen europäischen Demokratie nicht möglich gewesen wäre, das zu tun, was er hier jahrelang getan hat. Und sicher wäre es ihm auch nicht möglich gewesen, sich ein solch großes öffentliches Areal in bester Lage unter den Nagel zu reißen und zu diesem Zweck eine dort befindliche öffentliche Schule abzureißen. All dies dank seiner engen Verbindungen zur Regierungspartei und dadurch, dass er sich das Schweigen des stellvertretenden Oppositionsführers erkaufte, indem er ihn für Beratungsdienstleistungen bei diesem Geschäft bezahlte. Die europäischen Demokratien schützen gewöhnliche Bürger und Journalisten vor der Ausplünderung durch Leute wie Debono und jene Politiker, die ihn protegieren und ihm zu Diensten sind.

Debono erklärt, wenn das Gericht ihm Schadensersatz zuspricht, werde er dieses Geld wohltätigen Zwecken spenden. So lange muss er nicht warten. Er sollte gleich jetzt eine große Summe für Wohlfahrtseinrichtungen spenden, anstatt das Geld politischen Parteien zu schenken oder es für einen Maserati und eine überdimensionierte Yacht auszugeben.

Nein, ich bin nicht mit einem Auto zusammen-gestoßen und dann geflüchtet. Ich wurde auf einem verlassenen Parkplatz von einem Mann angegriffen, und zwar an jenem Tag, an dem die Labour-Partei mein Gesicht auf ihren Plakaten veröffentlichte

RUNNING COMMENTARY, 11. JANUAR 2013, 11.40 UHR

Der Polizeimissbrauch und die politischen Manöver stehen mir bis obenhin. Ich glaube, es ist niemandem aufgefallen, dass Muscats gegenwärtige Flut versöhnlicher Nachrichten voll-kommen im Gegensatz steht zur bösartigen Berichterstattung auf Super One, zur Verfolgung der Kritiker der Labour-Partei durch deren Medien und Parteigänger und zu der Art und Weise – und dabei möchte ich auf meinen eigenen Fall verweisen und an-dere außen vor lassen –, wie er eine *Zeitungskolumnistin und Bloggerin* (keine Politikerin) zur Zielscheibe seiner aufgehetz-ten Anhänger machte. Auf Plakaten veröffentlichten sie mein Gesicht zusammen mit Politikern, die als Mitglieder der »Bösen Clique« bezeichnet wurden.

An dem Tag, an dem dieses Plakat herauskam, und in den folgenden Tagen wurde ich unterwegs mehrfach von Leuten an-gesprochen und beschimpft, die bis dahin nicht wussten, wie ich aussehe, und mich daher auch nicht erkannt hätten (sie lesen gewöhnlich keine Zeitungen). So viel zu *Malta Taghna Lkoll.*[4]

Am selben Abend besuchte ich meine Mutter, die im Kran-kenhaus Mater Dei lag, und blieb dort aufgrund der schwierigen Situation eine Weile über die Besuchszeit hinaus.

Anschließend ging ich zum Parkplatz, der um diese Uhrzeit schon praktisch leer war. Als ich rückwärts auszuparken ver-suchte, sah ich hinter mir ein Auto, das mir absichtlich den Weg verstellte und mich nicht hinausfahren ließ. Ich konnte nicht

---

4 »Malta gehört uns allen«, der Wahlslogan der Labour-Partei zur Parlamentswahl 2013.

verstehen, was der Fahrer wollte, bis er schließlich ausstieg und mich zu beschimpfen begann.

Ich ließ sofort die Fenster hochfahren und verriegelte die Türen. Er schleuderte mir weitere Schimpfwörter entgegen, sodass mir sofort klar war, dass er wusste, wer ich bin, und dass er mit meinen politischen Einstellungen nicht einverstanden war. Ich konnte sein Gesicht nicht genau erkennen, denn mein Wagen ist ziemlich niedrig, ich wollte den Kopf nicht aus dem Fenster stecken, um ihn besser sehen zu können, und auch nicht aussteigen, wozu er mich veranlassen wollte, um sein Autokennzeichen lesen zu können.

Schließlich gelang es mir doch, mit dem Auto aus der Parklücke herauszumanövrieren und wegzufahren, und dabei ließ ich das Fenster herunter und rief dem Mann zu: »Bist du bescheuert?«

Er sprang in seinen Wagen und fuhr mir nach. Einen Augenblick lang bekam ich wirklich Angst, denn der Parkplatz ist sehr unübersichtlich mit all den Pfeilen, und ich musste die Ausfahrt finden, während er mich mit hochdrehendem Motor und quietschenden Reifen verfolgte.

Schließlich hängte ich ihn ab und kam nach Hause. Kurz darauf rief die Polizei an. Der Mann vom Parkplatz – ich erfuhr nie seinen Namen – war umgehend zur Polizeiwache in Msida gefahren und hatte mich angezeigt, weil ich in seinen Wagen gefahren wäre und Fahrerflucht begangen hätte.

Praktischerweise traf er in der Polizeistation auf einen überzeugten Labour-Parteigänger, Robert Fava mit der Mitgliedsnummer PS1575 (fragen Sie mich nicht, woher ich das habe), der die Anzeige aufnahm. Favas Facebook-Seite ist voll mit Likes und Informationen über die Labour-Partei, über Labour-Kandidaten und Reporter von Super One wie zum Beispiel Brandon Pisani (früher Star-Polizeireporter bei *L-Orizzont).*

Im Handumdrehen fand ich mich auf der Titelseite von *L-Orizzont* wieder mit einer Geschichte, die den Anschein erwecke, als hätte ich jemanden umgefahren und mich dann in der Dunkelheit aus dem Staub gemacht (als ob jemand wie ich an so etwas auch nur denken würde).

Die Polizei rief mich kurz nach 21 Uhr an und bestand darauf, dass ich nach Msida komme, um mein Auto vorzuzeigen, damit sie es hinsichtlich möglicher Schäden überprüfen könnten. Ich erklärte dem Polizisten, dass ich mich unwohl fühle und im Augenblick nicht Auto fahren könne, dass ich niemanden angefahren hätte, dass der Mann, der mich angezeigt hatte, mich attackiert hätte und dass ich nicht wisse, wer er sei, und deshalb auch keine Anzeige erstatten könne. Und dass ich auch nicht die Absicht habe, Anzeige zu erstatten, denn alle diese Dinge würden mir mittlerweile gehörig auf die Nerven gehen.

Ich wies darauf hin, dass es eine Belästigung sei, Leute spätabends anzurufen und zur Polizeiwache zu zitieren, nur weil irgendjemand behauptete, sein Auto habe einen Kratzer bekommen, dass die Sache auch bis morgen warten könne und dass in derartigen Situationen die Polizei den Beschuldigten aufsuchen und den Wagen in Augenschein nehmen müsse; sie könne nicht verlangen, dass der Betreffende auf der Grundlage einer falschen Anschuldigung mitten in der Nacht das Haus verlasse und zur Wache fahre.

Schließlich erschien die Polizei bei mir - es muss schon nach 22 Uhr gewesen sein -, um mein Auto zu überprüfen, ohne dass sie vorher angerufen und sich informiert hätten, ob ich zu Hause war (womöglich ein Überraschungsbesuch, um mich auf frischer Tat zu ertappen?). Mein Auto war da, aber mein Mann und ich hielten uns in Mosta auf, wo wir gewöhnlich ein schnelles Abendessen zu uns nehmen. Sie läuteten und warfen mir dann am Telefon vor, dass ich nicht geöffnet hätte. »Ich bin nicht da«, sagte ich. »Aber Ihr Wagen ist da«, erwiderten sie. »Weil ich mit meinem Mann gefahren bin, in seinem Wagen.«

Am Sonntagmorgen erschienen die Polizisten abermals, wieder unangemeldet. Ja, am Sonntagmorgen. Wieder war mein

Wagen da, wir aber nicht. Sie meldeten sich telefonisch. Diesmal reichte ich das Telefon an meinen Mann weiter, denn ich fühlte mich nicht imstande zu sprechen. Der Polizist am anderen Ende der Leitung brachte das bekannte Argument vor: Ihr Wagen ist da, aber sie macht nicht auf. »Das hat damit zu tun, dass wir beide gerade auf der Fähre nach Gozo sind, und wir sind mit meinem Wagen unterwegs«, erwiderte mein Mann. Der Polizeibeamte verlangte, wir sollten umgehend nach Hause zurückkehren. Mein Mann erklärte ihm, das sei unzumutbar.

Mittlerweile war ich so weit, dass ich einen Polizisten nur noch in Anwesenheit von Zeugen an mich oder mein Auto herankommen ließ, und so einigten wir uns, dass sie am nächsten Morgen zu uns kämen, wenn auch noch andere Personen im Haus sein würden.

Am folgenden Tag erschienen zwei Polizisten; ich empfing sie mit einer Kamera in der Hand, um festzuhalten, was sie taten. Sie inspizierten die hintere Stoßstange meines Autos. Dort gab es nicht nur keinen (neueren) Schaden, die dicke Staubschicht war völlig unversehrt. Die Polizisten registrierten diese beiden Fakten in Anwesenheit von Zeugen.

Ich erinnerte die Polizisten daran, wie skandalös man mit dieser Frau in Mgarr umgegangen sei, die unweit der Straße wohnte, wo ich lebe, und die vor einigen Monaten in einer Blutlache in ihrem Haus entdeckt worden war. Sie hatte mehrmals bei der Polizei angerufen, und es war bekannt, dass sie Opfer familiärer Gewalt war. Es sei vollkommen klar, erklärte ich unmissverständlich, dass die Polizei hier ganz anders reagierte als in meinem Fall auf die Anzeige eines aufgebrachten Mannes, der auf der Polizeiwache erzählte, dass Daphne Caruana Galizia die Stoßstange seines Autos beschädigt habe.

Ich erzählte den Beamten auch, dass wir seit Monaten einen berüchtigten Drogen- und Frauenhändler als Nachbar hätten (seither ist er verschwunden) und das Haus nicht unbeaufsichtigt lassen könnten, weil sich ständig Kunden und Dealer und andere zwielichtige Gestalten auf der Straße herumtrieben, doch kein einziges Mal hätten wir die Polizei zu Gesicht bekommen, die angeblich stets ein Auge auf solche Kriminelle hat.

Doch weil jemand behauptete, ich hätte an der Stoßstange seines Wagens einen Schaden von 243 Euro verursacht, rückte ein ganzer Einsatztrupp vor unserer Haustür an. Zwei Monate später wurde ich darüber informiert, dass ich strafrechtlich belangt werden würde, weil ich das Auto dieses Mannes angefahren und Fahrerflucht begangen hätte, weil ich mich der Anordnung der Polizei widersetzt hätte und weil ich die Beamten einzuschüchtern versucht hätte und weiß Gott, was noch alles.

Ich erhielt einen Anruf von einem meiner Informanten bei der Polizei, der mir erzählte, dass der Fall vom Stellvertretenden Polizeipräfekten X persönlich bearbeitet werde, der sich bei Labour einschmeicheln will, weil er darauf spekuliert, John Rizzo als Polizeipräfekt beerben zu können.

Heute Morgen bin ich nicht zum Gericht gefahren, weil ich mich nicht in der Lage fühle, das Haus zu verlassen. Ich war seit Dienstag nicht mehr draußen. Aber es wurden SECHS Polizisten aufgeboten, die gegen mich aussagten: in einem Verfahren, in dem es um einen Schaden von 243 Euro ging, den ich laut der Behauptung dieses Mannes an seinem Auto angerichtet haben soll.

Richtig, SECHS Polizisten. Hier geht es schließlich um Daphne Caruana Galizia, da müssen wir uns tüchtig ins Zeug legen auf Kosten der Steuerzahler.

Das letzte Mal ist mir so etwas vor ein paar Jahren passiert, nachdem ich mich auf der Polizeiwache in Spinola wegen eines Strafzettels beschwert hatte, den ich unter einem Verkehrsschild erhalten hatte, das klar besagte, dass ich zu der angegebenen Stunde dort parken durfte. Ich wusste, dass ich diesen Strafzettel, unmittelbar vor der Polizeistation, nur deswegen bekommen hatte, weil ein Polizist, der die Labour-Partei unterstützte, mein Auto erkannt hatte.

Der Polizeibeamte war unglaublich unhöflich und ruppig, und einige Wochen später erhielt ich die Benachrichtigung, dass ein Strafverfahren gegen mich eingeleitet worden sei wegen Beamtenbeleidigung (in Wirklichkeit war es genau andersherum ...). Die gesamte Besatzung der Wache Spinola sagte gegen mich aus, darunter auch mehrere Polizisten und Polizistinnen, die sich zum fraglichen Zeitpunkt gar nicht dort aufgehalten hatten, und alle logen.

Eine von ihnen wandte sich im Zeugenstand sogar an ihren Vorgesetzten und sagte: *»Hux hekk ghidtli biex nghid?«*[5] Das Verfahren wurde umgehend eingestellt.

Die Benachrichtigung über das Strafverfahren traf kurz vor Weihnachten ein, und ich wollte zu diesem Zeitpunkt nichts dagegen unternehmen. Aber seien Sie versichert, ich werde formellen Protest beim Polizeipräfekten einlegen.

Hier geht es um zwei Aspekte. Wenn ich aus politischem Hass so behandelt werde, ist das schon erschreckend genug. Aber wenn das die allgemeine Verhaltensweise der Polizei ist, dann ist es ein erschreckender Missstand anderer Art: weil Leute wie ich damit umgehen können, andere, verletzlichere Menschen aber nicht.

Ich habe festgestellt, dass es bei uns keinen Polizei-Ombudsmann oder dergleichen gibt, an den man Beschwerden über Machtmissbrauch oder Übergriffe durch Polizeibeamte richten kann; man muss sich gleich an den Polizeipräfekten selbst wenden, den man aber schwerlich als unparteiisch bezeichnen kann.

---

5 »War das so richtig?«

69 500 Euro in einem Tag: danke an alle, die dem Wirtschaftsminister und stellvertretenden Vorsitzenden der Labour-Partei den Stinkefinger zeigen

RUNNING COMMENTARY, 10. FEBRUAR 2017, 18.29 UHR

Ich bin überwältigt und weiß gar nicht, wie ich Ihnen dafür danken soll, dass Sie innerhalb von 36 Stunden ungefähr 69 500 Euro gespendet haben. Fast 59 000 Euro sind über eine Crowdfunding-Seite zusammengekommen, über die 1225 Menschen Beträge zwischen 3 Dollar und 1000 Dollar gespendet haben.

Andere Menschen haben persönlich gespendet. Ein Mann hat 5000 Euro vorbeigebracht. Zwei weitere Einzelspender haben jeweils 1000 Euro abgegeben, ein anderer 2000 Euro. Ein Mann hat sogar telefonisch angeboten, eine Hypothek auf sein Grundstück aufzunehmen.

Ein älteres Ehepaar hat eine eineinhalbstündige Busfahrt auf sich genommen, um eine Spende von 5 Euro abzugeben. Jemand hat einen Briefumschlag unter der Haustür meiner Eltern durchgeschoben. Ein Rentner aus Valletta hat im Büro meines Mannes einen Umschlag abgegeben.

Viele Menschen haben andere ermutigt, ebenfalls zu spenden. Ich habe Nachrichten von Lesern erhalten, die mitteilten, dass sie gerade dabei seien, ihre Eltern in die Geheimnisse des Crowdfunding über das Internet einzuweihen.

Ich bin fassungslos. Das Gefühl, allein zu stehen und von einer bösartigen Regierung angegriffen zu werden, die entschlossen ist, mich zum Schweigen zu bringen oder auszuschalten, diesmal durch die extreme Maßnahme, mein Bankkonto durch das Erwirken einer einstweiligen Anordnung in Höhe von 47 000 Euro einzufrieren, bis die vier Verleumdungsklagen irgendwann nach vielen Jahren entschieden sein werden – dieses Gefühl ist über Nacht verschwunden.

Immerhin, ich war nicht allein. Viele Menschen waren empört, einige waren sogar so aufgebracht, dass sie ihren Spenden wütende Kommentare beilegten. Einer der Spender schrieb:»Es ist eine korrupte Drecksbande.«

All dies wäre nicht geschehen, hätte sich David Thake nicht spontan entschlossen, über Crowdfunding 47 000 Euro aufzutreiben, die beim Gericht hinterlegt werden sollen. Damit soll meine Kontosperre aufgehoben werden, um so dem Wirtschaftsminister und stellvertretenden Labour-Vorsitzenden und seinen Kumpanen den Stinkefinger zu zeigen.

Am Donnerstagnachmittag habe ich erfahren, durch Zufall, und nicht etwa, weil ich darüber informiert worden wäre, dass der Minister Chris Cardona und sein Politikberater Joe Gerada mittels vier einstweiliger Anordnungen meine Bankkonten hatten einfrieren lassen. Als mich David am Abend im Anschluss an seine Radiosendung anrief, nachdem er davon gehört hatte, war ich schon damit beschäftigt, mit Anwälten zu beratschlagen, wie ich am besten dagegen vorgehen könne.»Soll ich eine Crowdfunding-Kampagne starten?«, fragte er, und da ich von allen Seiten Anrufe und Nachrichten erhielt, nahm ich seinen Vorschlag ohne zu zögern an. Sehr schön, dachte ich, das wird eine nette symbolische Geste der Solidarität sein, wenn vielleicht 10 000 Euro an Spenden zusammenkommen.

Noch am selben Abend ging die Crowdfunding-Seite ins Netz, und über Nacht wurden 17 000 Euro eingesammelt. Als sich die Meldung über die sozialen Netzwerke verbreitete, entwickelte sich ein Schneeball-Effekt.

Die Motivation, die Menschen zum Spenden veranlasste, war eindeutig Wut – echte und greifbare Wut. Innerhalb von 36 Stunden war das Ziel erreicht und wurde noch durch persönliche Spenden übertroffen.

Dr. Stephen Thake und andere Anwälte werden nun als Verwalter der Gelder agieren und die Übergabe bei Gericht vorbereiten (sie sind nicht meine persönlichen Anwälte, damit hier eine klare Trennung vorgenommen wird).

Ein möglicher Überschuss, der nach der Entrichtung der Gerichtsgebühren und der Erfüllung verschiedener bürokratischer Vorschriften verbleibt, soll an Dar Merhba Bik überwiesen werden, eine Einrichtung, die sich um geschlagene Frauen kümmert. Da meine Geschlechtszugehörigkeit ein wichtiger Faktor bei der Gewalt ist, der ich als Kritikerin männlicher Politiker im südlichen Mittelmeerraum täglich ausgesetzt bin, halte ich das für gerechtfertigt. Es ist mir zudem ein Herzensanliegen.

Abermals danke. Und hasta la victoria, siempre.

Richtig und Falsch sind kein Popularitätswettbewerb

RUNNING COMMENTARY, 5. JUNI 2017, 19.03 UHR

Normalerweise würde ich keinen eigenen Post bringen, wenn ich auf diesem Blog für eine Weile nichts oder nur noch gelegentlich etwas schreibe. Doch unter den gegenwärtigen Umständen halte ich es doch für notwendig – vor allem nachdem ich viele Nachrichten per Telefon, WhatsApp oder E-Mail erhalten habe.

Nein, ich war nicht verreist (obwohl ein bisschen Urlaub ganz schön wäre). Ich arbeite gerade an einer Sache, die sich länger hingezogen hat als gedacht, weil es in den vergangenen Wochen eine Menge Ablenkungen gab. Sobald dieses Projekt erledigt ist, was noch ein paar Tage in Anspruch nehmen wird, bin ich wieder da.

Ich weiß – Sie müssen es mir nicht sagen; aus genau diesem Grund mache ich es –, dass diese Internetseite im Laufe der vergangenen vier Jahre zu einer Anlaufstelle oder einem Sammelplatz für viele vernünftige, wohlmeinende Menschen geworden ist, die über den Anstieg, das Wachstum und die Ausbreitung der Amoralität (was nicht dasselbe ist wie Unmoral) erschrocken sind. Ich weiß, warum Sie alle hierherkommen, denn viele von Ihnen sagen es mir ausdrücklich – aber instinktiv wusste ich das auch schon vorher.

Sie kommen hierher, um eine Spur von Normalität zu finden in einem Meer des Irrsinns, wo die Menge den Polizeipräfekten dafür bejubelt, dass er gegen korrupte Minister und den Kabinettschef des Premierministers nichts unternimmt; wo Anhänger der Regierungspartei feiern und sich gegenseitig auf den Stufen vor einer Bank fotografieren, die für die aserbaidschanische Herrscherclique Geldwäsche betreibt, weil die Bank mit den von ihnen unterstützten Politikern verbunden ist; wo sogar gebildete Menschen, die in ihrem Leben alle Vorteile genossen haben, aus dem schnöden Grund einer korrupten politischen Partei zur Macht verhelfen, weil sie dann an die Erwerber der maltesischen Staatsbürgerschaft Wohnungen vermieten können, in die diese nie einen Fuß setzen.

Das Wahlergebnis[6] mag Sie erschreckt haben (mich allerdings nicht, aus Gründen, die ich in einem anderen Beitrag ein anderes Mal erläutern werde, wenn ich ein bisschen mehr Zeit habe), nicht weil Sie Parlamentswahlen gewissermaßen wie Fußballspiele betrachten würden, in denen »Ihrem« Team unumschränkte Macht für fünf Jahre winkt, sondern weil es Ihnen das Gefühl gibt, dass Sie der einzige Normale in einem Irrenhaus sind. Jetzt suchen Sie nach anderen vernünftigen Menschen und lassen sich dabei zeitweilig durch die Tatsache blenden, dass 45 Prozent der Wähler dieselbe Entscheidung wie Sie getroffen haben, 55 Prozent aber nicht.

Sie wollen sich vergewissern, dass nicht Sie sich im Unrecht befinden, denn Sie glauben, dass Leute, die sich schwerwiegender Verfehlungen schuldig machen, nicht in der Regierung sitzen sollten. Nein, Sie sind nicht im Unrecht, wenn Sie meinen, dass die Polizei aktiv werden sollte. Nein, Sie liegen nicht falsch, wenn es Sie entsetzt, dass die Menge einem korrupten Polizeibeamten Beifall spendet. Natürlich nicht. Sie haben Recht.

---

6 Bei der vorgezogenen Parlamentswahl am 3. Juni 2017 gewann die regierende Labour Party.

Vor vier Jahren habe ich einen Artikel geschrieben, in dem ich den designierten Vorsitzenden der Nationalistischen Partei dafür kritisiert habe, dass er eine Rede mit den Worten »30 000 Menschen können sich nicht irren« begonnen hat. Natürlich können sie das. Auch eine Million Menschen können sich irren. Ob eine Tatsache, eine Handlung oder eine Meinung richtig oder falsch ist, wird nicht dadurch bestimmt, wie viele Menschen sie glauben, sie verrichten oder sie vertreten. Natürlich ist es falsch, für Korruption zu stimmen. Natürlich ist es falsch, bei der Wahl korrupten Politikern ins Amt zu helfen. Und dies um eines persönlichen Vorteils willen zu tun, anstatt einfach nur »das eigene Team« zu unterstützen (was schon schlimm genug wäre), das ist falscher als falsch. Es ist grundfalsch. Siegen oder Verlieren sind keine Faktoren, die darüber entscheiden, was richtig und was falsch ist. Bei Siegen und Verlieren geht es um die Macht, etwas Schlimmes zu verhindern, oder die Macht, es zu verüben.

Es wird Sie vielleicht überraschen, dass die Kräfte des Bösen sich für gut und für anständig halten, obwohl sie zwangsläufig genau wissen, was sie tun. Diese Selbsttäuschung ist ein Bewältigungsmechanismus, nicht mehr. Und zu diesem Bewältigungsmechanismus gehört es auch, dass die Leute die Maschinerie der Medien und andere ihnen zur Verfügung stehende Mittel nutzen, um ihre Kritiker zu verfolgen, indem sie diese als schlecht und böse darstellen, als Feinde des Volkes, die den Helden der Großzügigkeit und der milden Gaben Übles wollen.

»Wie halten Sie das alles aus?«, hat mich neulich jemand gefragt. Wie können Sie sich mit dem gesamten Apparat der Labour-Partei anlegen, die Sie Tag und Nacht aus jeder Richtung angreift? Wie schaffen Sie das?

Ich habe geantwortet, was ich auf solche Fragen immer antworte: dass mich die Labour-Partei in ihren unterschiedlichen Gestalten und Formen und unter ihren verschiedenen Anführern unerbittlich verfolgt, seit ich 26 Jahre alt bin. Ja, seit einem

Vierteljahrhundert. Das Ausmaß dieses Hasses ist erst durch das Internet für die Öffentlichkeit sichtbar geworden. Aber er war auch schon vorher vorhanden.

Ich komme damit nicht nur zurecht, weil ich dem guten Beispiel meiner Eltern folgen kann, die in der Zeit von 1971 bis 1987 mit so vielen schrecklichen Dingen zu kämpfen hatten, dabei stets ihre Würde wahrten, sich korrekt verhielten und keine moralischen Kompromisse eingingen, sondern auch, weil ich viel lese. Daher weiß ich, dass dies eine standardmäßige faschistische Methode wie aus dem Lehrbuch ist, mit der mächtige Leute ihre Kritiker öffentlich vernichten wollen, insbesondere wenn diese Kritiker allein auf sich gestellt sind.

Vor mir gab es schon andere, die sich in Situationen behaupten mussten, die wesentlich mehr Tapferkeit und moralische Standfestigkeit erforderten, als mir in all diesen Jahren in Malta abverlangt wurden. Es gibt auch Menschen, die sich heute in einer grauenhaften Situation befinden, wie etwa in Baku in Aserbaidschan. Was ich zu erdulden habe durch die Komplotte, die Verschwörungen und die Machenschaften von Joseph Muscat, Keith Schembri, Glenn Bedingfield, Kurt Farrugia, ihre Fernseh- und Radiosender, ihre Internet-Trolle und den ganzen Rest, das ist nichts im Vergleich zu dem Albtraum, den diese tapferen Menschen in ihren wesentlich gefährlicheren Kämpfen erleben.

Der Kampf gegen Korruption und gegen die Einschränkung der Rechtsstaatlichkeit muss weitergehen. Manche Menschen, die keinen Ausweg aus diesem furchtbaren Chaos sehen, könnten der Versuchung erliegen, auf den Zug aufzuspringen, gemäß dem Motto, wenn man sie nicht schlagen kann, dann schließt man sich ihnen eben an. Das ist vor vier Jahren geschehen, und es wiederholt sich immer wieder, was auch das Wahlergebnis erklärt, das Muscats Partei erzielt hat (aber mehr dazu, wenn ich dafür Zeit habe).

Manche könnten auch versucht sein, auf die Nationalistische Partei loszugehen und ihr vorzuwerfen, dass sie den Wahlsieg vermasselt habe, der jedoch in Anbetracht der herrschenden Umstände nahezu unmöglich war. Statt die Regierung ins Visier zu nehmen, die weitermacht wie gehabt und auf unsere ohnehin fragile Demokratie und die kollabierenden Institutionen einschlägt, beschäftigen wir uns damit, über die Partei herzufallen, die unsere einzige Hoffnung auf Erlösung war.

Dabei übersehen wir wie häufig das Wichtigste: Es sind die Menschen, die für politische Parteien stimmen, nicht die Parteien bringen sich selbst an die Macht. Hätte es Muscats Partei in einem anderen Land der Europäischen Union außer Italien geschafft, wieder an die Regierung zu kommen? Das ist die Frage, mit der wir uns beschäftigen müssen. Sogar in Italien treten korrupte Politiker zurück, werden zur Rechenschaft gezogen oder werden von einer aufgebrachten Menge mit Geldstücken beworfen.

Ein weiteres Problem, auf das wir unser Augenmerk richten müssen, ist die weit verbreitete und stetig zunehmende Amoralität eines beträchtlichen Teils der Bevölkerung Maltas (nicht alle Menschen, die in Malta leben, sind Malteser; Zehntausende sind es nicht). Dies erstreckt sich über das gesamte gesellschaftliche Spektrum und hat nichts mit der sozialen Schicht zu tun, mit Privilegien oder deren Fehlen. Vor dreißig oder vierzig Jahren hätte man diese Amoralität noch mit Ungebildetheit oder Unwissen erklären können, mit Maltas Isoliertheit von der Welt angesichts einer in hohem Maße kontrollierten, insularen Lage.

Heute gibt es solche Entschuldigungen nicht mehr, wir müssen uns der schmerzlichen Tatsache stellen, wer wir wirklich sind, und wir müssen untersuchen, wie es so weit kommen konnte und ob es irgendwelche Lösungsmöglichkeiten gibt. Ich glaube, dass es zum jetzigen Zeitpunkt wahrscheinlich keine gibt, denn der amoralische Familismus, die Ursache des Übels, ist das Ergebnis jahrhundertelanger sozialer Programmierung. Aber vielleicht wäre dennoch eine Veränderung möglich.

Eines ist sicher: Man wird den amoralischen Familismus nicht ändern können, wenn man ihm entgegenkommt oder indem man jenen, die ihn praktizieren, das Gefühl vermittelt, dass sie im Recht sind. Das führt nur dazu, dass diese Situation fortdauert, und die Nationalistische Partei hat ebenfalls dazu beigetragen, denn diese Mentalität ist in der Gesellschaft tief verwurzelt.

Man kann die maltesische Politik oder die maltesische Gesellschaft nur verstehen, wenn man sich zuerst um ein Verständnis des amoralischen Familismus bemüht, der beides prägt und vorantreibt – und der, auch das muss gesagt werden, beides ruiniert hat.

Ich melde mich wieder, wenn ich meine Arbeit abgeliefert habe. Hinterlassen Sie bitte weiter Ihre Kommentare, ich werde darauf eingehen, wenn ich dazu in der Lage bin.

Seien Sie bis dahin versichert, dass Ihre Einstellung die akzeptable und die normale ist, ganz gleich, was Ihnen andere erzählen, und dass dieses eher einem Land der Dritten Welt entsprechende Verhalten, das wir momentan erleben, nicht normal und nicht annehmbar ist, nur weil es sich durchgesetzt hat.

Malta ist ein gefährlicher Ort, und wir können heute nicht mehr sagen, dass korrupte Politiker das Land so weit gebracht haben, denn es lässt sich nicht länger bestreiten, dass diese korrupten Politiker nur die Gesellschaft widerspiegeln.

Eines möchte ich noch sagen, bevor ich jetzt Schluss mache: Wenn sich Leute über Sie lustig machen oder Ihnen vorwerfen, Sie würden »zu negativ« sein oder sich nicht einfügen, Sie würden nicht die Haltung der wohlwollenden Toleranz gegenüber ihren Exzessen einnehmen, dann sollten Sie sich stets vergegenwärtigen, dass diese Leute und nicht Sie diejenigen sind, die falschliegen.

Sie wünschen nichts mehr, als dass auch Sie einstimmen in den Chor der Einwilligung oder wenigstens den Mund halten, damit sie mit sich selbst im Reinen sein können – denn trotz allem, was sie sagen, ringen sie um ihre Selbstachtung. Sie möchten, dass die Menschen sie bewundern, damit sie sich auch selbst bewundern können, obwohl ihr Verhalten meilenweit entfernt ist von allem, was bewundernswürdig wäre.

Wir wissen, dass viele Menschen, abgesehen von der Kernwählerschaft der Partei, die 2013 für Labour gestimmt und dies 2017 abermals getan haben, sich heute dafür schämen. Das ist einer der Gründe (ich werde später ausführlicher darüber schreiben), warum das Wahlergebnis wieder genauso ausgefallen ist, obwohl die Stimmung ganz anders war und die Leute öffentlich über Muscats Partei geschimpft haben, während sie 2013 über die Nationalisten schimpften. Das Schweigen jener, die nicht öffentlich kundtaten, dass sie wie schon 2013 für Muscat stimmen würden, war ein Schweigen aus Verlegenheit. Das ist zumindest ein Anfang.

Die Labour-Partei stand schon immer mit der freien Presse auf Kriegsfuß

RUNNING COMMENTARY, 24. MAI 2016, 13.53 UHR

Ich empfehle Ihnen den Artikel »*Naqilgħu tkaxkira*«[7] in der *Times of Malta* vom 23. Mai 2016 zu lesen (www.timesofmalta.com/ articles/view/naqilghu-thaxkira-they-say.613079). Es ist ein guter Artikel. Aber er ist symptomatisch für die allgemeine Blindheit vieler Journalisten, denen erst allmählich dämmert, dass die Labour-Partei gegenüber der freien Presse zutiefst feindselig eingestellt ist, und dieser Erkenntnisprozess wurde dadurch gefördert, dass sie nun selbst ins Visier geraten sind.

Seit Jahren bin ich das Ziel fortgesetzter Angriffe der Labour-Partei – und nicht nur ich, auch meine Söhne und andere Angehörige meiner Familie – in sämtlichen Medien, in Zeitun-

---

7 »Wir werden reinen Tisch machen.«

gen, im Fernsehen und im Internet, direkt oder unterschwellig. Diese faschistoide, totalitäre Art der Bekämpfung ist so widerwärtig, aber auch so eindringlich, dass heute jeder auf der Insel meinen Namen kennt, auch wenn ihn manche nicht richtig schreiben oder aussprechen können oder kein Maltesisch, geschweige denn Englisch verstehen und daher noch nie einen Text von mir gelesen haben. Sie wissen nicht, was ich schreibe, aber sie wissen, warum sie mich hassen und verteufeln müssen.

Die Labour-Partei hat wirklich alles versucht. Nur dank meiner angeborenen Zähigkeit mache ich weiter. Je mehr sie auf mich eindreschen, umso weniger werden sie mich dazu bringen, dass ich zurückweiche. Dieser Starrsinn ist ein Wesenszug, der sie verblüfft und verwirrt, denn ich vermute, es ist das erste Mal, dass sie ihn bei jemandem entdecken, den sie vernichten wollen. Ein Mensch mit weniger mentaler und geistiger Stärke wäre wahrscheinlich schon von einer Brücke gesprungen, wäre in tiefer Depression versunken oder hätte schlicht aufgegeben und hätte sie sich vom Hals geschafft, indem er getan hätte, was sie verlangen.

Ich habe aufgehört zu zählen, wie oft mir Leute gesagt haben, ich solle mir doch nicht diese ganze Mühe machen, ich solle mit dem Schreiben aufhören, denn es würde mir nichts bringen und ich hätte auch nur ein Leben und so weiter. Diese Menschen meinen es gut, das verstehe ich, aber anders als diese Leute neige ich nicht zum Nihilismus, und ich vergeude meine Zeit nicht mit Bridge-Spielen oder Tennis oder mit Treffen mit Freunden zum Kaffeeklatsch. Das wäre der Ausweg, den Feiglinge wählen.

Aber bisher hat die Labour-Partei nur mich angegriffen und die anderen Journalisten in Ruhe gelassen. Dafür gab es drei Gründe.

Einige Leute haben entschieden, dass ich es verdiene – denn wenn eine Journalistin Labour-Politiker und ihre Anhänger angreift und verspottet, dann ist es nur recht und billig, dass der gesamte Apparat dieser Partei auf sie angesetzt wird. Und das ist ja auch völlig normal, nicht wahr, nicht nur in Peking und in Baku. Natürlich ist es das nicht. Es ist vollkommen unnormal.

Dann gab es auch immer Leute, die mich nicht mochten oder nicht mögen, entweder als Person oder wegen dem, was ich schreibe, und die eine gewisse abartige Freude empfanden, wenn sie sahen, wie mich die riesige Labour-Maschinerie ins Visier nahm. Das waren nicht nur Journalisten, bei denen eher professioneller Neid statt persönliches Ressentiment die Hauptrolle spielten. Es waren auch gewöhnliche Menschen und bedeutende Persönlichkeiten in unserer Gesellschaft, die es eigentlich hätten besser wissen können. Diese Geisteshaltung gleicht in ihrer Perversität in gewisser Weise der klammheimlichen Freude, die mancher empfindet, wenn er beobachtet, wie eine Nachbarin, die er nicht leiden kann, von der Geheimpolizei aus ihrem Haus geholt wird und verschwindet. Jetzt ist man sie los, endlich – aber welche Konsequenzen ergeben sich für die Demokratie, für die Gesellschaft, wenn so etwas möglich ist?

Schließlich gab es auch noch Leute, die mich eher als Politikerin sahen denn als Journalistin, obwohl ich mich nie für ein politisches Amt beworben habe, nie für eine politische Partei gearbeitet habe und dies auch nicht beabsichtige. Das war besonders komisch in Anbetracht der Tatsache, dass viele der Leute, die diese Anschuldigung erhoben, ihr monatliches Gehalt von einer politischen Partei beziehen, als Angestellte der Labour-Partei oder als Mitarbeiter von deren Medien.

Aber weil ich offen sage, dass ich die Nationalistische Partei wähle (dies öffentlich kundzutun, ist anscheinend nicht statthaft, sofern man nicht selbst auch für die Nationalistische Partei arbeitet), muss das natürlich heißen, dass ich von dieser Partei für meine Artikel bezahlt werde, denn kein normaler Mensch auf Malta würde anderen sagen, welche Partei er wählt und warum. Das ist eine Situation, die es so nur in Malta gibt: Pseudojournalisten, die ihren Gehaltsscheck von der Labour-Partei bekommen, verbreiten überall in den sozialen Medien, ich müsse wohl von der Nationalistischen Partei bezahlt werden, und dadurch werde ich zu einem legitimen Ziel für hinterhältige Angriffe.

Es ist leicht durchschaubar, was die Labour-Partei hier macht. Ich bin eindeutig des Lesens und Schreibens kundig. Ich bin anscheinend auch nicht auf den Kopf gefallen. Ich bin belesen und habe ein gutes Allgemeinwissen über eine Vielzahl von Themen (»*Min taħseb li int - mingħalik li taf kollox*«[8]). Leider spreche ich von klein auf sowohl Englisch als auch Maltesisch, was sie in die schwierige Situation bringt, dass sie sich entscheiden müssen, wie sie mich am besten beleidigen können: Bin ich eine *tal-pepe,* eine eingebildete kleinbürgerliche Wichtigtuerin, die gegen die Arbeiter eingestellt ist und sie alle für *ħamalli*[9] hält, oder bin ich selbst eine *ħamalla,* die aus strategischen Erwägungen geheiratet hat, um einen bedeutenden Nachnamen und einen höheren sozialen Status zu ergattern?

Aber dass ich eigentlich aus der Anhängerschaft der Progressiven Konstitutionellen Partei (PCP) komme, der erklärten ideologischen Gegenspielerin der traditionellen Nationalistischen Partei (der Stricklandjani[10], wie man sie auch nannte), und zwar über mehrere Generationen sowohl väterlicher- als auch mütterlicherseits, wird von der Labour-Partei nie erwähnt. Denn das wäre für die Labour-Anhänger eine sehr gefährliche Information. Es ist jedoch eine Tatsache, dass mein Großvater väterlicherseits ein Aktivist und Spendensammler der Konstitutionellen Partei war, dass sein Vater Senator der Partei Stricklands war, dass der Bruder meiner Mutter Wahlkandidat der

8 »Für wen hältst du dich eigentlich - meinst du, du weißt alles?«

9 *ħamallu* (männlich) bzw. *ħamalla* (weiblich) ist ein abwertender Begriff in der maltesischen Sprache, mit dem wenig gebildete, unkultivierte Menschen mit schlechten Manieren bezeichnet werden, denen ein niedriger sozialer Status zugeschrieben wird.

10 Der Begriff geht zurück auf Gerald Strickland (1861-1940), einen britischen Kolonialbeamten und maltesischen Politiker, der vom 9. August 1917 bis zum 21. Juni 1932 maltesischer Premierminister war.

PCP war und dass dessen Frau für Mabel Strickland[11] arbeitete. Das erste Einklebebuch mit Zeitungsausschnitten, das ich als Kind zu Gesicht bekam, war voll mit ausgeschnittenen Artikeln über die Aktivitäten und Erklärungen der Partei von Strickland; dieses Album hatte ich im Bücherschrank meiner Großeltern entdeckt (die Kindheit ist voller Frühwarnsignale, auf die Eltern achtgeben sollten).

Das sind also perfekte Voraussetzungen dafür, dass meine Ansichten über die Politik und die politischen Parteien von den Lesern ernst genommen werden, dieser politische Hintergrund verleiht meinen Ansichten Glaubwürdigkeit. Genau das möchte die Labour-Partei verhindern, und deshalb versucht sie mich mit einer Chiffre zu belegen – die »Nationalistische Bloggerin«, die »hässliche Hexe« (wie im Mittelalter) – und bemüht sich, die Diskussion unter ihren intellektuell eher überforderten Anhängern auf mein Aussehen zu konzentrieren, indem sie verschiedene wenig schmeichelhafte oder mit Photoshop bearbeitete Bilder verwendet, statt auf meine Argumente und meine Artikel einzugehen. Es kümmert sie anscheinend nicht, dass dadurch ihre Anhänger noch schlechter und dümmer und unwissender aussehen, als sie es im besten Fall sind. Die Labour-Partei hat ihre Anhänger noch nie sonderlich respektiert. Sie betrachtet sie lediglich als Werkzeug, um an die Macht zu kommen, als Mittel zum Zweck.

Außerdem hat die Labour-Partei anzügliche und ehrverletzende Diskussionen über mein Privatleben und mein privates kleines Unternehmen angestachelt, und zwar in einer Art und Weise, die in der demokratischen Welt jenseits von Baku und Peking wahrscheinlich ihresgleichen sucht. Nur in faschistischen und totalitären Diktaturen werden von Politikern gezielt systematische Verleumdungskampagnen gegen Journalisten organisiert. Es ist symptomatisch für die maltesische Protodemokratie,

---

11 Die Journalistin und Politikerin Mabel Edeline Strickland (1899–1988) war die Tochter von Gerald Strickland.

dass hier viele Menschen die unterschiedliche Rolle von Politikern und Journalisten nicht auseinanderhalten können und beide sozusagen als Ebenbürtige in einem ausgewogenen Kampf betrachten. Doch in einer Demokratie ist es die Aufgabe der Journalisten, das Handeln der Politiker zu überprüfen. Es ist nicht die Aufgabe der Politiker, das Handeln der Journalisten zu untersuchen. Das Erste nennt man Demokratie, das Zweite Faschismus.

Im September 2012 hat die Labour-Partei mein Gesicht auf Plakaten im ganzen Land gezeigt, zusammen mit den Gesichtern prominenter Politiker der Nationalistischen Partei einschließlich des damaligen Premierministers. Auf dem Plakat standen keine Worte; man glaubte, dass das Bild allein schon ausreichen würde, um die Schmähbotschaft zu übermitteln. Die Labour-Partei hat ihr Ziel erreicht. Auch Menschen, die mich vorher nie gesehen hatten, erkannten mich nun. Sie fuhren langsamer, um sich die Plakate am Straßenrand anzuschauen. Sie drehten die Autofenster herab und riefen Schimpfworte.

Jemand erhob im Zusammenwirken mit einem korrupten Polizeibeamten sogar den Vorwurf der Unfallflucht gegen mich, das Verfahren wurde vom Gericht eingestellt, allerdings erst, nachdem auf der Titelseite von *L-Orizzont* darüber ein Bericht mit meinem Foto erschienen war. Schließlich gab es auch noch die gewöhnlichen, aber nicht sonderlich intelligenten Leute, die auf Werbung in vorhersagbarer Weise reagieren und die mich, nachdem sie mein Gesicht zusammen mit den Gesichtern von Politikern gesehen hatten, ebenfalls für eine Politikerin hielten. Es ist wirklich erstaunlich, wie viele Menschen tatsächlich glauben, ich wäre eine Parlamentsabgeordnete. Wenn ich dies richtigstelle und sage, nein, ich bin Journalistin, wirken sie verwirrt. »*Eh, jien ħsibtek fil-politika. Allura għala tal-Labour dejjem jgħidu dwarek ...*«[12] Ja, genauso.

---

12 »Ach, ich dachte, Sie wären in der Politik. Weil ja die Labour-Partei immer über Sie spricht ...«

Der maltesische Journalistenverband gab keine Protester-
klärung heraus, als mein Gesicht in der politisch aufgeheizten
Stimmung, die im Vorfeld der Wahl herrschte, auf diesen politischen Plakaten auftauchte, und auch kein anderer Journalist
schlug Alarm oder schrieb einen Artikel über die Ungeheuer-
lichkeit dieses Vorgangs.

Dafür gab es mehrere Gründe, darunter auch die drei Haupt-
gründe, die ich bereits genannt habe. Der eigentliche Grund
aber bestand darin, dass viele Journalisten zu sehr damit beschäftigt waren, sich bei Muscat und der Labour-Partei einzu-
schmeicheln, um die rote Warnlampe aufleuchten zu sehen. Ach
komm, es geht doch nur um Daphne. Sie hat es verdient. Sie ist
ja wirklich ein Miststück (über sie dürfen wir das sagen, wenn
wir dergleichen über eine bekannte Sängerin sagen würden,
dann würden sofort die Public Broadcasting Services PBS, die
Frauenorganisation der Labour-Partei und die Labour-Partei
insgesamt Stellungnahmen herausgeben). Und natürlich ist das
auch kein Warnsignal, was die allgemeine Haltung der Labour-
Partei zur Redefreiheit und zur Freiheit der Presse betrifft – *ma
tarax*.[13] Es zeigt nur, wie die Labour-Partei zu Daphne steht.

Dennoch, es war ein Warnsignal. Nur Dummköpfe konnten
das übersehen. Die Labour-Partei interessiert sich nicht für
mich als Person. Sie interessiert sich nur für mich als Journalistin. Was ich schreibe, das beschäftigt Labour, nicht wie ich aussehe, obwohl sie den Leuten weiszumachen versucht, es würde
ihr nur um mein physisches Aussehen gehen und darum, welche
Freunde ich habe.

Was die Einstellung der Labour-Partei zu den grundlegenden bürgerlichen Freiheiten, der Respektierung der Rechte des
Einzelnen, der Toleranz gegenüber Kritik und der Pressefreiheit betrifft, so war ich in den vergangenen 26 Jahren sozusagen der Kanarienvogel in der Kohlenmine. Aber solange ich das

---

13 Ganz sicher nicht.

einzige Ziel der Attacken war, interessierte es die anderen Journalisten nicht. Als wären Hitlers Schergen gekommen und hätten eine einzelne Jüdin weggebracht, worauf die anderen Juden meinten, wahrscheinlich hat sie etwas verbrochen oder vielleicht hängt es auch damit zusammen, dass sie immer das Falsche sagt, und dann wird sie es wohl auch verdient haben. Aber es hat natürlich nichts damit zu tun, dass Hitler und seine Leute erbitterte Antisemiten sind, also haben wir anderen nichts zu befürchten.

Jetzt, nach den »Panama Papers«, hat sich das Szenario verändert. Die Labour-Partei und die korrupte Regierung, die sie ins Amt gebracht hat, mit der Unterstützung ihrer bekannten Mitläufer wie zum Beispiel der Zeitungen des Gewerkschaftsverbands, hat mit heftigen Angriffen auf die Medien und die gesamte Presse begonnen: Es geht gegen *The Malta Independent,* die *Times of Malta* und ihre jeweiligen Sonntagsausgaben.

Der Kabinettschef des Premierministers ist wütend darüber, dass er seinen Einfluss auf die Zeitungshäuser Progress Press und Allied Newspapers verloren hat, nachdem sein korrupter Gehilfe Adrian Hillman geschasst wurde. Jetzt schlägt er blitzschnell gegen diese Zeitungen los und hat vergangenen Sonntag auch die 1,5 Millionen Dollar ins Spiel gebracht, die Progress Press seiner (legalen) Firma schuldet und die er in ein Darlehen umgewandelt hatte. Natürlich ist es erschütternd, dass ein Zeitungsverlag beim Hauptakteur und Strippenzieher der Labour-Partei, der gegenwärtig Kabinettschef des Premierministers ist, unmittelbar in der Kreide steht, aber so weit konnte es nur kommen, weil dieser mit dem damaligen Geschäftsführer des Verlags bis heute unter einer Decke steckt.

Die *Times of Malta* und die *Sunday Times* erleben jetzt zum ersten Mal seit 1987 wieder, was es heißt, ins Fadenkreuz einer korrupten Labour-Regierung zu geraten.

Hätte Äsop über diese Situation eine Fabel geschrieben, würde die Moral von der Geschichte wahrscheinlich folgendermaßen lauten: Wenn Leute dein Haus anzünden, während sich alle Bewohner darin aufhalten, dann schenke diesen Leuten niemals wieder dein Vertrauen.

Bedeutsamer noch ist, dass diese Zeitungen, seitdem Adrian Hillman weg ist, zur Zielscheibe fortgesetzter Einschüchterungsversuche und bösartiger Angriffe durch den Premierminister und seinen Kabinettschef persönlich geworden sind. Dabei ist es auch nicht hilfreich, dass Progress Press – nach allem, was ich höre – keine Erzeugnisse mehr von dessen Firmen bezieht und sich nach anderen Lieferanten umschaut. Weil Progress Press ihr größter Kunde ist, bedeutet dies, dass die Firma Kasco in diesem Jahr einen noch heftigeren Rückschlag erleiden wird, als es ohnehin schon der Fall ist, seit Schembri 2011 seine Offshore-Gesellschaft auf den British Virgin Islands gegründet hat.

Der springende Punkt dabei ist: Wenn eine politische Partei fortgesetzt gegen eine einzelne Journalistin vorgeht, die sie als Gefahr betrachtet, dann ist das kein Angriff auf eine Einzelperson, sondern ein Angriff auf die Pressefreiheit allgemein. Dadurch soll diese konkrete Bedrohung eliminiert werden und andere sollen eingeschüchtert werden. Die einzige Reaktion auf ein derart widerwärtiges Verhalten kann in einer echten Demokratie – und Malta ist keine – nur Widerstand und entschiedene Opposition sein.

Ich sage zu meinen Journalistenkollegen, und damit meine ich nicht die Mitarbeiter irgendeiner politischen Partei: Das Schlimmste, was ihr tun könntet, wenn ihr seht, dass eine einzelne Journalistin von der Regierung oder der Opposition unter Beschuss genommen wird, wäre, den Kopf in den Sand zu stecken und zu hoffen, dass euch nicht das Gleiche widerfahren möge, oder vielleicht sogar hämische Freude über das Schauspiel zu empfinden. Wie wir jetzt sehen, wird eine politische Partei, die eine Journalistin angreift, die ihren Zielen im Weg steht, nicht davor zurückschrecken, in ähnlicher Weise auch gegen andere vorzugehen, falls auch diese ihr lästig werden sollten. Die Lösung besteht nicht darin, sich anzupassen und sich zu bemühen, nicht unangenehm aufzufallen – was wäre das für eine Art von Journalismus? –, sondern darin, zurückzuschlagen oder einfach nur hinauszugehen, sich auf die Gehaltsliste von Keith Schembri setzen zu lassen und die Tage mit Gitarre spielen zu verbringen, sollte es nicht klappen, sie zu hacken.

Flüchtlinge und Migranten

Wir waren an unserer Schule die einzigen maltesischen Kinder, die am Sonntag nicht zum Gottesdienst gingen. Stattdessen wurden wir zu unseren Großeltern in Sliema gebracht, wo unsere Mutter und ihre drei Schwestern aufgewachsen waren. Unsere Großeltern erzählten uns Geschichten über ihre Tanten und Onkel: Onkel Joe, der nach Amerika ausgewandert war, nur um als Captain der US-Armee bei der Landung der Alliierten auf Sizilien nach Malta zurückzukehren. Tante Mona, die einen britischen Oberst geheiratet hatte, der beim Einmarsch der Japaner in Sin-gapur in Gefangenschaft geriet. Und es gab einen weiteren Onkel Joe, der während der großen Wirtschaftskrise der dreißiger Jahre als Boxer in New York das Geld für die Krebsbehandlung seiner Ehefrau zu verdienen versuchte.

Für uns Kinder, abgeschnitten auf einer Insel, auf der praktisch alle gleich aussahen und das Gleiche taten, konnten es diese Geschichten ohne Weiteres mit den Zeichentrickserien im Kabelfernsehen unserer Großeltern aufnehmen. Viele Jahre später erfuhren wir, dass unsere Mutter mit denselben Geschichten aufgewachsen war und diese sie stark beeinflusst hatten. Sie hatten ihr Dinge über unser Land erzählt, die auch wir erfahren sollten: dass das Malta unserer Großeltern aufgeschlossener gegenüber der Welt gewesen war – und dies auch wieder sein könnte – als jenes Malta, in dem sie und wir aufgewachsen waren. Sie wollte uns nahebringen, dass Malta in mancherlei Hinsicht kleiner geworden war, nachdem es die Unabhängigkeit erlangt hatte, und dass sich gewissermaßen auch das Denken der Menschen verengt hatte, um sich in die neuen Grenzen des Landes einzupassen. Ihre Vorbilder waren die Männer und Frauen in den Erzählungen unserer Großeltern – ihre Großtanten und Großonkel, Einwanderer aus verschiedenen Teilen der Welt –, die stolz waren auf das Land, aus dem sie kamen, aber nicht dadurch beschränkt.

Als 2003 die ersten Flüchtlinge aus Afrika ankamen, hatte es manchmal den Anschein, als sei unsere Mutter der einzige Mensch im Land, der sich gegen die Welle der Fremdenfeindlichkeit stellte, die durch die Städte und Dörfer Maltas schwappte, allesamt erbaut im Schatten einer hoch aufragenden Kirche. Unsere Mutter war skeptisch, wie weit man mit Argumenten kommen würde, die auf Religion beruhten, etwa mit der Geschichte von Maria und Joseph, die an der Herberge abgewiesen wurden. Über den Heiligen Paulus, welcher der Legende nach die Christianisierung Maltas in Angriff nahm, nachdem er vor der Insel Schiffbruch erlitten hatte und von den Einheimischen herzlich aufgenommen worden war, schrieb sie: »Wäre er heute hier, würde er in einem Zelt in Hal Far [einem berüchtigten Flüchtlingslager] leben, bewacht von Soldaten. Er hatte das Glück, dass er 2000 Jahre zu früh kam.«

Unsere Mutter stellte fest, dass die meisten Eiferer eine Sache gemeinsam haben, nämlich dass sie sich selbst zu ernst und zu wichtig nehmen und mit Spott nicht umgehen können. In einem Artikel über einen rechtsgerichteten Politiker mit dunklem Teint schrieb sie: »Ich frage mich, was nach seiner Vorstellung wohl aus ihm geworden wäre, wenn sein großer Held Adolf Hitler zusammen mit seinem Freund Benito Mussolini in Malta einmarschiert wäre. Höchstwahrscheinlich wäre er zu ihrer Rechten am großen Tisch gesessen und nicht in irgendeinem Todeslager.« Sie trieb ihren Spott so weit, dass schließlich einige Sympathisanten der extremen Rechten unser Haus anzündeten.

Neben den »rassistischen Faschisten in unserer Mitte«, die für politische Ämter kandidieren, am Sonntag den Gottesdienst besuchen und am Strand Melonen essen, galt ihre besondere Verachtung den Politikern, die sich für die Einführung der gleichgeschlechtlichen Ehe und die Gleichstellung der Geschlechter einsetzten, während sie andererseits forderten, dass das Militär Asylsuchende wieder aufs Meer hinaustreiben solle. Sie schrieb: »Wenn man die vielgepriesene fortschrittliche Liberalität eines Politikers (oder eines anderen Menschen) auf die Probe stellen will, muss man nur ein paar Einwanderer zu ihm schicken. Das wirkt wie ein Zauberstab.« Weil sie den Subjekten teilnahmsloser Berichte ein Gesicht geben wollte, suchte unsere Mutter die Menschen auf, die alles riskiert hatten, um dem Elend zu entfliehen – das 18-jährige Mädchen, das sich mit einer jüngeren Schwester vom Sudan nach Libyen durchschlug, nachdem ihre Eltern gestorben waren; die 13 Jahre alten Jungen, die ein Schiff kaperten, um aus Albanien zu entkommen; das junge Mädchen, das von ihren Eltern getrennt wurde, als sie nach Eritrea vertrieben wurden, und das nicht wusste, was aus ihren Geschwistern geworden war.

Die Kolumne, die unsere Mutter schrieb, nachdem sie das Bild von Aylan Kurdi gesehen hatte, der tot an einem türkischen Strand angeschwemmt worden war, ist wahrscheinlich das beste Beispiel für die stets dem Menschen und dem menschlichen Schicksal zugewandte journalistische Arbeit unserer Mutter. Sie zeigt auch, dass sie niemals die Hoffnung in die Menschheit verlor, trotz allem, was sie über ihre eigene Gesellschaft und die menschliche Natur wusste, denn sie glaubte, dass das Foto eines Jungen »in seinem schönen roten Oberhemd und seiner guten Hose und den Schuhen, auf die er wohl mächtig stolz war«, ausreichen würde, um einen Umschwung der öffentlichen Meinung herbeizuführen.

Aylan Kurdis Tod war kein Wendepunkt für Europa, wie unsere Mutter damals glaubte, aber ein Schiff, das nach ihm benannt ist, hat bislang Hunderte Menschen vor dem Ertrinken auf dem Meer gerettet. Und die Kolumne, die sie über ihn geschrieben hat, ist durch ihren Tod für uns noch ergreifender geworden.

Das menschliche Gesicht der Tragödie

THE SUNDAY TIMES OF MALTA, 11. AUGUST 1991

Am Donnerstagabend um 20 Uhr stand ich an der Saint Paul's Bay und verfolgte den Funkverkehr zwischen den Leuten an Bord der albanischen Schiffe *Durresi* und *Lirija* und den maltesischen Behörden. Plötzlich sagte jemand, der sich als Schiffsführer bezeichnete:»Ich habe ein großes Problem. Ich bin eingesperrt. Die Flüchtlinge haben das Schiff übernommen.« Darauf folgte hektisches, unverständliches Stimmengewirr. Man hörte maltesische Stimmen, die sich danach erkundigten, wo die Lebensmittel lagerten. Es begann sich Panik breitzumachen.

Um 21 Uhr sprang ein Mann über Bord. Suchscheinwerfer schwebten über ihm, und er kletterte schnell wieder zurück auf das Schiff. Zehn Minuten später meldete sich über Funk eine aufgeregte Stimme:»Wir warten noch immer auf das Essen. Um halb fünf habt ihr gesagt, dass das Essen gleich an Bord gebracht wird. Mein Freund, ich warte schon sechs Stunden. Mein Freund, ich habe Kinder bei mir. Verstehst du mich? Ich bin völlig allein, Kinder krank, haben nichts zu essen. Ich brauche Hilfe, und zwar schnell.« Die Behörden teilten mit, dass das Essen unterwegs sei, und fragten, ob das Schiff, das es bringen würde, sich Backbord oder Steuerbord nähern solle.

Dann trat eine Pause ein. Die junge Frau, die neben mir stand, schilderte die Ereignisse dieses Nachmittags folgendermaßen:»Wir trieben im Wasser, dann hörten wir plötzlich das Geräusch eines Hubschraubers über uns. Wir schauten zurück und sahen, dass Schiffe auf uns zukamen. Alle kriegten Panik und bemühten sich, schnell aus dem Wasser zu kommen. Dann haben einige Leute angefangen, über Bord zu springen. Viele sind gesprungen.« Eine andere Augenzeugin berichtete mir, sie habe gesehen, wie ein Mitglied der Sondereinsatzkräfte der Polizei auf die Albaner einschlug, als sie an Bord des Polizeibootes zu klettern versuchten. »Er hat einem Mann mit dem Ruder auf den Kopf geschlagen.«

Flutlichter

Die drei Polizisten, die an der St.-Paul's-Bay stationiert waren, wussten anscheinend nicht, was vor sich ging. Einer von ihnen meinte scherzhaft, in ein paar Stunden würde er wohl sein Motorrad gegen einen Jetski eintauschen müssen. Als es dunkel zu werden begann, nahm die Panik zu, die man über den Äther verfolgen konnte. Arbeiter der Stromgesellschaft Enemalta bauten eine Flutlichtanlage auf, um die Leute auf dem Boot davon abzuhalten, über Bord zu springen, beziehungsweise um sie im Wasser besser entdecken zu können.

Im Äther verstärkte sich das Durcheinander: Die Polizei war zu hören, die Schiffe der Küstenwache von Valletta und ab und zu auch Mobilfunkgespräche. Ein Mann empfahl einem anderen, nach Xemxija Il-Fekruna zu fahren, wo noch viel mehr los sei, und seinen Personalausweis mitzunehmen, damit man ihn dort auch hineinlassen würde. Auch ich suchte nach meiner Identitätskarte, entfernte mich von dem Funkgerät und ging weg.

In Il-Fekruna gelangte ich mitten ins Geschehen, ohne angehalten zu werden. Neugierige Touristen mischten sich unter die Polizisten und die Krankenhausmitarbeiter, überraschenderweise aber gab es nur wenige maltesische Zuschauer. Ich fragte einen Polizisten, wo der Leiter der Aktion sei, und er verwies mich an einen Inspektor. Mehrere andere Polizisten liefen herum oder saßen in einem Bus. Die Sondereinheit packte schon ihre Sachen zusammen und bereitete ihre Abfahrt vor. Ein Schlauchboot verschwand hinter dem Hügel. Hinter einer schmalen Betonmauer errichteten Krankenpfleger und Techniker ein behelfsmäßiges Lazarett. Überall lagen große dunkle Säcke mit medizinischen Verbrauchsmaterialien herum.

Der diensthabende Arzt erklärte, sie seien auf alle Eventualitäten vorbereitet. Sie hätten von Italien erfahren, dass einige der Albaner nicht gegen Kinderlähmung geimpft seien, und daher würden sie den Impfstoff bereithalten.»Wie viele Albaner bisher behandelt worden seien?«, fragte ich.»Nur einer«, antwortete der Arzt. Und was habe ihm gefehlt?»Er hatte einen Schädelbruch.« Wie habe er sich im Wasser einen Schädelbruch zuziehen können, oder habe er die Verletzung beim Sprung über Bord erlitten? Ein Angehöriger der Spezialeinsatzgruppe, der in der Nähe stand, erklärte, der Albaner sei beim Sprung vermutlich mit dem Kopf an die Überbauten des Bootes gestoßen. Er wurde ins St. Luke Hospital gebracht und dort operiert. Am nächsten Tag berichtete die *Times,* dass sich der 33-jährige Lafaj Kadri Besnik nach Aussagen der Albaner die Verletzung zugezogen habe, als ihm ein Insasse eines Polizeibootes ein Ruder auf den Kopf geschlagen habe.

Der Staatssekretär des Gesundheitsministeriums berichtete über den Fortgang der medizinischen Vorbereitungen.»Ich bin sehr zufrieden«, erklärte er. Worüber? Über die Leiden der Albaner?»Nein, darüber, wie gut die Vertreter des Gesundheitsministeriums die Sache in den Griff bekommen haben. Sie machen das sehr gut.« Der diensthabende Arzt bestätigte, dass am Nachmittag, als man befürchten musste, dass es im Grand Harbour zu einer Katastrophe kommen könnte, das Zollgebäude geräumt und dort ein Mini-Krankenhaus eingerichtet wurde, das man dann wieder räumte, als die Aktivitäten nach Xemxija verlegt wurden.

Versorgung mit Nahrungsmitteln
Warum hatte es so lange gedauert, bis die 700 Menschen auf dem Schiff mit Essen versorgt wurden, und was haben sie bekommen? Dr. Hyzler erwiderte darauf, das Problem habe darin bestanden, dass die Nahrungsmittel erst beschafft werden mussten und dass die Flüchtlinge dann Fruchtsäfte, Obst und Wasser erhalten hätten.

Weitere drei Männer sprangen ins Wasser und weigerten sich, wieder an Bord der *Durreʒi* zu kommen. Sie wurden ans Ufer gebracht und mit einem Polizeifahrzeug zur Polizeiwache in Floriana transportiert. Dort erkundigte ich mich, wer sich um die Albaner kümmere. *»Kulħadd'u ħadd«*[1], lautete die Antwort. Ob ich mit einem von ihnen sprechen könne? »Was, jetzt? Warten Sie eine Minute.« Aus einer Minute wurden dreißig. Stimmen waren vom Hof des Polizeigebäudes außerhalb des abgesperrten Bereichs zu hören. »Gehen Sie jetzt lieber nicht hinaus«, sagte ein gelangweilter Polizist, der neben mir stand. *»Għax tieħu ʒkandlu.«*[2] Die drei Albaner, die vorher vom Schiff gesprungen waren, gingen in ihrer Unterwäsche über den Hof, tropfnass und begleitet von zwei ernst blickenden Polizisten. »Wo bringt man sie hin?«, fragte ich den gelangweilten Beamten. »Nach Ta' Kandja. Dort sollen sie duschen und neue Sachen anziehen.«

Um 23.30 Uhr ging ich in Begleitung eines Beamten den Gang zur Polizeikantine hinab. Im Raum sah es aus wie im Speisesaal einer Oberstufen-Knabenschule: junge, blonde Köpfe über makellosen blauen Polizeihemden. Wo waren die abgerissenen, verbitterten Männer, die ich hier erwartet hatte? Ein dreizehn Jahre alter Junge mit roten Pausbacken und flachsblonden Haaren, der nicht zu unterscheiden war von seinen Skateboard fahrenden und Surfershorts tragenden maltesischen Altersgenossen. Ein Fünfzehnjähriger, der sich stolz die brandneue Jeans hochzog, die sich um seine Hüften legte. Seine Augen, die vor Aufregung blitzten, schossen im Raum umher. Welche Folgen und Auswirkungen sein Abenteuer nach sich ziehen würde, hatte er offenkundig noch nicht erfasst.

---

1 »Alle und keiner.«

2 »Sie würden sich wahrscheinlich nur aufregen.«

»Wir haben uns das Schiff geschnappt«

Ob einer von ihnen Italienisch spreche? Zwei Jungen im Alter von siebzehn und zwanzig Jahren traten nach vorn. Mein Italienisch ist etwas holprig, und daher betätigte sich ein Mitglied der Sondereinsatzgruppe als Dolmetscher. Er war nicht viel älter als die Albaner, und auf Maltesisch erklärte er mir, wie sehr ihn die Berichte der Jungen über die Zustände in Albanien und auf der *Durresi* beeindruckt hätten. Ich fragte die Albaner, wo sie auf die *Durresi* gelangt seien. »In Valona.« Dann schrieb er den Namen auf: *Vlor.* »Wir haben uns das Schiff geschnappt, als es in die Nähe der Küste gekommen ist. Hunderte von uns sind an Bord gegangen. Wir haben den Kapitän und die Mannschaft in einem Raum eingesperrt und dann die Kontrolle über das Schiff übernommen.«

Wie waren die Verhältnisse auf dem Schiff? »Wir waren ungefähr 400 Leute, die auf den Gängen schliefen, überall auf dem Schiff. Es gab keine Toiletten, kein Wasser, nichts. Sie können sich vorstellen, was das bedeutete, der ganze Schmutz. Wir waren drei Tage auf dem Schiff, nachdem wir Albanien verlassen hatten.«

Was haben sie gegessen? Er zieht einen Kreis auf seiner Handfläche. »*Panini,* so große. Sonst nichts.« Mein Dolmetscher ergänzt, dass sie auch Meerwasser getrunken hätten. Dann wendet er sich an die Albaner und fragt: »Stimmt das?« Sie antworten: »Ja. Es gab sonst nichts anderes zu trinken.«

Ein Mann von etwa zwanzig trat auf die Gruppe zu und fragte in einem Englisch, das ungefähr so holprig ist wie mein Italienisch, ob die Albaner in Malta würden bleiben dürfen. Seine Augen waren voller Hoffnung. Der Vertreter der Sondereinsatzgruppe erklärte umständlich, dass Malta ein kleines Land sei und dass es nicht kurzfristig Hunderte Menschen aufnehmen könne. Die Stimmung des Albaners sank sichtlich auf den Nullpunkt. Dann rief er: »Na, wir wollen sowieso nicht hierbleiben. Wir wollen nach Amerika, nach Kanada.« Diese jungen Männer lebten bisher abgekapselt von Zeit, Raum und Geschichte. Sie sind ungeheuer naiv und unbedarft, was ihr Wissen über den Lauf der Dinge betrifft. Die Zeit ist über sie hinweggegangen.

Was haben sie erwartet, das sie in Malta, in Italien finden würden?»Arbeit. In Albanien kann man arbeiten, aber man wird nicht bezahlt dafür, man kriegt nichts.« Sein Freund fällt ihm ins Wort:»Es gibt nichts zu essen. Es gibt kein Brot, keine Butter, kein Fleisch, die Läden sind leer. Es gibt nichts für uns, wir sind verzweifelt. Es hat ein paar Lieferungen von Hilfsgütern gegeben, aber das hat auch nichts gebracht.«

Ich fragte den Fünfzehnjährigen, wie er auf das Schiff gekommen sei. Er antwortete, er habe zu den Hunderten gehört, die bei der erstbesten Gelegenheit auf das Schiff sprangen. Nein, seine Familie habe er nicht bei sich. Nein, seine Angehörigen wüssten nicht, wo er sich befinde. Ob er nicht *troppo giovane*[3] sei, um ohne Geld und ohne Pass ins Unbekannte aufzubrechen?»Darüber habe ich nicht nachgedacht«, erwiderte er mit der Einstellung fünfzehnjähriger Jungen überall auf der Welt.»Auf dem Schiff sind auch Sechs- und Achtjährige, und die haben ihre Eltern auch nicht bei sich.«

Zwei der Jungen sahen aus wie etwas ältere Versionen meiner beiden eigenen Söhne, und ich musste der Versuchung widerstehen, sie zu fragen, ob sie auch etwas Richtiges gegessen hätten. Der freundlich dreinblickende Polizeibeamte neben mir sagte, beide hätten jeweils für zwei gegessen. Er tat sich anscheinend etwas schwer damit, sich in seine neue Rolle hineinzufinden, die von ihm verlangte, sich gewissermaßen als eine Mischung aus Mutterhenne und Don Bosco zu betätigen. Ich fragte ihn, ob er wisse, wie es weitergehe. Er zuckte die Schultern:»Da müsste ich raten, das wäre sinnlos. Deshalb leite ich alle Anfragen an das Informationsministerium weiter. Die Sache

---

[3] zu jung.

liegt letztlich in den Händen der Regierung. Wir können sie nur wie Gäste behandeln. Mehr können wir nicht tun.«

»Sie werden uns in der RAI sehen«

Die meisten der Jungen hatten Albanien allein und unvorbereitet verlassen. Sie sprangen kurzentschlossen in einem günstigen Moment an Bord des Schiffes und ließen ihre Angehörigen zurück. Wie sollten ihre Eltern erfahren, was geschehen war? »Aber sie werden uns in der RAI sehen«, erklärten mir die Jungen. Ich bemühte mich, ihnen zu erläutern, dass dies Malta sei, nicht Italien, dass es sich dabei um zwei verschiedene Länder handele und dass die RAI ihre Ankunft nicht aufgenommen habe. Auf den Gesichtern des älteren albanischen Jungen zeigte sich tiefe Enttäuschung, dann wurden seine Augen glasig und er starrte ins Leere.

Ich fragte ihn nach der Adresse seiner Angehörigen, die er in Albanien zurückgelassen hatte. Vielleicht würde ich sie darüber informieren können, was geschehen war.

Plötzlich gab es größere Bewegung, und viele schwarze Barette wurden gerichtet. Es hieß, »der Minister« sei unterwegs zu uns. Die Sondereinsatzgruppe nahm Haltung an, die Rücken gerade. Die Albaner, die zunächst etwas verwirrt oder verunsichert schienen, sammelten sich ebenfalls. Der Innenminister rauschte in den Raum, in Begleitung des Polizeipräfekten. »*Ministru*«, sagte einer der Männer der Sondereinsatzgruppe zu einem der Albaner und deutete zur Erklärung auf den Rücken von Dr. Ugo Mifsud Bonnici. Dr. Bonnici ließ sich einen Softdrink reichen und fragte, ob einer der Albaner Italienisch spreche. Mehrere Finger zeigten zu dem Jungen, der mit mir geredet hatte, und dann ging es los.

Dr. Mifsud Bonnici und Mr. Calleja wurden im Nu von 27 jungen Albanern umringt, die instinktiv erkannten, dass es sich hier um Autoritätspersonen handelte. Fünf Minuten später verließen der Innenminister und der Polizeichef den Raum wieder;

die beiden wirkten überlebensgroß inmitten der kleinwüchsigen Albaner. Ich fühlte mich an die Klosterschule erinnert, wenn die Mutter Oberin der Klasse einen kurzen Besuch abstattete und mit wehendem schwarzen Rock und Nonnenhaube hereinschwebte und fragte: »Alles in Ordnung, Mädchen?«

Dieser Eindruck verstärkte sich noch, als der Minister unter den Blauhemden und schwarzen Barretten eine Gestalt in Neon-Pink erblickte: »Was tun Sie hier? Kommen Sie her!« Ich musste vortreten und wurde auf den Gang hinausgeführt. »Wieso sprechen Sie mit den Albanern? Es handelt sich um Gefangene. Und außerdem sind es alles Männer.«

Zur Ausreise überreden

Mir wurde klar, dass der Minister etwas dagegen hatte, dass eine verheiratete Mutter in den frühen Morgenstunden in einer Polizeikantine saß und mit albanischen Flüchtlingen sprach. Die Einwände des Polizeipräfekten waren rein praktischer Natur: »Vor ein paar Jahren noch wäre jetzt Ihre Kamera zerschlagen worden und man hätte Sie verhaftet.« Ich machte mir nicht die Mühe, darauf hinzuweisen, dass der Blitz nicht funktioniert hatte und er sich keine Sorgen zu machen brauche. Dann fuhr der Polizeipräfekt zurück zur Zentrale. »Ich rechne damit, dass bald noch mehr Leute gebracht werden.«

Draußen sagte Dr. Mifsud Bonnici, er brauche einen Anführer, einen, der für die Albaner sprechen könne. »Das Durcheinander nimmt zu.« Was wolle er mit den Leuten machen, jenen auf dem Schiff und denen in der Polizeistation? »Man wird sie dazu bringen, dass sie wieder ausreisen. Ich weiß, sie verdienen unser Mitleid, aber wir können nichts tun.«

Auf der Heimfahrt schaute ich in den Nachthimmel, der mit Glückssternen übersät zu sein schien. Ich zählte sie rasch, aber dann fiel mir traurigerweise ein, dass ich nicht die Möglichkeit gehabt hatte, den jungen Mann nach der Anschrift seiner Mutter zu fragen. Am folgenden Tag wurden die dreißig Albaner auf die *Durresi* zurückgebracht. Kurz darauf verließ das Schiff Malta mit einem Ziel, das die maltesischen Behörden angeblich nicht kannten, den Menschen an Bord aber sehr wohl bekannt gewesen sein dürfte.

»Es war sehr bewegend zu sehen, wie sie sich freuten«

THE SUNDAY TIMES OF MALTA, 11. AUGUST 1991

Albanische Jungen im Alter von sechs bis siebzehn Jahren sind vorübergehend in der Grundschule an der St.-Paul's-Bay untergebracht worden. Unter Leitung von Mr. Tony Meredith, der Erfahrung in der Arbeit mit Flüchtlingen besitzt und von Sozialarbeitern und einer Gruppe von Freiwilligen unterstützt wird, wurden die Jungen gestern Abend gebadet, eingekleidet und verpflegt.

Die Kleidung wurde von der St. Patrick's Boys School zur Verfügung gestellt und das Essen vom Schulministerium. Mr. Meredith erklärte:»Wir versuchen ein gutes Verhältnis zu den Jungen aufzubauen. Sie sind traumatisiert und bemühen sich sehr, uns zufriedenzustellen.« Die Jungen, die trotz ihrer schlimmen Erlebnisse meist noch sehr energiegeladen waren, drängelten sich darum, fotografiert zu werden. Jene, die es schafften, auf die Bilder zu kommen, fragten, ob ihre Gesichter in den albanischen Zeitungen gezeigt werden würden.

»Es gibt ein Sprachproblem«, berichtete Mr. Meredith,»aber nicht notwendigerweise ein Problem bei der Unterbringung und Versorgung. Schließlich sind sie ja noch Kinder.«

Viele der Jungen sind Geschwister und wollten unbedingt zusammen fotografiert werden.»Es war sehr bewegend zu sehen, wie sie sich freuten, als sie erkannten, dass sie nicht voneinander getrennt worden waren. Viele sind ohne ihre Eltern hier.«

Heute Abend will man den Jungen dabei helfen, Postkarten an ihre Angehörigen zu Hause zu schreiben. Der Jüngste ist ein Sechsjähriger, er ist mit seinem Vater hier, der sich wie alle übrigen Erwachsenen in strengem Gewahrsam befindet. Gestern Abend konnten die beiden kurz am Telefon miteinander sprechen.

Avni Baci, siebzehn Jahre, ist zusammen mit seinem neunzehn Jahre alten Bruder Ndricim gekommen, der zu den Erwachsenen gesteckt wurde. »Wir haben unsere Eltern, unsere beiden Brüder und unsere Schwester in Albanien zurückgelassen«, erklärte er. »Wir wollen arbeiten.«

Fakt ist: Wir haben nur die eine Seite der Geschichte gehört

THE SUNDAY TIMES OF MALTA, 18. AUGUST 1991

In der Krise der vergangenen Woche (wir sprechen von einer Krise, obwohl es Albaner waren, die zu leiden hatten, nicht wir) sind die Behörden dem Anschein nach angemessen mit der Situation umgegangen. Ich möchte allerdings nicht in Begeisterung ausbrechen über die Vorgehensweise, denn ich war nicht bei den Verhandlungen dabei und weiß nicht, was genau abgelaufen ist und wie die Flüchtlinge dazu gebracht wurden, auf das Schiff zurückzukehren. Die Presse kann sich lediglich auf die Informationen durch den Regierungssprecher stützen, und die waren zweifellos sehr unzureichend.

Uns wurde gesagt, dass sich die Menschen auf der *Lirija* »bereit erklärt« hätten, Malta wieder zu verlassen, und dass man sie deshalb zunächst an Land gelassen habe. Wer waren diese Menschen, die sich dazu »bereit erklärten«? Hat es eine Abstimmung gegeben, und hat jemand das Ergebnis ausgezählt? Gab es einen Sprecher der Gruppe, der vielleicht ohne Zustimmung seiner Landsleute entschieden hat?

Der Presse wurde der Zugang zu den erwachsenen Albanern verwehrt. Diese wurden unter strenger Bewachung gehalten und konnten nicht nach ihrer Version der »Vereinbarung« befragt werden, die mit den maltesischen Behörden getroffen wurde. Auch diesbezüglich müssen wir uns auf die Aussagen der Regierung verlassen. Die Presse wurde dagegen mit Befragungen von Kindern abgespeist, von denen die meisten um zwölf Jahre alt waren, nur Albanisch sprachen und bestenfalls zehn Worte Italienisch und eine internationale Kindersprache verstanden. Wiederholte Versuche, mit den Kindern ins Gespräch zu kommen, wurden von Mr. Tony Meredith abgeblockt, dem vom Sozialministerium offiziell die Zuständigkeit für sie übertragen wurde. Daraus resultierten folgende vier Informationen: dass die Kinder glaubten, sie würden in Malta bleiben können; dass man sie zunächst in diesem Glauben ließ; dass sie keineswegs in ihre Heimatland zurückkehren wollten; und dass man ihnen erst ganz am Schluss sagte, dass sie nach Hause zurückgebracht werden würden. Warum ist man auf diese Weise vorgegangen? Mr. Meredith erklärte es so: »Was glauben Sie denn? Wir wollen keinen Aufruhr bei uns.« Wie Furcht einflößend und unkontrollierbar ist ein Aufruhr, der von einer Schulklasse aus Zwölfjährigen angezettelt wird?

Es ist bedauerlich, dass es der Presse nicht auch erlaubt war, mit den Erwachsenen zu sprechen, die sich besser ausdrücken konnten. Hätten sie eine Pressekonferenz abgehalten, hätte es sich wohl gelohnt, hinzugehen ... um vielleicht auch nur den hässlichen Verdacht zu zerstreuen, der mich beschleicht, dass man die Flüchtlinge möglicherweise unter einem falschen Vorwand wieder auf das Schiff geführt hat.

Es erscheint mir schon etwas seltsam, dass sich die Flüchtlinge so bereitwillig (nach nur einem Tag Verhandlungen) damit einverstanden erklärten, in ihr verhasstes und gefürchtetes Heimatland zurückzukehren, nachdem sie erst ein paar Stunden vorher gesagt hatten, dass sie lieber sterben würden, als dies zu tun.

Ein kleines philosophisches Problem

THE SUNDAY TIMES OF MALTA, 29. SEPTEMBER 1991

Auch ich bin schon in die Krisen geraten, in die viele Eltern stürzen, wenn sie sich, oftmals unter hohem persönlichem Einsatz, darum bemühen, ihre Kinder dazu anzuleiten, ihre Verstandeskräfte zu nutzen. Ich versuchte meinen Kindern zu erklären, dass die Albaner absolut nichts besitzen, nicht einmal die elementarsten Dinge. Sie saßen eine Weile mit großen Augen da und waren so bestürzt, dass sie mir gleich ihre Teddybären aushändigten. Dann fragten sie:»Hat Gott die Menschen in Albanien so gemacht?«»Ja.«»Das war aber nicht sehr klug, oder? Er hätte sie wie die Menschen in Malta machen sollen. Dann hätten sie etwas zu essen und anzuziehen gehabt. Er hätte sie vielleicht überhaupt nicht machen sollen, wenn er kein Essen und keine Kleider für sie hatte.«Jetzt war ich diejenige, die mit entsetzten, weit aufgerissenen Augen am Tisch saß. Dann die Frage:»Gibt es Flugzeuge in Albanien?«»Ja.«»Könnten sie dann nicht einfach in ein Flugzeug steigen und hierherfliegen und in Malta leben?«

Die letzte Frage war leichter zu beantworten. Die erste Frage hingegen ist eine Frage, vor der alle Religionslehrer Angst haben. Ich vermute, es hat damit zu tun, wie Religion gewöhnlich vermittelt wird.»Wer hat mich gemacht? Gott hat mich gemacht. Ich bin gut.« Die Fortsetzung dazu ist die Frage, die in aller Unschuld gestellt wird, ob Gott auch die bösen Menschen gemacht hat. Ich erinnere mich, dass ich in der Schule mehrmals solche Fragen im Religionsunterricht gestellt habe und dann längere Zeit draußen auf dem Gang stehen musste.

Leben im Konzentrationslager

THE MALTA INDEPENDENT ON SUNDAY, 16. NOVEMBER 2003

Den Begriff Konzentrationslager verbinden wir nahezu ausschließlich mit Nazi-Deutschland, sodass wir vergessen, dass es sich dabei nicht notwendigerweise um Todeslager handelt, die zur Vernichtung der Insassen errichtet wurden. Das hat den Vorteil, dass wir uns nicht mit der hässlichen Tatsache auseinandersetzen müssen, dass es auch in unserer Nähe Konzentrationslager gibt, provisorische Gefängnisse, in denen Hunderte Menschen interniert sind, zusammengepfercht auf engem Raum und ohne zu wissen, was mit ihnen geschehen wird. Die Haftbedingungen, unter denen die Internierten leben müssen, sind ein Verstoß gegen ihre Menschenrechte; und das himmelschreiende Elend, das dadurch erzeugt wird, sollte bei jedem wohlmeinenden Menschen Empörung hervorrufen.

Einige aufgeweckte Leute aber wissen, was hier vorgeht. Die Konzentrationslager, die wir errichtet haben, sind nicht zugänglich für Journalisten, die ihre Existenz einem breiten Publikum bekannt machen könnten. Dem Innenminister ist klar, würde auch nur eine einzige Fernsehkamera in diese Lager hineingelassen werden, es gäbe einen öffentlichen Aufschrei des Entsetzens über die menschenunwürdige Behandlung dieser Häftlinge, denen man alle Hoffnung und jede Würde genommen hat. Wir lesen in den Zeitungen Berichte über diese Menschen, in denen sie weiter entmenschlicht werden, indem man die Bezeichnung *klandestini* und »illegale Einwanderer« für sie verwendet, während es sich vielmehr um Asylsuchende handelt. Wir sehen in den Nachrichten Bilder, auf denen sie gruppenweise in Busse gepackt werden, nachdem sie klapprigen Booten entstiegen sind, um dann abermals in ein schwarzes Loch zu fallen, in dem sie in Vergessenheit geraten. In unserer selbstbezogenen Ignoranz begreifen wir nicht, dass es sich um reale Menschen handelt, die der Todesgefahr zu entrinnen versuchen, ähnlich wie die Juden, die Ende der 1930er-Jahre aus Deutschland und Österreich flüchteten. Vor einigen Wochen versuchte eine Frau im Wartebereich eines Gesundheitszentrums ihren kleinen Sohn, der zu quengeln begann, dadurch abzulenken, dass sie zu ihm sagte: *»Eeee, ara - hawn il-klandestini - ejja arahom«*[4], als eine Somalierin mit ihrem Kleinkind von der Polizei weggebracht wurde.

Vor ein paar Tagen lernte ich Sara kennen, eine achtzehnjährige junge Frau, die das Lager in Lyster verlassen durfte und jetzt an der MCAST[5] studiert, sie erzählte mir ihre Geschichte. Sie stammt aus Äthiopien und hat einen äthiopischen Vater und eine eritreische Mutter. Als ihr Vater starb, wurde ihre Mutter nach Eritrea deportiert, wobei sie Sara und ihre jüngere Schwester mitnahm. Kurze Zeit später starb auch die Mutter. Sara und ihre Schwester waren auf sich allein gestellt in einem Land, wo sie niemanden kannten und auch die Sprache nur schlecht verstanden. Nachdem ihre eritreische Mutter nun tot war, waren sie auch in Eritrea nicht mehr willkommen. Die Polizei gab ihnen ein paar Tage, um das Land zu verlassen. Sara, die gerade sechzehn Jahre alt geworden war und sich um ihre jüngere Schwester kümmern musste, rief einen Onkel in Äthiopien an. Dieser setzte sich mit einem Freund im Sudan in Verbindung.

Sara und ihre Schwester machten sich auf den Weg in den Sudan, ohne Geld in der Tasche und nur mit dem Namen des Freundes ihres Onkels. Wir sprechen hier von Entfernungen von einigen tausend Kilometern und nicht von einer Busfahrt von Mosta nach Valletta; dazu kommt, dass die Reise unter sehr schwierigen Bedingungen und in Konfliktgebieten zu absolvieren war.

Irgendwie schafften sie es, aber nach ungefähr einem Jahr mussten sie auch dieses Land wieder verlassen. Sara, ein auf-

---

4 »Ah, die Polizei. Das sind Klandestini - Komm, bleib hier bei mir.«

5 Das Malta College of Arts, Science and Technology, eine Einrichtung der beruflichen Bildung.

gewecktes und redegewandtes Mädchen, war entschlossen, nach Nordeuropa zu gelangen. »Ich wusste, es war unmöglich, ein Visum zu bekommen, aber es war auch nicht möglich, weiter im Sudan zu bleiben. Meine Schwester und ich hatten keine Bleibe, wir wussten nicht, wo wir hingehen konnten, und wir hatten nichts zu verlieren. Wir hörten, dass es Boote gab, die von Libyen aus nach Europa fuhren, und so haben wir uns nach Libyen durchgeschlagen und sind in das erstbeste Boot gestiegen.« Die Bootsreise, die sie mit knapper Not überstanden, brachte die Mädchen nicht in ihr europäisches Traumland, sondern in ein Konzentrationslager auf Malta, wo sie knapp ein Jahr ausharrten. »Ich wusste, dass wir gegen die Gesetze verstoßen hatten, indem wir ohne Visum hierhergekommen waren«, erzählte mir Sara. »Aber die einzige Alternative bestand darin, aus dem Boot zu springen und zu ertrinken, bevor wir an Land kamen, oder das Boot überhaupt nicht zu besteigen und dort in Libyen zu sterben.«

Saras Bericht über das Leben in den Lagern hier auf Malta belegt anschaulich, warum dort keine Fernsehkameras hineingelassen werden. Sie spricht davon, dass knapp hundert Menschen unterschiedlichen Alters und beiderlei Geschlechts in einer kleinen Baracke zusammengepfercht sind, in der es nur drei Toiletten gibt, in der Babys auf die Welt kommen und in der die Insassen 23 Stunden am Tag eingesperrt sind; sie dürfen, wenn überhaupt, nur für eine knappe Stunde hinaus an die frische Luft. Kinder weinen, ihre Mütter versinken in Depression und die Männer geben sich der Verzweiflung hin. »Sie behandeln uns wie Tiere«, berichtete Sara. »Wie Tiere, die keine Gefühle haben.« Ich sage es Sara nicht, aber weil ich Malteserin bin, weiß ich, dass das daran liegt, dass diese Menschen Schwarze sind und deshalb als minderwertig gelten. Anders verhielte es sich, wenn sie Engländer oder auch Italiener wären. Doch die Einstellung der Malteser gegenüber den Afrikanern wurzelt noch immer im 18. Jahrhundert, als »Eingeborene« zum Amüsement der Europäer auf Jahrmärkten vorgeführt wurden. Sara hingegen meint, es habe nur mit Unwissenheit zu tun, mit einer Art von Unwissenheit, die mit schlechten Manieren verbunden ist und mit einem Mangel an Vertrautheit mit der Welt und den aktuellen Ereignissen.

Sie schildert Vorkommnisse, die mich zutiefst beschämen. Ich kann sie so genau wiedergeben, weil Sara es versteht, die Dinge sehr anschaulich darzustellen. Sie erzählt, wie die Soldatin, die ihnen das Essen brachte, den Kessel auf den Tisch stellte und sich dann einen Ärmel über die Hand zog und sich die Nase zuhielt. Eines Tages fragte Sara sie, warum sie erwarte, dass die Leute das essen sollten, wenn auch sie selbst den Geruch nicht ertrage. »Leute wie ihr, ihr esst alles, denn ihr habt sonst nichts«, erklärte die Frau Sara. Sara war nicht so sehr gekränkt über die Andeutung, dass die Armen und die Hungrigen dankbar sein sollten für den Fraß. Mehr empörte sie sich darüber, dass ihre Wächterin anscheinend glaubte, dass das Afrika südlich der Sahara eine trostlose, öde Weite sei, in der es nichts gebe als Hunger, und dass sie davor flüchten würden: vor dem Hunger, nicht vor dem Tod.

Einmal verlangte Sara, dass man sich um eine Frau kümmern solle, die sich ständig übergab, während ihre Kinder um sie herum spielten und sie keinen Zugang zur Toilette hatte. »Ich lief zum wachhabenden Soldaten und sagte zu ihm, dass man die Frau sofort ins Krankenhaus bringen müsse und ich mich unterdessen um ihre Kinder kümmern würde«, erzählte Sara. »Der Soldat erwiderte, er könne das nicht veranlassen, denn seine Schicht sei gleich zu Ende und die Abwicklung der Krankenhauseinlieferung würde länger dauern, als er noch Dienst tun müsse.« Als Sara erklärte, dass die Frau vielleicht sterben würde, wenn man sie nicht behandelte, erwiderte der Soldat: »Umso besser. Dann ist es eine weniger.« Das einzige Verbindungsglied zwischen diesen Menschen und der Außenwelt ist gewöhnlich ein Soldat.

Sara erzählt von Menschen, die so deprimiert sind, dass sie gar nicht mehr vom Bett aufstehen, was mir später Pater Pierre Grech Marguerat von der Flüchtlingshilfe der Jesuiten bestätigte. »Sie werden monate- und jahrelang im Ungewissen gelassen, sie wissen nicht, was aus ihnen werden wird, was geschehen wird und wann etwas geschehen wird«, sagte er. »Nichts könnte schlimmer sein für einen Menschen. Sie existieren einfach nur, sie vegetieren unter erbärmlichen Umständen vor sich hin.« Sara erzählt mir, dass acht Kinder in einem einzigen kleinen Schlafzimmer schlafen müssen und dass sie den größten Teil des Tages in diesem Raum verbringen müssen. Wie sollen Mütter unter diesen Umständen mit Windeln und Schmutzwäsche zurechtkommen und Essen zubereiten? Diese Frage beschäftigt mich, weil ich weiß, wie schwierig das schon in einem normalen Haushalt ist. »Sie bekommen Wegwerfwindeln, aber sie müssen ihre Kleider mit einem Stück Seife im Handwaschbecken der Toilette selbst waschen, auch die Kleidung der Erwachsenen«, berichtet mir Sara, wobei ich daran denke, dass es nur drei Toiletten für die hundert Menschen gibt. »Es gibt keine Wäscheleinen, sie können die Kleider nirgendwo trocknen, deshalb hängen sie sie auf die Vorhangstangen in ihrem Schlafraum, wodurch das Licht zurückgehalten wird und sich ein muffiger Geruch verbreitet.«

Die Mütter erhalten Milchpulver für ihre Babys, aber nur unzureichende Sterilisationsmittel (vielleicht weil man glaubt, dass afrikanische Babys keine sterilisierten Flaschen brauchen), und mir wurde erzählt, dass in einem Fall Eltern Milchpulver erhielten, dessen Verfallsdatum schon um ein Jahr überschritten war. Sie beschwerten sich bei der Verwaltung des Lagers, worauf die Milch ausgetauscht wurde. Hier sind noch einige Fragen offen: Hat man ihnen absichtlich diese abgelaufene Milch gegeben in der Annahme, dass etwas, das für Hunde gut ist, auch afrikanischen Babys nicht schaden kann, oder hat man schlicht nicht bemerkt, dass das Verfallsdatum schon lange überschritten war, aber was hatte diese Milch dann noch im Vorratslager der Einrichtung zu suchen? Sara erzählt mir, dass die kleinen Kinder manchmal vor Hunger schreien, weil sie das Essen, das man ihnen gibt, nicht hinunterbringen. Wenn ihre Eltern nach passenderer Nahrung fragen, teilt man ihnen mit:»Wir haben nichts anderes mehr. Wenn wir Nachschub bekommen, sagen wir es euch.«

Die Soldaten, erzählt sie, steckten sie wie Tiere in einen Käfig – oder wie früher die Juden ins Konzentrationslager. Ich wollte hinzusetzen: Das ist kein Unterschied, es ist das gleiche Syndrom des allmächtigen Bezwingers und des entmenschlichten Unterworfenen. Um sich die Zeit zu vertreiben, sagen die gelangweilten Soldaten zu den verzweifelten, bedrückten Gefangenen:»Ihr werdet hier alle sterben. Ihr kommt hier nie raus« oder manchmal auch:»Morgen werdet ihr deportiert« oder »Heute bringen wir euch dorthin zurück, wo ihr hergekommen seid«. Es ist gut nachzuvollziehen, wie es in Deutschland zu den Gräueln der Nazizeit kommen konnte: Es sind nur wenige Schritte von dieser Art von Entmenschlichung hin zu blanker Folter und zur Ermordung der Entmenschlichten. Sara erzählt mir von einem anderen Mädchen in ihrem Alter, dem dreimal ein vorübergehender Aufenthaltsstatus verweigert wurde (der ihr die Entlassung aus dem Lager ermöglicht hätte). Sie schluckte sämtliche Pillen, die man ihr zur Behandlung einer bestimmten Erkrankung gegeben hatte, und wurde ins Krankenhaus Mount Carmel eingeliefert.

Sie erzählt von einer Frau, die ihr Baby in den Graben um Valletta zu werfen versuchte. Sie hatte einen vorübergehenden Aufenthaltsstatus, aber ihr Mann war noch im Lager und durfte nicht zu ihr. Auch sie wurde nach Mount Carmel gebracht, und das Baby befindet sich jetzt bei den Schwestern des Ursulinen-Ordens, während der Vater weiterhin interniert ist. Pater Grech Marguerat erzählt mir, dass viele Insassen unter Depressionen leiden und viele schon mit einer posttraumatischen Belastungsstorung dort ankamen, die durch die menschenunwürdigen Lebensbedingungen im Lager noch verstärkt wurde.

Später kann ich noch ein weiteres achtzehn Jahre altes Mädchen, von dem ich erfahren habe, auf der Station Sir Temi Zammit im St. Luke Hospital besuchen. Sie liegt allein im Krankenzimmer, gemäß ihrem Status als Internierte, was Bewachung rund um die Uhr bedeutet. Bart Simpson ist auf dem Fernsehschirm zu sehen, er ist in Richtung des Stuhls gedreht, auf dem der Polizist sitzt, der sie 24 Stunden am Tag bewacht. Der Polizist unterhält sich gerade mit jemand anderem, was mir die Gelegenheit verschafft, mit ihr zu sprechen, aber eigentlich bräuchte er gar nicht hier sein. Marian ist halbseitig gelähmt und kann sich nicht einmal alleine umdrehen, geschweige denn ausreißen und sich in die maltesische Gesellschaft einschleichen, um unsere Werte zu untergraben und sich unsere Jobs unter den Nagel zu reißen.

An den Wänden und am Fenster prangen grelle Bilder vom Herz Jesu und der Schmerzensmutter. Und auf dem Bett liegt eine junge Frau, eine Inkarnation des Schmerzes, die mit großen, leeren Augen an die Decke starrt, angeschlossen an den Infusionsschlauch und mit völlig ausdruckslosem Gesicht. Mit Unterstützung durch einen Dolmetscher erzählt sie mir, dass sie mit dem Leben abgeschlossen habe, dass sie sich nicht damit abfinden könne, auf diese Weise dahinzuvegetieren. Ein vorübergehender Aufenthaltsstatus wurde ihr verweigert, und sie hat keine Ahnung, wie es mit ihr weitergehen wird. Als ihre Familie von Eritrea nach Äthiopien deportiert wurde, setzte man die Kinder in andere Fahrzeuge als die Erwachsenen. Sie hat ihre Eltern nie wiedergesehen. Sie weiß nicht, was mit ihren Geschwistern geschehen ist. Die Ärzte haben ihr gesagt, dass sie ein »Gehirnfieber« habe, aber sie versteht meine Fragen und beantwortet sie exakt. Mit ihrem Gehirn scheint alles in Ordnung zu sein.

Sie ist anscheinend überwältigt von einer Depression der schlimmsten Sorte. Wahrscheinlich ist keine stabile Diagnose möglich. Einige Leute, mit denen ich gesprochen habe, glauben, dass die Paralyse keine physische, sondern eine psychologische Ursache haben könnte. Marian darf keine Besucher empfangen, außer einem Freund, der mittlerweile einen vorübergehenden Aufenthaltsstatus hat. Der Freund erklärt mir, ich würde wahrscheinlich noch mehr entsetzt sein über Marians Zustand, wenn ich sie als das singende, tanzende, hübsche und fröhliche Mädchen gekannt hätte, das sie in Wahrheit ist. Aber jetzt ist Marian fast die ganze Zeit allein mit einem Polizisten im Zimmer, während ihr Freund das College besucht. Als ein paar Freiwillige fragten, ob sie ihr Gesellschaft leisten und an ihrem Bett sitzen dürften, damit sie nicht vollkommen den Mut verliert, wurde ihnen gesagt:»Dafür müssen Sie einen formellen Antrag beim Militär stellen.«

Und all dies geschieht im christlichen Malta der *festi* und *murtali*.[6]

Härte zeigen zur falschen Zeit

THE MALTA INDEPENDENT, 28. OKTOBER 2004

Früher wurden blinde Passagiere auf See umgebracht – entweder sie wurden erstochen und dann über Bord geworfen oder nur über Bord geworfen, was wahrscheinlich schlimmer war. Sie verbrauchten wertvolle Nahrungsmittel auf dem Schiff, ohne etwas für ihren Lebensunterhalt zu leisten. Das Leben auf See war grausam, und dies war davon nur ein weiterer Aspekt. Als man dazu überging, nur noch Leute von Bord gehen zu lassen, die über die geforderten Papiere verfügten, bekam das Problem der blinden Passagiere eine neue Dimension. Sich ihrer auf dem Meer zu entledigen, war nicht mehr erlaubt – wenn es auch kaum Zweifel gibt, dass dies weiterhin praktiziert wurde in Anbetracht der größeren Probleme, die diese blinden Passagiere

6 Feste und Feuerwerke.

nun darstellten –, man konnte ihnen aber auch nicht erlauben, von Bord zu gehen, wenn das Schiff in einen Hafen einlief; kam das heraus, gab es Schwierigkeiten mit den Behörden. Als die diesbezüglichen Vorschriften immer weiter verschärft wurden, wurde es unmöglich, blinde Passagiere im Schutz der Dunkelheit von Bord zu schaffen.

Wie schwierig es ist, eine angemessene Umgangsweise mit blinden Passagieren zu finden, wurde durch die Krise, die sich hier im Laufe des vergangenen Wochenendes entwickelte, schlagartig ins Blickfeld gerückt. Elf Männer und zwei Jungen im Alter zwischen dreizehn und fünfzehn Jahren, Angehörige der kurdischen Minderheit in der Türkei, wurden in einem Container auf einem deutschen Schiff entdeckt, das in einen italienischen Hafen einlief. Ihre Wasservorräte waren schon lange erschöpft und sie waren praktisch halbtot. Italien ließ sie an Land, aber nur für eine rasche medizinische Behandlung und unter der Bedingung, dass das Schiff während dieser Zeit nicht den Hafen verließ. Sie erhielten Essen und Kleidung und wurden dann von Bewaffneten unter Anwendung von Gewalt wieder an Bord des Schiffes zurückgebracht. Dabei wurde einer der blinden Passagiere schwer verletzt. Der Kapitän des Schiffes protestierte und erklärte, aufgrund der räumlichen Enge auf Frachtschiffen und der knapp bemessenen Rationen habe er weder Platz noch Verpflegung, um weitere elf Männer und zwei Jungen unterzubringen. Er könne sie ja für den zweiten Teil ihrer Reise nicht abermals in einen Container stecken. Darauf wurde dem Kapitän mit Arrest gedroht, bis er schließlich nachgab.

Das Schiff lief den nächstgelegenen Hafen an, nämlich Malta, und dort kam es dann zur Kraftprobe. Malta, das angesichts der jüngsten Flüchtlingswelle eine harte Haltung demonstrieren wollte, weigerte sich, die blinden Passagiere an Land gehen zu lassen – auch nicht für eine medizinische Behandlung –, trotz ihrer sehr schlechten gesundheitlichen Verfassung und der Tatsache, dass auch zwei Kinder darunter waren. Es war, als wäre

Norman Lowell[7] an der Regierung. Obwohl der Vertreter der Schiffseigner in Malta wiederholt protestierte und darauf hinwies, dass man es in 48 Stunden nicht mehr mit dreizehn Menschen, sondern mit dreizehn Leichen zu tun haben würde, ging nichts voran. Malta und Italien hielten an ihrer jeweiligen Position fest und verweigerten die Aufnahme dieser Menschen mit der Begründung, dass die andere Seite dafür zuständig sei. Unterdessen wurden die kranken, verletzten und geschwächten blinden Passagiere in einer Kabine zusammengepfercht, die eigentlich nur für zwei Personen vorgesehen war – und eine Zwei-Mann-Kabine auf einem Frachtschiff ist fast so klein wie auf einem U-Boot. Dies geschah, weil der Kapitän mit schwerwiegenden Konsequenzen hätte rechnen müssen – und auch die Männer selbst –, wenn sie an Land zu kommen versucht hätten. Zudem bestand die Gefahr, dass einige von ihnen ihre Drohung wahrmachten und sich umbrachten, anstatt sich mit Gewalt wieder in die Türkei zurückbringen zu lassen. Null Punkte für die Türkei, es sieht nicht gut aus.

Während dieser Vorgänge fragte ich mich immer wieder, was um Himmels willen sich die Regierung dachte. Wollte sie den Tod dieser beiden dreizehn und fünfzehn Jahre alten Jungen riskieren oder auch den Tod der Erwachsenen? Man kann sich in die Öffentlichkeit stellen und bis ans Ende der Tage behaupten, dass man Recht hat, aber dann hat man Blut an den Händen und ist immer noch moralisch verantwortlich, zumal wenn man sich christlich nennt, was diese Regierung immer gern tut. Man kann sich in der Politik nicht nur dann mit dem Christentum schmücken, wenn es der eigenen Sache nutzt. Am Ende waren es die Schiffseigner, die sich anständig und human verhielten. Sie ließen eine Gruppe von Sicherheitsexperten einfliegen, die im Umgang mit Geiselnahmen ausgebildet waren, um zu verhin-

---

7 Norman Lowell ist ein ultranationalistischer Schriftsteller und Vorsitzender von Imperium Europa, einer rechtsextremen Partei auf Malta.

dern, dass sich die Situation an Bord noch weiter zuspitzte. Einer der Schiffseigentümer flog nach Malta, anstatt seine Hände in Unschuld zu waschen und seinen Vertretern die Sache zu überlassen. Der Sprecher der Reederei erinnerte an die Tatsache, dass es sich hier um reale Menschen handelte, nicht um fünftklassige Angehörige der menschlichen Gattung, deren Menschenrechte weniger wert sind als jene von Italienern, Deutschen oder Maltesern. Genau aus diesem Grund waren diese Menschen aus der Türkei geflüchtet.»Die italienischen Behörden haben zu harten Methoden gegriffen, um sie wieder auf das Schiff zurückzubringen, und dabei wurden einige der Männer verletzt. Sie wurden praktisch wie Abfall behandelt«, erklärte er. Aber schien dies Malta und Italien irgendetwas auszumachen? Nein, überhaupt nicht.

Das Flüchtlingshilfswerk der Vereinten Nationen (UNHCR) wurde auf die Situation aufmerksam gemacht und zeigte sich ganz und gar nicht erfreut. Ja, erklärte das UNHCR, Italien sei verpflichtet gewesen, die Männer und Jungen aufzunehmen, als sie nach dem Anlegen des Schiffes in einem italienischen Hafen entdeckt wurden. Italien war dazu verpflichtet, weil es sich um kurdische Flüchtlinge handelte, stattdessen aber behandelte es sie wie blinde Passagiere. Die italienischen Behörden hatten keinen Dolmetscher hinzugezogen und konnten daher deren Asylbegehren nicht verstehen; vielleicht wurde aber auch absichtlich kein Dolmetscher angefordert, damit die Behördenvertreter nicht verstehen konnten, was die Männer und Jungen wollten. Die Sprecherin des UNHCR erklärte:»Asylsuchende in ihr Herkunftsland zurückzubringen, ohne ihr Ersuchen anzuhören, widerspricht den grundlegenden Bestimmungen des internationalen Asylrechts.« Das heißt aber nicht, dass Malta einfach nur danebenstehen und tun konnte, was die Malteser am besten können: die Schultern zucken und die rhetorische Frage stellen:»*Jien x'ghandi x'naqṣam?*«[8] Es gibt auch eine moralische Verantwortung.»Es war eine verzweifelte Situation. Malta hätte die Leute an Land lassen sollen, ihnen Schutz bieten und sie dann nach Italien bringen sollen. Dann hätte es keine Komplikationen gegeben, und es wäre auch nichts Rechtswidriges geschehen«, erklärte die Sprecherin des UN-Flüchtlingshilfswerks.

Schließlich blieb Italien nichts anderes übrig, als seinen Verpflichtungen nachzukommen und die Männer und Jungen aufzunehmen. Aber ich frage mich, was wäre gewesen, wenn diese Jungen gestorben wären, weil Malta abseits stand und sich weigerte, sich human und rechtskonform zu verhalten, wie es vom UNHCR verlangt worden war? Ich kann es mir denken: Die Nachricht wäre mit einem Schulterzucken und mit der lapidaren Bemerkung»*Jien x'ghandi x'naqṣam? Mhux huma dahlu f'dak il-contejner?*«[9] zur Kenntnis genommen worden. Norman Lowell hätte zugestimmt.

Diese Krise sollte uns daran erinnern, dass die Türkei noch weit davon entfernt ist, ihren Verpflichtungen in Bezug auf die Wahrung der Menschenrechte nachzukommen und sich fit zu machen für den Beitritt zur Europäischen Union. Wo war die Türkei in diesen Tagen? Hat sie so getan, als würde sie alles nicht mitbekommen? Hat sie überlegt, wie sie uns am besten davon überzeugen könnte, dass sie die Kurden künftig nicht mehr verfolgen und nicht mehr diskriminieren wird?

---

8 »Was soll man machen?«

9 »Was soll man machen? Warum müssen sie sich auch in einem Container verstecken?«

Gestern brachte diese Zeitung einen Bericht mit dem Titel »Keine Prostituierten in Gozo«. Jemand las ihn über meine Schulter mit und bemerkte: »Natürlich nicht – warum soll man für Sex bezahlen, wenn man ihn umsonst bekommt?«

###

Der nervige Emy Bezzina[10] hat eine neue Kampagne losgetreten: Er will jetzt Auskunft darüber, warum es in den Toiletten der Gerichte kein Papier gibt. Mit solchen wichtigen Fragen beschäftigt sich das Land. Ich verstehe nicht, warum man diesem Mann so viel kostbaren Platz in der Zeitung einräumt und ihm damit Glaubwürdigkeit verleiht.

Da gibt es Norman Lowell, der gewissermaßen das Mississippi der 1950er-Jahre wiederaufleben lässt, und Emy, der sich in den großen Zeitungen des Landes für Klopapier einsetzt – ich weiß nicht, wie das auf jemanden wirken muss, der nicht in diesem Land lebt.

###

Man könnte meinen, die meisten Männer, die hier leben, heißen Harry Vassallo[11] und sehen sich alle verdächtig ähnlich.

###

Ja, und dann gibt es noch den Tango zwischen Dom Mintoff und Karmenu Mifsud Bonnici (KMB), der den Eindruck verstärkt, dass wir in einem echten Wolkenkuckucksheim leben. Die beiden

---

10 Emanuel »Emy« Bezzina, Rechtsanwalt und Mitbegründer und Vorsitzender der maltesischen Kleinstpartei Alpha Liberal Demokratic Party, er kandidierte 2004 für das EU-Parlament.

11 Harry Vassallo war von 1998 bis 2008 Vorsitzender der Grünen Partei Maltas, der Alternattiva Demokratika (Demokratische Alternative).

beklagten sich neulich darüber, dass die Zeitungen sie nicht wirklich ernst nähmen (nein, sie sind viel zu sehr damit beschäftigt, Emys Fortschritte in Sachen Klopapier zu dokumentieren oder neue, kreative Möglichkeiten zu finden, noch einen weiteren Artikel oder ein Interview mit Harry Vassallo unterzubringen – mega-einschläfernd das Ganze, wie Harry Enfield[12] sagen würde). Dynamische Macher-Typen wie Dom Mintoff, sofern er einmal eine Pause einlegt in der Jagd nach seinen 350 000 Maltesischen Lire, die er über die Gerichte einzutreiben versucht, und KMB verdienen die Aufmerksamkeit der Medien. Haben sie nicht gerade erst die Amerikaner maltesischer Herkunft dazu aufgerufen, nicht für George W. Bush zu stimmen, weil dieser die Neutralität Maltas mit Füßen trete?[13] Der feige So-und-So schickt immer wieder ein Kriegsschiff herüber, um in den Kassen des Vergnügungszentrums Paceville größere Geldbeträge zu hinterlassen und Drydocks[14] Möglichkeiten zu eröffnen, die »Einnahme«-Seite seiner Kassenbücher aufzufüllen. Was für ein Vergehen gegen die Verfassung.

Die Männer, die uns immer wieder blamierten oder noch Schlimmeres angestellt haben, als sie Premierminister waren, schrieben an den US-Präsidenten und warfen ihm vor, er sei »ungeeignet, dieses Volk zu repräsentieren, das noch immer die Freiheit besonders wertschätzt ... wenn Sie nicht begreifen, dass Demokratie nicht aufgezwungen werden kann«. Nun, mit solchen Leuten unterhält man sich immer gern.

Ich kann Präsident Bush sagen, was er mit ihrem Brief tun soll: Leiten Sie ihn an Emy Bezzina weiter, der hat sicherlich eine gute Verwendung dafür.

---

12 Der britische Comedian ist seit Ende der 1980er-Jahre populär durch seine TV-Sketchshows.

13 Beide Politiker waren Gründer der Front Maltin Inqumu (Maltesische Front erwache) gegen die EU-Mitgliedschaft und favorisierten ein Neutralitätskonzept nach dem Modell der Schweiz.

14 Die Werft Malta Drydocks ist der größte Arbeitgeber des Landes.

Die Einheimischen sind nicht freundlich

THE MALTA INDEPENDENT, 11. NOVEMBER 2004

Maltesische Unternehmer stellen Flüchtlinge als Arbeitskräfte ein, nutzen ihre Dienste einen Monat lang und entlassen sie dann wieder, ohne sie zu bezahlen. Andere lassen sie rund um die Uhr arbeiten, geben ihnen ein Bett in der Garage oder in einem Verschlag auf dem Firmengelände und zahlen ihnen Hungerlöhne. So wurden zwei somalische Flüchtlinge, beide 22 Jahre alt, von einem Bauunternehmer eingestellt, der von ihnen verlangte, ohne Pause von sechs Uhr bis achtzehn Uhr zu arbeiten, also eine Zwölf-Stunden-Schicht zu leisten, für einen Tageslohn von zehn Maltesischen Lire.

Zum Vergleich: Maltesische Reinigungskräfte, die schwarzarbeiten und keine Steuern zahlen, bekommen von ihren Arbeitgebern zehn Maltesische Lire für vier Stunden Arbeit. Aber das liegt nur daran, dass hier die Nachfrage das Angebot deutlich übersteigt. Nun haben einige dieser Arbeitgeber erkannt, dass sie Frauen aus den Philippinen ins Land holen können, die im Haus rund um die Uhr abrufbereit sind und denen sie nur einen Bruchteil dessen zahlen müssen, wozu sie verpflichtet wären, wenn es sich um ordnungsgemäß angemeldete maltesische Reinigungskräfte handeln würde.

Die genannten zwei Somalier erhielten nach dreizehn Tagen Arbeit nicht die versprochene Bezahlung, vielmehr bekamen sie Schläge mit einem Metallwerkzeug und wurden aus dem Haus geworfen. Sie gingen zur Polizei, die, das muss zu ihrer Ehrenrettung gesagt werden, unverzüglich tätig wurde. Die Flüchtlingshilfe der Jesuiten wird im nachfolgenden Gerichtsverfahren den beiden jungen Männern zur Seite stehen.

All dies ist schon seit Längerem üblich. Flüchtlinge, die humanitären Schutz in Malta genießen und deshalb auch arbeiten dürfen, befinden sich in einer besseren Position als jene, die den Status des »Illegalen« haben und dadurch wesentlich verletzlicher sind. Doch auch Personen unter humanitärem Schutz können grobem Missbrauch ausgesetzt sein, wie es diesen beiden Somaliern widerfahren ist.

Sie sind verwirrt und verunsichert, sie sind Fremde in einem für sie sehr fremdartigen Land, sie sind schwach, und die Einheimischen sind nicht freundlich ihnen gegenüber. Diese Menschen befinden sich in einer Lage, in der sie ganz leicht zu Opfern werden können. Noch schlechter gestellt sind jene, die nicht das Recht haben, sich hier Arbeit zu suchen. Wie so viele illegale Einwanderer in Großbritannien, Deutschland, Italien, Frankreich und den USA – und zahlreiche Malteser, bevor Malta in die Europäische Union aufgenommen wurde – müssen auch die Osteuropäer und die Afrikaner, die hier in der Schattenwirtschaft tätig sind, gegenüber den Behörden unsichtbar sein, was ihre Ausbeutung wesentlich erleichtert.

Offenkundig sind sie verzweifelt, sonst wären sie nicht hier, sie würden nicht versuchen, ein bisschen Geld für eine warme Mahlzeit zu ergattern, und würden nicht in irgendwelchen Bretterbuden von Baufirmen schlafen. Sie wollen eigentlich gar nicht hier sein, denn in einer europäischen Großstadt würde es ihnen besser gehen.

Hier bei uns sind sie der Ausbeutung schutzlos ausgeliefert. Wenn sie arbeiten und dafür nicht bezahlt werden, haben sie aufgrund ihres illegalen Status keinen rechtlichen Schutz. Wenn sie von missbräuchlicher Ausnutzung berichten, wird ihnen ihr eigenes Vergehen des unberechtigten Aufenthalts im Land entgegengehalten. Ich habe von Fällen gehört, in denen Baufirmen ganze Gruppen von Nordafrikanern anheuerten, diese einen Monat lang unter Bedingungen, die kein Malteser hinnehmen würde, schuften ließen, sie anschließend feuerten, anstatt ihnen ihr Geld auszuzahlen, und ihnen drohten, sie der Polizei zu melden, wenn sie sich beschwerten. Geht es noch widerwärtiger?

Vor ein paar Jahren hat mir jemand eine empörende Geschichte über einen kleinen Sweatshop erzählt, in dem er sich um einen Job beworben hatte. Er kam in einen riesigen Raum, in dem Menschen, die man gemeinhin als »Ausländer« bezeichnet, unter grauenhaften Bedingungen schufteten, völlig abgeschlossen von der Außenwelt. Er wollte mir den Namen der Firma nicht nennen, denn wenn ich darüber berichtet hätte, hätte es vielleicht eine Razzia der Polizei gegeben und diese modernen Sklaven wären womöglich abgeschoben worden, was ihr Schicksal noch weiter verschlimmert hätte, und das konnte er mit seinem Gewissen nicht vereinbaren.

Ich erklärte ihm, dies sei genau das Dilemma, vor dem ich stehen würde, wenn er mir den Namen der Firma nennen würde. Das ist die moralische Zwickmühle, in die rechtschaffene Menschen in solchen Situationen geraten. Aber nachdem sich mittlerweile die Gewerkschaften dieser Problematik angenommen haben, können wir vielleicht die Ausbeutung dieser Menschen etwas abmildern, ohne befürchten zu müssen, dass die Polizei sie abschiebt.

Es ist ermutigend, dass Tony Zarb von der General Workers' Union und Gejtu Vella von der Gewerkschaft *Union Haddiema Maghqudin*[15] diese Kampagne unterstützen. Erfreulich ist zudem, dass sie von der Verletzung der Menschenrechte dieser schwachen und schutzlosen Menschen sprechen, anstatt in die nationalistische Kerbe zu schlagen und darüber zu schimpfen, dass diese »Schwarzen« und »Bulgaren« den Maltesern die Butter vom Brot nehmen.

Mr. Vella erklärte laut Zeitungsberichten: »Diese Menschen sind vom Leben nicht begünstigt worden, und statt ihnen zu helfen, beuten wir sie aus.« Er erzählte, dass seine Gewerkschaft und auch die Gewerkschaft von Tony Zarb regelmäßig Berichte

---

15 *Haddiema Maghqudin* bedeutet wörtlich übersetzt: »Vereinigte Arbeiter«.

von Flüchtlingen und anderen nicht-maltesischen Beschäftigten erhalten, die weniger als ein Viertel des Mindestlohns bekommen (unglaublich, aber wahr), was einen eindeutigen Verstoß gegen die maltesischen Arbeitsgesetze darstellt. Und, das möchte ich hinzufügen, auch einen Verstoß gegen jeden grundlegenden Moralkodex. Mit der einen Hand spenden sie für *Strina*[16], mit der anderen Hand bestehlen sie jene, die schon genug Leid erfahren haben im Leben. Das ist das wirkliche Ärgernis.

Gejtu Vella begründete sein Engagement damit, dass er genug habe von derlei Berichten. Am schlimmsten sei es in der Bauwirtschaft, erklärte er. Das ist auch nicht verwunderlich, denn nur wenige junge Malteser wollen im Kieswerk arbeiten oder auf Baustellen, und schon seit Jahren klagen die Bauunternehmer über Personalmangel.

Dieses Problem haben sie durch die Einstellung von Bulgaren, Rumänen, Libyern, Ägyptern, Algeriern, Somaliern und Irakern zu beheben versucht. Und dann ist natürlich das Unvermeidliche geschehen. Zuerst waren sie froh, dass sie Leute gefunden hatten, die bereit waren, hart zu arbeiten und lange Arbeitszeiten auf sich zu nehmen. Dann begannen sie ein Gefühl der Macht zu entwickeln, weil diese Menschen schutzlos und verängstigt waren und so gar nicht dem Bild des widerborstigen maltesischen Arbeiters entsprachen, der gleich zu einer Schimpfkanonade ansetzt und allerlei Flüche und Drohungen hervorstößt, wenn er nicht bekommt, worauf er einen Anspruch zu haben meint.

Allmählich reifte die Erkenntnis, dass man diesen Menschen aufgrund der misslichen Lage, in der sie sich befinden, nicht ihren vollen Lohn zahlen muss, oder vielleicht muss man sie auch gar nicht bezahlen und kann sie irgendwann mit leeren

---

16 *L'Istrina* ist eine jährlich stattfindende eintägige Spendenmarathon-Veranstaltung, die von der Wohltätigkeitsorganisation Malta Community Chest Fund (MCCF) organisiert wird. Die eingenommenen Spenden kommen bedürftigen Menschen zugute, insbesondere Kranken, die sich keine medizinische Behandlung leisten können.

Händen vom Hof jagen. Schließlich gibt es genug andere verzweifelte Menschen, die ihre Plätze einnehmen können. Dieser starken Versuchung, das Falsche zu tun, haben viele nicht widerstehen können. Die Malteser sind keineswegs davor gefeit, Schwache auszunutzen. Wir haben eine lange und unrühmliche Tradition des Handels mit Frauen und der Ausbeutung von Schwachen, und wir haben schon häufig unter Einsatz von viel Geld Verzweifelte nach Italien abgeschoben oder sie auf dem Meer ertrinken lassen. Zweifellos brauchen wir *Strina* einmal im Jahr, damit wir wieder erhobenen Hauptes gehen und ein bisschen moralische Würde zurückerlangen können.

Deshalb freut es mich so sehr, dass Tony Zarb und Gejtu Vella erklären, dass sie bereit sind, auch für die Rechte nichtmaltesischer Arbeiter zu kämpfen, selbst wenn diese keiner Gewerkschaft angehören. In der heutigen Zeit, in der die ursprünglichen Gründe für die Bildung von Zusammenschlüssen der Arbeiter schon lange keine Rolle mehr spielen und die Rechte der Arbeiter vom Gesetz geschützt werden, haben unsere Gewerkschaften wieder eine echte Aufgabe, der sie sich widmen können: sich für jene einzusetzen, die durch das Raster des Gesetzes fallen.

Gewerkschaften wurden einst gegründet, um die Schwachen vor Übergriffen der Starken zu schützen, nicht um für Hafenarbeiter einen Lohn von 26 000 Maltesischen Lire durchzusetzen und das Recht des Öffentlichen Dienstes auf arbeitsfreie Nachmittage im Sommer zu verteidigen. Mr. Zarb und Mr. Vella ist für dieses seltene Zeichen der Zusammenarbeit im Interesse der Förderung der Solidarität zu danken. Die UHM hat bereits im Fall eines Arbeiters interveniert, der nur einen Monatslohn von fünfzig Maltesischen Lire und einen Platz zum Schlafen bekam.

Tony Zarb hat diese Ausbeutung »organisierte Sklaverei« genannt. Zudem berichtete er, dass er und seine Kollegen immer wieder persönliche Drohungen erhalten, wenn sie diese Missstände und die systematische Ausbeutung der verzweifelten Menschen anprangern. »Aber es ist höchste Zeit, dass wir dieses Problem anpacken«, erklärte er. Unsere Gewerkschaften haben eine lange Geschichte. Noch vor wenigen Monaten hätte das »Anpacken dieses Problems« bedeutet, dass diese armen Menschen abgeschoben worden wären, damit *il-Maltin*[17] weiter sein *hobz*[18] verdienen kann.

Jetzt haben sie vielleicht begriffen, dass *il-Maltin* keine Toiletten putzen und auch nicht in einer heißen Küche schuften wollen, nicht im Steinbruch oder bei der Müllabfuhr arbeiten oder andere schmutzige oder staubige Knochenjobs verrichten wollen. Dieses Problem »anzupacken«, heißt für unsere Gewerkschaften jetzt also, dass sie dafür sorgen wollen, dass niemand mehr ausgebeutet wird. Das wird ein mühsamer Kampf werden, weil es einige Leute gibt, deren ganzes Geschäftsmodell auf ausbeuterischen Löhnen und sklavenähnlichen Arbeitsverhältnissen beruht.

Nur in einem Punkt stimme ich mit Mr. Vella und Mr. Zarb nicht überein, und das ist ihre Ansicht, dass die Ausbeutung durch rassistische Ressentiments motiviert werde. Das ist nicht der Fall, und es ist schon etwas eigenartig, dass Gewerkschaftsführer eine solche Sichtweise vertreten. Der Grund, warum es Gewerkschaften gibt, ist der Kampf gegen Ausbeutung, und ohne Gewerkschaften und strenge Arbeitsgesetze, die in der Vergangenheit eingeführt wurden, würden die Unternehmer ihre Beschäftigten ausbeuten. Sie würden versuchen, ihnen keinen Lohn zu zahlen. Sie würden ihnen weniger zahlen, als sie eigentlich sollten (weil es kein »sollten« gibt). Sie würden sie

---

17 Die Malteser.

18 Brot.

rund um die Uhr arbeiten lassen und ihnen keine Freizeit zugestehen.

Darüber hinaus würden diese Arbeiter völlig der Willkür ihrer Arbeitgeber ausgeliefert sein, weil sie das Geld brauchen und nirgendwo sonst hingehen können. Das hat nichts mit ethnischer Zugehörigkeit oder Hautfarbe zu tun. Bulgaren sind nicht schwarz. Sie sind vielmehr weißer als wir. Was wir hier sehen, ist eine Wiederkehr der Situation in Europa vor dem Erstarken der Gewerkschaftsbewegung, als die Arbeiter nicht sicher sein konnten, wie viel Lohn sie bekommen und ob sie am nächsten Tag noch ihren Job haben würden. Warum sind wir so überrascht? Das ist das Hauptthema in den Romanen von Charles Dickens, die vor 150 Jahren, nicht vor 500 Jahren geschrieben wurden.

Es ist ein der menschlichen Psyche innewohnendes Übel, dass wir uns, wenn es keine Regeln gibt und die Fassade der Zivilisation weggenommen worden ist, in bösartige Kreaturen verwandeln, die sich gnadenlos und ohne jegliches Mitgefühl gegenseitig schikanieren und ausbeuten. Das geschieht in Internatsschulen. Das geschieht an Arbeitsplätzen, die nicht in gewisser Weise reguliert und überwacht werden. Mobbing ist eine weitere Erscheinungsform dieses Verhaltens. William Golding hat darüber einen Roman geschrieben. Er gehört in englischen Schulen zur Pflichtlektüre und trägt den Titel *Herr der Fliegen.*

Damit haben wir es auch hier zu tun: Es ist ein Szenario wie aus *Herr der Fliegen.* Wenn diese Leute könnten, wenn es keine Schutzgesetze gegen solche Übergriffe gäbe, würden sie ihre Mitmenschen bis an die Grenzen des Möglichen ausbeuten. Sie versuchen es ja, weiß Gott. Das ist nicht Rassismus. Es ist Skrupellosigkeit. Es zeigt, was geschieht, wenn ein Mensch die völlige Kontrolle über einen anderen Menschen gewinnt, ohne dass es Wachhunde oder Gesetze gibt, die dies verhindern und Missbrauch unterbinden können: Das geschieht im Gefängnis, in Ehen, im Verhältnis zwischen Eltern und Kindern und in der Arbeitswelt.

Offen gesagt, es erstaunt mich schon ein wenig, dass Paulus von Tarsus (er war noch kein Heiliger, als er hier ankam) und seine Gefährten, als sie vor Malta Schiffbruch erlitten, nicht mit Stöcken verprügelt, in ein Lager gesperrt und mit allen möglichen Schimpfwörtern bedacht wurden, während das Volk verlangte, sie umzubringen und ins Meer zu werfen oder sie wieder dorthin zurückzuschicken, woher sie gekommen waren. Die Einheimischen waren damals anscheinend deutlich freundlicher gesinnt. Vielleicht machten sie sich noch nicht so viele Sorgen um ihr *hobz*.

Man bedenke: Wenn Paulus heute hier ankäme, würde er in einem Zelt in Hal Far leben, bewacht von Soldaten. Er hatte das Glück, dass er 2000 Jahre zu früh kam. Weniger erfreulich für uns ist hingegen, dass seine Hinterlassenschaft im Wesentlichen darin bestand, Kirchen zu bauen, den Himmel mit Feuerwerken zu erhellen und Gebetskreise einzurichten, während die zentrale Botschaft des Christentums uns heute vollständig verlorengegangen ist.

Die Hälfte der Bevölkerung gehört anscheinend irgendwelchen Gebetskreisen an. Würden die Leute doch nur einen Moment mit dem Beten aufhören und etwas wirklich Christliches tun, wie zum Beispiel die Ausbeutung der Schwachen öffentlich zu verurteilen und den Betroffenen praktische Hilfe zuteilwerden zu lassen. Aber in einer Gruppe zu beten, zusammen mit Leuten mit dem gleichen gesellschaftlichen Hintergrund, ist natürlich ein einfacherer Weg. So ist das heutige Malta. Wir haben unsere spezielle Spielart des Christentums hervorgebracht, sie besteht im Wesentlichen aus Gebetskreisen, die vor allem die Augen verschließen, was sich außerhalb ihres eigenen Lebensumfelds tut.

Gott sei Dank bleibt uns so etwas erspart

THE MALTA INDEPENDENT, 19. DEZEMBER 2004

Die Tragödie um den Ägypter, der bei Ghar Lapsi vor den Augen seines Bruders ertrank, erinnert uns einmal mehr daran, dass es keine einfache Lösung gibt für das Problem der »Boat People«, wie man es mittlerweile nennen muss. Die Bezeichnung »Boat People« kam in den späten Siebzigerjahren auf, als Australien mit einem Ansturm verzweifelter Menschen aus Südostasien zurechtkommen musste, die mit Booten kamen und lieber sterben wollten, als in ihre Heimatländer zurückgeschickt zu werden. Aufgrund des politischen Klimas der damaligen Zeit mussten sie bei einer Rückführung höchstwahrscheinlich mit dem Tod rechnen, und daher errichtete man in großer Eile behelfsmäßige Lager, wo sie untergebracht wurden. Über diese Situation wurde in den internationalen Medien ausführlich berichtet, während Ereignisse in Australien sonst eher wenig Beachtung finden. Das Leiden der Boat People berührte die Welt.

Heute haben auch wir unsere Boat People, doch ihre Zahl ist verhältnismäßig klein, und wahrscheinlich werden wir uns alleine und ohne internationale Aufmerksamkeit mit ihnen befassen müssen. Es ist offensichtlich, dass sich diese Menschen durch nichts aufhalten lassen werden, denn ihre Lage ist so verzweifelt, dass sie bereit sind, ihr Leben aufs Spiel zu setzen, indem sie versuchen, mit Booten über das Meer nach Italien zu gelangen. Ebenso klar ist, dass viele von ihnen stattdessen in Malta landen werden, vielleicht weil sie fehlgeleitet werden, vielleicht auch, weil sie von Betrügern absichtlich und gegen ihren Willen hierher gebracht werden, oder auch, wie es vor einigen Tagen geschehen ist, weil sie durch schlechtes Wetter dazu gezwungen werden. Die Schleusentore, einmal geöffnet, werden es für einige Zeit bleiben.

Wir müssen versuchen, eine humane Lösung zu finden. Wir können uns nicht als Christen und als zivilisierte Menschen bezeichnen, wenn wir auch nur für einen Augenblick die Ideen und Vorschläge rechtsgerichteter oder auch faschistischer Gruppen in Erwägung ziehen. Diese Ideen werden vor allem verkörpert durch die wahnwitzigen Überzeugungen von Norman Lowell, doch eine verwässerte Form seiner Philosophie wird auch von Leuten unterstützt oder gutgeheißen, die pflichtbewusst ihren Platz in der Gesellschaft einnehmen oder sich vielfach selbst als Stützen der Gesellschaft betrachten.

Während die Zahl der Menschen, die unsere Küsten erreichen, stetig steigt, wachsen auch die Ressentiments gegen sie, selbst bei Menschen, die man eigentlich als gutherzig, wohlwollend und rechtschaffen ansehen würde. Die Neuankömmlinge werden als Bedrohung wahrgenommen, als eine Belastung für begrenzte Ressourcen und als eine Gefahr für den Status quo, weil sie anders sind. Es ist wie bei den Juden in Nazi-Deutschland, deren Anderssein es Hitlers Propaganda ermöglichte, ihnen alles Humane abzusprechen, sodass sie nicht länger als Menschen betrachtet wurden.

Aber es sind Menschen – kein Dreck und keine Tiere. Dennoch bringen wir es nicht übers Herz, zu sagen: Auch mir könnte es so gehen, Gott sei Dank bleibt mir so etwas erspart. Stattdessen schicken wir bittere und wütende Leserbriefe an die Zeitungen; wir rufen bei Radiosendern an, um unserem Zorn und unserer Angst Luft zu machen; wir verderben Unterhaltungen auf Partys durch hitzige Auseinandersetzungen darüber, was »getan werden müsste«. Unterschwellig hört man heraus, was diese Leute eigentlich sagen wollen, sich aber nicht zu sagen trauen, weil sie nicht in die Nähe von Nazis gerückt werden wollen: Werft sie zurück ins Meer; setzt sie in einen Flieger und bringt sie zurück in ihre Heimat; erschießt sie, sobald sie in Sicht kommen, sofern wir davon nichts erfahren; schickt unsere Patrouillenboote aus, um sie abzuwehren, bis sie auf dem Meer verschwinden.

Menschen, die sich selbstzufrieden in ihrer Komfortzone eingerichtet haben, können wahrscheinlich gar nicht nachempfinden, was echte Verzweiflung ist. Denn nur Verzweiflung kann Eltern dazu bringen, sich mit ihren Kindern auf klapprige, überfüllte Boote zu zwängen, nachdem sie ihre kargen Ersparnisse für diese Reise in dem Wissen ausgegeben haben, dass nur eine geringe Chance besteht, es auf die andere Seite zu schaffen. Aber auch wenn sie Italien erreichen, was ist dann? Wie können wir in unserer Selbstgefälligkeit lernen, was es bedeutet, wenn man nichts zu verlieren hat?

An Weihnachten werden wieder viele von denen, die jetzt verlangen:»Schickt sie weg und haltet sie uns vom Leib«, den Gottesdienst besuchen und die Geschichte von Maria und Josef hören, wie sie an der Herberge abgewiesen wurden und ihr Kind dann in einem Stall zur Welt kam. Sie werden die Geschichte seit ihrer Kindheit schon viele Male gehört haben und sie bedeutet ihnen schon lange nichts mehr. Sie haben keinen Sinn für das Gleichnishafte, das in ihr steckt, und während sie sich bekreuzigen und die Heilige Kommunion empfangen, hängen sie weiter ihren unbarmherzigen Gedanken nach.

###

Grausame, herzlose Menschen sind oft auch in sich widersprüchlich, finde ich. So verlangte eine Frau in einem Leserbrief an die *Sunday Times,* dass Leute, die mehr Mitgefühl für die»illegalen Einwanderer« fordern, mit gutem Beispiel vorangehen und einige dieser Menschen bei sich zu Hause aufnehmen sollten. Das ist genauso, als würde man fordern, dass Leute, die sich um das Problem der streunenden Hunde kümmern, damit anfangen, indem sie zehn solcher Hunde zu sich nehmen oder ansonsten den Mund halten sollen. Es ist, als würde man sagen, wenn wir nicht bereit sind, privat Waisenkinder bei uns zu Hause aufzunehmen, sollten wir auch nicht fordern, dass das Leid dieser Kinder gelindert wird, oder wir sollten es dem Staat überlassen, dass er sich um sie kümmert. Diese Frau verkörperte in ihrem kleinkarierten Egoismus die kleinstädtische Engstirnigkeit, die verhindert, dass wir unsere Herzen für andere öffnen, solange uns nicht ein gravierendes Ereignis durch eindringliche Bilder aufrüttelt und unser Mitgefühl auslöst, woraufhin wir uns dann an Spendenaktionen beteiligen.

###

Manchmal aber bewegen uns konkrete Aktionen zum Umdenken. Die Firma Baxter International, deren Niederlassung auf Malta von einem Malteser, Sergio Vella, geleitet wird, hat vor kurzem 50 000 Dollar für die Flüchtlingshilfe der Jesuiten gespendet, um sie bei der Versorgung der Menschen zu unterstützen, die an unseren Küsten gestrandet sind. Das ist eine sehr lobenswerte Geste, die beispielgebend sein kann. Es gibt eine einzelne Nonne, die sich im Good Shepherd Home in Balzan um mehrere Flüchtlingsfamilien kümmert. Auch sie geht mit gutem Beispiel voran. Sie hat ihnen nicht die Tür vor der Nase zugeschlagen und ihnen zugerufen:»Geht nach Hause. Wir können euch nicht brauchen.« Sie treibt auch das Geld auf, um diese Menschen zu verpflegen und mit Kleidung auszustatten. Wie beschränkt ist im Vergleich dazu dieses Denken, das auf die Forderung hinausläuft:»Schickt sie wieder heim oder erschießt sie auf dem Meer.«

###

Zum Schluss noch etwas Erheiterndes vor allem für die Linken und die Fortschrittlichen unter Ihnen. Wir stehen vor dem Jahrestag der Schlacht von Trafalgar (schauen Sie es nach):

»Lassen Sie das Signal geben, Hardy.«

»Aye, aye, Sir.«

»Halt. Das ist nicht das Signal, das ich dem Signaloffizier aufgetragen habe. Was bedeutet das?«

»Wie meinen Sie, Sir?«

»England erwartet, dass jedermann seine Pflicht tut, ungeachtet seiner Rasse, seines Geschlechts, seiner religiösen Über-
zeugung oder körperlichen Behinderung.‹ Was ist denn das für
ein Geschwurbel?«

»Das sind die politischen Vorgaben der Admiralität, Sir. Wir
sind jetzt ein Arbeitgeber, der die Verordnungen zur Gleichstellung beachtet. Wir hatten alle Hände voll zu tun, um das Wort
›England‹ durch die Zensur zu bringen. Es könnte möglicherweise als rassistisch aufgefasst werden.«

»Meine Güte, Hardy. Reichen Sie mir meine Pfeife und den
Tabak.«

»Bedaure, Sir. Auf sämtlichen Kriegsschiffen gilt jetzt Rauch-
verbot.«

»Nun gut, dann brechen Sie die Rum-Ration an. Die Männer
sollen sich stärken vor dem Gefecht.«

»Die Rum-Ration wurde abgeschafft, Sir. Gemäß den Vorschriften der Regierung zur Unterbindung des Komasaufens.«

»Gütiger Himmel, Hardy! Besser, wir bringen es schnell hinter uns. Volle Kraft voraus!«

»Darf ich Sie darauf hinweisen, Sir, dass in diesem Gewässer
eine Geschwindigkeitsbegrenzung auf vier Knoten gilt?«

»Verdammt, Mann! Wir stehen am Vorabend der größten See-
schlacht der Geschichte. Wir müssen alles auffahren, was wir
haben. Erstatten Sie bitte Bericht aus dem Krähennest«

»Das wird nicht möglich sein, Sir.«

»Was?«

»Aufgrund der Gesundheits- und Sicherheitsvorschriften
wurde das Krähennest geschlossen, Sir – es fehlt ein Sicherungs-
gurt. Und auch die Strickleiter entspricht nicht den Vorschriften. Es darf keiner mehr hinauf, bis nicht ein ordnungsgemäßes
Gerüst errichtet ist.«

»Dann holen Sie mir unverzüglich den Schiffszimmermann,
Hardy.«

»Er ist gerade damit beschäftigt, den Zugang zu den Mannschaftsquartieren rollstuhlgerecht umzubauen.«

»Rollstuhlgerecht? So was Dummes habe ich noch nie gehört.«

»Auch hier wieder die Gesundheits- und Sicherheitsvorschriften, Sir. Wir müssen für anders Begabte ein barrierefreies Umfeld schaffen.«

»Anders Begabte? Ich habe nur einen Arm und ein Auge und will mir solche Bezeichnungen nicht anhören. Ich habe es nicht zum Admiral gebracht, weil ich die Behindertenkarte ausgespielt hätte.«

»In Wirklichkeit haben Sie es doch getan, Sir. In der Royal Navy sind Menschen mit Sehbehinderung und fehlenden Extremitäten unterrepräsentiert.«

»Was denn noch? Volle Segel! Damit der Salznebel sprüht.«

»Auch hier gibt es Probleme, Sir. Die Gesundheits- und Sicherheitsvorschriften verbieten es, dass die Crew die Segel hochzieht, wenn sie keine Schutzhelme trägt. Und die Männer sollen auch nicht zu viel Salz einatmen. Haben Sie nicht die Hinweise gelesen?«

»Einen solchen Blödsinn habe ich noch nie gehört. Bringen Sie die Kanonen in Stellung und sagen Sie den Männern, sie sollen sich bereitmachen zum Gefecht.«

»Die Männer scheuen sich davor, auf jemanden zu schießen.«

»Das ist Meuterei!«

»Nein, Sir. Sie haben einfach nur Angst, dass sie später wegen Mordes belangt werden, wenn sie tatsächlich jemanden töten. An Bord befinden sich Anwälte, die alles mit Argusaugen verfolgen.«

»Wie sollen wir dann die Franzosen und die Spanier versenken?«

»Nun, Sir, wir werden sie nicht versenken. Sie sind jetzt unsere europäischen Partner. Gemäß den Regelungen der gemeinsamen Fischereipolitik sollten wir uns eigentlich gar nicht in diesen Gewässern aufhalten. Wir könnten auf Schadensersatz verklagt werden.«

»Aber die Franzosen muss man hassen wie den Teufel.«

»Das sollte der Diversitätskoordinator des Schiffes besser nicht zu hören bekommen. Er würde Disziplinarmaßnahmen gegen Sie in die Wege leiten.«

»Man muss jeden als Feind betrachten, der schlecht über den König spricht.«

»Nein, heute nicht mehr, Sir. Wir müssen integrativ und inkludierend wirken in diesem multikulturellen Zeitalter. Legen Sie jetzt bitte Ihre Schutzweste an. Das verlangen die Vorschriften.«

»Was Sie nicht sagen – die Gesundheits- und Sicherheitsvorschriften, oder? Und was ist eigentlich mit dem Rum, mit der Unzucht und der Peitsche?«

»Rum ist vom Speiseplan gestrichen worden, Sir. Und körperliche Züchtigung ist verboten.«

»Und die Unzucht?«

»Nun, ich glaube, diese sollte gefördert werden.«

»Wenn das so ist, dann küssen Sie mich, Hardy.«

Der Tag, an dem sich die öffentliche Meinung drehte

THE MALTA INDEPENDENT ON SUNDAY, 6. SEPTEMBER 2015

Ich habe das Bild des dreijährigen Aylan Kurdi, der von einem türkischen Polizisten getragen wird, zum ersten Mal am Donnerstagmorgen in der *International New York Times* gesehen und erkannte zunächst gar nicht, was es bedeutete. Schlief der Junge? Nein, das konnte nicht sein, denn sie waren ja nahe am Wasser. Ich las die Bildunterschrift. Er war ertrunken. Sein Bruder Galip, fünf Jahre alt, war zusammen mit ihm ertrunken, doch er wurde nicht so berühmt durch seinen Tod, weil er nicht fotografiert wurde. Ich musste weinen – ein komisches Gefühl, denn ich war umgeben von anderen Leuten. Doch es war mir gleich. Irgendetwas auf diesem Bild hatte einen Schalter umgelegt, der Trauer auslöste, und ich konnte nichts dagegen tun. Als ich später in den internationalen und den Londoner Zeitungen weitere Berichte las, erfuhr ich, dass dieses Bild auch andere Menschen in ähnlicher Weise berührt hatte. Journalisten haben gelernt, ihre Gefühle nicht zu zeigen, wenn sie in ihren Berichten Ausdrücke wie »herzzerreißend« oder »Trauer« oder andere nicht banale Bezeichnungen verwenden. Anhand bestimmter Satzkonstruktionen konnte man erkennen, dass manche ihrer Autoren Tränen vergossen hatten, bevor sie ihre Artikel verfasst hatten. Worin bestand die besondere Wirkung dieses Bildes, nachdem wir alle schon so viele Fotos von toten Kindern gesehen haben und meinten, wir seien mittlerweile abgestumpft oder immun dagegen?

Drei Tage später, ich bin bei der Arbeit und habe ständig Leute um mich, muss ich noch immer das Taschentuch hervorholen (»Oh, diese schreckliche Kälte«), wenn dieses Bild unwillkürlich in mir hochsteigt. Es hat damit zu tun, dass Aylans Gesicht verdeckt ist und das Hauptaugenmerk auf seinen Füßen liegt, das geht so sehr zu Herzen. Es sind die Schuhe, die diese Wirkung erzeugen, diese dünnen, verletzlichen Fußknöchel. Die Schuhe und die Fußknöchel waren es, welche die halbe Welt so sehr berührten, vor allem jene von uns, die in ihrem Leben auch selbst einmal Verantwortung für Jungen in diesem Alter hatten. Aylan trug ein schönes rotes Oberhemd und eine gute Hose und Schuhe, auf die er wohl mächtig stolz war – bei Jungen in diesem Alter sind es immer die Schuhe und die T-Shirts. Seine Eltern hatten ihm wahrscheinlich erzählt, sie würden eine große Reise mit einem Boot machen, und hatten es als ein aufregendes Abenteuer dargestellt, damit er keine Angst bekam. Und auch sein Bruder, sein kleiner Bruder, der ebenfalls umkam – bei den beiden müssen die Aufregung und die Beklemmung wohl plötzlich in einen Albtraum und blanke Angst umgeschlagen sein, und dann starben sie auf eine Weise, die wahrscheinlich die schlimmstmögliche ist – durch Ertrinken. Wie ihr Vater in der Freitagsausgabe der *International New York Times* die Ereignisse schilderte, nachdem das Boot gekentert war – er sprach telefonisch mit den Journalisten –, das lässt sich nicht wiedergeben. Ich will es nicht einmal versuchen und Ihnen nur sagen, dass es mir den Atem nahm, als ich den Bericht las. Es gelang ihm, die beiden Jungen eine Weile über Wasser zu halten, während sich seine Frau an dem gekenterten Boot festklammerte, denn auch sie konnte nicht schwimmen, er dagegen schon. Aber wenn man einen Arm braucht, um sich über Wasser zu halten, dann kann man nur ein Kind im anderen Arm halten.

Die Geschichte ist viel zu schrecklich, als dass sie sich in Worte fassen ließe. Diese beiden Jungen wurden in einem Bürgerkrieg geboren, dem ihre Eltern durch Flucht zu entgehen versuchten. Ihr Vater bemühte sich um eine legale Einreise nach Kanada und wurde dabei von seiner Schwester unterstützt, die – als legale Einwanderin – bereits seit zwei Jahrzehnten dort lebt und als Friseurin arbeitet. Sie setzte sich pausenlos bei Politikern, Anwälten und Beamten für ihren Bruder ein, indem sie eindringlich darstellte, welch großes Leid die Familie durchzumachen hatte. Während dieser Zeit warteten ihr Bruder, dessen Ehefrau und die zwei kleinen Jungen geduldig in der Türkei auf eine positive Nachricht aus Kanada. Erst als ihr Antrag endgültig abgelehnt wurde – der Schwester von Mr. Kurdi wurde mitgeteilt, dass ihr Bruder und seine Familie nicht die Voraussetzungen erfüllten, um als Flüchtlinge anerkannt zu werden –, suchte er nach einem anderen Weg nach Europa, und zwar mit Hilfe von Schleusern, die ihn und seine Familie auf die nächstgelegene griechische Insel bringen sollten.

Er bezahlte 2000 Dollar für die Überfahrt auf einem überfüllten Boot, und der Rest der Geschichte ist allgemein bekannt. Mittlerweile ist er mit den Leichnamen seiner Frau und seiner Söhne nach Syrien zurückgekehrt, hat sie dort begraben und mitgeteilt, dass er sein Heimatland nun nicht mehr verlassen werde. Er ist jetzt vierzig Jahre alt; er wollte nach Kanada oder nach Europa nur um seiner Söhne willen, aber diese leben nicht mehr. Ich schaute mir die Pressefotos von den Gräbern seiner Söhne an, und abermals übermannten mich die Tränen. Woher kommt das? Neben der offenkundigen Trauer um sie ist es ein überwältigendes Gefühl der Wut über die Ungerechtigkeit, die diesen Menschen widerfahren ist, der Wut darüber, wie himmelschreiend unfair das Leben ist, wie zufällig, unnütz und sinnlos. Statt in eine helle kanadische oder europäische Zukunft schreiten zu können, fanden diese beiden Jungen den Tod und wurden, eingehüllt in ein Leichentuch, dem Wüstenboden übergegeben. Staubwolken stiegen hoch, als die Gräber zugeschaufelt wurden, und einige Personen in »legerer Kleidung«, wie es in den Presseberichten hieß, standen zwischen den Betonblöcken umher, die die übrigen Gräber markierten. Als hätte es noch nicht genügt, dass sie in diesen schlimmen Verhältnissen auf die Welt kamen, ihnen wurde auch noch das schreckliche Schicksal des Ertrinkens auferlegt und die Würdelosigkeit dieser Beisetzung in der Anonymität des Wüstenstaubs.

Diese Jungen sollten ein prachtvolles Grab erhalten und es sollte ein dauerhaftes Mahnmal für sie errichtet werden. Ihr Tod - oder besser gesagt, die Fotos der Leiche eines von ihnen - haben die öffentliche Meinung unserer Zeit über Migration und Flüchtlinge verändert. Die Gefühllosen und die Gleichgültigen werden weiter so denken wie bisher - sie wird nichts in *ihrer* Meinung erschüttern -, aber sie wissen jetzt zumindest, dass sie andere nicht mehr behelligen sollen mit ihren widerwärtigen Ansichten, was bedeutet, dass wir anderen ihnen nicht mehr zuhören müssen. Ich meine sogar, es gibt uns das Recht, sie zum Schweigen zu bringen, allerdings mit der gebotenen Höflichkeit, die in bestimmten Situationen erforderlich ist. Aber offen gesagt, zum gegenwärtigen Zeitpunkt bin ich mir nicht sicher, ob ich noch allzu großen Wert legen soll auf Manieren.

Die neue Rechte

Wir suchen nach jener E-mail, in der uns unsere Mutter ihre Erinnerungen an den Fall der Mauer in Berlin schilderte. Da erinnert sich Matthew: »Gib ›Pasta‹ und ›Berlin‹ in die Suche ein.« Und da ist die Mail, sie stammt vom 8. November 2009:

Ich hatte euch vor den Fernseher gesetzt, damit ihr sehen konntet, was geschah – ihr wart damals drei, zwei und ein knappes Jahr alt –, aber ich dachte, ihr solltet es sehen, auch wenn ihr es nicht bewusst wahrnehmen und euch später nicht mehr daran erinnern würdet, denn das war ein Tag, der die Welt verändert hat. Es schien, als wäre ganz Europa an die Fernsehschirme gefesselt und konnte nicht glauben, was hier geschah. Es war dermaßen aufregend (obwohl wir nach zwanzig Minuten Bilder von Nudelformen machten).

Das Bestreben einer kleinen Gruppe mächtiger Leute, das Leben von Millionen Menschen ihrer Kontrolle zu unterwerfen, hatte Europa gespalten, und unsere Mutter war überglücklich, dass diese Teilung nun wieder überwunden wurde. Sie hasste Kälte jeglicher Art: ideologische Kälte, die Kälte im Gespräch, in der Kunst, in der Architektur. Warum sollte man Menschen in das Korsett einer politischen Ideologie zwingen, wenn dies nur Not und Elend hervorbrachte? »Wie viele andere Menschen, die Prüfungen oder Mühsal zu ertragen hatten, kam auch ich schnell zu der Erkenntnis, dass das Leben zerbrechlich und kurz ist«, schrieb unsere Mutter, als sie erklärte, warum sie die Anerkennung gleichgeschlechtlicher Ehen unterstütze, »und dass wir alle von einem Augenblick zum nächsten ausgelöscht werden können, weil wir von der Gnade eines erratischen Schicksals abhängig sind. Deswegen sollten wir alles annehmen und willkommen heißen, was das Glück des Menschen fördern kann, anstatt ständig nach neuen Gründen zu suchen, um das Elend fortdau-

ern zu lassen, oder weil wir glauben, es entspräche der ›natürlichen Ordnung der Dinge‹.«

Man kann sich kaum vorstellen, wie revolutionär diese Ideen für Malta waren, wenn man nicht weiß, wie konservativ und patriarchalisch die Regierung dieses Landes ist und wie leicht die extreme Rechte bei der Wählerschaft Anklang findet.

Ein Beispiel dafür ist Norman Lowell, ein rassistischer, ultranationalistischer Demagoge, der um 2005 vor allem bei maltesischen Männern populär wurde und im Internet und auf Kundgebungen für die Bewahrung der »europäischen Reinheit« der Bevölkerung Maltas warb. Er tritt nach wie vor zu Wahlen an, und eines seiner wichtigsten Wahlversprechen lautet, er werde afrikanische Migranten von der Armee erschießen lassen, sobald sie in maltesische Gewässer vordringen. Diese Ideologie ist nicht nur blind gegenüber der Vergangenheit – wie die Einwohner aller übrigen Hafenstädte am Mittelmeer hat auch die Bevölkerung Maltas ihre Gene von jenen Seeleuten bekommen, die hier im Laufe der vergangenen tausend Jahre vorbeikamen –, sie ist auch völlig sinnlos in ihrer Gewalttätigkeit, ihrer Unmenschlichkeit und ihrem Bestreben, Frauen als privaten Besitz zu halten, uns vom Rest der Welt abzuschotten und die demokratische Regierung durch einen Diktator zu ersetzen.

In den ersten Jahren nach unserem Beitritt zur Europäischen Union hatten wir oft das Gefühl, dass wir uns eines Angriffs erwehren mussten. Lowell war es gelungen, den Faschismus als schick erscheinen zu lassen. Auch Leute, die wir persönlich kannten, äußerten offen ihre Bewunderung für Lowell, andere betrachteten ihn als harmlos, und einige besuchten sogar seine Kundgebungen. Als Anhänger Lowells, über die sich unsere Mutter häufig lustig gemacht hatte, 2006

ein Brandanschlag auf unser Haus verübten, blieb es weitgehend still im Land. Unseren Landsleuten war es peinlich, dass sie jemanden unterstützt hatten, der zu Mordanschlägen aufstachelte, doch an ihrem Hass auf die Schwarzen hielten viele fest. Diese Leute sind, wie unsere Mutter schrieb, »rassistische Faschisten in unserer Mitte«.

Als sie in unserem Haus mit den rußgeschwärzten Wänden und den zerborstenen gläsernen Gartentüren saß, die nun zum Tal hin offen waren, woher die Angreifer gekommen waren, verfasste unsere Mutter eine Presseerklärung:

Nicht die Einwanderung bedroht heute unsere Kultur, sondern der erstarkende Nazismus und Neofaschismus mit seiner Gewalt und seinen Einschüchterungsversuchen, die mit diesen politischen Überzeugungen verbunden sind. Vielleicht werden unsere maltesischen Mitbürger eines Tages erkennen, dass es wesentlich besser ist, frei in einem Land zu leben, in dem es eine größere Zahl von Einwanderern gibt, als in einem Land, in dem es keine Einwanderer gibt, in dem man aber Angst hat, seine Meinung zu äußern oder einfach nur anders zu sein, weil man dann befürchten muss, dass man angegriffen wird.

Die rassistischen Faschisten in unserer Mitte

THE MALTA INDEPENDENT, 10. JUNI 2004

Auf Anregung eines Freundes, der mich in einer SMS auf *Viva l'Partit tal-Ajkla*[1] hinwies, schaute ich mir auf Smash TV den letzten Teil der dreistündigen Marathonshow der unabhängigen Kandidaten für die bevorstehenden Wahlen zum EU-Parlament an. Obwohl mich das öffentliche Spektakel zunächst anwiderte, das um diese Männer veranstaltet wird – ähnlich wie man in früheren Jahrhunderten die Dorftrottel zu den Jahrmärkten lockte –, war ich dieses Mal nicht so sehr abgestoßen, sondern eher beunruhigt. Von diesen nicht unbedingt besonders herausragenden exzentrischen Individuen schaffte es nur ein Einziger, den Nerv der Menschen zu treffen: Norman Lowell. Ja, jetzt wissen Sie, warum ich so beunruhigt bin.

Am Ende der Sendung wurden einige der mehr als tausend eingegangenen Reaktionen der Zuschauer auf dem Bildschirm eingeblendet, die sich bis auf wenige Ausnahmen sehr zustimmend zu den Ansichten dieses Neonazis oder Faschisten äußerten, der sich selbst als Rassisten bezeichnet und der (ähnlich wie Hitler mit seinem Arier-Reich und Mussolini mit seiner Tausendjährigen Stadt) ein Imperium Europa errichten will, das von Malta – ja, von Malta – beherrscht werden soll.

Als die ersten zehn Kommentare über den Bildschirm liefen, dachte ich zunächst, das wären die üblichen Versuche, Lowell auf den Arm zu nehmen *(Ahna ta' Ganna Bar warajk, Norman[2])*, aber dann kamen immer mehr solche Reaktionen, und was das Schlimmste war, aus ihnen sprach echte Bewunderung. Ich erinnerte mich daran, dass eine Frau mir ein paar Wochen vorher erzählt hatte, dass ihr Sohn, der Anfang Zwanzig ist, sich voll und ganz Norman Lowell verschrieben habe und ständig von

---

1 »Lang lebe die Eagle Party!«

2 »Darauf trinken wir einen in der Ganna Bar, Norman!«

seiner »Ideologie« rede, was in der Familie für gewisse Spannungen sorge.

Nein, Mr. Lowell wird nicht ins Parlament gewählt werden, er wird am Ende, wenn es ernst wird, wahrscheinlich sogar nur relativ wenige Stimmen bekommen. Zahlenmäßig mag seine Bewegung unbedeutend sein, doch dass er für seine Mischung aus Rassismus und Faschismus Unterstützung findet, ist in anderer Hinsicht bedeutsam. Es erinnert uns daran, dass in politisch unsicheren und wirtschaftlich schwierigen Zeiten ein Mann durchaus ein Publikum finden kann, wenn er mit der Sicherheit wirbt, die Faschismus und Autoritarismus vermeintlich bieten, wenn er eine goldene Vergangenheit, die es in dieser Form nie gegeben hat, zu einem Modell für die Zukunft verklärt, und wenn er an die niedersten Instinkte des Menschen appelliert.

Man kann die Ansicht vertreten, dass die meisten, die sich von Lowells Propaganda beeinflussen lassen, die geschichtlichen Zusammenhänge gar nicht kennen und deshalb meinen, sie würden etwas völlig Neues erfahren und frische, unverbrauchte Ideen kennenlernen, die ihnen die Bewahrung des Hergebrachten versprechen und dadurch ansprechend auf sie wirken. Das mag durchaus zutreffen. Als ich ihm zuhörte, fiel mir auf, wie gezielt er an das Unbewusste appellierte und wie geschickt er die von Adolf Hitler in den 1930er-Jahren vorexerzierte psychologische Ansprache an die verängstigten Massen aufgriff und umsetzte.

Aber das hängt damit zusammen, dass ich mich beruflich mit Kommunikation beschäftige, und wenn ich Norman Lowell zuhöre, tue ich das mit einem professionellen Ohr, wie ein Arzt, der nach medizinischen Symptomen sucht. Er ist ein interessantes, wenn auch beunruhigendes Objekt der Analyse. Doch was für mich so offen zu Tage liegt, mag Otto Normalverbraucher vielleicht gar nicht bemerken. Das gilt wahrscheinlich auch für jene Österreicher, die zu Anfang des 21. Jahrhunderts in Hitlers Heimatland den umstrittenen Politiker Jörg Haider unterstützten.

Andere, welche die paranoiden Ansätze in Lowells Argumenten nicht erkennen, achten vielleicht auf andere Symptome, die sie eher abstoßend finden: seine Kleidung, seine Sprechweise oder die Augen. Ich bin überzeugt, dass viele Zuschauer in ihren Wohnzimmern lachten oder Witze machten und Freunde oder Bekannte anriefen, damit diese ebenfalls einschalteten, so wie auch mich ein Freund auf die Sendung aufmerksam gemacht hatte.

Doch es bleibt die Tatsache, dass Mr. Lowell seine Unterstützer hat – Menschen, die die üble Gesinnung hinter seinen Ansichten nicht erkennen und denen auch nicht klar ist, dass das alles nicht neu ist, sondern schon von den schlimmsten Unterdrückern in der Menschheitsgeschichte verfochten wurde. Einigen seiner Anhänger mag seine Bösartigkeit durchaus bewusst sein, aber es schert sie nicht.

Zudem wissen sie nicht, dass dieser selbst ernannte »Banker« von der Bank gefeuert wurde, bei der er Anfang der 1990er-Jahre arbeitete, weil er angeblich eine sehr hohe Summe veruntreut hatte, woraufhin es schließlich zu einem Prozess kam. Ich erinnere mich noch gut daran, denn ich war zu dieser Zeit Mitherausgeberin des *Malta Independent on Sunday.* Er rief mich eines Tages an und fragte, ob es bei uns freie Stellen für Journalisten gäbe, weil er die Arbeit in der Bank »satt« habe und gekündigt habe. Ich erklärte ihm höflich, dass wir im Moment keine Leute suchten, aber nachdem ich den Telefonhörer aufgelegt hatte, fragte ich mich, auf welchem Planeten er eigentlich lebte, wenn er meinte, dass man bei einer Zeitung mit all ihren Recherchemöglichkeiten nicht wisse, warum er aus der Bank ausgeschieden war. Wollen seine Anhänger wirklich ihr Schicksal in die Hände dieses Mannes legen oder gibt es hierzulande einfach viel zu viele gruselige Gestalten?

###

Es wäre einfach, Norman Lowell als einen betreuungsbedürftigen geistig Behinderten abzutun, der als Napoleon verkleidet an einer Straßenecke steht und den Passanten Vorträge hält. Doch Mr. Lowell ist kein Fall für eine psychiatrische Behandlung. Er ist eine politische Ein-Mann-Bewegung, die mit ihren Argumenten auf den Rassismus, die Fremdenfeindlichkeit und die in unserer Gesellschaft herrschende Angst vor Veränderungen setzt. Die Wahl zum EU-Parlament hat ihm eine Plattform geboten, die ihm sonst nicht zur Verfügung gestanden hätte und die ihm schlagartig eine Anhängerschaft eingebracht hat. Leute, die vorher überhaupt nichts von ihm wussten, kennen ihn jetzt.

Das ist die Macht der Medien, vor allem des Fernsehens; und dass es einen Privatsender wie Smash TV gibt, der nicht den politischen Beschränkungen der übrigen drei Fernsehsender unterliegt, hat Lowell für die Verkündung seiner faschistischen und rassistischen Botschaften eine Plattform verschafft, von der er vorher nur träumen konnte. Diese Wahlen waren ein Geschenk des Teufels für ihn – ich schaffe es nicht, »Gottesgeschenk« zu schreiben, denn etwas, das es ermöglicht, Ansichten zu verbreiten, die auf Hass gegen andere beruhen, kann nicht von Gott geschickt sein.

###

Viele von uns kennen Norman Lowell schon von früher. Ich wurde zum ersten Mal auf ihn aufmerksam, als er einen Zeitungsartikel über die weithin diskreditierte Bell-Theorie veröffentlichte, die angeblich »beweist«, dass dunkelhäutige Menschen den Weißen in Bezug auf Intelligenz genetisch unterlegen sind. Wenn ich mich richtig erinnere, erschien dieser Artikel vor mehr als zehn Jahren in der Zeitung *Il Mument* und stieß damals nur auf

wenig Protest. Einige Zeit später meldete sich Lowell abermals
in den Zeitungen zu Wort, die häufig von Neonazis vertretene
Behauptung nachsprechend, der Holocaust sei eine Erfindung
der amerikanisch-jüdischen Lobby gewesen und die Öfen, Gas-
kammern und Konzentrationslager, in denen sechs Millionen
Juden umgebracht wurden, seien nur eine Fiktion, ein Produkt
kollektiver Einbildung. All die Bilder von geisterhaften, erbärmlichen, hungernden Kindern hinter Stacheldrahtzäunen seien
gestellt gewesen, erklärte er.

Von diesen verabscheuungswürdigen Ansichten ist es nicht
weit zu der heute von ihm erhobenen Forderung, dass die Boat
People, die zufällig an unseren Küsten landen, von Spezialkräf-
ten erschossen werden sollen, sobald sie in maltesisches Hoheitsgewässer gelangen. Das ist ein Mann, der auf der einen Seite
Massenmord gutheißt, während er andererseits die Ermordung
von Millionen Menschen leugnet, und Hunderte von Maltesern
jubeln ihm begeistert zu. Sollen wir überrascht sein darüber?
Nein, das denke ich nicht.

Eine kürzlich durchgeführt Meinungsumfrage ergab, dass
rund 85 Prozent der maltesischen Bevölkerung wollen, dass die
Asylsuchenden in den Konzentrationslagern, die wir für sie errichtet haben, wieder dorthin zurückkehren, woher sie gekommen sind, egal welche Schrecken sie dort erwarten. Wir klopfen
uns gern selbst auf die Schultern, weil wir für SOS Albanien – *ja-
hasra*[3] – Geld sammeln und Klosterschwestern finanziell unterstützen, damit sie in ihren Heimatländern Waisenhäuser für
schwarze Kinder bauen können, aber *mela le*[4] – wenn sie einen
Fuß auf unseren Boden setzen, ist das etwas anderes.

Ich sehe noch immer das Bild vor mir, wie 1991 ein maltesischer Soldat einem albanischen Teenager auf den Kopf schlug,
der an Land zu schwimmen versuchte. Dieser Soldat gehörte

---

3 »diese armen Menschen«

4 »Das geht natürlich nicht.«

vielleicht zu den Ersten, die für das Projekt in Albanien Geld spendeten. Hier haben wir ein perfektes Beispiel dafür, wie Rassismus und Fremdenfeindlichkeit zusammenwirken. Wir wollen diese Leute nicht bei uns haben. Wir wollen nicht, dass sie uns unsere Jobs wegnehmen (wenn wir in der EU sind und die Grenzen offenstehen, obwohl niemand hierherkommen will abgesehen von den völlig Verzweifelten). Wir wollen noch nicht einmal, dass diese Leute in schäbigen, dreckigen Lagern zusammengepfercht werden und ihnen Schweinefraß vorgesetzt wird.

Norman Lowell hat sich auf dieses Thema eingeschossen, und seine Ausführungen auf Smash TV drehten sich im Wesentlichen darum, dass wir für diese Leute aufkommen müssen, dass maltesische Soldaten für sie kochen müssen und dass sie sich beschweren, statt dankbar zu sein. In Wahrheit haben diese Menschen uns einen Bruchteil dessen gekostet, was Drydocks verschlungen hat, ganz zu schweigen von den vielen lahmen Enten, weißen Elefanten, Mittlerorganisationen, Koordinierungsstellen und sonstigen Einrichtungen, die von den verschiedenen Regierungen geschaffen wurden.

Herman Grech von der *Times,* der die Geschichte über die Folterung der Eritreer veröffentlichte, die gewaltsam in ihre Heimat zurückgebracht wurden, erzählte mir, er werde auf der Straße häufig von Menschen angesprochen, die ihn fragen: »*Xbajt tikteb dwar is-suwed, jew?*«[5] Das Grauen und die Schrecken, die aufschienen in diesem Bericht, in dem es um reale, lebendige Männer ging wie unsere Väter, Ehemänner, Brüder und Söhne, die grausam gefoltert wurden, weil die Regierung ein bisschen Geld sparen wollte (warum hat sie nicht die Flüge ihrer Minister

---

5 »Haben Sie es nicht allmählich satt, immer über Schwarze zu schreiben?«

ein wenig eingeschränkt oder das Budget des Präsidenten etwas gekürzt?) – all das berührte sie nicht. Schwarze zählen nicht. Sie zählen sogar noch weniger als Araber. Hier in Malta gibt es also eine entsetzte Minderheit, zu der auch ich mich zähle, und eine selbstzufriedene Mehrheit, die der Meinung ist, dass Tonio Borg[6] gut daran tat, sich dieser Leute zu entledigen, denn sie sind keine richtigen Menschen, wie die Juden in den 1930er-Jahren. Hier zeigt sich einmal mehr, dass es Zeiten gibt, in denen die Minderheit Recht hat und sich die Mehrheit irrt und sogar unmoralisch ist. Als sich das Innenministerium mit dem Hinweis zu entschuldigen versuchte, es seien »nur vier Männer« gefoltert worden (ach, dann ist ja alles in Ordnung), gab es lediglich Volkes Stimme wieder, ganz ähnlich wie Hitler 1933 in Deutschland. Aber vier Männer sind vier Männer, welche Hautfarbe, ethnische Zugehörigkeit oder Religion sie auch haben mögen.

Es ist an der Zeit, gegen den Nazismus zusammenzustehen

THE MALTA INDEPENDENT, 14. MAI 2006

Ich habe keine Zweifel, dass die Personen, die diesen Angriff auf unser Haus und meine Familie verübt haben, mit der aufkommenden faschistischen und neonazistischen Bewegung auf Malta in Verbindung stehen.

In den vergangenen zwei Jahren haben wir diese Leute und ihre grässlichen Ansichten eher als einen komischen Scherz betrachtet und nicht als eine ernsthafte Bedrohung für unsere zivilisierte Lebensweise. Wir waren Dummköpfe. Während wir unsere Gedanken und unsere Energien auf die vermeintliche Bedrohung durch die Einwanderung konzentrierten, übersahen

---

6 Der PN-Politiker Tonio Borg war seit 2003 Innenminister und Justizminister.

und ignorierten wir die aufkeimende reale Gefahr in unserer Mitte. Die Alarmglocken hätten angehen müssen, als ein Nazi-Kandidat in der ersten Runde der Wahlen zum EU-Parlament 1700 Stimmen erhielt. Wir haben also mindestens 1700 Nazis in Malta. Wahrscheinlich gibt es aber noch viele mehr, die es aus alter Verbundenheit vorzogen, die Nationalistische Partei oder die Labour-Partei zu wählen.

Überall wo er sein hässliches Haupt erhebt, wird der Nazismus als eine abstoßende Abnormität, eine gedankliche Verirrung betrachtet. In Malta aber gilt er als komisch oder, was noch schlimmer ist, wird er aus den falschen Gründen ernst genommen. Ich zähle inzwischen nicht mehr, wie oft ich von ansonsten respektablen Leuten, wenn sie über einen bekannten Nazi sprechen, den Satz gehört habe: »Nun, ganz Unrecht hat er nicht.«

Er hat »nicht ganz Unrecht«? Es wundert mich schon, dass diese Leute trotz ihrer hohen Bildung auf anderen Gebieten so schlecht über politisches Denken und Massenpsychologie, über die Einstellungen junger maltesischer Männer und über die jüngere europäische Geschichte informiert sind. Es gibt keinen netten Nazi und auch keinen Nazi, der »nicht ganz Unrecht hat«. Beides schließt sich gegenseitig aus. Nazismus und Faschismus schüren Intoleranz, Hass und Angst auf allen Ebenen. Frauen sind privater Besitz, Homosexuelle leiden unter psychischen Problemen, und »Farbige« haben kein Lebensrecht. Ideen und Meinungen sind nur dann zulässig, wenn sie sich im Rahmen der Nazi-Ideologie bewegen. Der Nazismus geht gewaltsam gegen seine Gegner vor und behauptet anschließend, er handle zum Nutzen der Gesellschaft und des Staates. Er ist gewalttätig, militaristisch und hasserfüllt. Nazismus ist kein Scherz. Wir sollten ihn nicht als solchen behandeln, sondern wir sollten anfangen, ihn beim Namen zu nennen und keine Euphemismen wie »extrem rechte Bewegung« verwenden. Diese Leute setzen die Lehren von Adolf Hitler in die Praxis um.

Überall in Europa befinden sich Nazismus und Faschismus im Aufwind. Keine Regierung fasst sie mit Samthandschuhen an, und die Gesellschaften wissen, dass diese Leute verachtenswert sind. Wir bilden keine Ausnahme, denn auch Malta gehört zur Welt. Diese abscheulichen Ideen und Überzeugungen, die vor allem auf verbitterte, wenig gebildete und desillusionierte junge Männer anziehend wirken, auf Männer, deren Leben problembeladen ist und die sich von älteren, überkommenen Vorstellungen des Mannseins leiten lassen, mussten natürlich auch in Malta Fuß fassen. Auch bei uns gibt es eine große Zahl von unglücklichen jungen Menschen, die nach einem Sinn in ihrem Leben suchen, und viele böse ältere Männer, die sie auf Abwege führen wollen. Menschen, die auf der Suche sind nach etwas, das ihnen einen gewissen Halt bietet, können ebenso vom Nazismus angezogen werden wie von jeder anderen Glaubenslehre. Sie vermittelt ihnen ein Gefühl der Zugehörigkeit und gibt ihrem Leben Bedeutung. Wenn der eigene Sohn Neonazi ist, sollte dies für Eltern ebenso beunruhigend sein, als wenn er drogenabhängig wäre. Es ist ein Hinweis darauf, dass seelisch etwas nicht stimmt mit ihm, ein Zeichen, dass er Hilfe braucht. Das ist nicht etwas, das sich von selbst wieder legt.

In Malta werden Eltern regelmäßig vor den Gefahren harter und weicher Drogen gewarnt. Ich habe aber noch nie erlebt, dass Eltern vor den Gefahren des Nazismus gewarnt worden wären, dass man ihnen gesagt hätte, was sie tun sollen, wenn ihr Kind sich zu diesen schlimmen Ideen hingezogen fühlt, und wie man die Symptome erkennen kann. Vor dreißig Jahren, als die Anhänger der Moon-Sekte[7] als eine Gefahr betrachtet wurden, konnte man sich den Informationskampagnen und Warnungen vor dieser Lehre praktisch nicht entziehen, denn sie wurden überall verbreitet, in den Schulen, den Kirchen und über alle

---

7 Die Mitglieder der »Vereinigungskirche« des südkoreanischen Sektengründers Sun Myung Moon.

wichtigen Medien. Die Moon-Jünger waren damals keine echte Gefahr, der Nazismus heute aber schon, aber niemand schenkt diesem Problem die notwendige Beachtung. Vielleicht hat das in manchen Fällen auch damit zu tun, dass die Eltern selbst Neonazis sind und verächtlich über Andersartige sprechen, was auf ihre Kinder abfärbt. Vielleicht auch hätten sich die Briten damals nicht einmischen und zulassen sollen, dass Adolf Hitler und Mussolini uns besetzten. Wenn so viele Menschen meiner Altersgruppe solche Ansichten äußern, frage ich mich, warum sie so große Angst haben, in einem freien Land zu leben. Sie fürchten sich anscheinend mehr vor der Freiheit als vor der Einkerkerung des Geistes durch die Angst.

Der Anschlag auf unser Haus war mehr als nur das Anzünden einer Haustür. Obwohl Glas kein entflammbares Material ist, wurden fünf Reifen, die mit benzingefüllten Flaschen vollgestopft waren, vor einer Glastür an der Rückseite des Hauses aufeinandergestapelt. Der Plan sah offensichtlich folgendermaßen aus: Das Glas würde binnen Sekunden aufgrund der Hitzeentwicklung bersten, worauf sich die Flammen in den mit Teppichen ausgelegten und möblierten Raum dahinter ausbreiten und einen verheerenden Brand mit größtmöglichem Schaden und vielleicht sogar Toten verursachen würden. Die Leute, die das getan haben – ich spreche absichtlich im Plural, denn einer oder zwei Männer können nicht fünf Reifen und eine größere Menge Treibstoff über unebenes Gelände und terrassierte Felder schleppen –, arbeiteten mit jenen Methoden, die auch ihre Gesinnungsgenossen in Paris, Berlin, Hamburg oder Mailand anwenden: Sie stecken Gebäude, in denen Familien schlafen, mitten in der Nacht in Brand. In unserem Fall aber ist ihnen bei ihrer sorgfältig geplanten Aktion eine grobe Fehlkalkulation unterlaufen. Nach ihren Beobachtungen vom Tal aus glaubten sie, die Tür bestehe nur aus einer schlichten Einfachverglasung in einem Holzrahmen, was aber nicht stimmte. Die Tür hielt nicht nur den Flammen stand, während wir das Feuer bekämpften, sie trotzte auch der Hitze, die durch die brennenden Reifen entwickelt wurde, und die Isolierung rund um die Tür verhinderte, dass das Benzin ins Haus eindrang.

Die rechtschaffenen Bürger und die Leute, die dieses Land regieren, sollten wissen, dass man mit Faschismus und Nazismus nicht dadurch zu Rande kommt, dass man sie ignoriert. Diese Bewegungen zu ignorieren, als Witz abzutun oder zu hoffen, dass sie von selber wieder verschwinden – das sind falsche Umgangsweisen, die es ihnen ermöglicht haben, noch stärker zu werden. Kaum jemand ist sich anscheinend der Tatsache bewusst, dass der Nazismus auf Gruppendenken beruht und auf der Zerstörung der eigenständigen Identität des Individuums. Deshalb hassen die Nazis Leute wie mich ganz besonders: Wir setzen uns für die bürgerlichen Freiheitsrechte ein und preisen das Individuum. Wir sind das genaue Gegenteil von allem, wofür sie stehen.

Ein Nazi allein kann nicht viel ausrichten. Viele Nazis aber, die in einer Gruppe zusammengeschlossen sind, können systematische Gewaltakte organisieren und ausführen. Es bedurfte eines hohen Maßes an Planung und Teamwork, unser Haus anzuzünden. Dazu gehörte auch, dass zerbrochenes Glas und Benzin auf der Straße verteilt wurden, sodass jeder, der uns zu Hilfe käme, einen Unfall haben würde (was aber zum Glück nicht geschah).

Es ist nicht die Einwanderung, die gegenwärtig eine Bedrohung für unsere Kultur und Gesellschaft darstellt. Es sind die vielen Malteser, die sich dem Faschismus und Nazismus zuwenden, und all die anderen, die den Kopf in den Sand stecken und das hinnehmen. Vor drei Wochen schrieb ein Mann in einem Leserbrief an eine Zeitung, anstatt die Gebäude der Jesuiten anzugreifen, sollten die Brandstifter die Häuser von Journalisten anstecken, die gegen den Rassismus anschreiben. Diese Idee ist anscheinend auf fruchtbaren Boden gefallen. Zwei Wochen später wurde die Haustür von Saviour Balzan in Brand gesteckt.

Zehn Tage danach kam mein Haus an die Reihe. Weitere werden wohl folgen. Niemand ist eingeschritten und hat gegen den Leserbrief dieses fehlgeleiteten Menschen protestiert. Dieser Mann glaubte, er würde die Kirche verteidigen, indem er die Brandstifter von den Priestern wegführte und auf die Journalisten ansetzte. Eine Frau, die aus einem respektablen Umfeld kommt und es eigentlich besser wissen müsste, schlug sich denn auch auf seine Seite und schrieb, er habe »nicht ganz Unrecht« (wieder diese einfältige Phrase). Zu seiner Unterstützung führte die Leserbriefschreiberin ein Zitat aus der Bibel an. Ich frage mich, wie sich diese beiden Christen jetzt fühlen. Der Fehler, den diese armen Idioten machen, besteht darin, dass sie glauben, die Jesuiten und die Journalisten würden auf entgegengesetzten Seiten stehen. Das ist nicht der Fall. Die Jesuiten, ihr Anwalt, ich, Saviour Balzan und all die anderen Journalisten, die vielleicht auch noch an die Reihe kommen werden, sind alle im selben Lager. Unsere Häuser wurden angezündet, weil wir gegen jene Leute Stellung bezogen haben, die Faschismus, Nazismus und brutalen Hass verteidigen. Ich bin kein Jesuit und die Jesuiten sind keine Kolumnisten, aber in dieser Frage stehen wir zusammen.

Vielleicht werden meine maltesischen Mitbürger eines Tages erkennen, dass es wesentlich besser ist, in einem Land mit vielen Einwanderern in Freiheit zu leben, als in einem Land ohne Einwanderer in Angst zu leben und durch Überfälle gewalttätiger Nazis mitten in der Nacht eingeschüchtert zu werden. Wir sollten die Freiheit wertschätzen und verteidigen, für die wir so hart gekämpft haben – aber nicht die Freiheit von Leuten, die sie bedrohen. Jene, die kriminelle Handlungen begehen, und jene, die sie dazu anstacheln, müssen öffentlich angeprangert und ins Gefängnis gesteckt werden. Die Mitläufer, die »aus Spaß« zu Grillfesten, Mondschein-Picknicks und anderen Veranstaltungen gehen, die von Nazis organisiert werden, sollten sich die Frage stellen, was um alles in der Welt daran so lustig sein soll. Diese Leute stellen eine echte Gefahr für unsere Kultur dar - und hier spreche ich nicht von den Einwanderern. Ich meine die maltesischen Nazis.

Schwarze Hemden und noch schwärzere Herzen

THE MALTA INDEPENDENT, 21. MAI 2006

Beim Wort »Faschismus« denkt man an schwarz gekleidete Sturmtruppen, die im Gleichschritt marschieren, an Benito Mussolini, der von seiner Kanzel an der Piazza Venezia bellende Reden hält, und an Adolf Hitlers Braunhemden, die eine Spur der Verwüstung durch Europa zogen in einem Krieg, der Millionen Menschen das Leben kostete. Weitgehend unbeachtet bleibt jedoch, welche öffentliche Stimmung all dies erst ermöglichte. Die menschliche Natur verändert sich niemals, sondern wird nur durch äußere Faktoren im Zaum gehalten. Wenn diese Faktoren ihre Wirkkraft verlieren, bricht sich die Hässlichkeit Bahn.

Niemand wird behaupten, dass Norman Lowell und seine Schwarzhemden - oder auch Philip Beattie, Martin De Giorgio und ihre *Assocjazzjoni Nazzjonali Reppublikana* (ANR) - kurz vor der Machtübernahme stehen und uns zwingen werden, unter dem Faschismus zu leben. Unser Wahlsystem benachteiligt die kleineren politischen Bewegungen, wovon zum Beispiel auch die *Alternattiva Demokratika* ein Lied singen kann. Selbst wenn das Wahlsystem geändert werden würde und die Faschisten Sitze im Parlament erringen könnten, sie würden es niemals in die Regierung schaffen, nicht einmal in die Opposition. Doch dieses Argument ist irrelevant, denn Faschisten haben kein Interesse an der Demokratie. Faschismus und Demokratie stehen in direktem Gegensatz zueinander; beide können nicht nebeneinander existieren. Entgegen der landläufigen Meinung gelangte Adolf Hitler nicht durch eine demokratische Wahl an die

Macht. Er wurde von Reichspräsident Hindenburg nach Hinterzimmermauscheleien konservativer Kräfte zum Kanzler ernannt.
Die Gefahr besteht nicht darin, dass Lowell, Beattie und De
Giorgio die Macht ergreifen und eines Tages ihre Schwarzhemden durch die Republic Street paradieren lassen könnten. Die
Gefahr besteht gegenwärtig darin, dass sie eine Stimmung der
Angst und des Hasses auf »Außenseiter« schüren, und damit
auch Hass gegen jene Malteser, die sich ihnen entgegenstellen
und darauf hinweisen, dass ihre Ansichten unsere demokratische Lebensweise sowie die Geltung der Menschenrechte und
der individuellen Freiheiten bedrohen.

Natürlich bezeichnen sich weder Lowells Imperium Europa
noch Beatties und De Giorgios ANR als faschistisch. Sie sagen
vielmehr, sie stünden »weit rechts«, denn ihnen ist durchaus bewusst, dass das Wort »Faschismus« bei vernünftigen Menschen,
die die Rechte und die Würde anderer respektieren, negative
Empfindungen hervorruft. Doch was wir wirklich sind, das ergibt sich nicht aus unserer Selbstwahrnehmung und auch nicht
daraus, wie wir unsere Überzeugungen definieren, sondern aus
einer objektiven Einordnung auf der Grundlage dessen, was wir
sagen und tun und wie wir denken. Nach diesen Kriterien sind
Imperium Europa und die ANR faschistische Organisationen.
Genauer gesagt, Imperium Europa ist eine Nazi-Gruppe, die sich
an Hitlers Politik anlehnt, und deshalb fehlt ihr ein charakte-
ristisches Merkmal des reinen Faschismus: das Bemühen, die
Staatsreligion für ihre Zwecke einzuspannen. Der Nazismus
war im Kern eine atheistische Bewegung, die sich nicht auf das
Christentum berief, um die Massen zu mobilisieren. Die Organisationen von Beattie und De Giorgio dagegen orientieren sich
eher am klassischen Faschismus und versuchen die Staatsreligion, den Katholizismus, für die Werbung von Anhängern einzusetzen. Ihre Sprecher betonen immer wieder, wie wichtig es
sei, angesichts des vordringenden Islams und gefährlicher liberaler Ideen die Werte und die Identität des katholischen Glau-

bens zu verteidigen. Doch in dieser Hinsicht wurde ihnen von den maltesischen Bischöfen der Boden unter den Füßen weggezogen, die vor einigen Tagen in einer Stellungnahme betonten, dass Rassismus - ein Hauptbestandteil des Faschismus - vollkommen unvereinbar sei mit dem Christentum.

Beattie und De Giorgio mögen es wahrscheinlich nicht, wenn man sie mit Lowell vergleicht. Sie betrachten sich selbst vermutlich als das akzeptable Gesicht des Faschismus - beziehungsweise der »extremen Rechten«, wie sie sich selbst bezeichnen -, während Lowell den verrückten Rand verkörpere. Sie versuchen, sich von ihm abzugrenzen, ohne seine Ansichten zu verurteilen oder seinen Namen zu erwähnen. Aber diese Distanzierungsbemühungen sind zwecklos, denn ihre Anhängerschaft, die sich zum großen Teil überschneidet, kann die feinen Unterscheidungen, die Beattie und De Giorgio treffen, nicht nachvollziehen. Bei der für den 5. Juni angekündigten Großveranstaltung der ANR werden wir sehen, dass viele der Teilnehmer, die sich dort einfinden werden, auch regelmäßig bei Lowells Kundgebungen auftauchen. »Rassistische Plakate und Parolen sind nicht erlaubt«, erklärte Martin De Giorgio bei der Ankündigung der Veranstaltung. Dass er es für notwendig hielt, einen solchen halbherzigen Aufruf zur Mäßigung zu formulieren, zeigt, dass er sehr wohl weiß, welche Art von Leuten seine Kundgebungen anziehen.

Lowell hat keinen Versuch unternommen, die gewalttätigen Übergriffe auf diejenigen zu verurteilen, die mit Flüchtlingen arbeiten; auch nicht die auf andere, die wie ich die hysterischen Angstmacher in unserer Mitte daran erinnern, dass, selbst wenn unser Christentum und unsere viel gepriesenen Werte nur Dinge sind, über die wir reden, anstatt sie zu praktizieren, Malta nach wie vor ein Unterzeichner der Europäischen Menschenrechtskonvention ist. Es darf keine Menschenrechtsverletzungen begehen, selbst wenn seine Bevölkerung will, dass sie begangen werden. Lowell hätte harte Worte gegen die Gewalt aussprechen können, in der Hoffnung, dass die Botschaft zu denen durchdringt, die ihm folgen, so wie die Ratten dem Rattenfänger folgten, aber er tat es nicht. Er ist nicht der Typ, der Dinge sagt, wenn er sie nicht meint, also geht man davon aus, dass er, wenn er die Gewalt nicht verurteilt hat, voll und ganz damit einverstanden ist.

Ich treffe diese Aussage nicht willkürlich, denn anders als jene Leute, die gedankenlos sagen: »Er hat ja nicht ganz Unrecht«, überlege ich mir sorgfältig, was ich sage und tue. Man braucht nicht viel Urteilsvermögen, um zu verstehen, was Lowell meint, wenn er immer wieder erklärt, er wünschte, er könnte die Jesuiten an Laternenpfählen aufhängen und auch alle anderen, die seine Ziele bekämpfen und sich für allgemeinen Anstand wie für die Wahrung der Menschenrechte einsetzen. Wenn er verkündet, es wäre ihm am liebsten, wenn wir öffentlich gehängt würden, dann muss ihm bewusst sein, dass einige besonders schlichte Gemüter unter seinen Anhängern sich dadurch vielleicht aufgerufen fühlen könnten, ihm seinen perversen Wunsch zu erfüllen.

Beattie und De Giorgio haben die Angriffe verurteilt, aber ihre Verurteilung ist nur wenig wert. Es ist der klare Versuch, sich von der eskalierenden Gewalt zu distanzieren, die mit dem aufkommenden Nazismus und Faschismus in Zusammenhang steht. Sie müssen begreifen, dass sie durch ihre Worte und die Ideen, die sie propagieren, ebenfalls zum Entstehen einer Kultur der Gewalt beitragen. In den 1970er- und 1980er-Jahren haben wir schon einmal eine Zeit der politisch motivierten Gewalt erlebt, und heute wissen wir, dass diese Kultur der Gewalt absichtlich erzeugt wurde. Dom Mintoff hat nicht persönlich das Bürogebäude der *Times* angezündet, aber er hat ein Klima geschaffen, in dem andere dazu aufgestachelt wurden. Die Täter, die das Gebäude ansteckten, trugen keine T-Shirts, auf denen sie ihre Unterstützung für Dom Mintoff bekundeten, doch man wusste Bescheid über ihre ideologische Ausrichtung. Karmenu

Mifsud Bonnici hat nicht persönlich Raymond Caruana[8] erschossen und auch nicht das Gerichtsgebäude und den Sitz des
Erzbischofs verwüstet, aber er schaffte es nicht, den gewalt-
bereiten Mob im Griff zu behalten. Nach allem, was wir erlebt
und durchgemacht haben – Sprengstoffanschläge, Tötungen,
Schießereien, Plünderungen, Drohungen, Angst –, warum verhalten wir uns dann jetzt so, als wäre es ausgeschlossen, dass
auch heute wieder fanatische Anhänger einer extremistischen
Organisation die Häuser von Leuten, die sie bekämpfen, in
Brand stecken können? Mehr als andere sollten wir wissen, dass
so etwas nicht nur absolut möglich, sondern zweifellos die zu-
treffende Erklärung für die gegenwärtigen Vorgänge ist. Nicht
umsonst haben wir alles das schon einmal erlebt.

Malta ist reif für den Faschismus, denn unsere politische Kultur wurzelt darin. Wir haben erst wenig Erfahrung mit der Freiheit, wir sind Anfänger in Sachen Demokratie, und von den zwei
Parteien, die sich an der Regierung abwechseln, entstand die
eine aus dem Faschismus des frühen 20. Jahrhunderts und die
andere aus dem praktizierten Faschismus der 1970er- und
1980er-Jahre – den allerdings viele als einen ausgeprägten Sozialismus missverstanden, weil sich die Partei von Dom Mintoff als
sozialistisch bezeichnete. Der Faschismus hat hier so rasch Fuß
gefasst, weil wir darauf programmiert waren, all das zu akzeptieren, wofür er steht. Im Verlauf von zwei Jahren haben die faschistischen Organisationen mehr Aufmerksamkeit erlangt
und mehr Anhänger gewonnen als die *Alternattiva Demokratika*
in den ersten zehn Jahren ihrer Existenz.

8 Der Politiker der Nationalist Party wurde 1986 erschossen, des Mordes beschuldigt
 wurde zunächst der Bürgermeister von Hal Safi. Später kam heraus, dass er Opfer eines
 Komplotts der Polizei mit der Labour Party geworden war. Der Fall ist bis heute un-
 geklärt.

###

Kennzeichen des Faschismus sind eine machtvolle und erdrückende Zurschaustellung von Nationalismus und Patriotismus mit Fahnenschwenken, Verwendung von Parolen (*»Viva Malta u I-Maltin«*, *»Malta Ɛwwel u Qabel Kollox«*, *»Malta Għall-Maltin«* [9]), übermäßiger Stolz auf das Militär und die Verherrlichung der Soldaten als Helden ungeachtet ihres tatsächlichen Verhaltens (für unsere heimischen Faschisten sind unsere Soldaten, nicht die Flüchtlinge, die Opfer). Der Faschismus verhält sich ablehnend gegenüber »Ausländern« und Minderheiten und betrachtet die Menschenrechte als verzichtbar, wenn sie nicht den Interessen der Nation dienen oder wenn sie für die Erreichung der Ziele der faschistischen Bewegung ein Hindernis darstellen.

Die Akzeptanz von Menschenrechtsverletzungen (etwa die unmenschliche Behandlung von afrikanischen Einwanderern in Internierungslagern und das Anzünden der Häuser von Menschen, die gegen solche Vorkommnisse protestieren) wird in der Gesamtbevölkerung durch die Marginalisierung oder die Dämonisierung der betreffenden Gruppen oder Personen gefördert. Wenn die Gewalt derart extreme Formen annimmt, dass sich die Menschen aktiv dagegen wehren – wie in meinem Fall aufgrund der Gefährdung meiner Söhne, wodurch diese Tat eine andere Dimension erhielt als das Abfackeln von Autos oder das Anzünden von Haustüren –, greifen die Faschisten zur Taktik des Abstreitens und der Desinformation. »Es hätte jeder tun können! Sie hat so viele Menschen gegen sich aufgebracht. Irgendjemand hat den Anschlag verübt, damit man den Rechten die Schuld in die Schuhe schieben kann.« Ja, und Benito Mussolini ist gesund und munter und lebt in meinem Schrank.

Das wichtigste gemeinsame Merkmal faschistischer Gruppen ist die Suche nach Sündenböcken: Für Probleme und Fehl-

---

9 »Es lebe Malta und die Malteser«, »Malta über alles«, »Malta den Maltesern«.

entwicklungen wird immer ein Sündenbock verantwortlich gemacht, und allgemeine Frustration und Wut werden auf diesen Sündenbock abgeleitet. Dabei arbeitet man mit den Methoden unermüdlicher Propaganda, der Desinformation und des Ausschlachtens von Vorurteilen. »Die Afrikaner sind wie Tiere«; »Sie bekämpfen sich wie die Wilden in ihren Lagern«; »Die Regierung stattet sie mit Telefonkarten und Mobiltelefonen aus, statt dieses Geld für die Malteser zu verwenden«; »Wir geben ihnen Essen und sie schleudern es uns ins Gesicht«; »Sie zeigen keinen Dank für alles, was wir ihnen geben«; »Sie kommen hierher, um maltesische Frauen zu heiraten und eine neue Generation maltesischer Muslime heranzuziehen«; »Sie vermehren sich schnell, und bald wird Malta schwarz werden«. Ich wette, Sie alle haben diese Sprüche schon hundertmal gehört oder sie vielleicht sogar selbst verwendet. Dann möchte ich Ihnen gratulieren: Adolf Hitler wäre stolz auf Sie. Weil Sie von faschistischen und rassistischen Vorurteilen verblendet sind, erkennen Sie nicht, dass die eigentliche Belastung für die maltesische Wirtschaft nicht jene 1200 Immigranten in den Lagern darstellen, sondern die viel größere Zahl von Maltesern, die jedes Jahr Steuergelder in Millionenhöhe an Sozialleistungen einstreichen, auf die sie keinen Anspruch haben. Die Immigranten werden weiterziehen; die maltesischen Sozialschmarotzer werden bleiben. Und wenn Sie bequem auf Ihrem Sofa sitzen, eine warme Mahlzeit auf Sie wartet, ein weiches Bett für die Nacht gerichtet ist und Sie alles bekommen, was Sie brauchen, wie um alles in der Welt können Sie dann jemandem eine Telefonkarte missgönnen, der nur die Kleider auf dem Leib besitzt und der eine Hölle durchgemacht hat, die Sie sich nicht einmal vorstellen können?

###

Die führende Autorität zum Thema Faschismus ist Robert O. Paxton. In seinem Buch *The Anatomy of Fascism*[10], das vor zwei Jahren erschien, liefert er nicht einfach nur eine Definition dessen, was Faschismus ist. Im Unterschied zu den übrigen großen »ismen« - Kommunismus, Liberalismus, Sozialismus und Konservatismus - ist der Faschismus nicht nur eine Ideologie, zumindest nicht im formellen Sinn. Seine Grundlage ist vielmehr ein Komplex aus »mobilisierenden Leidenschaften«, wie es Paxton ausdrückt: Es geht um die Ästhetik der Gewalt, den Vorrang der Gruppe, die Viktimisierung durch innere und äußere Feinde und das Recht, über andere zu herrschen. Mussolini formulierte dies ein paar Monate vor seiner Ernennung zum italienischen Ministerpräsidenten folgendermaßen: »Die Demokraten von *Il Mondo* [eine Tageszeitung] fragen also nach unserem Programm? Nun, ich will ihnen sagen, worin unser Programm besteht. Es zielt darauf, den Demokraten von *Il Mondo* die Knochen zu brechen. Je früher, desto besser.«

Im Schlusskapitel seines Buches widmet sich Paxton den Aussichten des Faschismus in der heutigen Welt und entdeckt Anklänge an diese Ideologie in den ethnischen Säuberungen und der Demagogie von Slobodan Milošević in Serbien und von Franjo Tudman in Kroatien.

Nach dem Tod von Milošević riefen Lowell und sein Imperium Europa zu einer Gedenkveranstaltung für ihn auf. Denken Sie daran, bevor Sie sich zu dem Satz hinreißen lassen, Lowell habe »nicht ganz Unrecht«. Wer einen bösartigen und grausamen Henker bejubelt, kann niemals in irgendeiner Hinsicht Recht haben. Nicht nur Leute, die im Bereich der Kommunikation tätig sind, sollten wissen, dass das Medium die Botschaft ist, jedem sollte dies bewusst sein.

Paxton warnt, dass kein Land gefeit ist vor dem Faschismus - und aktuelle Ereignisse in verschiedenen europäischen

---

10 Dt.: Die Anatomie des Faschismus, München 2006.

Ländern, in Malta und am schlimmsten in Russland, bestätigen ihn. Er meint, es bedürfe wahrscheinlich »katastrophaler Verschlechterungen und einer starken Polarisierung«, damit bisher randständige faschistische Bewegungen in die Mitte der Gesellschaft vordringen können. Sein Schlusssatz jedenfalls klingt beunruhigend, insbesondere vor dem Hintergrund dessen, was wir gegenwärtig erleben: »Aus der Untersuchung seiner Entwicklungsgeschichte wissen wir, dass der Faschismus keinen spektakulären ›Marsch‹ auf irgendeine Hauptstadt braucht, um Fuß zu fassen; auch scheinbar harmlose Entscheidungen, gegen ›Feinde der Nation‹ mit ungesetzlichen Maßnahmen vorzugehen, können schon ausreichen.« Wir haben in unserem Land genügend solche scheinbar harmlose Entscheidungen erlebt. Der aufkeimende Faschismus muss niedergeworfen werden, bevor er uns niederwirft. Es liegt an jedem Einzelnen, ihn aufzuhalten. Dulden Sie nicht, dass jemand in Ihrer Gegenwart Aussagen mit rassistischem oder faschistischem Unterton tätigt, fangen Sie selbst solche Gespräche gar nicht an und beteiligen Sie sich auch nicht an ihnen. Vielleicht hilft es, wenn Sie sich vergegenwärtigen, dass die Empfindungen, die Sie gegenüber den Afrikanern hegen, sich weitgehend mit der Einstellung nordeuropäischer Rassisten Ihnen gegenüber decken. Als Malteser stehen Sie nicht an der Spitze der rassistischen Hackordnung; Sie rangieren in der Mitte. Deutsche Rassisten würden vielleicht sagen, Sie stehen eher unten, Seite an Seite mit den Afrikanern. Vergangene Woche wurde in Berlin ein Italiener bei einem rassistischen Angriff getötet. Das könnte Ihnen vielleicht zu denken geben.

Frauenverachtung

»Schreibt Ihr Mann die Artikel für Sie?« »Nein«, erwiderte ich einmal, »mein Vater. Und wenn ich Brüder hätte, würde ich noch viel mehr schreiben.«

Wir haben im Ohr, wie sie das sagt. So beschrieb unsere Mutter, dreizehn Jahre nachdem sie als Zeitungskolumnen zu schreiben begonnen hatte, ihre ersten Begegnungen mit ihren Lesern. Sie kamen auf Cocktail-Partys auf sie zu, »nach drei Gläsern Wein«, um den Mann hinter ihrem schreiberischen Talent kennenzulernen. Ihre Reaktion auf die Fragen – kurz, trocken und verächtlich – entsprach der Art, wie sie gern mit Männern umging, die glaubten, dass Frauen von Natur aus nicht imstande wären, sich eine fundierte Meinung zu bilden und diese auch auszudrücken. Einige ihrer frühen Arbeiten würden heute wahrscheinlich auch moderate Feministinnen erschrecken: Sie zeugen von wenig Mitgefühl für Frauen, die nicht in der Lage sind, sich selbst gegen die verschiedenen Formen von Frauenfeindlichkeit zur Wehr zu setzen. Sie glaubte, dass eine scharfe Erwiderung in der Auseinandersetzung mit rüpelhaften Männern wesentlich effektiver sei als ein langwieriges Gerichtsverfahren.

Unsere Mutter war ziemlich groß für eine maltesische Frau – größer als die meisten Männer des Landes – und auffallend attraktiv. Wenn sie mit uns Kindern einkaufen ging, folgten ihr, die eng geschnittene Hosenanzüge trug, die Augen vieler Männer auf der Straße. Ihre männlichen Gegner waren bereits dazu übergegangen, sie persönlich anzugreifen, und verglichen sie mit einer Hexe oder einer sexuell frustrierten Hausfrau, die ihr Verfallsdatum überschritten habe. Unser Vater erklärte Andrew, dass es in diesen frühen Jahren üblich war, dass Männer, wenn sie ihr vorgestellt wurden, sie mit offenem Mund anstarrten und deutlich zu erkennen gaben, dass sie ganz und gar nicht erwartet hatten, dass sie aussah wie eine Frau.

Gleich nachdem unsere Mutter zu schreiben begonnen hatte, begannen Briefe einzutreffen. Einige waren in einer strengen Kalte-Kriegs-Schrifttype auf Schreibmaschine getippt, andere in der Handschrift von Serienmördern auf Schmierpapier hingekritzelt; einige kamen anonym, andere waren unterzeichnet von Familienoberhäuptern aus den Vorortsiedlungen im maltesischen Kernland. In einer ihrer frühen Kolumnen schrieb unsere Mutter scherzhaft, sie würde diese Briefe in einer Schublade für ihre Enkelkinder aufheben, damit sie eines Tages über ihre Großmutter würden lachen können, »die noch im Mittelalter lebte«.

Auch Telefonanrufe gab es. Einmal nahm Paul, der Jüngste von uns dreien, der damals erst acht Jahre alt war, den Hörer ab, als es klingelte, worauf ihm der Anrufer, der seinen Namen nicht nannte, wüste obszöne Beschimpfungen entgegenschleuderte. Der Anrufer verlangte nicht nach unserer Mutter, aber sie wusste, dass sie das Ziel war. Das war einer von vielen ähnlichen Vorfällen, die uns in dieser Zeit als normal erschienen, weil sie sich derart häuften. Wenn unsere Mutter einen dieser Anrufer an der Strippe hatte, stauchte sie ihn zusammen und ließ ihn als erbärmliches kleines Würstchen erscheinen, was dann am Mittagstisch bei uns für Erheiterung sorgte.

Unsere Mutter behandelte jeden dieser Vorfälle so, als wäre er bedeutungslos, machte kein großes Aufheben darum oder wollte verhindern, dass wir Angst bekamen. Als sie einige Artikel über einen bekannten Drogenhändler namens Meinrad Calleja veröffentlichte, fanden wir eines Tages, als wir von der Schule nach Hause kamen, unsere Colliehündin Messalina tot auf der Fußmatte vor der Haustür in einer großen Blutlache liegend. Man hatte ihr die Kehle durchgeschnitten. Unsere Mutter erzählte uns, sie habe wahrscheinlich Schneckengift gefressen, und wir glaubten ihr

das eine Weile. Dann nahm sie uns beiseite, stieg über den massigen Leichnam unseres Hundes hinweg und machte Quiche mit Zucchini, die wir alle hassten, ganz so, als wäre es ein völlig normaler Tag. Es muss ihr sehr große Mühe bereitet haben, uns eine normale Kindheit zu ermöglichen und eine normale Mutter für uns zu sein.

Als wir drei im Teenager-Alter waren und sich unsere Schulfreunde – wir waren in einer reinen Jungenklasse – für Mädchen zu interessieren begannen, begriffen wir allmählich, was unsere Mutter für die Frauen in unserer Generation bedeutete. Die Freunde fragten mit ernstem Gesicht, ob wir ihre Freundinnen unserer Mutter vorstellen könnten. Sie unterhielt sich dann mit ihnen, als wären sie die Töchter, die sie nie gehabt hatte, erkundigte sich nach ihren Plänen, ihren Erwartungen vom Leben, wo sie ihre hübschen Ohrringe gekauft hätten und ob sie gern schwimmen gingen. Die Mädchen verließen unser Haus dann oft mit einem komischen Gesichtsausdruck: Es war verwirrend für sie, dass Daphne Caruana Galizia eine Mutter sein konnte, die locker mit den Freundinnen ihrer Söhne plauderte, die auf einen Tee vorbeikamen, andererseits aber auch eine Frau, die alle Männer, mit denen sie tun hatte, entweder fürchteten, respektierten oder hassten. In den Tagen nach ihrer Ermordung entdeckten wir, dass sie eine Korrespondenz mit einigen dieser Mädchen geführt hatte, mit denen wir schon lange nicht mehr in Kontakt standen. Sie schickten uns Briefe, E-Mails und Nachrichten, in denen sie schilderten, wie unsere Mutter ihnen jahrelang dabei geholfen hatte, ihr Leben zu ordnen und mit Trennungen von Freunden oder mit schwierigen Eltern zurechtzukommen.

Unsere Mutter war ein Beispiel dafür, wie eine Frau einer Gesellschaft trotzen kann, die ihr Beschränkungen auferlegt. »Ein Blog, der von einer Frau mit einer Tastatur geschrieben wird«, betitelte sie einen ihre Blogeinträge und wendete damit die Worte ihrer Kritiker gegen sie. »Das geht doch nicht, oder?«, begann sie. »Eine Frau, die Männer öffentlich kritisiert.« Doch gegen Ende ihres Lebens wurden Trotz und Witz allmählich durch Wut und Frustration verdrängt. Im Jahr 2017, fünf Monate vor ihrem Tod, als sich die Verleumdungsklagen gegen sie häuften, schrieb sie:

»Aber so ist Daphne. Sie zieht es durch.« Denn wie Sie wissen, bin ich kein Mensch. Wenn ich so etwas höre, möchte ich diesen Leuten am liebsten eine reinhauen.

Im selben Jahr, nach einem besonders frauenverachtenden und demütigenden Vor- fall in einem Gerichtsprozess, an dem Pawlu Lia, der Anwalt des Premierminis-

ters, sowie der Wirtschaftsminister und stellvertretende Vorsitzende der Labour-
Partei Christian Cardona und
dessen Mitarbeiter Joe Gerada beteiligt waren, schrieb
sie:

Ich stelle mir immer wieder dieselbe Frage.
»Würden sie das sagen, in diesem Ton und mit dieser
Haltung, würden sie alle diese speziellen Dinge
sagen, wenn ich ein Mann wäre?«
In all den Jahren liefen die Auseinandersetzungen
vor Gericht stets auf das Gleiche hinaus:
»Diese böse Frau ist schlecht für die Gesellschaft,
gefährlich für die älteren männlichen Mitglieder der
Gesellschaft und muss aus dem Verkehr gezogen
werden.«

Der Minister und sein Mitarbeiter hatten Verleum-
dungsklagen gegen unsere
Mutter wegen eines Arti-
kels von ihr eingereicht, in
dem es hieß, sie seien bei
einem offiziellen Besuch in
Deutschland in einem Bor-
dell gesehen worden und
hätten vor Gericht einen
Meineid geleistet, um die
Bankkonten meiner Mutter
einfrieren zu lassen. Das
Verhalten der beiden war
für viele Menschen so em-
pörend, dass es unverzüg-
lich eine öffentliche Gegen-
reaktion gab: Binnen 36 Stunden brachte eine unabhängige Crowdfunding-Kampagne
mehr als die Summe ein, die
erforderlich war, um den
Pfändungsbeschluss bezüg-
lich der Konten unserer Mutter aufzuheben. »Ich bin fassungslos«, schrieb sie. »Das
Gefühl, allein zu stehen und
von einer böswilligen Re-
gierung angegriffen zu werden, die entschlossen ist,
mich zum Schweigen zu bringen oder auszuschalten ...
dieses Gefühl ist über Nacht
verschwunden.«
    Diese öffentliche Reaktion
erfüllte sie mit neuer Hoff-

nung, aber sie wusste, dass der Kampf gegen die Frauenverachtung noch lange nicht gewonnen war. In ihrer öffentlichen Dankesbezeugung für ihre Spender erklärte sie, dass das überschüssige Geld einem Frauenhaus gespendet werden solle:

Da meine Geschlechtszugehörigkeit ein wichtiger Faktor bei der Gewalt ist, der ich als Kritikerin männlicher Politiker im südlichen Mittelmeerraum täglich ausgesetzt bin, halte ich das für gerechtfertigt.

Kurz nachdem das Auto unserer Mutter durch zwei Bombenexplosionen in die Luft gejagt worden war, baute eine Gruppe von Frauen in Valletta vor dem Amtssitz des Premierministers ein Camp auf und forderte Gerechtigkeit. Andere Frauen schickten Protestbotschaften und brachten Transparente auf staatlichen Gebäuden an. Die stärkste Frau, die es bislang in Malta gegeben hatte, war umgebracht worden. Nun war es an der Zeit, dass sich auch die anderen Frauen aufrafften und Mut bewiesen. Ein ranghoher Regierungsvertreter, Tony Zarb, nannte diese Frauen Huren, andere hofften, dass sie in der Nacht vergewaltigt werden würden. Heute, zwei Jahre später, verkörpern diese tapferen und fröhlichen maltesischen Aktivistinnen ein besonders wichtiges, aber auch unverhofftes Vermächtnis unserer Mutter.

Das einzige Recht, das Frauen haben, ist die Wahl der maltesischen Labour-Partei

THE SUNDAY TIMES OF MALTA, 17. MÄRZ 1991

Der Oppositionsführer hat abermals ein bedenkenswertes Argument in die Debatte geworfen, warum Malta nicht der Europäischen Union beitreten sollte. Zuerst war es AIDS, als ob die gesamte maltesische Bevölkerung sofort mit jedem beliebigen Ausländer ins Bett hüpfen würde (die allesamt natürlich mit AIDS infiziert sind), der seinen Fuß auf maltesischen Boden setzt. Nachdem er diese Möglichkeit etwas in den Hintergrund gerückt hat, nicht zuletzt auch, weil sie ein schlechtes Licht auf den moralischen Charakter dieser Nation wirft, wendet er sich jetzt der nationalen Institution schlechthin zu (zumindest jener, die bislang noch nie in Frage gestellt wurde): dem maltesischen Heim.

Zum Internationalen Frauentag wartete Mr. Mifsud Bonnici nun mit einer wahrhaft originellen Stellungnahme auf: Die größte Gefahr für die maltesischen Frauen besteht in unserer angestrebten Mitgliedschaft in der Europäischen Union. Nachdem ich seine Rede über die »kleine Frau« verfolgt habe, neige ich eher zu der Annahme, dass die größte Gefahr darin besteht, dass wir abermals von einem Mann regiert werden, der glaubt, das höchste Ziel der maltesischen Frau bestehe darin, den Marmorfußboden im Haus auf Hochglanz zu polieren, die Sofas mit Plastikschonern zu beziehen, ebenso die Kronleuchter, und mit anderen Frauen darüber zu wetteifern, welches Haus die meisten und die größten Balustraden hat.

»Durch die Mitgliedschaft in der Europäischen Union«, erklärte Mr. Bonnici, »wird die maltesische Frau nicht mehr mit anderen Frauen darum konkurrieren können, wessen Haus das schönste und komfortabelste ist.« Um Himmels willen. Mit solchen Auffassungen bringt der Führer der Opposition alle überzeugten Aktivisten seiner Partei in arge Verlegenheit, die sich ernsthaft darum bemühen, das Los der maltesischen Frauen zu verbessern.

Den meisten denkenden Menschen dürfte nun klar werden, dass eine solche Verbesserung nichts damit zu tun hat, den Frauen einzureden, sie seien hochgeschätzte Legehennen, deren einziges Sinnen und Trachten darauf gerichtet ist, ihr eigenes kleines Nest zu behüten und auszuschmücken, und die sich für nichts interessieren, was außerhalb ihres Nests vor sich geht, außer dafür, der Henne im Nachbarnest ein Auge auszuhacken. »Die Frauen müssten sich mit zwei Zimmern begnügen, wie auch die Frauen in den anderen EU-Ländern«, erklärte er. Dr. Mifsud Bonnici zeichnete die anderen zwölf EU-Mitgliedsländer als eine Ansammlung von Kaninchenställen und Hühnerkäfigen, die Rücken an Rücken zusammengepfercht sind von der Spitze des italienischen Stiefels bis zu den Eiswüsten Nordeuropas. In all diesen Ländern gibt es natürlich massenhaft unzufriedene Frauen (wo sind eigentlich ihre Ehemänner/Geliebten/Mitbewohner/Kinder?), die mit dem Kopf gegen die Wände ihrer Zweizimmerwohnungen anrennen, denn diese Räume zu putzen, dauert nur eine halbe Stunde, und sie wissen nicht, was sie in den verbleibenden 23,5 Stunden des Tages tun sollen.

Eine apokalyptische Vision

Dr. Mifsud Bonnici übersieht geflissentlich die Tatsache, dass viele verheiratete Paare – selbst im glückseligen Malta – bei Familienangehörigen wohnen müssen, weil sie sich eine eigene Wohnung nicht leisten können und kein Vermieter, der noch bei Trost ist, an Malteser vermietet. Er verschließt die Augen vor den Einzimmerwohnungen (die eher Slum-Behausungen gleichen als modernen Wohnschlafzimmern) in Valletta und den Drei Städten und vergisst, dass die meisten »Häuser«, die sein Fanclub so eifrig putzt und poliert, der Lohombus Corporation gehören, die seit 25 Jahren jeden Monat damit ihren Reibach macht.

Der Führer der Opposition bemüht zur Beschreibung der Mitgliedschaft in der Europäischen Union ein Bild aus der biblischen Apokalypse: den Reiter auf dem fahlen Pferd, der Krankheit, Niedergang und Tod symbolisiert. Er spricht von steigenden Lebenshaltungskosten (wobei er unterschlägt, dass auch die Löhne und Gehälter steigen dürften), höheren Mieten und Grundstückspreisen, von Arbeitslosigkeit, einem Zustrom von Fremdarbeitern nach Malta, moralischen und physischen Erkrankungen, von Armut, Krankheit und Schmutz.

Hat Mr. Mifsud Bonnici bisher in einer Sauerstoffblase gelebt? Die einzigen Dinge, die wir nicht haben und die man als Symptome dieser moralischen Krankheit betrachten könnte, die er heraufzubeschwören versucht, sind pornografische Zeitschriften an den Kiosken, Live-Sex-Shows und Neonreklametafeln mit der Botschaft »Striptease rund um die Uhr« in den etwas schäbigeren Vierteln unserer Städte.

Auch wenn Malta in Bezug auf seine Größe und die Bevölkerungszahl nach europäischen Maßstäben ziemlich unbedeutend ist, können wir mit sehr vielem aufwarten, insbesondere mit Sex, Drogen, Unmoral, Armut, Krankheiten und natürlich Schmutz. Nur weil diese Dinge in den Kreisen, in denen Dr. Bonnici verkehrt, nicht vorkommen, heißt das nicht, dass sie nicht in anderen Teilen der Insel und in anderen sozialen Schichten existieren.

Dr. Mifsud Bonnici ist ein kluger Mann und versteht es, sein Publikum wirkungsvoll anzusprechen. Er macht sich den Mangel an Informiertheit zunutze, die Mentalität von Bergdörflern und die Liebe zu allen Harpic-Produkten.[1] Wenn es ihm tatsächlich darum ginge, das Los der Frauen zu verbessern, würde er sie dabei unterstützen, sich Möglichkeiten in Richtung »Evolution« und »Bildung« zu erschließen, denn ein blitzblanker Fußboden ist kein erstrebenswertes Ziel: Man kann ihn nicht mitnehmen, wenn man stirbt, und niemand dankt einem dafür, solange man lebt. Wenn es stimmt, wie manche Leute sagen,

---

1 Markenname von Reinigungsmitteln, insbesondere WC-Reinigern.

dass das eigene Leben im Prozess des Sterbens noch einmal wie ein Film vor einem abläuft, dann fürchte ich um diese Frauen: Was wird vor ihrem geistigen Auge auftauchen außer Dixan-Werbespots oder Kassenzetteln von Fischhändlern?

Wie kann der Führer der Opposition guten Gewissens mindestens die Hälfte der maltesischen Frauen zu einer solch trostlosen Existenz verdammen? Will er sie in derartigen Lebensverhältnissen gefangen halten, damit sie ihn auch weiterhin wählen? Wenn eine neue Zeit heraufzieht, könnte es vielleicht weniger wichtig werden, an morgendlichen Kaffeekränzchen teilzunehmen.

Ja, Mr. Mifsud Bonnici weiß, welche Schwächen er ausnutzen muss, um seine Sache voranzubringen, und dabei legt er einen überraschenden Mangel an Mitempfinden und Solidarität mit jenen an den Tag, an die er sich wendet. Er erklärte seinem Publikum, dass die Entschädigung für all die »Nachteile«, die ein Beitritt zur Europäischen Union mit sich bringen werde, darin bestünden, dass die Ehemänner und Söhne dieser Frauen die Möglichkeit erhielten, in andere EU-Länder auszuwandern. Somit würden die maltesischen Frauen »eine Menge verlieren« durch die EU-Mitgliedschaft.

Auf und davon

Der Mann weiß, dass viele dieser Frauen auf direkte oder indirekte Weise bereits Erfahrungen gesammelt haben mit solchen Verhältnissen. In einer Gesellschaft, in der Frauen respektiert werden, hauen die Männer nicht einfach ab nach Großbritannien, in die USA oder nach Australien und lassen ihre Ehefrauen einen Monat, ein Jahr oder für immer alleine zurück. Die Frau geht mit ihm, und wenn sie das nicht will, dann bleiben beide dort, wo sie sind.

Doch genau das tun viele maltesische Männer seit vielen Jahren, machen sich nach Australien auf und gehen dort eine neue Bindung ein (die ihren katholischen Überzeugungen nicht widerspricht, weil sie nur auf rechtlicher, nicht auf religiöser Grundlage geschlossen wird). Später kehren sie dann zur Ehefrau und den Kindern zurück, die inzwischen groß geworden und kaum mehr wiederzuerkennen sind. Und niemand hat an solchen Verhältnissen etwas auszusetzen, als ob Ehemänner, die sich auf Wanderschaft begeben, eine unhinterfragbare Tatsache des Lebens seien.

Dr. Mifsud Bonnicis Auslassungen sind nicht nur politisch schädlich für ihn selbst und seine Partei, sie führen auch beunruhigende Implikationen für die maltesische Gesellschaft insgesamt mit sich. Die Labour-Partei schreibt sich seit jeher die Interessen der Arbeiterschaft auf ihre Fahnen. Aber sie bezahlt den Parteivorsitzenden nicht dafür, dass er sich langfristig für diese Interessen einsetzt, um das Entstehen einer Arbeiterschaft zu befördern, die sich durch eine Verbesserung ihrer Bildung und ihrer geistigen Fähigkeiten selbst um sich kümmern und eine Erhöhung ihres Lebensstandards durchsetzen kann, ohne ständig an den Zitzen von Politikern zu hängen.

Wenn Mr. Mifsud Bonnici tatsächlich etwas tun möchte für die Frauen, die ihn wählen, dann soll er sich zu ihnen hinabbücken und sie am Schopf nach oben ziehen. Sie sind es, die am meisten zu erdulden haben, nicht die aufgetakelten Mannequins, die die Cafés in Sliema bevölkern.

Liegt der Labour-Partei wirklich etwas an den Frauen? Dann soll sie es ihnen zeigen. Sie haben bei ihren morgendlichen Kaffeekränzchen regelmäßig ein unfreiwilliges Publikum: Wenn sie Dr. Karmenu Mifsud Bonnici als Hintergrundprogramm einschalten, warum lassen sie ihn dann nicht sozusagen als Nebendarsteller auftreten, der sich mit Fragen befasst wie etwa: »Wie untersuche ich meine Brust nach Knoten?« und »Was tue ich, wenn ich einen entdecke?« So könnte die Labour-Partei auch noch dem Mund des Todes einige Stimmen entreißen.

Frauenfragen auf dem holprigen Weg nach Peking

THE SUNDAY TIMES, 25. JUNI 1995

Die Weltfrauenkonferenz der UNO, die im September in Peking stattfinden wird, dürfte wahrscheinlich ähnlich konfliktgeladen sein wie die Bevölkerungskonferenz in Kairo, auf der vor allem die Komplexe Abtreibung und Verhütung sowie das einigermaßen nebulöse Thema »sexuelle Rechte« die Hauptstreitpunkte bildeten.

Es wäre Optimismus, der an schiere Torheit grenzt, würde man annehmen, solche Konferenzen könnten etwas anderes sein als das, als was sie sich am Ende erweisen. Die UNO umfasst ein solch breites Spektrum an gesellschaftlichen Traditionen und religiösen Glaubensrichtungen, dass nur schwer zu erkennen ist, wie man diese in irgendeiner Weise auf einen gemeinsamen Nenner bringen könnte, zumal wenn es sich um solch fundamentale Themen wie Reproduktion und die Rolle der Frauen handelt.

Jede der beteiligten Parteien sitzt in ihrer eigenen kleinen Festung und hört höflich zu, was die anderen zu sagen haben (sofern deren Aussagen nicht gerade ihren offenen Unmut hervorrufen). Dabei ist sie insgeheim fest davon überzeugt, dass die eigene Handlungsweise richtig und es völlig ausgeschlossen ist, dass man das eigene Verhalten ändern könnte, um sich den Vorstellungen anderer davon, was richtig und angemessen ist, anzunähern.

Der Vatikan hat bereits Bedenken gegen den Entwurf der Abschlusserklärung der Konferenz geäußert und ihn als »teilweise ideologisch unausgewogen« bezeichnet. Aber kann ein Dokument, das eine so große kulturelle Bandbreite abdecken soll, überhaupt anders sein?

Die Erklärung ist vom »westlichen« Standpunkt aus geschrieben und behandelt die Lage der Frauen in der ganzen Welt, von Millionen Frauen, deren Leben sich gänzlich unterscheidet vom Leben durchschnittlicher zwanzigjähriger Sekretärinnen oder dreißigjähriger Mütter in Rom oder London. Das wäre so, als würde man mit einem Kinderlineal die Menge des Wassers in einem Tank zu bestimmen versuchen: Die Instrumente sind für die gestellte Aufgabe nicht tauglich.

Der Vatikan wandte sich durch seinen Sprecher Joaquin Navarro-Valls dagegen, dass westliche Vorstellungen von Weiblichkeit Menschen aufgezwungen werden, die diese noch nicht akzeptiert haben. Diese Stellungnahme erscheint gut begründet und vernünftig, denn Versuche des Westens, in sogenannten zurückgebliebenen Gesellschaften seine Vorstellungen zum Tragen zu bringen, führen am Ende oft nur zu Problemen und Aufruhr.

Am anderen Ende des Bestrebens, die Welt nach dem westlichen Modell umzugestalten, stehen die Vertreter einer strikten Politik der Nichteinmischung, die ihre Haltung mit dem Dogma rechtfertigen, dass es in Bezug auf Traditionen und gesellschaftliche Praktiken kein »richtig« oder »falsch« gebe, denn solche Bewertungen seien stets subjektiver Natur. Ihrer Meinung nach gibt es kein universelles Prinzip von Richtig und Falsch und wir sollten jede kulturelle Praxis unvoreingenommen und wertfrei akzeptieren.

Irgendwo zwischen diesen beiden Polen muss es einen Mittelweg geben, der von dem Prinzip ausgeht, dass einerseits eine kulturelle Homogenität der Welt unmöglich und auch nicht erstrebenswert wäre und dass jede Art von Einmischung letztlich zu Gegenreaktionen und Ressentiments führen wird, dass es andererseits aber auch Traditionen gibt, die moralisch unakzeptabel und, ja, auch tatsächlich »schlimm« sind.

Es ist schwer zu erkennen, warum jene Denkrichtung, die den Grundsatz »Jeder nach seiner Fasson« vertritt, sich durchsetzen sollte in Anbetracht von Kinderarbeit, Schuldsklaverei, Witwenverbrennung, Steinigung von Ehebrecherinnen, Tötung von Frauen, die vergewaltigt wurden (weil sie dadurch Schande auf sich selbst und ihre Familie geladen haben) und weiblicher Beschneidung.

Wer schon einmal bildhafte Schilderungen gelesen und Fotos von der Genitalverstümmelung eines zwölfjährigen Mädchens gesehen hat, das vor Schmerzen schreit, kann nicht länger die Behauptung aufstellen, das gehöre »zu ihrer Kultur«. Das ist eine weit verbreitete Praxis, bei der – ohne jegliche sanitäre Versorgung oder Narkose – die äußeren Geschlechtsorgane des Mädchens entfernt oder zugenäht werden, damit die junge Frau physisch nicht mehr in der Lage ist, sexuelle Beziehungen einzugehen. Wenn sie heiratet, wird die Wunde wieder aufgerissen, doch die Beschädigung ist dauerhaft, die Schmerzen bleiben und Infektionen sind eine unvermeidliche Folge.

Leute, die ihr Entsetzen zum Ausdruck bringen bei dem Gedanken, dass so etwas ihren eigenen Töchtern angetan werden könnte, es zugleich aber gutheißen, dass Tausende Menschen auf dem afrikanischen Kontinent dies mit *ihren* Töchtern anstellen, sind hochgradige Heuchler und messen mit zweierlei Maß. Es mag schwer zu akzeptieren sein, aber bestimmte Dinge sind einfach allgemein falsch und unmoralisch, und dazu gehören sämtliche Praktiken, durch die Menschen Schmerzen und Leid zugefügt wird.

Folter, Tod und Elend, auch wenn sie im Gewand der Tradition daherkommen, können niemals akzeptabel sein – obwohl es natürlich einfach ist, sich im Namen des Respekts für andere Kulturen wie Pontius Pilatus die Hände in Unschuld zu waschen.

Über »sexuelle Rechte«, Verhütung und Abtreibung zu diskutieren, erscheint fast wie eine Frivolität, wenn man bedenkt, dass in einigen der Länder, die auf dieser Konferenz vertreten sind, Frauen wegen angeblichen sexuellen Fehlverhaltens getötet werden können, dass sie gezwungen werden können, Kinder zu bekommen oder auch keine zu bekommen, dass sie gewaltsam und auf Dauer zu Hause eingesperrt werden können und dass man ihre Genitalien verstümmelt, um ihre Keuschheit sicherzustellen.

Die Redner auf dieser Konferenz werden zu den Repräsentantinnen von Müttern sprechen, die keine Rechte in Bezug auf ihre Kinder haben, und einige Rednerinnen werden auch von den im Vergleich dazu belanglosen Sorgen europäischer Mütter sprechen.

Zweifellos wird es auch Rednerinnen geben, die betonen werden, dass es notwendig ist, die Frauen in der Dritten Welt mit Verhütungsmöglichkeiten vertraut zu machen, ohne dabei zu bedenken, dass in vielen dieser Länder Fruchtbarkeit eine Quelle des Stolzes ist und dass Frauen, die keine Kinder haben, oft schlechter behandelt oder bemitleidet werden. Sie wollen mehr Kinder, nicht weniger.

Das fortgeschrittene medizinische Wissen des Westens kann man am besten dadurch zum Tragen bringen, dass man es nicht dazu einsetzt, Geburten zu verhindern, sondern dazu, die Kindersterblichkeit zu vermindern (die zur Folge hat, dass mehr Kinder geboren werden, die dann als Versicherung dienen), und indem man den Müttern hilft, ihre Kinder zu tüchtigen Menschen zu erziehen.

Im Lauf der Zeit wird sich im Gefolge verbesserter allgemeiner Lebensbedingungen ein Rückgang der Geburtenraten einstellen. Ein solcher Rückgang kann nicht dadurch erreicht werden, dass man Frauen, die Kinder zur Welt bringen müssen, wenn sie ihre Ehemänner halten, ihren Platz in der Gesellschaft behaupten und im Alter nicht Hunger leiden wollen, rücksichtslos und unvorbereitet Verhütungsmethoden aufzwingt.

Denken ist ein notwendiges Übel

THE MALTA INDEPENDENT, 17. OKTOBER 2002

Halbwissen ist eine gefährliche Sache, sagt man, und daran muss ich immer denken, wenn ich unausgegorene Argumente von Leuten aus der Unterhaltungsbranche höre oder wenn ich die Leserbriefe und Kommentare in den Zeitungen lese oder – noch schlimmer – Anrufsendungen im Radio höre.

Frauen und Männer mit geringer Bildung tun sich dabei besonders hervor. Und weil bei manchen Frauen die Emotion über die Rationalität triumphiert und sie Fakten mit Meinungen verwechseln, wird oft das gesamte weibliche Geschlecht verurteilt. »Ich ertrage es einfach nicht, keifenden Frauen zuzuhören oder ihre Leserbriefe in den Zeitungen zu lesen. Sie machen mich wahnsinnig, wenn sie zusammenhangslos von einem Punkt zum anderen springen«, erklärte mir neulich ein Mann, worauf ich ihm die Frage stellte, ob ich mittlerweile zu einem Laternenpfahl geworden sei oder ob er mich für einen Mann ehrenhalber oder für eine Verrückte halte. Immerhin war das Gespräch hauptsächlich durch seinen Wunsch zustande gekommen, mir seine Zustimmung zu einem meiner Artikel zu bekunden.

Es erinnerte mich an die Zeit, als ich meine Zeitungskolumne zu schreiben begann, vor knapp dreizehn Jahren, und die Leute auf mich zukamen, um mich nach dem dritten Glas Wein zu fragen: »Schreibt Ihr Mann die Artikel für Sie?« »Nein«, antwortete ich darauf manchmal, »mein Vater schreibt sie. Und wenn ich Brüder hätte, würde ich noch viel mehr schreiben.« Weil ich meist ein relativ ausdrucksloses Gesicht zur Schau trage, gibt es wohl viele Menschen, die alles, was ich sage, wörtlich nehmen. Ich kann mir gut vorstellen, wie sie sich in der Ecke flüsternd darüber unterhalten.

Dass hier eine Verbindung zum Geschlecht hergestellt wird, ist empörend, denn es hat nichts mit dem Geschlecht zu tun, sondern mit Bildung, und zwar nicht nur mit Schulbildung, sondern im erweiterten Sinn mit Bildung, die man zu Hause und in der Gesellschaft erwirbt. Das ist auch eine wichtige Erklärung dafür, dass weniger gebildete Männer »wie eine Frau« reden, schreiben und argumentieren, um hier einmal diese abwertende Bezeichnung zur Ehrenrettung der Frauen allgemein zu verwenden. Sie tauchen in der Muppetshow von Manuel Cuschieri[2]

---

2 Moderator des maltesischen Radiosenders One Radio.

auf und bringen dort die haarsträubendsten Argumente und Beschuldigungen vor. Sie äußern sich in den Leserbriefspalten der Zeitungen und können keinen einzigen vollständigen Satz formulieren, geschweige denn zu logischen Schlüssen kommen. Man trifft sie auf Straßen und in Kneipen, wo sie sich in zotigen Bemerkungen ergehen. Warum sind Frauen in dieser Hinsicht besonders auffällig? Warum wird uns bevorzugt Irrationalität vorgeworfen, übertrieben emotionales Verhalten, unzureichende analytische Fähigkeiten und unlogisches Denken? Ganz einfach: Es gibt mehr Frauen, die diese Unzulänglichkeiten aufweisen als Männer.

Wir vergessen häufig, dass Frauen eine schlechtere Schulbildung erhielten, auch noch zu meiner Zeit und vielleicht auch später noch. Die Knabenschulen waren stets besser ausgestattet und bekamen mehr Geld. Die Lehrer stellten höhere Ansprüche an die Jungen und erklärten ihnen, dass sie später einen »guten Job« bekommen und »eine Familie versorgen« müssten. Die begabteren Jungen wurden an anspruchsvollere Berufe herangeführt, das war unvermeidlich – während für die Mädchen eine berufliche Karriere nicht vorgesehen war. (»Warum sollst du einen Beruf erlernen, wenn du dann doch zu Hause bleibst und dich um die Familie kümmerst?« »Lass dich zu einer guten Sekretärin ausbilden, dann bist du flexibler.«)

Das war noch ganz annehmbar. Für frühere Generationen von Mädchen und Frauen sah es dagegen noch um einiges schlechter aus. Die Mädchenschulen dienten nur dazu, der allgemeinen Schulpflicht Genüge zu tun, die Mädchen lernten dort lediglich Lesen und Schreiben und ein bisschen Rechnen, vielleicht auch noch eine Sprache, aber besonders wichtig waren Töpfern, Nähen und Kochen sowie Religionslehre und die Vorbereitung darauf, eine gute Ehefrau und Hausfrau zu sein.

Analytische Fähigkeiten wurden nicht vermittelt, sondern eher unterdrückt; dass eine Ehefrau oder Mutter über diese Fähigkeiten verfügte, war alles andere als erwünscht. Sie hätte wahrscheinlich einige Dinge in ihrem Umfeld infrage zu stellen begonnen, was schließlich auch tatsächlich vereinzelt geschah.

Als ich zu schreiben begann, sprach mich einmal eine Freundin meiner Großmutter auf der Straße an und sagte:»Ich hätte auch gern so etwas gemacht, aber uns hat man nichts beigebracht, wir durften nichts tun, es war einfach nicht möglich.«

Ich glaube, es war ein Glücksfall für mich, dass ich eine Schule besuchen durfte, die von Nonnen betrieben wurde, denen die Befreiung der Frauen am Herzen lag, auch wenn sie es anders ausdrückten. Während es in anderen Schulen darum ging, Ehefrauen heranzuziehen – vor allem ein bestimmter Konvent tat sich darin besonders hervor, und das ist noch heute, im 21. Jahrhundert, die einzige Tätigkeit dieser Frauen –, verlangte unser Orden, der in manch anderer Hinsicht den Ideen von Charles Dickens verpflichtet war, von allen »klugen« Mädchen, sich mit den Naturwissenschaften zu befassen. In der Praxis bedeutete dies, dass wir auf dem Bibliothekstisch Frösche sezieren mussten mit Instrumenten, die sich unsere Lehrerin beim St. Edward's College ausgeborgt hatte, wo sie ebenfalls unterrichtete. Die intelligenten Mädchen, die sich nicht den Naturwissenschaften zuwenden wollten, wurden von der übrigen Klasse getrennt und kamen in den »Kunst«-Zweig, wo sie besonders intensiv unterrichtet und stark gefördert wurden, damit sie gute Noten bekamen. Hier gab es kein Töpfern, keine Näh- und Stickarbeiten, und die Bezeichnung »Kunst« war ohnehin etwas irreführend, denn Malen oder Zeichnen standen nicht auf dem Stundenplan. Die Nonnen äußerten sich gelegentlich über die Ehe, in erster Linie um uns darauf hinzuweisen, dass es Sex für uns nur in diesem Rahmen geben würde und dass es, wenn wir einmal verheiratet wären, keinen Weg zurück mehr gäbe (was eher als Warnung klang denn als Ermutigung). Dann fuhren sie fort, uns die Notwendigkeit finanzieller Unabhängigkeit nahezubringen – was sie allerdings Eigenständigkeit oder Eigenverantwortlichkeit nannten.

Die Frauen, die aus diesem Konvent hervorgingen - zumindest jene, die als »kluge Mädchen« behandelt worden waren -, dachten und argumentierten wie Männer, nicht weil sie wie Männer waren, sondern weil sie auf die gleiche Art ausgebildet worden waren. Dafür gab es einen guten Grund: Der Orden war ursprünglich gegründet worden, um Mädchen aus unterprivilegierten Familien Schulbildung zu ermöglichen, die nicht nur für ihren eigenen Lebensunterhalt arbeiten, sondern meist auch ihre Familien unterstützen mussten.

Obwohl sich die Lebensbedingungen ihrer Schülerinnen im Lauf der Jahrzehnte veränderten, hielten die Nonnen an ihrem Bildungsethos fest. Auch 1980 noch brachte dieser Konvent Mädchen hervor, die eine berufliche Tätigkeit anstrebten, während die Absolventinnen einer anderen mir bekannten Klosterschule in der Regel gute Ehefrauen und Mütter wurden, die als gesellschaftliche und praktische Stütze für ihre Ehemänner fungierten, wie auch schon hundert Jahre zuvor.

Das waren die Privatschulen. Soweit ich weiß, waren die staatlichen Schulen nicht viel besser. Vielmehr waren sie insofern schlechter, als es einfacher war, die eigenen Töchter von ihnen fernzuhalten. Niemand fragte nach ärztlichen Attesten oder nach »guten und stichhaltigen Gründen«, wenn man die Tochter einmal für einen Monat nicht in die Schule gehen ließ, weil sie im Haushalt oder in der Schneiderei mithelfen musste. Mädchen wurden häufig nicht in die Schule geschickt, weil sie der Mutter zu Hause zur Hand gehen mussten, vor allem wenn sie alt genug waren, um den Fußboden sauberzumachen oder auf ihre kleinen Geschwister aufzupassen.

Mit vierzehn Jahren fingen sie an zu arbeiten und tauchten nur gelegentlich in der Schule auf, um sich auch wieder einmal sehen zu lassen. Ihre Eltern drängten sie nicht dazu, sich anzustrengen, ihre Hausaufgaben zu machen oder zu lernen und gute Noten zu schreiben. Wozu auch? Kluge Mädchen waren häufig schwierig zu handhaben und taten oft nicht, was man von ihnen verlangte, wie die Geschichte zeigte. Wer sollte die Fenster putzen oder sich um *borma*³ kümmern, wenn sich Mary lieber auf ihre Abschlussprüfungen konzentrierte?

In dieser Hinsicht hat sich vieles verändert, doch Spuren dieser Haltung sind noch immer bei Leuten erkennbar, von denen man das nicht erwarten würde. Vor Kurzem unterhielt ich mich mit einem hochintelligenten Mädchen – einer dieser beeindruckenden jungen Frauen, die Mathematik lieben und stets nach Lösungen suchen, wenn Probleme auftauchen – und erfuhr von ihr, dass sie an der Universität nicht das Fach X wählen würde (das Genies vorbehalten ist); sie werde sich vielmehr für das Fach Y entscheiden (das weniger anspruchsvoll ist), denn »was wird geschehen, wenn ich heirate und Kinder bekomme? Dann hätte ich umsonst studiert«.

»Verdammte Scheiße!«, hätte ich am liebsten ausgerufen. »Mache niemals deine akademische und berufliche Karriere von irgendeiner zukünftigen Familienplanung abhängig, die dann vielleicht verwirklicht wird oder auch nicht. Was für eine Vergeudung! Vielleicht triffst du niemals den richtigen Mann oder kriegst keine Kinder, und wenn doch, DANN SOLLTEST DU IMMER FINANZIELL SELBSTSTÄNDIG SEIN.«

Doch ich schweife von meinem eigentlichen Thema ab, nämlich dass Mädchen während der vorhergehenden Generationen im Allgemeinen eine schlechtere Ausbildung erhalten haben als Jungen und dass dieses Problem durch familiäre und gesellschaftliche Einstellungen verschärft wurde. Es schien bequemer, den Mädchen Schulbildung vorzuenthalten, statt sich dadurch Schwierigkeiten einzuhandeln, dass man ihnen Dinge

---

3 Wörtlich »Kochtopf«, im übertragenen Sinn »Lebensunterhalt«, »das Brot nach Hause bringen«.

beibrachte wie etwa die Fähigkeit, Situationen zu analysieren, Informationen zu verarbeiten und sich mit Problemen zu beschäftigen, die Lösungen erfordern. Das hatte zur Folge, dass dem weiblichen Geschlecht insgesamt unterstellt wurde, es würde seinem Wesen nach zu Irrationalität und unlogischem Denken neigen, während dies in Wirklichkeit nicht das Ergebnis der Natur, sondern der Erziehung war. Der einzige natürliche Faktor, der hierbei ins Spiel kommt, ist der Einfluss der Gene, die dafür sorgen, dass Frauen wie Männer mit höherer oder geringerer Intelligenz ausgestattet werden, weshalb es auch so viele dumme Männer gibt, obwohl sie gewöhnlich eine bessere Ausbildung und Erziehung genossen haben. Man könnte sogar die Auffassung vertreten, dass Männer, die sich in hohem Maß irrational verhalten, eher zu kritisieren sind als Frauen, auf die das ebenfalls zutrifft, denn wenn ihre Eltern sie nicht mit zwölf Jahren aus der Schule genommen haben, dann haben sie wahrscheinlich eine bessere Schulbildung erhalten. Bedauerlicherweise aber haben sie aus der Schule nur die Vorstellung mitgenommen, dass alles, was sie tun, gut ist und Anerkennung verdient.

Analytische Fähigkeiten, das Verarbeiten von Informationen und die Fähigkeit, sachbezogen und logisch zu argumentieren, bleiben lebenslang erhalten, wenn man sie sich in der Jugend aneignet. Sie sind die Grundbausteine für alles, was danach kommt, und ohne sie wird die natürliche Intelligenz behindert und eingeschränkt, denn egal, wie viel diese Menschen später lesen oder wie viele Informationen sie sammeln, sie werden nie in der Lage sein, dieses Wissen zu verarbeiten, zu strukturieren, zu analysieren und vor sich selbst und anderen darzustellen.

Viele Frauen, die heute älter als 35 Jahre sind, sind aufgrund ihrer Schulbildung und Erziehung zu einem Leben in Irrationalität (oder, schlimmer noch, zu der Unfähigkeit, dies zu erkennen) verdammt. Bei den jüngeren Frauen sieht es deutlich anders aus, und obwohl dies dazu führte, dass sie mit über dreißig noch Kinder bekommen und nicht daheim bleiben wollen (diejenigen, die Mädchen von der Schule fernhalten wollten, haben zu Recht auf diese Konsequenz hingewiesen), können wir mit Sicherheit sagen, dass es heute keine Option mehr ist, Mädchen nicht in selbstständigem Denken zu unterweisen, damit sie ihre Situation reflektieren und sie möglicherweise auch – Gott bewahre – infrage stellen könnten. Wie die Prüfungsergebnisse englischer Schulen aus jüngerer Zeit zeigen, schneiden die Mädchen besser ab als die Jungen, wenn man ihnen genau die gleiche Schulbildung zuteilwerden lässt in einer Gesellschaft, die sie auch allgemein gleich behandelt. In zehn Jahren werden wir uns auf Partys wahrscheinlich die Frage stellen, warum die Männer eigentlich so dick sind.

Schon wieder eine

THE MALTA INDEPENDENT, 6. MAI 2004

Wieder ist eine Frau getötet worden im Zuge einer, wie es scheint, gewaltsamen Auseinandersetzung mit dem Vater ihres Kindes. Der Frau wurden fünfzig Messerstiche versetzt, womit es sich um den grausamsten Messermord handeln dürfte, über den jemals berichtet wurde. Diane Gerada, die vor einigen Jahren von ihrem Mann erstochen wurde, erhielt 22 Stichverletzungen, und das fanden wir schon erschütternd.

Die Frau hatte keine Chance. Als sie die Wohnungstür nicht aufmachte, wurde das Schloss aufgesprengt und der Mann fiel mit dem Messer über sie her. Mehrere der Stichverletzungen fanden sich im Intimbereich. Eine junge Frau, die im selben Wohnblock lebt, eilte mutig in die Wohnung, als sie den Tumult mitbekam, und holte die siebenjährige Tochter der sterbenden Frau heraus, brachte sie in Sicherheit, kam aber zu spät, um zu verhindern, dass das Kind alles mitansehen musste.

Polizei und Rettungsdienst waren rasch zur Stelle, doch Josette Scicluna hatte durch einen Stich in den Hals schon zu viel Blut verloren.

Wenn in Malta Frauen umgebracht werden, sind meistens ihre gegenwärtigen oder früheren Partner die Täter. Das ist nicht viel anders als im Rest der Welt, wenngleich Frauen in weniger zivilisierten Ländern oft auch von ihren Vätern oder Brüdern getötet werden, wenn sie Schande über die Familie gebracht haben, zum Beispiel indem sie vergewaltigt wurden. In manchen Teilen Indiens werden sie oft auch von angeheirateten Verwandten getötet.

Doch wir sollten uns nicht mit solchen weniger entwickelten Gesellschaften vergleichen, sondern mit unseren Nachbarn in der Europäischen Union und den übrigen Ländern im zivilisierten Westen. Malta ist zwar ein eigenständiger Staat, hat aber kaum mehr Einwohner als eine durchschnittliche Stadt in einem größeren Land, wodurch die Zahl der Morde, die hier verübt werden – und vor allem die Zahl der Morde an Frauen – eine beunruhigende Größenordnung erreicht. Angesichts einer Bevölkerungszahl von rund 400000 Menschen erscheint die brutale Ermordung von drei Frauen in nur vier Monaten unverhältnismäßig hoch.

Es geht hier nicht nur um Recht und Gesetz. Männer, die ihre frühere oder gegenwärtige Partnerin umbringen, müssen eine lange Haftstrafe verbüßen. Ihre Anwälte kommen nicht mehr mit dem Argument durch »Er hat sie getötet, weil er sie liebte« – eine widerwärtige Rechtfertigung, die mit der Realität nichts zu tun hat und eine verachtenswerte Einstellung gegenüber Ehefrauen und Freundinnen zum Ausdruck bringt. Dieses Argument wurde zuletzt von einem gewalttätigen Mann vorgebracht, der auf seine Frau schoss, als sie aus dem Supermarkt kam (sie überlebte), zuvor hatte er sie jahrelang drangsaliert. Es half ihm nichts, weder bei den Geschworenen noch beim Richter.

Frauenverachtung

Ob man's glaubt oder nicht, Frauen werden heute nicht mehr als animierte Objekte betrachtet, die sich bemühen sollen, die Männer nicht zur Gewaltanwendung gegen sie zu reizen. Wenn Frauen von Männern in schwierigen Lebensumständen umgebracht werden, hört man heute nicht mehr die Reaktion: *»Tort taghlha! Mhux hi marret ma iehor! Daqs kemm kien jghir ghaliha!«*[4] Männer, die ihre Frauen auf diese Art töten, kennen die Risiken, lassen sich dadurch aber nicht abschrecken. Denn sie meinen anscheinend, dass sie so reagieren müssen, wenn die Spirale aus Wut und Eifersucht außer Kontrolle gerät, dass sie irgendeinem althergebrachten Ehrenkodex folgen müssen oder einem Racheinstinkt oder dass es besser sei, sie »sofort aus dem Weg zu schaffen«, statt zu einem Rechtsanwalt zu gehen und die Sache über das Gericht zu regeln.

Wenn eine Frau unter solchen Umständen zu Tode kommt, ist es offenkundig, wer dafür verantwortlich ist. Manchmal braucht die Polizei etwas länger, um genügend Beweismittel zu sammeln und Anklage gegen den Täter zu erheben. Diese Männer haben nur sehr wenig Chancen, ungestraft davonzukommen. Wir leben in einer kleinen, überschaubaren Gesellschaft, und wenn es manchmal nicht genügend hieb- und stichfeste Beweise gibt (wie im Fall jener Frau, die auf mysteriöse Weise auf Gozo von einer Klippe stürzte), bleibt dem Mann vielleicht das Gefängnis erspart, er wird aber sein Leben lang mit dem Makel *»Dak li qatel il-mara«*[5] behaftet sein. Dass lange Haftstrafen nur eine relativ geringe abschreckende Wirkung haben, hängt damit zusammen, dass negative Einstellungen gegenüber Frauen in der maltesischen Gesellschaft tief verwurzelt sind. Es hat sich mittlerweile vieles geändert, aber diese Veränderungen sind noch nicht in alle Teile der Gesellschaft und zu allen Menschen vorgedrungen.

---

4 »Sie ist selbst schuld! Warum fängt sie etwas mit einem anderen Mann an? Damit hat sie ihn eifersüchtig gemacht!«

5 »Der Mann hat seine Frau umgebracht.«

Wenn man den Firnis der europäischen Zivilisation abkratzt, stößt man auf die grundlegende, primitive, überkommene Einstellung, dass Frauen im Kern teuflische Wesen seien, die dauerhaft unter Kontrolle gehalten werden müssen und deren Leben irgendwie weniger wertvoll ist als das Leben von Männern.

Wir alle machen hin und wieder taktische Fehler, doch in öffentlichen Bereichen wie dem Journalismus und der Politik fallen diese Fehler viel stärker auf. Die meisten dieser Irrtümer passieren, wenn sich Journalisten in einer eigenen Welt eingerichtet haben, die ihnen im Lauf der Zeit als Wirklichkeit erscheint.

Dass Alfred Sant und seine Partei sich entschlossen haben, die Tatsache zu ignorieren, dass Malta heute Mitglied der Europäischen Union ist und dass dieser historische Zusammenschluss Europas am vergangenen Samstag stattgefunden hat, bedeutet nicht, dass diese Fakten unwichtig wären, nur weil die Direktive ausgegeben worden ist, sie so zu behandeln.

Man mag den Zusammenschluss Europas gutheißen oder nicht, man kann auch den Beitritt Maltas zur EU unterstützen oder nicht, doch wenn man als Journalist rational denkt, wird man zugeben müssen, dass es sich hierbei um fundamentale und entscheidende Nachrichten handelt – um jene Art von Meldungen, die auf die Titelseite gehören, zu denen im Innenteil noch auf weiteren Seiten Hintergrundinformationen gebracht werden müssen und die in den Fernseh- und Radionachrichten an erster Stelle zu rangieren haben. Das heißt nicht, dass man die eigene redaktionelle Ausrichtung nicht deutlich machen dürfte; die Wichtigkeit von Nachrichten anzuerkennen, bedeutet nicht, dass man damit »übereinstimmt«.

Das historische Ereignis vom vergangenen Wochenende in einem knappen, kurzen Absatz auf Seite 3 abzuhandeln und in den Fernseh- und Hörfunknachrichten weit hinten anzusiedeln, wie es die Medien der Labour-Partei und der Gewerkschaften getan haben, zeugt von einer sehr eigenartigen Berufsauffassung. Ich spreche hier aus journalistischer und nicht aus politischer Sicht. Dass die Labour-Partei mit dem EU-Beitritt Maltas nicht einverstanden ist, macht diese Nachricht nicht zu einer unbedeutenden, nebensächlichen Meldung, die man weit hinten bringt.

Es bleibt eine Meldung für die Titelseite, und die Nörgelei und die Kritik können anderswo stattfinden – im Innenteil. Politische Ansichten können den Stellenwert bestimmter Themen nicht verändern – dazu gehört auch die Nachricht über den Beitritt Maltas zur EU –, und jeder Versuch, die Bedeutung solcher Ereignisse herabzustufen, ruft den Vorwurf der Ablenkung von der Wirklichkeit hervor.

Die Mitarbeiter in den Newsrooms der Labour-Partei und der Gewerkschaften wissen das natürlich auch. Schließlich sind sie nicht nur Journalisten, sondern auch politische Vermittler. Ihnen dürfte klar sein, dass es ein journalistischer Fehler war, über die Vollendung der Europäischen Union (und den Beitritt Maltas zur EU) nur in einer knappen Notiz auf den Innenseiten oder im hinteren Teil der Nachrichten zu informieren, während der jährlich stattfindende Umzug zum 1. Mai die Top-Meldung war.

Das erweckt nur den Anschein, dass die Labour-Partei dieses Ereignis verleugnen möchte – dass, wenn sie den EU-Beitritt entweder ignoriert oder beiseiteschiebt, er gar nicht wirklich stattfindet. Das ist nicht die souveräne Herangehensweise, die man von unseren Politikern erwarten muss. Die einzige akzeptable Umgangsweise mit diesem Thema besteht darin, den Tatsachen ins Auge zu blicken: Malta ist der Europäischen Union beigetreten. Der Zusammenschluss Europas ist vollzogen. Jetzt geht's weiter.

Dieselbe beunruhigende Einstellung zeigte sich bei der Labour-Veranstaltung am Freitagabend und bei der Kundgebung in

Valletta am nächsten Tag. Auf der einen Seite bürstete der Oppositionsführer die Tatsache des EU-Beitritts schroff ab, der während seiner Rede Realität wurde. Auf der anderen Seite rief er seine Anhänger dazu auf, bei der Wahl zum EU-Parlament am 12. Juni für die Labour-Kandidaten zu stimmen, *biex jisfidaw in-Nazzjonalisti*.[6] Das ist schon eine etwas kindische Haltung: Ignorieren wir einfach den Zusammenschluss Europas und leben wir weiter im Wunderland. Malta ist eigentlich gar nicht in der EU, die Regierung tut nur so; wenn wir das Ganze ignorieren, wird der Spuk wieder verschwinden.

Es überrascht mich sehr, dass so viele Leute, mit denen ich gesprochen habe, glauben, die maltesischen Abgeordneten im Europäischen Parlament würden dort gewissermaßen eine »maltesische Delegation« bilden, sodass es eigentlich keinen Unterschied macht, welche Partei man wählt, solange einem der jeweilige Kandidat akzeptabel erscheint. Diese Menschen haben die irrtümliche Vorstellung, dass das Europäische Parlament nach Ländern gegliedert sei – aber so ist es nicht. Wie jedes andere Parlament ist es nach politischen Gruppen unterteilt.

Es gibt drei solche politischen Gruppierungen: die Europäische Volkspartei, die Sozialistische Gruppe und die Grünen. Die EU-Abgeordneten aus Malta werden sich auf diese drei Gruppen aufteilen: die Abgeordneten der Nationalistischen Partei werden der Fraktion der Europäischen Volkspartei angehören, die Vertreter der Maltesischen Labour-Partei werden sich der Sozialistischen Fraktion anschließen und die Abgeordneten der Alternattiva Demokratika werden bei den Grünen unterkommen. Ihre Loyalität wird dann ihrer jeweiligen Fraktion gelten, nicht in erster Linie ihrem Land.

---

6 Um die Nationalisten zu besiegen.

Mit anderen Worten: Ein Abgeordneter der Labour-Partei und ein Abgeordneter der Nationalistischen Partei werden sich nicht in einem Lager namens »Malta« wiederfinden, sondern in zwei verschiedenen Lagern – der EVP und den Sozialisten. Um es anhand von Namen zu erläutern: Louis Grech wird nicht neben Joanna Drake sitzen, sondern an einem ganz anderen Platz im Europäischen Parlament. Dass sie beide aus Malta kommen, hat keine Bedeutung.

Warum? Ich glaube, Pat Cox[7] hat es neulich schon anschaulich erklärt, aber vielleicht haben Sie es nicht gelesen. Es handelt sich um das Europäische Parlament. Wenn gewählte Abgeordnete ihre nationale Identität hierher mitbringen und meinen, sie müssten hier für ihr Heimatland kämpfen, dann haben sie etwas grundlegend nicht verstanden. Das Europäische Parlament befasst sich mit der Entwicklung und den Aktivitäten der Europäischen Union. Es ist kein Sammelsurium sich gegenseitig bekämpfender Abgeordneter, die hier ihre innenpolitischen Streitfragen einbringen: etwa die Organisation der Müllentsorgung in Slowenien oder die Vergabe von Baugenehmigungen in Polen. Es ist erstaunlich, wie viele Menschen genau das glauben und das Europäische Parlament als eine ins Große übertragene Version der Vorgänge und Abläufe in Malta betrachten.

Zusammenfassend lässt sich also sagen: Wenn Sie überlegen, wen Sie wählen sollen, müssen Sie zuerst entscheiden, wo Ihr Kandidat sitzen soll – bei der Europäischen Volkspartei, bei der Sozialistischen Fraktion oder bei den Grünen –, und dann den entsprechenden Bewerber ankreuzen. Es ist sinnlos, für John Attard Montalto zu stimmen, wenn Sie nicht wollen, dass Ihr Abgeordneter bei den Sozialisten sitzt, oder Simon Busuttil zu wählen, wenn Sie einen Vertreter bei den Grünen haben wollen.

---

7 Der irische EU-Abgeordnete Pat Cox war von 2002 bis 2004 Präsident des Europäischen Parlaments.

Heute Morgen im Gericht: Diese Frauenverachtung muss man mit eigenen Ohren gehört haben, um sie für möglich zu halten

RUNNING COMMENTARY, 23. FEBRUAR 2017, 17.21 UHR

Jedes Mal wenn ich mir anhöre, wie die Funktionäre, die Politiker, die Minister und – wie heute Vormittag – die Rechtsvertreter der Labour-Partei und ihrer Regierung mich beschimpfen und beleidigen, dann frage ich mich:

»Würden sie das auch sagen, in diesem Ton und mit dieser Haltung, wenn ich ein Mann wäre?«

Die Antwort lautet stets: »Nein.« Bevor man sich die Worte anhört, die sie verwenden, sollte man auf ihren Ton achten: Er trieft von erbittertem Hass, von Wut und Verachtung, und vor allem zeigt sich darin eine tief sitzende Irritation darüber, dass eine Frau nicht nur den Mund aufmacht, um ihr Ego zu streicheln (oder etwas dergleichen), sondern dann auch nicht mehr aufhört zu reden.

Wie viel Wut und Zorn hinter ihren Worten schwelt, das können Frauen, die in Angst vor ihren Ehemännern leben, Frauen, die geschlagen werden, oder Frauen, die auf Zehenspitzen im Haus herumschleichen, um den Frieden zu bewahren, auf Anhieb erkennen.

Heute Nachmittag stand ich vor Gericht drei archetypischen maltesischen Frauenhassern gegenüber: dem Wirtschaftsminister und seinem Berater für die EU-Präsidentschaft, Chris Cardona und Joe Gerada, die Frauen als Objekte betrachten und mit Verachtung behandeln, sowie ihrem Rechtsvertreter Pawlu Lia, der mich, wenn er im Gericht gegen mich wettert und tobt, an den Ankläger vor der heiligen Inquisition oder in den Hexenprozessen von Salem erinnert.

Der Kern ihrer Anschuldigungen gegen mich hat sich im Lauf der Jahre nicht verändert: »Diese böse Frau ist schlecht für die Gesellschaft, gefährlich für die älteren, männlichen Mitbürger und muss aus dem Verkehr gezogen werden.«

Heute Vormittag war es nicht anders. Einmal musste ich den Gerichtssaal verlassen, denn ich hielt es nicht mehr aus, mir diesen ätzenden Schwall von Gemeinheiten, ungezügeltem Hass und Lügen anzuhören. Pawlu Lia sah aus und wirkte, als würde er es bedauern, dass er heute, im 21. Jahrhundert, nicht mehr die Möglichkeit hat, mich in irgendwelchen geheimen Kellern der Inquisition zu Tode zu foltern.

Einmal wandte sich Lia während seiner Hasstiraden an seinen Klienten Cardona, der so aufgeschwemmt wirkte, als hätte er die ganze Nacht durchgezecht, und fragte ihn mit dem Ton eines schmierigen Lakaien: »Hätten Sie etwas dagegen, wenn ich dies hier erwähne?«

»Natürlich nicht«, erwiderte der Säufer und Weiberheld.

Dann spulte Lia wieder die alte, einstudierte Nummer ab, dass ich den Kindern des Wirtschaftsministers so viel Leid bereiten würde, während sie sich gerade auf ihre Prüfungen vorbereiten (Prüfungen sind ja eine wichtige Sache in der Grundschule), wie grauenvoll, wie schlimm und wie schrecklich diese Hexe sei, und so weiter und so fort.

An dieser Stelle ging ich hinaus, denn ich konnte diese widerwärtige Heuchelei nicht mehr ertragen, diese chauvinistische, frauenfeindliche Hetze, die frechen Lügen, die Beleidigungen und die Ungerechtigkeit. In Malta wimmelt es von narzisstischen Männern, denen überhaupt nicht bewusst ist, was ihr Verhalten bei ihren eigenen Kindern (geschweige denn ihren Frauen) anrichtet, und die stattdessen immer anderen die Schuld zuschieben. Es war mir einfach zu viel.

Als ich hinausging, tat ich etwas, das ich besser hätte unterlassen sollen; ich hätte vielmehr warten sollen, bis die Verhandlung vorbei war und es anschließend dem Wirtschaftsminister draußen sagen sollen. Aber hier saßen die Verantwortlichen, und ich war wütend darüber, dass Hunderten oder vielleicht sogar Tausenden Frauen und Kindern Leid angetan worden war durch die Taten solch widerwärtiger Männer wie diesen hier. »Ich bin also diejenige, die den Kindern Ihres Klienten Leid zufügt?«, sagte ich beim Hinausgehen laut zu Pawlu Lia. »Welche Kinder meinen Sie? Ihr Klient hat zwei Frauen betrogen und aus dem Haus geworfen, treibt es mit anderen Frauen und fügt selbst seinen Kindern Schaden zu.« Auf Maltesisch klingt es besser.

Nachdem ich mich beruhigt hatte und wieder hineingegangen war, erklärte Lia gerade, dass eine böswillige Frau, die mit einem iPad auf dem Bett liege und über andere Leute schreibe, keine Journalistin sei. Man erkennt sehr leicht die Denkstruktur: Frau = Hausfrau = hat den ganzen Tag nichts zu tun = liegt im Bett mit einem iPad = und lästert über andere Leute.

Oder, um es kürzer und knapper zu formulieren: Frau = Bett.

Ich saß so weit wie möglich von ihm entfernt und stellte mir wieder die alte Frage: Würde er genau so reden, wenn ich ein Mann wäre? Nein, natürlich nicht.

»Mario Frendo joqghod fis-sodda bl-iPad jikteb fuq in-nies.«[8]

Ich habe noch nie im Bett geschrieben (Ich könnte es auch nicht, denn ich tippe blind), und ich besitze auch kein iPad. Aber ich frage mich, mit welcher Art von Frauen sich diese schrecklichen Männer in ihrem Leben umgeben haben, dass sie eine solch bestürzende Verachtung für Frauen entwickelt haben.

---

8 »Mario Frendo schreibt nicht im Bett auf seinem iPad über andere Leute.« Mario Frendo ist ein junger Journalist, der für die Labour-Partei arbeitet; eine Anspielung Daphnes darauf, dass Pawlu Lia nicht in dieser Weise sprechen würde, wenn er sich auf einen männlichen Journalisten beziehen würde.

Die andere Daphne

Die ersten Monate dieses Jahres verbrachten wir damit, die Hunderte von Zeitungsausschnitten aus den 1990er- und von Anfang der 2000er-Jahre zu sichten, die unsere Mutter in Kartons aufbewahrt hatte. Diese standen in einem großen, vom Boden bis zur Decke reichenden Schrank, der in die Wäschekammer unseres Hauses in Bidnija eingepasst war. Sie war stolz auf ihre Idee, die gesamte Oberfläche des Schranks mit einer pinkfarbenen und grünen Pfauen-Tapete zu bekleben. »Sie sind im Pfauen-Schrank, über ihren Schuhen«, sagte unser Vater, als Matthew ihn nach den Ausschnitten fragte.

Die ersten Ausschnitte waren von einer unserer Ur-Großmütter mütterlicherseits gesammelt worden, die beide sehr kluge, eigenständige Frauen waren. Sie bewahrte sie in einer dieser Blechdosen auf, die man häufig im Haus der Großeltern findet. Wenn man sie öffnet, erwartet man dänische Butterkekse zu finden, aber dann entdeckt man Nähzeug darin.

Später wurden die Ausschnitte alle von unserer Mutter selbst gesammelt. Anfänglich schnitt sie alle Artikel mit der Schere aus und klebte sie auf ein Blatt Papier, das sie in ihrer runden Handschrift mit dem jeweiligen Datum versah, aber als sie die Geduld verlor, archivierte sie die ganzen Seiten.

Das Einscannen dieser Ausschnitte auf dem Gang im Büro unseres Vaters in Valletta war nicht nur wegen der dabei aufkommenden Emotionen etwas mühevoll – zwischen seinen Besprechungsterminen kam immer wieder unser Vater vorbei, griff sich einen Ausschnitt vom Stapel, las ihn und sagte: »Ich erinnere mich, dieser Artikel ist spitze« –, sondern auch, weil wir ständig abgelenkt zu werden drohten. Jeder Artikel war so gut geschrieben, die Themen so fesselnd, die Darstellung der niederträchtigen oder tragischen Charaktere so gelungen, dass es uns schwerfiel, nach den ersten Sätzen mit dem Lesen aufzuhören.

Unserer Meinung nach zeigen die Artikel in diesem Buch, wie wichtig Kolumnisten wie unsere Mutter in einer demokratischen Gesellschaft sind, wie sie mittels Logik, Vernunft und Unterhaltung Denkweisen verändern können, Ideen und Vorstellungen zerpflücken können, die gefährlich sind, und andere Ideen einbringen können, die uns helfen, die Geschehnisse zu verstehen.

Einen anderen Teil der Arbeit unserer Mutter, der weniger bekannt ist als ihre Tätigkeit als Kolumnistin und Investigativjournalistin, konnten wir nicht unberücksichtigt lassen: ihre Magazine *Taste* und *Flair,* später zu *Taste & Flair* verschmolzen, die sie mehr als ein Jahrzehnt lang herausgab und die wir weiterhin über die Daphne Caruana Galizia Foundation publizieren. Diese Zeitschriften widmen sich all jenen Dingen, die unsere Mutter liebte, sie waren ein Ort, der frei war von Hässlichkeit und überströmend von Schönheit. Auf den Seiten ihrer Magazine feierte sie alles, was den Mittelmeerraum ausmacht, die Welt des Essens, der Kunst, der Architektur und der Menschen, die sich wie sie darum bemühten, die Welt besser und schöner zu machen.

Die andere Daphne

Editorial

FLAIR, NR. 15, SONDERAUSGABE FÜR VALLETTA, MAI 2008

Dies ist die erste einer Reihe von Sonderausgaben von *Flair,* die sich alle mit Palästen, Kirchen und anderen bedeutenden Bauwerken in Valletta befassen werden. Sie werden zusätzlich zu unseren normalen Ausgaben erscheinen.

Über unsere Hauptstadt ist schon viel geschrieben worden, doch bisher hat sich noch nie jemand die Mühe gemacht, alle wichtigen Gebäude der Stadt nacheinander darzustellen und der Öffentlichkeit in kompakter Form zu präsentieren. Das haben wir uns hier vorgenommen.

Einige der Gebäude werden vielen von Ihnen bekannt sein, andere nur wenigen. Gleichwohl hoffen wir, dass Sie Gefallen finden an dieser Idee und an den Inhalten der nachfolgenden Valletta-Sonderausgaben. (...)

Ich fühle mich eng verbunden mit Valletta, wobei es sich allerdings eher um eine Sache der persönlichen Identität als der nationalen Identität handelt. Mein Vater, geboren und aufgewachsen in Valletta, war der letzte Vertreter einer 300 Jahre zurückreichenden Familienlinie, was bedeutet, dass ich die Erste in dieser Familie bin, die woanders auf die Welt gekommen und aufgewachsen ist. Drei meiner Großeltern sind ebenfalls in Valletta geboren und groß geworden, und dass dies bei meiner anderen Großmutter nicht der Fall war, hat damit zu tun, dass ihre Familie ihre Wohnung in Valletta vor ihrer Geburt aufgeben musste.

Auf eine eigenartige, indirekte Weise hat das bekannteste Fest der Hauptstadt meine Begeisterung für Zeitschriften geweckt. Mein Vater kommt aus dem Gebiet der St.-Pauls-Insel, wo der Apostel Paulus vor Malta Schiffbruch erlitt, und jedes Jahr am 10. Februar standen wir auf dem Balkon unserer Großeltern und verfolgten unten auf der Straße den Umzug zu Ehren des Apostels. Berühmt ist dieser Umzug nicht nur wegen der großen goldenen Hand, die dabei durch die Straßen getragen wird, sondern vor allem wegen der Unmengen von Papierschnipseln, die aus den Fenstern und von den Balkonen auf den Umzug hinabrieseln.

Wir Kinder waren aufgeregt und hatten Tragetaschen und Schachteln dabei, sie waren mit Papierschleifen vollgestopft, die wir in den Wochen vorher sorgfältig mit gebogenen Scheren ausgeschnitten hatten. Wenn die Prozession vorüber war und sich die Feierlichkeiten in die Kirche verlagert hatten, gingen wir hinunter auf die St. Pauls Street, die knietief mit Papierfetzen bedeckt war, tollten in dem Chaos herum, bauten Papierberge und lieferten uns mit den Nachbarskindern Schlachten mit Papierbällen. Als meine Jungen in dieses Alter kamen, nahm ich sie jedes Jahr dorthin mit und stellte fasziniert fest, dass sich nichts verändert hatte und die Kinder weiterhin ihre Papierkriege ausfochten.

Wenn sie während der langen, heißen Sommerferien einmal mit ihrem Latein am Ende war, gab uns unsere Mutter Stapel von alten Zeitschriften und eine Schere, damit wir uns Papierbänder für die Straßenprozession zuschneiden konnten. In diesem Alter hatten wir noch kein Gefühl für die Zeit, konnten den Abstand zwischen August und Februar noch nicht richtig ermessen und machten daher gerne mit.

Irgendwann begann ich die Seiten zu überfliegen, bevor ich sie mit der Schere zerschnitt. Dann fing ich damit an, die Bilder auszuschneiden, anstatt die Seiten zu zerstören, und schließlich begann ich mich damit zu beschäftigen, wie die Seiten aufgemacht waren, über welche Dinge in diesen Zeitschriften geschrieben wurde, wie sie sich von Büchern unterschieden und was sie zu etwas Besonderem machte. Ich wusste nicht, wie Zeitschriften hergestellt wurden; ich wusste nur, dass ich anscheinend das einzige Mädchen in meiner Schulklasse war, die nicht Feuerwehrmann werden wollte oder Prinzessin oder Astronautin (die erste Mondlandung war noch nicht lange her) oder Ärztin oder Krankenschwester. Diese Faszination hat sich bis heute gehalten.

Maltesische Orangen

TASTE, NR. 3, WINTER 2004

Malta hat seinen Namen einer Orangensorte gegeben – der Maltaise –, die seit Jahrhunderten in Europa gerühmt wird und heute zu den besten Navelorangen der Welt zählt. Manchmal allerdings hat es den Anschein, als wären maltesische Orangen überall beliebt, nur nicht in Malta selbst. Orangen werden heute auf Malta nicht mehr kommerziell angebaut, aber viele alte private Obstgärten, vor allem im zentralen Teil der Insel, produzieren jedes Jahr im Dezember große Mengen von Orangen, und ihre Eigentümer wissen oft nicht, wohin mit den vielen Früchten. Tausende lässt man von den Bäumen herabfallen und verfaulen, Tausende werden über die *pitkali*[1] verkauft, um zumindest einen Teil der Kosten abzudecken, die der Unterhalt dieser Bäume verursacht. Dort werden sie unsortiert und gebündelt vom Lastwagen aus für wenig Geld verhökert, während sie eigentlich Spitzenpreise erzielen sollten wie anderswo. Was ist hier schiefgelaufen? Es ist eine Frage des Marketings. Die Bevölkerung Maltas hat schlicht vergessen, dass auf Malta Orangen in Premiumqualität angebaut werden, weil es nie eine kommerzielle Infrastruktur gegeben hat, die eine Verbindung zwischen Angebot und Nachfrage hergestellt hätte. Während wunderschöne, saftige Orangen in privaten Obstgärten verfaulen, weil die Eigentümer nicht wissen, was sie mit ihnen tun sollen, gehen Leute, die nach guten Orangen suchen, zum örtlichen Gemüsehändler und kaufen dort, weil es nichts Besseres gibt, säckeweise harte, gewachste Orangen, die auf Containerschiffen von weither gekommen sind.

Die Orangen von Malta sollten wieder mehr Anerkennung finden, sollten von den Maltesern gekauft und gegessen und den importierten Orangen vorgezogen werden. Orangen gehören zu

---

1 Wochenmärkte.

den wenigen Dingen, die wir besser können als die übrige Welt, der Handel mit ihnen durch die Jahrhunderte belegt dies. Heute wachsen maltesische Orangen in Tunesien, von wo sie in alle Welt exportiert werden, während die Einwohner Maltas Orangen aus Südamerika kaufen und die Orangen aus den maltesischen Obstgärten weitgehend unbeachtet bleiben.

Die Orangen aus Malta waren einst an den ausländischen Herrscherhöfen sehr geschätzt. Der Commendatore Giovanni Francesco Abela schrieb in seinem Werk *Della descrittione di Malta* (1647):»Die Früchte aus Malta sind höchst wohlschmeckend, insbesondere die Zitrusfrüchte ... die nach Rom und an den französischen Hof geschickt werden, wo sie sich großer Wertschätzung erfreuen.« Der englische Reisende Patrick Brydone, der Malta und Sizilien besuchte, äußerte sich 1773 ähnlich:»Die maltesischen Orangen stehen zu Recht in dem Ruf, dass sie die besten der Welt seien.«

Der Anekdotenerzähler Louis de Boisgelin (1804) bemerkte:»Besondere Zuwendung genießen die großen Orangenbäume, die gewöhnlich zweimal am Tag gegossen werden. Ihre Spitzen werden rund geschnitten, sodass sie einem Regenschirm ähneln, und sie wachsen in einem einzigen Stamm ähnlich wie Zitronenbäume, deren Äste man bisweilen so weit hinauswachsen lässt, dass sie als eine Art Schattenspender dienen können.«

Seine Angabe über die Menge der Bewässerung weicht deutlich von der heute gängigen Praxis ab, denn heute werden Zitrusbäume im Sommer nur einmal in der Woche gegossen und im Winter nur sehr sporadisch, wenn überhaupt.

Oft wird vermutet, dass die Römer weder süße noch bittere Orangen kannten, und es gibt auch praktisch kaum Hinweise darauf, dass die Römer diese Frucht anbauten. Sollte dies dennoch der Fall gewesen sein, fand der Anbau von Zitrusfrüchten in Europa und Nordafrika mit dem Zerfall des Römischen Reiches sein Ende. Der Legende nach brachten die Araber Orangen nach Europa, in Wirklichkeit aber ist es etwas komplizierter, das spiegelt sich auch in den Namen, die in einigen Ländern der Region für Orangen verwendet wurden. Auf Arabisch heißen sie *bortugan,* was auf eine ursprüngliche Verbindung zu Portugal hinweist. Wäre die Orange eine arabische »Entdeckung« gewesen, hätten die Araber nicht durch die Bezeichnung für die Frucht darauf hingewiesen, dass sie von den Portugiesen stammte. Im Mittelalter wurde die bittere Orange von den Arabern des Nahen Ostens in den Mittelmeerraum eingeführt, die sie durch ihren Handelsaustausch mit China kennengelernt hatten, wo sie auch ursprünglich beheimatet ist. In ehemals arabisch beherrschten Regionen wie Spanien und Sizilien wird die Bitterorange auch heute noch in großem Stil angebaut, und von der spanischen Stadt Sevilla hat diese Orangenart ihren volkstümlichen Namen erhalten.

Es waren die Portugiesen, nicht die Araber, die jene Bäume von China nach Europa brachten, aus denen sich die meisten der heute kultivierten süßen Orangensorten entwickelt haben. Aus diesen verhältnismäßig wenigen Bäumen ist die heutige weltweite Zitrusindustrie hervorgegangen. Auch die riesigen Orangenplantagen in Florida haben ihren Ursprung in jenen Bäumen, die von den Portugiesen aus China nach Europa eingeführt wurden. Das ist auch der Grund, warum in vielen Sprachen des Mittelmeerraums das Wort für »Orange« auf eine portugiesische Herkunft hinweist. Die arabische Bezeichnung lautet *bortugan.* Das maltesische Wort *laring* ist aus dem portugiesischen *laranja* abgeleitet, und unsere ursprüngliche Bezeichnung für diese Frucht lautete *laring tal-Portugall.* Als die Süßorange der Bitterorange im Hinblick auf Quantität und Beliebtheit den Rang ablief, bestand keine Notwendigkeit mehr, zwischen der *laring tal-Portugall* und der Bitterorange zu unterscheiden, daher ließ man den Namensteil *tal-Portugall* fallen. Gleiches muss mit der arabischen Bezeichnung geschehen sein; es ist unwahrscheinlich, dass *bortugan* der vollständige ursprüngliche Name war. In diesem Fall geschah vermutlich das Gegenteil; man gab das

Wort auf, das die tatsächliche Frucht bezeichnete, und behielt nur den Namen, der auf die Herkunft der Frucht hinwies.

In anderen Sprachen wurde der Konsonant »n« am Anfang des Wortes verwendet, nicht das »l« der maltesischen und portugiesischen Bezeichnungen, oder beides komplett fallengelassen. Die Frucht hat der Farbe ihren Namen gegeben, nicht umgekehrt. Alle diese Bezeichnungen – Orange, *naranga, laranja, laring, arancia* – sind vom ursprünglichen Sanskrit-Wort für »Orangenbaum« abgeleitet: *naranga.* Interessanterweise verweist auch unser Name für die Sevilla-Orange – *laring tal-bakkaljaw* – auf Spanien als Herkunftsort. *Bakkaljaw* hat nichts mit Orangen zu tun, denn es ist unsere Bezeichnung für gesalzenen Kabeljau, die wir direkt vom spanischen Wort für diese Art von behandeltem Fisch übernommen haben – *baccalao* –, denn von dort haben ihn die maltesischen Inseln importiert. Dass unser Name für Sevilla-Orangen wörtlich »Orangen des gesalzenen Kabeljau« bedeutet, weist darauf hin, dass beide Dinge aus demselben Herkunftsland zu uns gelangt sind in der Zeit, in der dieser Name entstanden ist.

Im Jahr 1494 unternahm der französische König Karl VIII. einen Feldzug nach Italien, um die Halbinsel zu erobern, wurde dort aber von der italienischen Kunst, der Lebensart und den Orangen in den Bann geschlagen. Er brachte italienische Fachleute mit zurück nach Hause, denn er war entschlossen, die französischen Gärten im italienischen Stil neu zu gestalten. Im Château d'Amboise ließ er die erste französische Orangerie erbauen. In den folgenden zwei Jahrhunderten ließ sich jeder europäische Herrscher eine Orangerie errichten, jede größer und prunkvoller als die seines Vorgängers. Die Fenster in diesen Gebäuden gingen vom Boden bis zur Decke und wurden zum Schutz gegen die Kälte mit Glimmer überzogen, ähnlich wie die heutigen Gewächshäuser. Doch keine Orangerie war so prächtig wie jene in Versailles, eine Hommage an die Liebe Ludwigs XIV. zu dieser Frucht.

Im Lauf der Jahrhunderte ist entsprechend den jeweiligen klimatischen Bedingungen und den speziellen Vorlieben der lokalen Bevölkerung eine Vielzahl von Orangensorten entstanden. Die anerkannt beste Orangensorte, die nicht zur Gruppe der Navelorangen gehört, ist die Malteser-Orange, eine sehr süße Halbblutorange mit leicht pigmentiertem Fruchtfleisch, mit den beiden von ihr abstammenden Sorten Maltaise Sanguine und Maltaise de Tunisie. Die Maltaise entstand in Malta, wie schon ihr Name sagt. Heute aber wird sie in Malta nicht mehr angebaut. Einzelne Bäume gibt es möglicherweise noch in privaten Obstgärten, wahrscheinlich ohne dass dies den Eigentümern bekannt ist. Die Tunesier haben mehr aus diesem Orangenbaum gemacht als wir – wobei sie natürlich auch mehr Anbauflächen besitzen als wir. Jährlich exportiert Tunesien 100 000 Tonnen Malteser-Orangen, wovon rund 25 000 Tonnen nach Frankreich gehen. Dort wird die Maltaise als die »Königin der Orangen« bezeichnet und die Früchte werden mit Begeisterung empfangen, sobald sie auf den Markt kommen, wo sie wesentlich höhere Preise erzielen als die besten spanischen Orangen. Die Malteser-Orange benötigt bestimmte klimatische Bedingungen, nämlich genau unsere Bedingungen. Es ist eine Schande, dass wir sie aus der Hand gegeben haben.

Wie man Orangenlikör herstellt

250 g Orangenblüten, eine kleine Zimtstange und eine Gewürznelke mit einem Liter Alkohol (22 %) vermischen. Einen Monat stehen lassen, dann durch ein Sieb gießen. Anschließend einen Sirup aus 500 g Zucker und 500 ml Wasser zubereiten. Aufkochen, abkühlen lassen, schließlich den aromatisierten Alkohol hinzufügen. Abermals filtrieren und in sterilisierte Flaschen abfüllen. An einem kühlen, dunklen Platz lagern.

Wie man eine Sauce maltaise zubereitet

Sauce maltaise ist die französische Bezeichnung für süße und pikante Soßen, die auf Orangenbasis beruhen, insbesondere auf maltesischen Blutorangen. Die Sauce maltaise ist eine von der Sauce hollandaise abgeleitete Soße, die mit dem Saft von Blutorangen und geriebener Schale aromatisiert ist und für zahlreiche Fisch-, Gemüse- und Spargelgerichte verwendet werden kann. Die *bombe glacée à la maltaise* (Eisbombe) ist mit Orangeneis überzogen und gefüllt mit Crème Chantilly, die mit Mandarinen aromatisiert wurde.

Der Saft einer Blutorange wird mit 200 ml Sauce hollandaise vermischt. Dann fügt man einen Esslöffel geriebene und blanchierte Orangenschalen hinzu. Zur Herstellung der Sauce hollandaise gibt man vier Esslöffel Wasser in eine Pfanne und fügt eine Prise Salz sowie eine Prise gemahlenen Pfeffer hinzu. Die Pfanne wird in einen Topf mit heißem Wasser gestellt, das Wasser darf nicht kochen, soll aber konstant heiß sein. In einer zweiten Pfanne lässt man 500 g Butter zergehen, auch sie darf nicht zu heiß werden. Der Dotter von fünf Eiern wird mit einem Esslöffel Wasser geschlagen und dann in die Pfanne im erwärmten Wasser gegeben. Während die Pfanne weiter im Wasserbad steht, wird die Sauce mit dem Schneebesen eingerührt, bis das Eigelb die Konsistenz einer dicken Creme erreicht; nun wird langsam und unter weiterem Schlagen die flüssige Butter hinzugefügt, anschließend gibt man tropfenweise zwei Esslöffel Wasser hinzu. Schließlich wird mit Salz, weißem Pfeffer und Zitronensaft gewürzt. Die Sauce kann auch gestreckt werden.

Orangenrührkuchen

Man bestreicht ein Kuchenblech mit Butter und Mehl. Dann wiegt man drei Eier ab und anschließend dieselbe Menge von Streuzucker, Butter und gesiebtem einfachen Mehl. Man trennt die Eier, schlägt den Dotter mit Zucker und einer Prise Salz und gibt dann drei Esslöffel Cointreau, Grand Marnier oder Curaçao hinzu. Dazu kommen die blanchierten, fein geriebenen Schalen von zwei Orangen. Das Eiklar wird zu versteiften Häufchen geschlagen und vorsichtig eingearbeitet. Anschließend wird die Mischung 45 Minuten in einem vorgeheizten Backofen bei 220 Grad gebacken. Den Kuchen sofort vom Blech nehmen, wenn er aus dem Ofen kommt, und auf einem Drahtgitter abkühlen lassen. Dann bringt man den Inhalt eines kleinen Glases Orangenmarmelade zum Kochen und lässt ihn weiter köcheln, bis die Menge auf 75 Prozent des ursprünglichen Volumens eingedickt ist, wobei darauf zu achten ist, dass sie nicht am Boden der Pfanne festklebt und anbrennt. Die Marmelade über den Kuchen gießen und abkühlen lassen. Vor dem Servieren eine Stunde in den Kühlschrank stellen. Wenn es eilig ist, kann man auch auf das Teilen der Eier verzichten. Die Eier werden nur leicht geschlagen und dann in die Butter eingerührt. Der Kuchen ist dann nicht ganz so luftig, aber das spielt keine Rolle.

Curaçao

Curaçao ist ein Likör, der auf süßen oder bitteren Orangen basiert. Ursprünglich wurde er aus den getrockneten Schalen von Bitterorangen von der Karibikinsel Curaçao hergestellt, die vor der Nordküste von Venezuela liegt. Heute wird dieser Likör von zahlreichen Spirituosenherstellern produziert und häufig unter der Bezeichnung »Triple Sec« vermarktet; er kann farblos sein, gelb, orangefarben oder sogar blau. Curaçao wird in Cocktails und in der Küche verwendet, vor allem bei der Zubereitung von Crêpes Suzettes. Die bekannteste Variante dieses beliebten Likörs ist die Marke Cointreau, die zu den meistverkauften Likören der Welt zählt. Curaçao kann man herstellen durch Mazerierung von 250 g getrockneter Orangenhaut und zerriebenen Schalen von Sevilla-Orangen in drei Litern reinem Alkohol, die man in einem großen, hermetisch verschlossenen Gefäß einen Monat lang stehen lässt. Ein Sirup wird hergestellt aus 1,25 Litern Wasser und 2,5 kg Kristallzucker. Die Flüssigkeit durch ein Sieb gießen, in Flaschen füllen und dann reifen lassen.

Orangentorte

In einer Kuchenform wird Mürbteig blindgebacken, bis er knusprig, aber noch nicht ganz durchgebacken ist. Dann werden drei Eier, 100 g Zucker, der Saft von drei Orangen (oder sieben Mandarinen) und deren geriebene Schale hinzugefügt. Alles wird verquirlt und in die Kuchenform gegeben. Dann im vorgeheizten Backofen bei 250 Grad 10–15 Minuten backen.

Orangen- und Dattelkompott

Man nimmt vier Orangen, entfernt die Schalen und Kerne, schneidet sie in Stücke und gibt sie in einen schwerbödigen Kochtopf. Dann entsteint man eine kleine Packung Datteln, hackt sie grob und mischt sie zusammen mit einem Glas trockenem Weißwein und etwas braunem Zucker unter die Orangen. Die Masse leicht köcheln lassen, bis sie eine verdickte Konsistenz erreicht, und dabei bei Bedarf noch etwas Weißwein hinzugeben. Abkühlen lassen und zusammen mit Kaffee servieren.

Orangengelee

Zwei Esslöffel Gelatine bei niedriger Hitze in 300 ml Tafelwasser einrühren, bis sie sich auflöst. Dann den Saft von vier Orangen und einer Zitrone sowie zwei Esslöffel Orangenblütenwasser hinzugeben. Mit feinem Streuzucker süßen. Zwei weitere Orangen schälen und dabei möglichst viel weiße Haut entfernen. Dünn schneiden, in eine »runde« Form bringen und diese dann halbieren, sodass halbkreisförmige Stücke entstehen. Das Gefäß, das man für das Gelee verwenden möchte, am besten ein transparentes Glas, wird mit diesen Scheiben ausgelegt. Dann die Flüssigkeit darauf gießen und abkühlen lassen, bis sie fest wird.

Einen weicheren Look anstreben

FLAIR, NR. 2, HERBST 2005

In der britischen Fernsehserie *Absolutely Fabulous* von Ende der 1960er-Jahre gibt es eine brüllend komische Szene, in der die beiden Hauptfiguren Patsy und Edina ein avantgardistisches Ehepaar besuchen. Sie haben eine Flasche dabei und tragen Häkelmützen, Miniröcke und kniehohe Stiefel; als sie über die Türschwelle treten, erstrahlen sämtliche Wände, Fußböden und Türen in einem überwältigenden Meer von Weiß, und auch die Kleidung des Gastgebers und der Gastgeberin ist farblich auf das Dekor abgestimmt. Es gibt keine Möbel oder andere Einrichtungsgegenstände im Raum, abgesehen von einem klirrenden, ausladenden Mobile (wir sind in den Sechzigern), das natürlich ebenfalls weiß ist. Die Gastgeberin nimmt die Flasche mit sichtlichem Befremden entgegen und strebt zu der weißen Tür, die in der weißen Wand geschickt getarnt ist, um diesen auffälligen, störenden Gegenstand zu verstecken. Die Beteiligten stehen eine Weile verlegen in der weißen Unendlichkeit herum, bis Patsy an das Mobile stößt und sich darin verwickelt, worauf der Gastgeber und die Gastgeberin aufgrund dieses Angriffs auf ihr perfektes Interieur in helle Panik geraten.

Diese Geschichte kann uns zweierlei vermitteln. Die erste Erkenntnis lautet, dass eine sehr karge Innenausstattung bei vielen Menschen Unbehagen hervorruft. Wenn zudem, und das ist die zweite Lehre, der Drang zur Perfektion bei der Gestaltung eines Raums die Oberhand gewinnt über das Wohlergehen der Menschen, die sich in diesem Raum aufhalten, dann sollte man vielleicht daran denken, psychologische Hilfe in Anspruch zu nehmen. Vor vielen Jahren habe ich mich einmal nach einem ausgedehnten Mittagessen in wenig erfreulicher Gesellschaft auf das große weiße Sofa meiner Gastgeberin gelegt und einen Raum auf mich wirken lassen, in dem alles darauf hinwies, dass er von Menschen bewohnt wurde, aber nichts darauf, dass hier

Menschen lebten. Sie wissen, was ich meine. Der Raum war seelenlos. Ich bin vielleicht etwas zu lange auf den weichen Sofakissen gelegen, denn ohne es zu bemerken, hinterließ ich einen roten Lippenstiftabdruck auf einem davon. Zwei Minuten nachdem ich das Sofa verlassen hatte, hörte ich einen Schrei. Es war die unsympathische Gastgeberin. Trotz ihrer notorischen Protzigkeit – die in Verbindung mit ihrer schrecklichen und unbegründeten Vornehmtuerei und ihrem gezielten Umgarnen der »richtigen« Leute häufig Anlass für Witzeleien oder sarkastische Bemerkungen bot – besaß sie nicht die guten Manieren, einfach so zu tun, als würde sie den Fleck nicht bemerken oder ihn zur Kenntnis nehmen, um sich dann später darum zu kümmern (oder sich gar nicht darum zu kümmern, wie ich es vorgezogen hätte).»Wer hat auf meinem Sofa Lippenstift hinterlassen?«, stieß sie mit hochrotem Gesicht hervor, bevor die Zurückhaltung eines kultivierten Menschen sie zu bremsen vermochte. Die gesamte Gesellschaft erstarrte wie erschrockene Schulkinder, die unter sich nach dem Schuldigen zu suchen beginnen. Wieder auf die Schulbank zurückversetzt, hob ich die Hand und erklärte mit süffisantem Schmunzeln:»Ich war's, aber ich habe es erst bemerkt, als Sie darauf hingewiesen haben. Ich übernehme selbstverständlich die Kosten für die Reinigung.«

Die Räume in Häusern sind für Menschen gemacht, nicht für Roboter. Das sollte eigentlich selbstverständlich sein, es ist jedoch überraschend, wie lange Hausbauer brauchen, bis sie darauf kommen. Manchmal, wie im Fall meiner oben genannten Gastgeberin, kommen sie nie darauf. Die aktuelle Mode bei der Möblierung und (der Mangel an) Ausschmückung haben diese Tendenz nur noch weiter verstärkt, sodass manche Leute meinen, sie müssten gewissermaßen eine Kulisse schaffen und keinen realen Raum. Das hat meistens nichts damit zu tun, dass sie die Menschen nicht mögen und deshalb die Räume möglichst abweisend und unwohnlich gestalten wollen. Es hängt zusammen mit einem

Mangel an Vorstellungsvermögen und dekorativem Flair. Menschen, die keine Mühen scheuen, um ihre Empfangsräume entsprechend dem aktuellen Geschmack einzurichten, sind häufig sehr gesellig und möchten andere unterhalten, wenn vielleicht auch nur in ihren Träumen. Sie kaufen sich den angesagten Look für ihre Repräsentationsräume, so wie ihre Frauen der neuesten Kleidungsmode folgen.

Anstatt sich Elemente dieses Looks herauszupicken und sie in die vorhandene Einrichtung zu integrieren oder mit anderen Dingen zu kombinieren, die ihnen gefallen, kopieren sie sklavisch den jeweils aktuellen Look.

Das hat zur Folge, dass auf Partys die Frauen alle das Gleiche tragen und dass in neu eingerichteten Häusern die Esszimmer, die Wohnzimmer und die Küchen alle gleich aussehen. Das ist einigermaßen beunruhigend, obgleich ich zugeben muss, dass es in den 1970er-Jahren noch schlimmer war, als alle Küchen orange gestrichen und alle Wohnzimmer in Dralon-Braun gehalten waren.

Dem heutigen zeitgenössischen Look mit seinen klaren Linien, großen Sofas und reduziertem Mobiliar muss man etwas das Harte nehmen, nachdem er von den Showrooms in die Wohnzimmer Einzug gehalten hat. In einer solchen schlichten, minimalistischen Perfektion kann man nicht leben, vor allem wenn mehr als eine Person im Haus wohnt. Nach ein paar Monaten, in denen man die Aufgeräumtheit noch ganz toll findet und sich bemüht, den Bilderbuchcharakter der Wohnung zu erhalten, wünscht man sich, auch einmal eine Zeitschrift herumliegen lassen zu dürfen. Oder man ist versucht, in der Küche einmal ein kleines Durcheinander anzurichten, ohne sich um mögliche Schmutzflecken auf dem Edelstahl sorgen zu müssen. Oder man möchte ein Foto einer liebreizenden Nichte oder ein schönes Zierobjekt, das man von einem lieben Freund geschenkt bekommen hat, auf den Tisch stellen. Oder man hat sich in ein Gemälde verliebt, das man kaufen und dann so aufhängen möchte, dass man es jeden Tag sehen kann. Aber all das tut man nicht,

weil man Angst hat, dass dadurch die Ausgewogenheit des De-
kors beeinträchtigt werden könnte. Wenn man so lebt, dann ver-
gällt einem das Haus das Leben. Man fühlt sich unwohl im eigenen Haus, und das gilt natürlich auch für die Gäste.

Wenn Sie das Gefühl haben, dass Ihr perfektes minimalis-
tisches Tableau Sie kontrolliert, anstatt umgekehrt, und Ihnen
dies Unbehagen bereitet, dann zeigt das, dass Sie psychisch gesund sind. Räume, die in übertriebenem Maß perfekt mini-
malistisch sind und bewusst in diesem Zustand gehalten werden, sind ebenso ein Anzeichen für eine psychologische Störung
wie deren genaues Gegenteil, chaotische Räume, die in Schmutz,
Müll und den Exkrementen von 200 Katzen ersticken. Einmal
habe ich ein Illustriertenfoto eines großen Wohnzimmers, das
ausschließlich aus kargem weißen Mobiliar, Edelstahl und Glas
bestand, einem jungen Freund gezeigt, der noch nicht so hoch-
kultiviert und verbildet war, dass er dieses Zimmer als einen
modischen, eleganten Raum betrachtet hätte. Seine Reaktion
lautete:»Das sieht aus wie die Wohnung eines Serienmörders.«
Eigenartigerweise wusste ich genau, woher diese instinktive
Reaktion kam. Eine Person, die diese Art von entschlossener,
obsessiver Kontrolle auszuüben vermag, die erforderlich ist, um
einen solchen Raum zu schaffen und unter dem Ansturm des
Lebens und der Lebenden zu erhalten, könnte durchaus auch andere Verbrechen gegen die Menschlichkeit begehen.

Dass auch nette und vernünftige Menschen solche Räume
erschaffen wollen, ist verständlich. Auf dem Papier und in Showrooms sehen sie beeindruckend aus - aber Illustriertenfotos
und die Konzepte von Ausstellungsräumen sind nicht dazu gedacht, eins zu eins nachgebildet zu werden. Sie dienen dazu,
uns Anregungen zu geben, uns darüber zu informieren, was
neu und verfügbar ist und was wir erwerben können, um es in
unseren Häusern zu verwenden. Mit eindrucksvollen Fotos
können Innenräume, die sonst genauso wirken würden, wie
sie sind, nämlich ausgesprochen spartanisch, wie Traumhäu-

ser erscheinen. Aber schauen Sie genauer hin und denken Sie sorgfältig nach. Wo sitzen die Leute in diesem Haus, wenn sie sich unterhalten oder sich entspannen wollen? Polieren sie die Küche nach jeder Mahlzeit auf Hochglanz oder lassen sie sie die ganze Woche über schmutzig und putzen sie erst am Samstag, bevor die Freunde erscheinen? Was tun sie in dieser Wohnung – alles weiß, aus Glas, Stahl und rohem Holz, ohne anheimelnde familiäre Gegenstände – an einem kalten, trüben Sonntagnachmittag im Januar? Die Antwort: Sie besuchen Freunde mit einer sympathischeren Wohnungseinrichtung, vielleicht mit einem Feuer im Kamin und vielen Dingen, die man anschauen kann.

Es ist wichtig, dass Sie sich klarmachen, dass Sie selbst Ihre Räume besitzen und nicht umgekehrt. Sie sind ein echter, lebender Mensch mit Lieblingsobjekten, mit Büchern, die Sie mögen, Gegenständen, die Sie auf Ihren Reisen in kleinen Andenkenläden erstanden haben, mit Fotos von Familienangehörigen und Freunden, mit schönen Kleidern, die Sie in Indien gekauft haben und von denen Sie nicht wissen, was Sie damit tun sollen, mit alten Kartons, die allerlei Krimskrams enthalten, mit Stühlen und Schränken, die Sie von der Großmutter geerbt haben und die Sie nicht weggeben wollen, weil sie Sie an die Oma erinnern und Sie sie gerade deswegen mögen. Sie dürfen nicht zulassen, dass irgendein steriles Konzept von Perfektion dafür sorgt, dass Sie sich von allem trennen, was Sie ausmacht, von allem, was Ihre Seele streichelt und Ihren Geist erfrischt nach einem langen, anstrengenden Tag. Auf dieser zunehmend voller werdenden Insel, wo man, wenn man ausgeht, zwangsläufig von Angesicht zu Angesicht mit Leuten zusammenkommt, die man nicht mag und die einen auch ihrerseits nicht mögen, wo man sich mit Tausenden Autos und deren oftmals aggressiven Fahrern herumschlagen muss, wo man es mit so viel Hässlichkeit zu tun bekommt, geht die Tendenz dahin, sich in den Kokon des eigenen Hauses zurückzuziehen und dieses in einen Ort der Zuflucht zu verwandeln. Und Zufluchtsorte müssen gemütlich sein und voll mit unseren kleinen Schätzen.

Mischen und aufeinander abstimmen – Innendekoration

FLAIR, NR. 35, OKTOBER 2011

Beim Ausschmücken eines Raumes lautet die goldene Regel, dass man ihn zuerst aufbrechen muss. Es gibt ein paar wenige einfache Regeln, wie etwa, dass man die Beschaffenheit der Oberflächen variieren soll, damit sie nicht alle gleich aussehen (alle glänzend oder alle stumpf). Wenn man zum Beispiel ein lackiertes Möbelstück hat, sollte man dieses nicht mit einem hochglänzenden Ledersofa kombinieren. Wenn Sie ein Ledersofa mit einem solchen Möbel zusammenstellen wollen, sollte es matt oder bereits etwas abgenutzt sein.

Wenn es Ihnen hauptsächlich darum geht, dass sich Besucher in Ihrem Haus wohlfühlen, dann wäre es das Verkehrteste, was Sie tun können, wenn Sie dafür sorgten, dass alles perfekt aufeinander abgestimmt ist und gewissermaßen ein Ganzes bildet. Aus bislang unerforschten Gründen führt dies bei Menschen dazu, dass sie unbewusst eine Abwehrhaltung einnehmen. Vielleicht hat es damit zu tun, dass wir einen klinischen und minimalistischen Stil mit negativen Erfahrungen, etwa mit Krankenhäusern, assoziieren. Menschen fühlen sich unwohl in spartanisch kargen Innenräumen, ohne genau zu wissen, warum.

Nehmen wir an, Sie wollen auf beiden Seiten eines Tisches Stühle aufstellen. Wenn Sie zwei identische Stühle verwenden, ist es weniger wahrscheinlich, dass sich die Menschen darauf setzen, als wenn es unterschiedliche Stühle sind, die in Bezug auf Design und Material gut zusammenpassen, auch wenn sie für sich genommen einen deutlichen Kontrast bilden. Und auch optisch sieht das besser aus.

Orientalische Stücke sind ebenfalls nicht geringzuschätzen, zum Beispiel chinesische oder mongolische Antiquitäten oder auf antik gemachte Schränke und Tische. Sie machen sich erstaunlich gut zu lackierten Möbelstücken – Lack ist schließlich eine alte orientalische Technik – und stellen eine der besten Möglichkeiten dar, einen ansonsten klinisch aufgeräumten Raum interessant erscheinen zu lassen.

Der wirkliche zeitgenössische Look ist nicht klinisch (das ist eine falsche Vorstellung), sondern vielschichtig. Er wirkt über eine Vielzahl von Unterschieden der Textur und der Substanz und erzeugt dadurch einen einzigartigen Stil aus verschiedenen, scheinbar ungleichartigen stilistischen Elementen. Entscheiden Sie sich für einen Grundstil, fügen Sie dann aber andere Stile und Elemente darin ein. Wenn Sie einen bestimmten Stil konsequent durchhalten, bekommen Sie am Ende ein langweiliges Einerlei, ein Doppelt-Gemoppelt, einen Die-Schuhe-passend-zur-Handtasche-Look, der auf die Inneneinrichtung übertragen wird. So wie absolute Abgestimmtheit der Einzelteile der Tod jedes Kleidungsstils ist, gilt dies auch für Räume. Es muss immer ein Element geben, das für Überraschung sorgt, etwas, das aus dem Rahmen fällt.

Man sollte die starke optische Kraft des Kontrasts nicht unterschätzen. Wenn Sie einen Schrank oder einen Tisch haben, der in einem sehr zeitgenössischen Design gehalten ist und eine elegante Oberflächenstruktur besitzt, stellen Sie keine minimalistische weiße oder schwarze Keramik darauf, sofern Sie den Look nicht noch durch einen kontrastierenden Stuhl aufbrechen wollen. Suchen Sie sich ein schön strukturiertes Stück, wie etwa eine große orientalische Vase, einen komplexen Kirchenkerzenhalter oder etwas, das verstaubt und eher abweisend wirkt in seiner ursprünglichen altmodischen Umgebung, das jedoch im Kontext eines hellen Raums voll mit hochmodernen Möbeln neues Leben entwickelt und ein neues Stilelement einbringt.

Eine dieser viktorianischen Glasglocken zum Beispiel, die zur Anzucht von Blumen verwendet wurden, wirkt überwältigend auf einem schlichten, weiß lackierten Tisch in einem modernen Raum. Oder nehmen Sie ein dunkles Ölgemälde mit vergoldetem Rahmen, wobei Sie sich allerdings vergewissern sollten, dass die Vergoldung tatsächlich alt, leicht abgeblättert und verblichen ist. Wenn Sie einen solchen Look anstreben, können Sie sich die Mühe und den Aufwand sparen, diese Dinge neu vergolden zu lassen, denn sie wirken eindrucksvoller, wenn sie abgenutzt sind.

Eine andere Möglichkeit besteht darin, Dinge mit unterschiedlichen Preis- und Qualitätsniveaus zu mischen. Sie müssen auf Ihrer Kredenz aus dem 18. Jahrhundert nicht unbedingt teures Silbergeschirr und ein Ölgemälde aus demselben Zeitraum platzieren. So etwas sollten Sie überhaupt niemals tun, sofern Sie nicht darauf aus sind, dass sich Ihre Besucher möglichst unbehaglich fühlen und Ihr Raum in hohem Maß unelegant wirkt.

Hängen Sie ein modernes Bild über Ihre Kredenz, ein Bild mit frischen Farben, und platzieren Sie formschöne, preisgünstige Zierelemente aus dem 21. Jahrhundert darauf. Ihr Silber ist woanders besser aufgehoben, zum Beispiel auf einem matt lackierten schlichten Holzschrank. Wenn Ihre Kredenz restauriert und mit einer Schellackpolitur versehen worden ist und schön und glänzend ist, wäre es nicht unbedingt eine gute Idee, durch die Ausschmückung noch mehr Glanz hinzuzufügen. Stellen Sie eine chinesische Schale oder einen Lotus-Krug darauf, um den traditionellen Look zu festigen, aber fügen Sie dann kontrastierende Elemente hinzu oder zumindest ein Element, das für Überraschung sorgt – etwa eine große, schöne Muschel.

Wenn Sie ein Ledersofa mit einem Chrom- und Glastisch und lackierten Möbeln kombinieren, insbesondere wenn das Ensemble einfarbig ist, dann empfiehlt es sich, etwas hinzuzufügen, das den Look aufbricht. Sonst wirkt das Ganze eher optisch feindselig. Nehmen Sie gröbere Texturen und Farben dazu – ein prachtvoller Läufer bietet beides – oder ein schön strukturiertes Ölgemälde. Verwenden Sie keine Drucke oder Wasserfarben, denn noch mehr glänzendes Glas in einem Rahmen macht den Zweck zunichte. Wenn Sie das neue Ledersofa in diesem Ensemble durch ein abgenutztes Ledersofa ersetzen (auch wenn die »Abnutzung« absichtlich hergestellt wurde und sich nicht im Laufe der Zeit auf natürliche Weise ergab), fällt der stilistische Wandel sofort ins Auge.

Wie es nicht sinnvoll ist, einen Raum ausschließlich mit antiken Möbeln zu bestücken, weil dies nicht beruhigend auf das Auge und die Seele wirkt, so wäre es auch keine gute Idee, den Raum vollständig mit Stücken in reduziertem, klinischem Design auszustatten. Dabei sind nicht die einzelnen Möbelstücke das Problem, überhaupt nicht, sondern die Versuchung, der viele Menschen nicht widerstehen können, sämtliche Oberflächen frei zu lassen, abgesehen von einem strategisch platzierten Keramikelement, das die gleiche minimalistische Anmutung hat. Über solche Räume lässt sich bestenfalls sagen, dass sie, nun ja, dass sie hygienisch wirken. Aber sie sind weder interessant noch bequem. Moderne Möbel verlangen eher mehr Dekoration, nicht weniger. Das sind Hintergrundmöbel, keine beherrschenden, die Blicke auf sich ziehenden Einrichtungsgegenstände. Sie sollen im Hintergrund aufgehen, während andere Elemente nach vorn rücken. Schlichtes Mobiliar ist eine Leinwand für Accessoires wie Gemälde, filigrane oder ungewöhnliche Objekte, Bücher und schöne Lampen.

Beim Einkaufen von Möbeln sollte man stets bedenken, dass die in Showrooms ausgestellten Raumgarnituren genau das sind: Raumgarnituren in Showrooms. Sie wirken nackt und undifferenziert, denn die Raumgarnitur soll verkauft werden. Dass es hier keine Ornamente gibt, keine Bilder oder persönlichen Effekte, die Hinweise darauf liefern, wer hier lebt, heißt nicht, dass Sie diesen Look zu Hause reproduzieren sollten. In der Gestaltung von Ausstellungsräumen gibt es keine Hinweise auf Bewohner, weil hier eben niemand lebt, und nicht, weil Räume genauso aussehen sollen.

Mischen und aufeinander abstimmen ist nicht nur interessant und macht Spaß – es erweckt einen Raum zum Leben, rückt individuelle Möbelstücke in den Vordergrund und sorgt dafür, dass ein Raum optisch und physisch einladend wirkt. Es geht immer um Ästhetik, und in Wahrheit ist es so, dass Dinge, die zu perfekt harmonieren, am Ende eigentlich überhaupt nicht zusammenpassen.

Heidnische Rituale und der Weihnachtsbaum

TASTE, NR. 20, DEZEMBER 2007

Im nördlichen Europa – in Deutschland, Skandinavien und den Niederlanden – sind alte vorchristliche Überlieferungen und Volksbräuche in die Feier des Weihnachtsfestes eingeflossen, und diese Traditionen haben sich im Lauf der Zeit auf der ganzen Welt als Symbole der christlichen Weihnacht verbreitet. Im nördlichen Teil Europas hat das Weihnachtsfest zum großen Teil noch immer seine ursprüngliche Bedeutung: Es ist ein Fest im tiefen Winter, in dem das Licht und die Hoffnung gefeiert werden als Schutz und Trutz gegen die Dunkelheit des Winters und die Trübsal des kürzesten Tages des Jahres. Das ist die Wintersonnenwende oder Mitwinternacht, die auf den 21. Dezember fällt. Hoch oben im Norden Europas gibt es im Hochwinter nur wenig oder gar kein Tageslicht. Die zwölf Weihnachtstage wurden ursprünglich als die zwölf *Raunächte* bezeichnet, ein sehr aussagekräftiger Name.

Das Christentum gelangte erst relativ spät in den Norden Europas, nämlich erst vor rund tausend Jahren, was teilweise damit zusammenhängt, dass die nordeuropäischen Völker ihre alten Bräuche und Überlieferungen, mit denen sie fest verbunden waren, nicht aufgeben wollten. Diese Völker, die von

361

den Wikingern, den Sachsen und den Germanen abstammten, schmückten ihre Langräume, in denen sämtliche Angehörige eines Haushalts wohnten und schliefen, und ihre Holzhäuser mit allen Arten von Grün, die sie in dieser harten Jahreszeit finden konnten. Das Grün war Symbol des Lebens in der froststarrenden Kälte, in der auf den Feldern nichts wuchs und die Tiere entweder geschlachtet oder im Stall versorgt werden mussten. Das einzige Immergrün in dieser Jahreszeit waren die Stechpalme, die Tanne und die parasitische Mistel, die dem Frost standhielten, und so wurden diese Pflanzen mit der Wintersonnenwende in Zusammenhang gebracht, mittlerweile sogar im mediterranen Malta, wo die Temperaturen zu Weihnachten in der Regel deutlich über zwanzig Grad liegen und nirgendwo eine Stechpalme oder eine Mistel zu sehen ist.

Es ist nicht genau bekannt, wann Jesus Christus geboren wurde und wann er starb, daher wurden die Daten dieser beiden für die Christenheit so wichtigen Ereignisse unter Berücksichtigung politischer Erwägungen festgelegt, um den Übergang von heidnischen Vorstellungen zum Monotheismus und zum Christentum möglichst reibungslos gestalten zu können. Weihnachten wurde aus strategischen Überlegungen heraus zeitlich der Wintersonnenwende zugeordnet; Ostern, ein bewegliches Fest, wurde in das Frühjahr gelegt, um den heidnischen Festen zum Frühlingserwachen etwas entgegenzusetzen und diese vereinnahmen zu können. Die Vermischung der heidnischen und der christlichen Mitwinterfeiern erreichte im Mittelalter ihren Höhepunkt, als verstärkte, gefährliche und oftmals auch verhängnisvolle Versuche unternommen wurden, die heidnischen Stämme im Norden zum Christentum zu bekehren. Es zeigte sich, dass die Bräuche und der Festschmuck dieser Stämme den Menschen wesentlich attraktiver erschienen als die nüchternen»Feiern« der Christen (Beten und nur geringfügig besseres Essen als gewöhnlich). Diese Vermischung hat sich bis in die heutige Zeit gehalten, denn die Anziehungskraft dieser alten Bräuche ist ungebrochen.

Manchmal wird die Ansicht geäußert, dass die heidnischen Elemente der heutigen Weihnachtsfeierlichkeiten – die Großzügigkeit, das Einkaufen, die geschmückten Bäume und Zweige – im Widerspruch stünden zur wahren Bedeutung von Weihnachten. Aber das stimmt nicht: Sie bekräftigen vielmehr eine andere Bedeutung von Weihnachten, nämlich dass das Fest mit der Wintersonnenwende zusammenfällt und dass das Feiern der Wintersonnenwende ein alter und tief in der menschlichen Psyche verwurzelter Brauch ist, zumindest in den kälteren Regionen Europas. Es ist nichts Schlechtes daran, beides gleichzeitig und auf unterschiedliche Weise zu feiern, indem man einerseits den christlichen Aspekt durch das Gebet achtet und andererseits die Wintersonnenwende angemessen durch Essen und Trinken sowie dadurch würdigt, dass man die Angst vor den Wölfen an der Haustür und vor den Schneestürmen draußen vertreibt. Großzügigkeit lässt sich nicht von Weihnachten trennen. Das ist vielleicht der Fehler, den die alten Kirchenväter begangen haben: dass sie dachten, wenn man Weihnachten auf die Wintersonnenwende legt, könnte man das Verlangen ausmerzen, diese feierlich zu begehen. Vielmehr aber wurde die Geburt Christi durch die Wintersonnenwende in den Schatten gestellt, was wohl nicht geschehen wäre, wenn die Geburt von Jesus in einen anderen Monat gelegt worden wäre. Aber dann wäre Weihnachten wahrscheinlich auch kein so großes und wichtiges Fest geworden.

Römische Mosaiken aus dem heutigen Tunesien zeigen die triumphale Heimkehr des Dionysos, des griechischen Gottes des Weins und der männlichen Fruchtbarkeit (der von manchen Gelehrten auch als eine Gottheit gesehen wird, die Leben, Tod und Wiedergeburt verkörpert), der aus Indien einen sich nach oben verjüngenden Baum mit nach Hause brachte. Diese Erklärung mag vielleicht etwas weit hergeholt sein, denn dass der Tannenbaum zum Symbol des heidnischen Weihnachtsfests wurde, liegt in Wirklichkeit wohl daran, dass dieser Baum in

Nordeuropa heimisch war und einer der wenigen Bäume ist, der seine grünen Nadeln behält, auch wenn er zur Hälfte mit Schnee bedeckt ist. Gewisse Verwirrungen traten auf, als irgendwann im Lauf der Jahrhunderte – in einer Zeit, in der die Menschen praktisch noch keinerlei geografisches Wissen hatten – die Idee aufkam, dass das christliche Kreuz aus dem Holz eines Tannenbaums gemacht worden sei. Es gibt ein Gedicht in altenglischer Sprache, *The Dream of the Rood,* in dem der Tannenbaum selbst das Kreuz darstellt, an dem Jesus gestorben ist. Dieses Gedicht verweist auch auf den Baum der Erkenntnis von Gut und Böse in der biblischen Paradieserzählung des Buches Genesis.

In den oft sehr strengen Wintern in Nordeuropa, wo es keine warme Kleidung, keine Zentralheizung und keine Gefrierschränke für Lebensmittel gab und wo man auch nicht auf importierte frische Nahrungsmittel zurückgreifen konnte, war das Überleben im Winter eine Frage des Glücks und von sorgfältiger Planung. Die zyklische Natur der Jahreszeiten wurde damals mit Geistern, guten wie bösen, in Verbindung gebracht. Die bösen Geister töteten den Sommer und brachten den Winter. Die wenigen Bäume, die auch im Winter grün blieben, erschienen den Menschen als die einzigen, die weiterlebten, und wurden daher zu einem Symbol des ewigen Lebens. Man glaubte, sie stünden unter dem Schutz guter Geister und deren magischen Kräften und diese Magie könne auf das Haus und seine Bewohner übertragen werden, wenn man einige dieser unsterblichen Zweige abschnitt und ins Haus brachte. Dunkelheit, Kälte und der Mangel an ausreichender Ernährung sowie an den Vitaminen C und D forderten zahllose Menschenleben, und die Menschen klammerten sich an die Hoffnung, dass diese grünen Zweige ihnen Schutz bieten würden, so wie Jahrhunderte später viele Menschen in südlichen Teilen Europas Heiligenbilder und religiöse Talismane zu verehren begannen.

Die Entstehung des Weihnachtsbaums wird häufig mit dem Heiligen Bonifatius in Verbindung gebracht, der ursprünglich

Winfried hieß, um 673 als Sohn einer sächsischen Familie in Wessex im heutigen England geboren wurde und als Missionar unter den germanischen Stämmen wirkte. Um seinen Zuhörern zu zeigen, dass die mächtige Eiche, die dem germanischen Gott Donar geweiht war, nicht heilig und unverwundbar sei, fällte er diese Donareiche vor ihren Augen (was allerdings einigermaßen unwahrscheinlich erscheint, denn dabei wäre er wohl kaum mit dem Leben davongekommen). Die gefällte Eiche zerquetschte alle Pflanzen, die am Boden wuchsen, bis auf eine junge Tanne, die dadurch erst sichtbar wurde. Bonifatius erkannte seine Chance und erklärte seinen heidnischen Zuhörern, dass das Überleben der Tanne ein Wunder sei und sie der wahre heilige Baum sei: Die Tanne war der Baum des Christuskindes.

Im Lauf der Zeit veränderte sich die lebensschützende Rolle der Tanne und ihrer Zweige und sie wurde ein rein dekoratives Objekt. Der ursprüngliche Grund, warum Tannen in den Häusern aufgestellt wurden, verblasste in der Erinnerung, doch an der Praxis und den Abläufen wurde weiterhin festgehalten, wie so häufig bei Traditionen. Der geschmückte Baum, wie wir ihn heute kennen, ist etwas anderes, wenngleich er mit der Tradition in Verbindung steht, und er ist ebenfalls eine Tanne, auch wenn er im Süden Europas oft aus Plastik besteht oder durch eine Kiefer oder Fichte ersetzt wird. Ein deutscher Ethnologie-Professor hat erforscht, wann dieser Baum, wie wir ihn heute kennen, erstmals erwähnt wurde. In der Chronik einer Gilde der Stadt Bremen wurde 1570 berichtet, dass eine kleine Tanne, die mit Äpfeln, Nüssen, Brezeln und Papierblumen geschmückt war, vor dem Haus der Gilde aufgestellt worden sei für die Kinder der Gildenmitglieder, die am Weihnachtstag die Leckereien abräumten. Ein weiterer früher Hinweis stammt aus Basel, wo 1597 berichtet wurde, dass zwei Schneiderlehrlinge einen Baum durch die Stadt trugen, der mit Äpfeln und Käse geschmückt war.

Um sich diese alten heidnischen Bräuche anzueignen und für sich nutzbar zu machen, begann auch die Kirche das Schmücken von Bäumen mit Äpfeln zu fördern – allerdings repräsentierten sie nun jene Äpfel, die zur Vertreibung von Adam und Eva aus dem Paradies geführt hatten, eine Geschichte aus der Genesis, die eigentlich unvereinbar erschien mit der Feier der Geburt Jesu und mit dem Neuen Testament. Im Mittelalter, als die Menschen noch nicht lesen konnten, keine Schulbildung besaßen und keine abstrakten Konzepte verstehen konnten, wurden in sogenannten Mirakelspielen, die in den Städten und Dörfern aufgeführt wurden, Geschichten aus der Bibel erzählt und Begebenheiten aus dem Leben Christi und der Heiligen dargestellt. Auch immergrüne Zweige fanden Verwendung bei diesen Inszenierungen, insbesondere bei der Darstellung der Geburt Christi. Das wichtigste Bühnenrequisit war ein immergrüner Baum, der mit Äpfeln geschmückt war, der verbotenen Frucht des Wissens (interessanterweise war Wissen verboten oder galt als gefährlich, denn seine Auswirkungen sorgten immer wieder für Schwierigkeiten).

Der Legende nach steckte Martin Luther, der große Kirchenreformer des 16. Jahrhunderts, als Erster auch brennende Kerzen an diesen Baum und begründete damit eine Tradition, die im Lauf der Jahrhunderte in Europa und Nordamerika zu zahllosen Hausbränden führte. Ja, unsere Handlungen können auch weniger erfreuliche Konsequenzen nach sich ziehen. Als Luther an einem Winterabend auf dem Heimweg war und über eine Predigt nachsann, so die Legende, wurde er vom Anblick der Sterne überwältigt, die strahlend hell zwischen den Bäumen funkelten. Zu Hause angekommen, versuchte er diesen Effekt zu reproduzieren, ein frühes Beispiel für Installationskunst. Doch erst im 18. Jahrhundert werden lichtergeschmückte Weihnachtsbäume in den Aufzeichnungen erwähnt. Der erste bekannte Bericht stammt von Johann Wolfgang von Goethe, der 1765 von einem Lichterbaum in Leipzig berichtete.

Dass die im Mittelalter entstandene Liebe zu geschmückten Zweigen erst im 18. und 19. Jahrhundert wieder auflebte, hat wahrscheinlich auch mit dem Aufkommen des Puritanismus zu tun, der damals wie heute eine höchst langweilige Angelegenheit war beziehungsweise ist. Einer der strengsten Puritaner der Geschichte war der englische Lordprotektor Oliver Cromwell, der nicht nur dadurch bekannt wurde, dass er den König köpfen ließ, sondern auch durch das Verbot des Weihnachtsfestes oder, genauer gesagt, seiner heidnischen Aspekte. Seine Worte klingen ganz ähnlich wie die Reden von Leuten, die heute gern das Gleiche tun würden. Weihnachten, so verkündete er, sei eine »äußerste Nichtachtung Christi, indem sich fleischliche und sinnenlustige Vergnügungen ungezügelt Bahn brechen«. Zu diesen Vergnügungen zählten gutes Essen und Trinken und Dekorationen wie der Weihnachtsbaum.

Cromwells Ansichten wurden auch in der Neuen Welt auf der anderen Seite des Atlantiks geteilt, wohin Scharen von englischen Puritanern ausgewandert waren in der Hoffnung, dort eine wahrhaft puritanische Gesellschaft errichten zu können. Angefangen hatte es mit den Pilgervätern, die 1620 mit ihrem Schiff *Mayflower* ins große Unbekannte aufgebrochen waren, angetrieben durch eine Verbindung aus großem Mut und einer ähnlich großen Unkenntnis der Gefahren. Die Siedler würden wohl von blankem Entsetzen gepackt werden, könnten sie sehen, dass ihre puritanische Utopie am Ende in Manhattan ihren Ausdruck gefunden hat.

Die Puritaner untersagten das Feiern des Weihnachtsfestes in ihren Siedlungen in Massachusetts, und die ohnehin schon strengen Regeln wurden einige Jahrzehnte später noch weiter verschärft, nachdem 1706 eine wütende Menschenmenge die Fenster einer Kirche eingeworfen hatte, wo ein Weihnachtsgottesdienst abgehalten wurde. Zur Rechtfertigung ihrer Gewalttat führten die Demonstranten an, dass dieses Fest enger mit dem Heidentum als dem Christentum verbunden sei und zudem niemand wisse, in welcher Jahreszeit Jesus Christus geboren wurde. Diese Argumentation findet ihren Widerhall in unserer Zeit, wenn einige Vertreter des Katholizismus, die in der Christenheit gewissermaßen den Gegenpol zu den Puritanern bilden, die Forderung erheben, das Weihnachtsfest von seiner Verbindung mit der Wintersonnenwende zu lösen – wobei sie aber nicht recht wissen, was sie als Alternative vorschlagen sollen, um den Verlust an Freude und Unterhaltung auszugleichen.

Die feierliche Strenge der Puritaner wurde aufgeweicht und schließlich hinweggefegt durch die Ankunft weihnachtsliebender deutscher und stramm katholischer irischer Einwanderer, die im 19. Jahrhundert vermehrt in die USA kamen. Richtig lustig wurde es schließlich mit den Italienern, die zu Beginn des 20. Jahrhunderts in immer größerer Zahl ins Land strömten. Die Italiener feiern Weihnachten anders als die germanischstämmigen Einwohner Europas, dennoch wird das Fest mit üppigen Mahlzeiten begangen, wenn auch weniger Weihnachtsschmuck zum Einsatz kommt und auch nicht so viele Geschenke verteilt werden. In Malta war es ähnlich, als die Mittelschicht in der zweiten Hälfte des 19. und der ersten Hälfte des 20. Jahrhunderts die englischen Weihnachtsbräuche übernahm. Aber auch in dieser Zeit feierte der Großteil der Bevölkerung Weihnachten noch ohne geschmückte Bäume und Geschenke. Erst ungefähr in den vergangenen dreißig Jahren kam in Malta der Brauch auf, zu Weihnachten Geschenke zu verteilen – und die Bäume waren anfänglich noch klein und bestanden aus einem Lamettastrauch. Sie wurden auf das Fensterbrett gestellt, dann wurde der Vorhang vorgezogen, sodass vorbeigehende Passanten das Bäumchen in voller Pracht zu sehen bekamen, die Hausbewohner aber nicht.

Godey's Lady's Book, ein amerikanisches Werk aus dem 18. Jahrhundert, trug viel dazu bei, den Thanksgiving Day bekannt zu machen, der schließlich mit dem Weihnachtsfest verschmolz, einschließlich des Truthahns, der aus Amerika zu uns nach Europa kam. Die verbliebenen Anhänger des Puritanismus durften das Erntedankfest so feiern, wie sie Weihnachten nicht begehen konnten: Am vierten Tag im November danken sie dafür, dass einige der ursprünglichen Siedler in Plymouth überlebten, trotz Dürren, strenger Winter, Krankheiten und Überfällen der Einheimischen. *Godey's Lady's Book* präsentierte die englischen Weihnachtsbräuche den Amerikanern englischer Herkunft als eine angemessene Weise, Thanksgiving zu begehen. Weil Thanksgiving so nahe am Dezember liegt, geschah das Unvermeidliche, und die Feierlichkeiten und Bräuche verschmolzen zu einer zusammenhängenden Weihnachtszeit.

Prinz Albert, der Prinzgemahl der britischen Königin Victoria, der Deutscher war, hat nach allgemeiner Ansicht maßgeblich dazu beigetragen, dass sich der geschmückte Weihnachtsbaum in Großbritannien verbreitete, von wo er im 19. Jahrhundert in die entlegensten Teile des Weltreiches und über den Atlantik nach New York und Washington exportiert wurde. Doch seine Wurzeln sind wesentlich älter, insbesondere wenn man bedenkt, dass sich die Engländer und die Deutschen zu einem gewissen Grad ein sächsisches Erbe teilen. Victoria war in jeder Hinsicht stark vom deutschen Erbe beeinflusst und kannte die Tradition des Weihnachtsbaums von klein auf. In ihrem Tagebuch schrieb die 13-Jährige an Weihnachten 1832: »Nach dem Abendessen ... gingen wir in den Salon neben dem Esszimmer. ... Dort standen zwei große runde Tische, auf die zwei Bäume gestellt worden waren, die mit Lichtern und Süßigkeiten geschmückt waren. Um die Bäume herum wurden die Geschenke ausgelegt.«

Für die glückliche Ehefrau und Mutter, die im Palast einen sehr familienbezogenen Haushalt führte, bildete der geschmückte Baum den Grundpfeiler ihrer persönlichen Weihnachtsfeierlichkeiten, und ihre ergebenen Untertanen waren völlig hingerissen, als in einer populären Zeitschrift ein Bild der Königin mit ihrem Gemahl im Kreis ihrer Kinder vor dem geschmückten Baum veröffentlicht wurde. Plötzlich wollten alle einen Baum, und der Baum wurde schließlich zu einem bedeutenderen Symbol für Weihnachten als das Jesuskind in seiner Krippe. Im

Jahr 1847 schrieb Prinz Albert:»Ich suche in den Kindern nach einem Widerhall dessen, was Ernst [sein Bruder] und ich früher waren, wie wir fühlten und dachten, und ihre Freude über den Weihnachtsbaum ist nicht geringer, als es unsere damals war«. Der großzügige Prinz Albert spendete Schulen und Kasernen vor Weihnachten eine große Anzahl von Bäumen.

Der Weihnachtsbaum hat bis heute seine Symbolik bewahrt. Das Schmücken des Baumes zu Hause ist ein Familienereignis, begleitet von einem üppigen Festmahl – wobei der Baum in den nordischen Ländern schon am Heiligen Abend und nicht erst am Weihnachtstag aufgestellt wird. Städte beschenken sich gegenseitig mit Bäumen; die Stadt London erhält noch immer jedes Jahr eine Riesentanne von der Stadt Oslo als Anerkennung für die britische Unterstützung des norwegischen Widerstands gegen die deutsche Besatzung im Zweiten Weltkrieg. Und die englische Stadt Newcastle bekommt jedes Jahr eine riesige Fichte von der norwegischen Stadt Bergen als Dank für den Einsatz von Soldaten aus Newcastle bei der Befreiung Bergens von den Nazis.

Diese Bräuche mögen heidnischer Herkunft sein, durch ihren Geist jedoch verkörpern sie die wahren Werte des Christentums – Großzügigkeit, Freude, Güte gegenüber anderen und Liebe zum Leben. Und sie machen auch viel mehr Spaß als die strenge christliche Alternative, wie immer diese auch beschaffen sein mag, denn darüber haben wir nichts erfahren.

Aeonium

TASTE & FLAIR, NR. 100, JULI 2017

Diese Sukkulente, eine Pflanze, die man häufig in den Häusern von Großeltern und, in Tomatendosen gepflanzt, auf Kirchenbasaren findet und von der man Ableger an die nachfolgende Generation weitergibt, wird in Malta oft nicht beachtet oder geringgeschätzt, weil sie so gewöhnlich erscheint. In vielen europäischen Wohnhäusern und Gärten aber gilt sie als eine ganz besondere Pflanze aufgrund ihrer »architektonischen« Gestalt und Form. Die schwarzblättrige Art ist in dieser Hinsicht wesentlich interessanter als die grüne.

Das Rosettendickblatt, wie die Pflanze auch heißt, stammt von der Atlantikküste Marokkos und ist relativ anspruchslos, muss aber in den heißen Monaten gegossen werden. Sie gedeiht sowohl in der Sonne als auch im Schatten, auf Freiland breitet sie sich aus, wächst in die Höhe und entwickelt im Dezember dicke, schwarze und glänzende spatelförmige Blätter und treibt hellgelbe, konisch geformte Blüten hervor.

Die schwarze Art heißt *Aeonium Schwarzkopf;* sie bildet einen Anziehungspunkt in jedem Innenhof, jedem Garten oder auf der Veranda. Auch auf einem offenen Balkon sieht sie wunderschön aus. Wenn sie im Hochsommer längere Zeit in der prallen Sonne steht, schrumpfen die Rosetten ein und werden kleiner, auch wenn die Pflanze regelmäßig gewässert wird. Nicht Wassermangel ist die Ursache, sondern zu viel Sonne. Wenn es kühler wird, gewinnen die Rosetten ihre ursprüngliche Pracht zurück.

Die Vermehrung ist sehr einfach: Man bricht ein Stück ab und steckt es in einen Blumentopf mit gewöhnlicher Erde; wenn die Erde trocken ist, gießt man regelmäßig, bis der Setzling austreibt.

Der Judasbaum

FLAIR, NR. 1, FRÜHJAHR 2005

Der Judasbaum bleibt meist unbeachtet, wenn es um Gartenplanung geht, weil viele Gartenbesitzer ihn als »Karussell- und Mittelstreifenbaum« betrachten. Diese Geringschätzung ist unbegründet, bietet der Judasbaum doch, wenn er in voller Blüte steht, einen spektakulären Anblick wie kaum eine andere Pflanze in einem mediterranen Garten. Aufgrund seiner ausladenden Äste ist der Baum für kleine, schmale Gärten nicht geeignet, aber wer über den Luxus eines großzügig bemessenen Grundstücks verfügt, bekommt mit dem Judasbaum einen prächtigen Blickfang im Garten, wenn er gegenüber einer Tür oder einem Fenster platziert wird.

Wenn Sie das Glück haben, einen für maltesische Verhältnisse großen Garten zu besitzen, können Sie mit der Pflanzung eines Judasbaums gewissermaßen einen Wolkeneffekt aus purpurrosafarbenen Blüten erzielen. Setzen Sie die Bäumchen im Abstand von zwei bis drei Metern ein, damit sich die Zweige miteinander verzahnen können, wenn die Bäume größer werden. Ist die Mauer Ihres Gartens relativ niedrig, können Sie die Bäume nahe an die Mauer setzen, sodass später Ihr Garten im Frühling von rosa-violetten Blütentrauben umrahmt ist. Ist Ihre Gartenbegrenzung dagegen eher hoch, sollten die Bäume mindestens zwei Meter Abstand von der Mauer haben.

Die meiste Zeit des Jahres wirkt der Judasbaum eher unscheinbar, doch die Geduld, die man mit seinen langweiligen Zweigen aufbringt, zahlt sich im Frühjahr aus, wenn er sich in einen echten Hingucker verwandelt. Nach einem durchschnittlichen Winter brechen ab Anfang März die zuckerwatteartigen Blüten hervor. Durch einen strengen Winter verzögert sich die Blüte mancher Pflanzen und Bäume.

Um eine maximale Wirkung zu erzielen, kann man den Judasbaum unmittelbar in die Nähe eines *Echium Candicans* pflanzen, des Madeira-Natternkopfs, der auch »Stolz von Madeira« genannt wird. Beide Arten blühen genau zur selben Zeit und auch fast ebenso lange. Die purpurrosafarbenen Blüten des Judasbaums wirken in Verbindung mit den strukturierten und perfekt geformten blauen Blüten des Natternkopfs sehr auffällig und eindrucksvoll. Wenn man einen ganz jungen Judasbaum pflanzt, sollte man warten, bis er ungefähr drei Jahre alt ist, bevor man ihm einen Natternkopf an die Seite stellt. Judasbäume blühen gewöhnlich erst, wenn sie fünf bis sechs Jahre alt sind, aber eine kleine *Echium*-Pflanze, die im Topf in einer Gärtnerei gekauft wurde, wächst binnen zwei Jahren zu einem stattlichen Blütenstrauch heran.

Der Judasbaum bevorzugt eine Mischung aus Sonne und Schatten, fühlt sich aber auch in voller Sonne wohl. Auch Judasbäume, die an ungeschützten Plätzen standen, in südlicher Lage, im Winter dem Wind und im Sommer den ganzen Tag der Sonne ausgesetzt und ohne Schatten, sollen schon geblüht haben. Das liefert einen Hinweis darauf, wie gut dieser Baum auch unter schwierigen Bedingungen zurechtkommt. Judasbäume müssen gewässert werden, wenn sie noch jung sind und erst einwurzeln, aber wenn sie zu einem kräftigen Bäumchen herangewachsen sind, brauchen sie nicht mehr gegossen werden und kommen mit dem Regenwasser aus, so wenig dies auch sein mag.

Der Judasbaum gedeiht am besten auf wasserdurchlässigem, leicht kalkhaltigem Boden. Ist er einmal eingewurzelt, kann man ihn kaum mehr umpflanzen, denn seine Wurzeln reichen tief in die Erde. Vor dem Einpflanzen sollte man den Wurzelballen über Nacht in einen Kübel mit Wasser stellen, damit er sich vollsaugen kann. Zur Pflanzung hebt man ein großes Loch aus und lockert den Boden auf. Bei Lehmböden muss etwas Sand in das Pflanzloch eingearbeitet werden, um Wurzelfäule zu verhindern. Der obere Rand des Wurzelballens sollte knapp unter der Erdoberfläche liegen. Er muss regelmäßig gegossen werden, bis die Wurzeln fest angewachsen sind, dann hält der Baum auch jeder Trockenheit stand. Der Judasbaum muss nicht beschnitten werden, sofern dies nicht unbedingt notwendig ist, denn die Blüten bilden sich am vorjährigen Holz.

Daphnes letzter Artikel

Der Gauner Schembri stand heute vor Gericht und beteuerte, er sei kein Gauner

RUNNING COMMENTARY, 16. OKTOBER 2017, 14.35 UHR

Der frühere Oppositionsführer Simon Busuttil sagte heute vor Gericht aus, ebenso der Kabinettschef des Premierministers, dieser Gauner Keith Schembri, der in dem Prozess von Dr. Busuttil Schadensersatz wegen Beleidigung forderte.

Mr. Schembri bestritt, dass er korrupt sei, obwohl er kurz nach dem Wahlsieg der Labour-Partei 2013 zusammen mit dem hochgeschätzten Minister Konrad Mizzi und Mr. Egrant in Panama eine Briefkastenfirma gründete, diese über einen geheimen Trust in Neuseeland abschirmte und dann um die Welt flog, um eine Schattenbank zu finden, die sie als Klienten akzeptierte.

(Das Problem wurde schließlich dadurch gelöst, dass sie in Malta selbst eine Schattenbank gründeten und sich dadurch gewissermaßen unsichtbar machten.)

Die Bezahlung, die er als Mitglied der Regierung erhalte, sei für ihn nur eine Kleinigkeit, erklärte Mr. Schembri, denn er habe seine Firmen und seine Geschäftsanteile, und damit würde er sein Geld verdienen. Doch die Art, wie er sein Regierungsamt nutzt, um seine privaten Geschäfte in Malta voranzutreiben, ist eindeutig eine Form von Korruption und von unerlaubter Einflussnahme, und kein Argument, das er zu seiner Verteidigung anführen kann. Darüber hinaus erklärte er, er habe auf die Korruptionsvorwürfe in den vergangenen zwei Jahren – es waren keine zwei Jahre – wegen einer »Erkrankung« nicht reagieren können. War das vielleicht jene Erkrankung, die seine Leute abstritten, als der Kabinettschef des Premierministers monatelang verschwunden war, jene also, über die ich Nachforschungen anstellte und schließlich berichtete?

Schurken, wohin man schaut. Es ist zum Verzweifeln.

Daphnes greatest Hits

»Wir werden die Wahrheit nicht finden, wenn wir nicht danach suchen.«

»Machen Sie sich kundig über Ihre Rechte, informieren Sie sich über Ihre bürgerlichen Freiheiten, machen Sie sich mit den elementaren Prinzipen demokratischen Denkens und Verhaltens vertraut, und ordnen Sie sich niemals einer Autorität unter, nur weil es sich um eine Autorität handelt.«

»Das Recht auf freie Meinungsäußerung ist eine Voraussetzung für Demokratie.«

»Das Recht auf freie Meinungsäußerung ist keine Schachtel Pralinen, in die man hineingreifen und aus der man sich herausnehmen kann, was einem besonders gefällt.«

»Ja, es gibt Leute, die begreifen, dass eine Journalistin, die einer Regierung das Leben schwer macht, etwas anderes ist als eine Regierung, die einer Journalistin das Leben schwer macht. Ersteres ist Demokratie, das Zweite ist Machtmissbrauch, Schikane und Einschüchterung.«

»Wenn die Politiker immer übergriffiger werden, wird die Arbeit von Journalisten immer wichtiger.«

»Ob ein Politiker oder eine politische Partei liberal ist, erkennt man allein daran, wie dieser Politiker oder diese Partei zum Recht auf freie Meinungsäußerung und zur Pressefreiheit stehen.«

»Der Schuldige sagt nicht: ›Ich bin unschuldig‹, sondern ›Sie haben keine Beweise.‹«

»Begreifen Sie bitte, dass Leute, die von einer politischen Partei bezahlt werden, definitionsgemäß keine Journalisten sein können.«

»Einen Journalisten zur Hassfigur aufzubauen, verfolgt immer einen bestimmten Zweck – dessen Glaubwürdigkeit soll untergraben und korrupten Politikern ermöglicht werden, die Wahrnehmung dessen, was Journalisten über sie schreiben und berichten, zu verzerren.«

»Mein einziges Vergehen besteht darin, dass ich eine Journalistin bin, die die Regierung kritisiert und ihre Untaten aufdeckt. Wo auf der Welt, außer in Aserbaidschan und anderen totalitären Staaten, unterstützten und fördern Politiker Diskussionen über ›feindselige‹ Journalisten?«

»Sie sähen es am liebsten, wenn ich tot wäre, und das ist wahrscheinlich auch die einzige Möglichkeit, mich zum Schweigen zu bringen.«

»Ich verstoße gegen alle ihre Regeln. Aber es sind ihre Regeln. Es sind nicht die Regeln oder die Verhaltensweisen der heutigen demokratischen Welt.«

»Mir ist die zweifelhafte Ehre zuteilgeworden, dass ich die einzige Zeitungskolumnistin bin, die von den Führern aller drei Parteien angegriffen worden ist.«

»Ich bin stolz darauf, dass ich dazu beitragen kann, den Menschen die Augen zu öffnen. Das ist mein Job als Journalistin.«

»Ich ertrage den Gedanken an Ungerechtigkeit nicht, und noch weniger ihre Realität. Es stimmt, das Leben ist ungerecht und man kann nicht viel dagegen ausrichten, aber wo immer ich dazu beitragen kann, Ungerechtigkeit zu vermeiden oder zu beheben, werde ich das tun.«

»Es gibt Tausende Menschen, die noch nie eine Zeile von mir gelesen haben. Aber dennoch hassen sie mich, weil sie seit zweieinhalb Jahrzehnten der Propaganda ausgesetzt sind, die ihnen einhämmert, dass sie mich hassen sollen, auch wenn sie gar nicht wissen, warum.«

»Drei Jahrzehnte lang hat man versucht, mich niederzumachen, aber das hat nur dazu geführt, dass ich charakterlich stärker geworden bin. Es liegt in meiner Natur, dass ich darauf entgegne: ›Tut, was ihr könnt, ihr Schweinehunde. Die einzige Möglichkeit, die euch bleibt, ist, einen Killer auf mich anzusetzen. Mal sehen, wohin euch eure Besessenheit noch führt.‹«

»Ich verbreite keine Lügen, ich täusche die Menschen nicht und ich schüre keinen Hass. Ich stärke den gesunden Menschenverstand, ich verbreite Fakten und ich fördere rationales Denken.«

»Korruption ist das Krebsgeschwür der Gesellschaft, und diese Regierung ist vollkommen korrupt.«

»Sich dem Kampf gegen Korruption zu verschreiben, ist eine Frage der Integrität und daher einfach nur konsequent.«

»In einer Zeit der Krise – und machen wir uns nichts vor, das ist zweifellos eine Krise – stehen wir alle auf der einen Seite und die korrupten Politiker auf der anderen. Es ist unsere Aufgabe und unsere Pflicht, sie zu jagen und nicht, uns gegenseitig zu bekämpfen.«

»Sehen wir den Tatsachen ins Auge: Malta hat alle Laster, die der Menschheit bekannt sind, und zwar schon seit Jahrhunderten. Wir handeln mit Drogen und verzweifelten Menschen, die wir ins Meer werfen und ertrinken lassen, wenn die Überführung unbequem wird. Wir betrügen, wir stehlen, wir konspirieren. Das ist für dieses Land nichts Neues. Die Situation verschlechtert sich nicht, sie wird einfach sichtbarer.«

»Malta ist gut 300 Quadratkilometer groß und wird überflutet von Kokain, Korruption und schmutzigem – nicht nur dreckigem – Geld. Diese drei Dinge hängen zusammen, denn das schmutzige Geld aus dem Kokainhandel und dem Schmuggel ist Bargeld und muss irgendwo untergebracht werden. Das ist nicht ›wie in einem Mafia-Film‹, das ist die Realität.«

»Allmählich kann man Angst bekommen. Ich glaube, eigentlich sollten wir mit kugelsicheren Westen und bewaffneten Leibwächtern herumlaufen und nicht sie. Wir sind jetzt wieder in einer Situation, in der wir Schutz vor unserer eigenen Regierung brauchen.«

»Wir leben auf einer Insel, wo die Menschen glauben, Demokratie bestehe aus dem Recht, alle fünf Jahre zur Wahl zu gehen.«

»Die Demokratie ist in Malta so schwach, weil die maltesische Gesellschaft sie nicht versteht. Sie wurde uns von einer fremden Kultur ›zu unserem Wohl‹ aufgezwungen und nicht erkämpft, wie überall sonst in Europa.«

»Maltas Demokratie hängt an einem seidenen Faden, und diesen Faden gibt es nur, weil das Land Mitglied der Europäischen Union ist.«

»Der wirkliche Grund, warum viele von uns den EU-Beitritt Maltas unterstützen, wurde neulich von einem Minister, ohne dass er es wollte, im Parlament ausgesprochen. Die EU nimmt diesen Politikern ihre Rechte und gibt sie den Bürgern.«

»Malta ist ein gefährlicher Ort, und wir können heute nicht mehr sagen, dass korrupte Politiker das Land so weit gebracht haben, denn es lässt sich nicht länger bestreiten, dass diese korrupten Politiker nur die Gesellschaft widerspiegeln.«

»Die Definition von Feigheit lautet, dass man das Richtige nicht tun kann, weil man Angst vor den Konsequenzen hat. Es ist nicht tapfer oder auch nur redlich, wenn man das Richtige tut, wenn daraus keine Konsequenzen zu erwarten sind.«

»In der Politik geht es nicht um die Hautfarbe. Es geht um persönliche Entscheidungen und darum, was diese über uns aussagen. Die Hautfarbe ist nichts anderes als die Manifestation dieser Entscheidungen. Man kann nicht wählen, ob man schwarz oder weiß sein will, aber man kann wählen, welche Politik man möchte. Das nennt man eine Entscheidung.«

»Auch eine Million Menschen können irren. Ob eine Tatsache, eine Handlung oder eine Meinung richtig oder falsch ist, wird nicht dadurch bestimmt, wie viele Menschen sie glauben, sie verrichten oder sie vertreten.«

»Es gibt keinen sicheren Ort für Frauen. Und dann wundert man sich, dass sich Frauen nicht in der Politik engagieren. Vielleicht hat das damit zu tun, dass sie erleben, was die Männer im öffentlichen Leben mit mir anstellen?«

»Ich bin eine Frau, und sie sind es nicht gewohnt, dass Frauen sich nicht mit dem Platz begnügen, auf den sie ihrer Meinung nach gehören.«

»Eine weibliche Bloggerin, eine weibliche Kolumnistin wird nicht deshalb gewaltsam zum Schweigen gebracht, weil schwache Politiker mit wenig Selbstbewusstsein und instabiler Persönlichkeit nicht mit ihr klarkommen. Hier geht es nicht nur um eine Bedrohung des Rechts auf freie Meinungsäußerung; es ist eine unverhüllte Bestätigung von Frauenverachtung.«

»Der Heilige Paulus, ein alter Frauenhasser, schrieb, eine schweigende Frau sei ein Geschenk Gottes oder etwas dergleichen. Dieser Satz gehört standardmäßig zum Repertoire bei einer kirchlichen Hochzeit, aber man hört ihn nur bei wenigen Hochzeiten, vielleicht weil die Braut Einwände erhoben hat oder weil schweigende Frauen so selten sind, wer weiß? Ich erinnere mich, dass ich diesen Satz zum ersten Mal bei meiner eigenen Hochzeit hörte, aber ich habe ihn nicht ausgewählt.«

»Schwule Männer können viel lernen von heterosexuellen Frauen. Heterosexuelle Frauen sind seit Beginn der Geschichte und wahrscheinlich auch schon davor misshandelt, verletzt, belästigt und auf dem Scheiterhaufen verbrannt worden, sie sind ertränkt, gesteinigt, zu Hause eingesperrt, geschlagen und ihrer Rechte, ihrer Freiheit und sogar ihrer Kinder und ihres Wahlrechts beraubt worden.«

»Das Leben ist kurz und der Menschen sind viele, Sie sind daher mit großer Wahrscheinlichkeit anders als die anderen.«

»Einige Dinge erleichtern es ungemein, den ganzen Abend durchzuarbeiten, um einen Termin einhalten zu können: eine Karaffe Pimm's mit Maulbeeren, die zur Zeit gerade von den Bäumen in Bidnija fallen, und Musik von Neil Young, der mich zum Singen bringt (wenn auch sehr schlecht), seit ich sechzehn bin.«